国家出版基金项目
“十三五”国家重点出版物出版规划项目
安徽省文化强省建设专项资金项目

# 复 活

## Воскресение

[俄] 列夫·托尔斯泰◎著
力 冈◎译

安徽师范大学出版社
·芜湖·

**图书在版编目(CIP)数据**

复活 /(俄罗斯)列夫·托尔斯泰著;力冈译. — 芜湖:安徽师范大学出版社,2018.1

(力冈译文全集;14)

ISBN 978-7-5676-3262-2

Ⅰ. ①复… Ⅱ. ①列… ②力… Ⅲ. ①长篇小说 - 俄罗斯 - 近代 Ⅳ. ①I512.44

中国版本图书馆CIP数据核字(2017)第259682号

**复　活**　　[俄]列夫·托尔斯泰◎著　力　冈◎译

FUHUO

责任编辑:陈　艳　陈贻云

装帧设计:刘　畅　桑国磊

出版发行:安徽师范大学出版社

芜湖市九华南路189号安徽师范大学花津校区

网　　址:http://www.ahnupress.com/

发 行 部:0553-3883578　5910327　5910310(传真)

印　　刷:浙江新华数码印务有限公司

版　　次:2018年1月第1版

印　　次:2018年1月第1次印刷

规　　格:880 mm×1230 mm　1/32

印　　张:18.75

字　　数:440千字

书　　号:ISBN 978-7-5676-3262-2

定　　价:128.00元

# 力冈先生文学翻译的历史意义

## ——序《力冈译文全集》

刘文飞
中国俄罗斯文学研究会会长

在力冈先生诞辰91周年的今天，在力冈先生去世20年后的当下，在洋洋19卷23册的《力冈译文全集》面世的此刻，我们终于可以试着归纳一下他的文学翻译所具有的历史意义了。

### 一

力冈先生的文学翻译苦行僧形象是具有典型意义和感召力量的，这是中国老一辈俄苏文学翻译家留下的一个苍凉背影，也是他们为自己建起的一座“非人工的纪念碑”。翻译是一项苦差事，是需要坐冷板凳的，是一项付出和回报往往不成正比的工作，是一种注定要与孤独和寂寞为伴的工作。文学翻译至少需要出色地掌握两种语言，而好的外语或许能让人找到另外一种更为轻松、更有利可图的工作，好的翻译家若用其母语来进行创作，大约自己也能写出像样的文学作品来。可是，文学翻译似乎像电子游戏、像吸食鸦片一样是一种能让人上瘾的事情，一旦上手，一旦品味到其中的甘苦，往往便欲罢不能。始自玄奘的翻译姿态和翻译精神，似乎成了中国一代又一代译者的宿命，即专注和吃苦，苦修和执着。

力冈先生1926年生于山东乡间，自幼失去母亲，生活贫苦，到他上中学时，家乡被日寇占领，他流亡河南、甘肃、陕西等地。1950年，他考入哈尔滨外国语专门学校俄语专业，毕业后志愿来到安徽师范大学任教，不久就开始了文学翻译工作，陆续在报刊上发表一些短篇译作，至1956年，他的单行本译作《里雅希柯小说集》已由上海新文艺出版社推出。然而次年，他便在反右运动中蒙冤，被开除公职，押往新生耐火材料厂劳教。1960年7月，他因"劳动表现突出"被摘掉右派帽子，重返学校，他在教学之余立即重拾译笔，在短短数月间便译出苏联作家艾特马托夫的中篇小说《查密莉雅》，这篇译作在《世界文学》杂志1961年第10期刊出，引起轰动，"力冈"这一译家大名从此进入人们的视野。就在力冈先生准备大展宏图、施展拳脚的时候，"文化大革命"却突如其来，1968年，他再度被逐出校园，下放至宣城地区新田公社劳动改造，直到"文革"结束后的1978年方得以重返讲台，此时他已过天命之年，用他自己的话说就是："噩梦醒来，已是人生的黄昏。"文学翻译需要天赋，但也是一种力气活，在对于一位翻译家而言的黄金时期，即30—50岁，力冈先生却两度蒙冤，两度再拾译笔，重新开始，这需要何等的勇气和坚韧！他两落三起的翻译经历，几乎就是20世纪五六十年代中国的俄苏文学翻译家们跌宕起伏的人生经历的缩影，就是那一时代中国知识分子命运的象征。令人惊讶的是，重返译坛的力冈先生以超乎常人的工作激情和翻译速度，在1978年后的20年间陆续出版20余部译著，平均每年一部，总字数达700余万。在20世纪80年代，最初几部译著的出版使力冈先生挣到了以当时标准看相当不菲的稿酬，甚至成为所谓“万元户”，但他似乎无暇也无意去享受自己的劳动成果，依然粗茶淡饭，素衣裹身，与此同时却以更大的热情继续译事，终日伏案，不懈地爬格子。1997年2月，力冈先生因肝癌病在芜湖弋矶山医院逝世，据家人说，他在生命的最后时刻仍在念叨着未译完的最后一部译作《罪与罚》。我们或许可以说，他是被文学翻译累死的；我们肯定可以说，文学翻译是他最为看重的毕生事业。

力冈先生少年时四处漂泊，中年时命运多舛，老年时病魔缠身，他的一生似乎都不是给最需要安宁和平静的翻译家所准备的；力冈先生的职业是教师，他偏居小城，又不善交际，这些似乎都不构成他迅速成长为一位全国著名翻译家的前提条件。但是，正如吴笛教授在他纪念力冈先生的文章中所言：“他的一生就是用出人意料的成就表现了悲怆的境界。面对种种意想不到的遭遇和不公，他并没有沉沦，也没有片面地记恨，而是在艰难的岁月中怀着对人性的憧憬，将厄运升华为创作的动力，在逆境中不忘呼唤人性和仁爱，将种种遭遇视为生命中的财富，在悲怆的境界中抒写诗意人生，毫不气馁地追求生命的意义，在自己所献身的俄罗斯文学翻译事业中，做出了杰出的贡献。”

普希金说过：“译者是文明的驿马。”笔者曾对此说法加以引申：“如果说广义的译者是文明的驿马，那么专事文学翻译的人士便是‘文学的驿马’了。凑巧的是，在汉语中，译者的‘译’和驿马的‘驿’不仅同音，而且在词源、词形和词义上也很相近，区别似乎仅在于后者为‘马儿’而前者是‘文人’（言者）。……用在驿站间往复奔波的马儿来形容译者，每个有过译事经验的人大约都能在这个比喻中品味出某种艰苦和辛酸，甚至是束缚和无奈。……既要有出众的能力还要有忍辱负重的秉性，日复一日的奔波只能换得微薄的粮草，还得时刻提防路途中遍布的坑洼和沼泽，能善此业者非驿马莫属也。"力冈先生就是这样一匹忍辱负重、砥砺前行的"文学的驿马"。力冈先生以他的作为告诉我们，文学翻译是一项可以托付终生的事业，是一种富有意义的存在方式；力冈先生及其文学翻译活动是一种燃烧生命的举动，一个与命运抗争的典范，同时是他的翻译意志奏出的一曲凯歌。

## 二

力冈先生是在中国改革开放的热潮中展开他最积极的翻译活动的，他的大部分译作出版于20世纪80年代。浏览一下力冈先生的译作书目，可以发现出版于80年代的译著有十余部之多，计有格鲁兹杰夫的《高尔基传》（与济凯合译，江西人民出版社1980年版）、冈察尔的《爱的归宿》（安徽人民出版社1983年版）、巴巴耶夫斯基的《野茫茫》（浙江文艺出版社1983年版）、艾特马托夫的《白轮船》（外国文学出版社1984年版）、阿列克谢耶夫的《儿时伙伴》（山东文艺出版社1984年版）、波利亚科夫的《别林斯基传》（黑龙江人民出版社1985年版）、普希金的《暴风雪》（春风文艺出版社1985年版）、肖洛霍夫的《静静的顿河》（漓江出版社1986年版）、帕斯捷尔纳克的《日瓦戈医生》（与冀刚合译，漓江出版社1986年版）、帕斯捷尔纳克的《含泪的圆舞曲——帕斯捷尔纳克诗选》(与吴笛合译，浙江文艺出版社1988年版)、卡里姆的《悠悠儿时情》(安徽文艺出版社1989年版)和格罗斯曼的《风雨人生》(漓江出版社1991年版)等。从这个目录还可以看出，力冈这一时期的译作总体上以苏联当代文学作品为主要翻译对象。

20世纪80年代是中国当代史上的一个特殊时期，那是一个文化转型期，甚至可以说是中国现当代的一场文艺复兴，是一个文化觉醒的黄金时期。在那场汹涌壮阔的思想解放运动中，在整个改革开放后中国当代文化的建构过程中，对外国文学和外国文化的翻译和介绍起到了无可替代的重要作用，中国当今的现代化，从某种意义上说就是一种“被翻译过来的现代化”。那是一个文学的时代，也是一个翻译文学的时代；那是一个开放的时代，更是一个对外国优秀文学和文化开放的时代，在精神上饥寒交迫的国人首度面对外国文学的盛宴，饕餮之余，最应该感谢的就是那一时代的翻译家。在中国改革开放后出现的外国文学翻译热潮中，俄苏文学也是重要的译介对象之一，力冈先生的译著也和其他众多翻译作品一样，是对改革事业的添砖加瓦，是为思想解放运动注入的燃料，对当时中国社会的文化重建、国民文化性格的重塑起到了重要作用。

中国的俄国文学翻译始自19世纪末，在五四时期出现第一个高潮，如今人们在探讨五四运动的起因时，常将俄国的文学与德国的马克思主义和法国的启蒙思想并列为三大思想资源，由此不难看出俄国文学在当时中国社会所发挥的强大思想作用。后来，在抗日战争时期，在新中国成立之后的50—60年代，俄苏文学再度发挥“军火”和“样板”功能，而在改革开放时期，包括俄苏文学在内的外国文学，又一次成为国人解放思想、放眼世界的意识形态工具和思想武器。如果说，鲁迅那一代翻译家是“给起义的奴隶偷运军火”的人，那么，改革开放时期的这一代中国翻译家同样是为国人“盗火”的普罗米修斯，功莫大焉，没有包括力冈先生在内的这一代翻译家的辛勤工作，国人的思想解放就是难以想象的。如果我们把出生在19、20世纪之交的翻译家如鲁迅、瞿秋白、蒋光慈、茅盾、巴金、耿济之等视为中国第一代俄国文学翻译家，那么20世纪第一个十年前后出生的姜椿芳、曹靖华、戈宝权、查良铮、汝龙、满涛、叶水夫等就是第二代，而力冈以及去年去世的草婴和刚刚去世的高莽等人则构成中国的俄国文学翻译家的第三代方阵，这一代翻译家同样以自己的辛勤努力为中国的思想启蒙和文化构建做出了历史性的贡献。

中国第三代俄国文学翻译家的工作也对当代中国文学的发展进程产生了深远影响。在20世纪80年代初起，俄苏文学在中国的译介出现一个“井喷”现象，十余年间，全国近百家出版社先后出版的俄苏文学作品多达近万种，在译作的种类和印数上，可能要高出此前所有同类出版物的总和。在这样一种铺天盖地的外国文学译介热潮中，受益的不仅仅是中国的读者，自然也包括中国的作家。王蒙在他的《青春祭》（作家出版社2006年版）一书中写道：“我们这一代中国作家中的许多人，特别是我自己，从不讳言苏联文学的影响。是爱伦堡的《谈谈作家的工作》在50年代初期诱引我走上写作之途。是安东诺夫的《第一个职务》与纳吉宾的《冬天的橡树》照耀着我的短篇小说创作。是法捷耶夫的《青年近卫军》帮助我去挖掘新生活带来的新的精神世界之美。在张洁、蒋子龙、李国文、从维熙、茹志鹃、张贤亮、杜鹏程、王汶石直到铁凝和张承志的作品中，都不难看到苏联文学的影响。张贤亮的《肖尔布拉克》、张承志的《黑骏马》以及蒋子龙的某些小说都曾被人具体地指认出苏联的某部对应的文学作品；这里，与其说是作者一定受到了某部作品的直接启发，不如说是整个苏联文学的思路与情调、氛围的强大影响力在我们的身上屡屡开花结果。”这里提到的张承志，就对力冈先生的译作赞不绝口，曾感慨：“我恨不得倒背如流！”由此不难窥见力冈先生的译作对改革开放时期中国作家产生的影响。

## 三

1984年，漓江出版社推出力冈先生重译的《静静的顿河》，这是新时期名著重译的第一部，而自90年代起，力冈先生更将名著重译当成首要任务，相继重译了多部俄国文学经典，如托尔斯泰的《复活》（译林出版社1992年版）和《安娜·卡列尼娜》（浙江文艺出版社1992年版）、屠格涅夫的《猎人笔记》（河北教育出版社1994年版）、莱蒙托夫的《当代英雄》（河北教育出版社1994年版）等，他作为翻译家的最后一项工作，就是重译陀思妥耶夫斯基的《罪与罚》。力冈先生是俄国文学经典著作重译的倡导者和先行者之一，他几乎将他翻译艺术炉火纯青的最后十年都用在了名著重译上。

文学名著重译始终是译界的一个有趣话题。中外文学史上的名作原著，无论出现在什么时代，一代又一代读者捧读的均为同一个文本，而文学名著的译本，即便是著名的译本，却常常会随着时间的推移而“衰老”，会被所谓“新译”所取代。日本著名斯拉夫学者、契诃夫的日译者沼野充义有一次曾对笔者说，被译成日语的契诃夫作品每20—25年便要新译一次，以适应新一代的读者。他的话让笔者大吃一惊，可转而一想，外国文学作品的汉译其实也有着大致相同的命运，尽管其存活期未必一定就是20—25年。汉语文学中的原创名著，如唐诗宋词元曲，如《三国演义》《水浒》《西游记》《红楼梦》，自然在任何时代都不需要也不允许做任何文字加工，可汉语文学中的翻译名著，即便是近现代翻译大家们的著名译作，如严复译的《天演论》、林纾和魏易译的《黑奴吁天录》、鲁迅译的《死魂灵》等，如今也会让人觉得不无“过时”之感，至少会让当下的读者阅读不畅。也就是说，文学名著是永恒的，不朽的，它们的译作却是相对短命的。笔者曾在一篇文章中对名著重译现象作过一番思考：首先，从读者方面看，读者为什么会在面对原作和译著时持有不同的阅读态度呢？他们对于原作和译作这种不同的阅读取舍究竟源自何种阅读心理呢？这种厚此薄彼的取向究竟是先天的还是后天的，是产生在翻译活动出现之后还是之前，这种倾向与文学名著重译这两者之间究竟存在着什么样的互动关系呢？其次，从译者的角度看，在进行重译和新译时究竟该如何面对已有的译作，尤其是已有的优秀译作，是刻意回避，还是尽量汲取原有译作的经验和精髓呢？如果对原有译作尤其是名译作的经验和精髓有所汲取，又该如何避免抄袭的嫌疑和版权的纠纷呢？如果对前辈翻译家宝贵的翻译经验视而不见，每位新译者均另起炉灶，真的能做到青出于蓝吗？如果新译在翻译质量上无法与旧译比肩，甚至不如旧译，那么重译的意义和价值又何在呢？最后，从翻译实践活动自身来看，用16、17世纪的汉语去翻译莎士比亚当然是可笑的，但是，用21世纪的汉语网络语言去翻译莎士比亚就一定具有历史的必然性和合理性吗？不断地重译、新译，会在多大程度上减少或抹去原作的时代感和历史感，把每一部新译作都作为当下的作品来读，是不是一种最大程度的误读呢？

力冈先生在进行文学名著的重译时，不知是否也曾遭遇此类问题，但他在晚年义无反顾地执着于重译，一定是一种有意识的抉择。我们猜度，他在他翻译事业的黄金时段做出这一重大转向，可能有如下几种原因：首先，他觉得在他之前的译本还有继续加工的余地，还有再度提升的空间。力冈先生重译的这几部俄国文学名著在他之前早已有过出自名家的名译，它们是不止一代中国读者捧读的对象，但力冈先生却不畏权威，另辟蹊径，公开与多位前辈翻译大家打擂台，这或许是力冈先生个人性格的一种显现，但他敢于“叫板”，无疑因为他自信他可以比之前的译著译得更好，或至少能译出他自己与众不同的特色。其次，在译出十多本书后，作为一名富有经验的翻译家，力冈先生大约也会产生出如何超越自己的问题，重译名著，既可以与前辈译家一较高低，同时也能时刻与俄国文学史上的名著及其作者进行跨越时空的深度交流，这无疑是一种更富有挑战也更富有趣味的工作。最后，名著之所以成为名著，就因为它们往往具有更为完满的艺术价值和更为恒久的艺术生命，翻译这样的作品，无疑更能呼应社会的阅读需求，赢得更大的社会意义。

力冈先生晚年重译的多部名著如今仍在一次又一次地再版，这说明力冈重译的俄国文学经典具有长久的生命力，也说明他当年重译名著的抉择是正确的。一位翻译家，只要他的译作还能出版，还能被人阅读，这位翻译家就还活着，好的译作就是译者的生命之延续。从更为广泛的意义上说，力冈先生是我国改革开放之后名著重译之风的倡导者之一，而名著重译，对于深化我们对外国文学经典的理解和认识、对于发展我们的翻译实践和理论而言，都是极具历史意义的。

## 四

力冈先生是一位翻译家，也是一位大学老师，教书育人是他的本业。作为恢复高考后步入安徽师大外语系俄语专业的20名学生之一，笔者有幸受教于王老师（力冈本名王桂荣，我们当时都称他“王老师”）。记得先生1978年从插队的宣城乡村回到安徽师大后，不久就开始给我们授课，他教的是“文学选读课”。先生是一个颇为“另类”的老师：他上课不用现成的教材，没有固定的教案，就以他当时正在进行的翻译工作为授课内容；他在教室里不来回走动，几乎不做板书，仅端坐讲台，摊开那本他正在翻译的原著，一旁摆着一摞他最新出炉的译稿，按部就班、一句一句对照着讲下去。对文学没有兴趣、对文学翻译没有兴趣的学生，听这样的课或许会感到无味，当时王老师课的课堂气氛也的确有些沉闷单调，但王老师并不在意，只管自顾自地讲下去，他会讲他为什么要这样译，讲到兴奋处，他会突然提高嗓门，用带有山东腔的口音高声朗读他最得意的译文段落，读完后，他会抬起眼睛，久久地盯着天花板，似在掩饰眼里涌出的泪水。记得是在讲解《当代英雄》时，他时时指出其他译者，甚至是非常著名的翻译家的错误，并向我们分析这些错误之所以出现的可能的原因，他也时常让我们在他的译文中“挑错”或为他的译文“润色”，如果我们偶有所得，他往往显得比我们还要高兴。与王老师的文学选读课构成呼应的，是我们在大三时学的翻译课，翻译课教师张本桂先生常常给我们一些原文片段，让我们动手翻译，并在下一次翻译课上让译文出色的同学朗诵其译文，并对他认为好的译文再逐字推敲。正是在力冈先生以及张本桂先生和其他老师的精心培养下，安徽师大俄语专业涌现出一大批俄罗斯语言文学专业的人才，其中多位如今已成为国内知名的翻译家，有译著面世的人更多达十余位，如吴笛、张杰、周启超、吴嘉佑、冯华英、朱少华、陈建硕和刘文飞等。名不见经传的安徽师大俄语专业，在短短二三十年间居然成为中国的俄语文学翻译家的摇篮，王老师在天之灵也会因此而深感欣慰！

我们这个俄国文学译者群体的崛起，在很大程度上要归功于力冈先生及其同事们的言传身教。首先，他在课堂上逐字逐句的中俄文对照讲解，他关于译者甘苦的诉说，对于有志于文学翻译的学生而言弥足珍贵，这其实就是一个文学翻译的工作坊和实验室，让我们当年在初步掌握俄语后不久便接触到了俄语翻译的真谛，亲眼目睹了一位翻译家的工作过程和工作方式。其次，他既与我们分享他的翻译过程，也与我们分享他的翻译收获，记得我们在校时，他和济凯先生合译的《高尔基传》已经出版（江西人民出版社1980年版），他送给全班同学每人一本译著，并用规整的笔迹在扉页上题字签名，不难想象，我们接到这样的馈赠时会多么激动，同时也会觉得译书和出书不再是一件遥不可及的事情。最后，他以他的翻译行为和翻译意志告诉我们大家，庙小并不妨碍念经，更不妨碍修身。他在翻译课上不畏权威，真诚地点出翻译名家们的长处和短处，让我们较早地感受到某种翻译民主精神，并从而确立自己的翻译人格。在他之前的大翻译家往往都生活和工作在大城市，而他在成名后却安居小城，潜心译事，他的存在方式构成一种垂范和激励，使我们很早就意识到，一位翻译家原本可以在任何环境里成长和工作。力冈先生作为一位翻译家的作为和风骨，为他的学生们树立起一个光辉的榜样。

## 五

力冈的文学翻译有着其鲜明独特的文字风格。译者作为一部作品中的“被动创作者”，究竟应不应该体现其风格，这也是翻译学中一个争论已久的问题，一个见仁见智的问题，有人认为，译者的责任就在于原封不动地传导原作的风格，而不能擅自发挥，喧宾夺主。但是，译作毕竟是由译者用另一种语言进行的文学再创作，译者个人的修辞习惯和语言风格不可避免地会在其译作中得到体现，也就是说，所谓“译者风格”实际上是难以避免的。在这种情况下，如何让译者的风格与作者的风格相互接近、相互吻合，往往就成了决定译作成败的关键因素之一。译者无法在作品的风格范畴里肆意妄为，但译者毕竟有权利选择与自己相近的原著，或者说，选择自己较容易处理的翻译对象，或者说，在一部作品的翻译过程中更注重在自己的风格较易发挥的地方施展拳脚。原作风格和译者风格的吻合虽是一个可遇不可求的事情，但一旦相遇，便是译者的幸事，也是原作者的幸事，更是读者的幸事。

在力冈先生的译著中，较之于人物对话和心理描写，大段落的抒情和大场面的写景似乎得到了译者更为精心的处置，他往往能借助这些段落营造出一种悲凉壮阔、哀婉抒情的氛围，更确切地说，他往往能细腻精准地传导出原作中的此种氛围。力冈先生钟情于这样的段落，钟情于这种文学氛围的营造和传导，无疑与他饱经沧桑的生活经历相关，也是他既刚正不阿又侠骨柔情的性格使然，更是他的审美趣味和文字风格的要求。他的几部译著在书名翻译上的处理，就在一定程度上体现了他的这一追求。巴巴耶夫斯基的小说原名 ***Приволье***，这是一个很“地道”的俄语单词，意为“广阔的地方”“无拘无束”等，力冈成功地将其译成《野茫茫》，这个译名既契合小说描写苏联斯塔夫罗波尔草原地区生活的主题，也暗含着我国著名的北朝民歌《敕勒歌》所具有的苍茫壮阔的抒情力量。卡里姆的小说原题 ***Долгое-долгое детство***，力冈先生最初发表在《世界文学》上的译文题为《漫长漫长的童年》，后来出版单行本时，他将书名改为《悠悠儿时情》，

“漫长漫长的”和“悠悠”这两种均使用了叠词的译法都是对原文题目中的修辞手法和诗意情绪的准确再现，但“悠悠”较之“漫长漫长的”似乎更符合中文习惯，再加上之后的“儿时情”，无疑更有抒情味。冈察尔的小说 *Берег любви* 通常被译为《爱的彼岸》或《爱之岸》，力冈先生却译为《爱的归宿》，译者似乎也是在有意地“拓展”作为小说描写对象的爱情的辐射范围。力冈最重要的译作之一《生活与命运》最初的译名是《风雨人生》，力冈是在20世纪80年代末结束此书的翻译的，想必他在译完这部作品时，回顾自己和社会遭遇的种种磨难，不禁百感交集，故将格罗斯曼的原书名 *Жизни и судьба* 译成《风雨人生》。需要说明的是，在广西师范大学出版社不久前再版力冈先生的这部译著时，笔者建议将译著的书名改为《生活与命运》，因为这部小说如今已与托尔斯泰的《战争与和平》并列，而作者格罗斯曼在为这部小说取名时也的确是对托尔斯泰那部史诗的有意模仿，“生活与命运”和“战争与和平”，都是对人类生活最高程度的归纳和概括。

我们或许可以将力冈先生的文学翻译风格概括为“大气的诗意”或“壮阔的悲凉”，即一种融悲剧与抒情于一炉、广阔的画面感与内在的节奏感相互呼应、一气呵成的连贯调性和力透纸背的史诗感相映成趣的译文风格。在他精心翻译的《静静的顿河》和《日瓦戈医生》等巨著中，他的译笔很好地传达出了原著中原本就饱含的由抒情性、悲剧性和史诗性抱合而成的小说整体氛围，而在《生活与命运》的翻译中，他的这一风格又得到了更为充分的彰显。请读一读这部史诗长篇的结尾：“在这种宁静中，会想起去年的树叶，想起过去的一场又一场风雨，筑起又抛弃的窠巢，想起童年，想起蚂蚁辛辛苦苦的劳动，想起狐狸的狡诈和鹰的强横，想起世间万物的互相残杀，想起产生于同一心中又跟着这颗心死去的善与恶，想起曾经使兔子的心和树干都发抖的暴风雨和雷电。在幽暗的凉荫里，在雪下，沉睡着逝去的生命——因为爱情而聚会时的欢乐，四月里鸟儿的悄声低语，初见觉得奇怪、后来逐渐习惯了的邻居，都已成为过去。强者和弱者、勇敢的和怯弱的、幸福的和不幸的都已沉睡。就好比在一座不再有人住的空了的房子里，在和死去的、永远离开这座房子的人诀别。但是在寒冷的树林中比阳光明丽的平原上春意更浓。在这宁静的树林里的悲伤，也比宁静的秋日里的悲伤更沉重。在这无言的静默中，可以听到哀悼死者的号哭和迎接新生的狂欢……”这一史诗性的小说结尾写得好，译得也好，善于再现悲剧抒情风格的翻译家力冈先生的功力和风格在这里体现得淋漓尽致，炉火纯青！

俄国诗人叶夫图申科在1986年访问中国之后，深为中国俄苏文学翻译家们忍辱负重、坚持不懈的精神所感动，写下一首题为《中国翻译家》的诗作，在由笔者译成中文的这首诗的最后，诗人写道：“知识分子的良心，/就是一家出版社，/它仍能工作，/即便没有印刷机，/无论监狱、疲迹还是侮辱，/它仍能用诗句的春燕/把各个民族连系。/翻译家们在做什么？/他们让各国人民相互走近，/越过国境，/越过谎言的沼泽地。/总有一天，要用他们的姓氏/为巨轮命名，/稻穗和麦穗，/会向他们鞠躬致敬。/伟大的译文，/就像神的预言。/翻译过来的细语，/会成为震耳的呼喊。/但愿能有一座纪念碑，/献给无名的翻译家，/那最为可敬的基座，/就由无数的译著垒成！”我们相信，力冈先生的译著，应该也被垒入这座纪念碑的基座;力冈先生的名字,应该也被刻上这座纪念碑的碑身!

**二〇一七年初秋于京西**

# 人性的复活

## （译者序）

托尔斯泰是人类文化史上灿烂的巨星。三部长篇小说《战争与和平》《安娜·卡列尼娜》和《复活》是他的代表作，是世界文学宝库中永不磨灭的珍品。而《复活》是托尔斯泰世界观发生剧变后，呕心沥血写出的最后一部长篇巨著，公认为是托尔斯泰创作的顶峰，是他一生思想和艺术的总结。

一八八七年六月，法院检察官柯尼拜访托尔斯泰，讲了一个真实的故事：一个叫罗扎丽·奥尼的妓女，被控偷了醉酒的嫖客一百卢布，因此被判四个月监禁。陪审人员中有一个上流社会的青年，发现罗扎丽原来是他的亲戚家的养女。几年前他客居彼得堡时诱奸了这个姑娘，姑娘怀孕后被赶出门来。后来姑娘生了孩子，孩子送进育婴堂，姑娘沦落为妓女。那青年良心发现，想方设法同女犯会面，并请求柯尼予以帮助，表示愿意同女犯结婚以赎罪。不幸那女犯在狱中死于斑疹伤寒。

这故事使托尔斯泰很受震动。他决定以此为题材写一部小说。

他于一八八九年动笔。一八九五年完成第一稿。但他很不满意,认为小说容纳现实生活的广度和透视生活的深度都不合要求。后来又不断地探索,重写,先后六易其稿,到一八九九年才写成。前后历时十年之久。

托尔斯泰在这十年中参观了许多监狱,到法庭旁听,接触了不少囚犯、法官、狱吏,到农村调查农民生活,查阅大量档案资料,不断地深入观察和认识现实生活,深入地思考。他把自己的观察和思考所得,融汇在艺术形象之中。实际上他是把自己的思想感情,把自己对社会、人生的见解全部融汇在这部作品之中。他自己的说法是:“我以为,这是我所写的全部作品中最好的东西。”

评论家也都认为这是托尔斯泰最重要的代表作。因为这不仅代表了托尔斯泰的最高艺术成就,而且容纳了托尔斯泰对待社会、人生的全部思想,包含了他的全部先进思想,也包含了所谓他的思想缺陷。

《复活》写的是男主人公聂赫留朵夫和女主人公玛丝洛娃精神的复活,主要是聂赫留朵夫精神的复活。小说中多次写到,在聂赫留朵夫身上,精神的人与兽性的人经常在较量。聂赫留朵夫大学时期是一个纯洁、热诚、朝气勃勃、有美好追求的青年,进入军队和上流社会后,过起花天酒地、醉生梦死的生活。兽性的人统治了他,精神的人被压制了,沉睡了。他第二次见到玛丝洛娃,以及后来的七八年,便是兽性的人统治着他的时期。正是在这一时期他诱奸了玛丝洛娃,并将她抛弃,而使她沦落到后来的悲惨地步。直到在法庭上巧遇玛丝洛娃,回想当年,抚今追昔,良心发现，精神的人苏醒了，渐渐战胜兽性的人，精神的人终于复活了。

精神的人在聂赫留朵夫身上一旦苏醒，他对一切的感觉都不同了。他常常有羞愧的感觉。他在玛丝洛娃面前有这样的感觉，因为他明白，她的苦难是他造成的；他在农民面前有这样的感觉，因为他明白，他的贵族生活靠的是农民的血汗。他感到自己又卑鄙又可耻。他感到自己一贯的所作所为是这样，感到自己这一阶层许多人的所作所为也是这样。精神的人一旦复活，他就用全新的观点观察起社会、社会制度、法律和宗教。事实上，聂赫留朵夫与玛丝洛娃的故事只是小说中人物活动的纽带，而大量篇幅写的却是聂赫留朵夫对社会、人生的观察和见解，也可以说是托尔斯泰对社会、人生的观察和见解。聂赫留朵夫是托尔斯泰的代表者，是托尔斯泰思想、感情的载体。

聂赫留朵夫对待一些社会重要问题的见解和态度怎样呢？

对待土地问题：聂赫留朵夫认为土地和水、空气一样，不应成为任何人的私有财产。地主不能继续霸占土地，必须把土地交给种地的人。怎样交法？聂赫留朵夫先后采取了两种做法：一是交给农民去种，收取很低的地租；一是交给农民，地主不收取任何代价，只是让农民按土地质量拿出一些钱作为农民集体的公积金。他认识到地主无权收取任何地租，所以认为后者更合理。

对待整个贵族阶级的态度：贵族阶级的人自认为是上等人，然而聂赫留朵夫看清了贵族阶级是肮脏的，其生活趣味是卑劣的。他认为真正的上等人是劳动者和革命者。他认为自己作为贵族阶级的一员，也是卑劣、可耻的。他不但有这样的认识，而且采取了实际行动：放弃土地，不要仆人，离开阔绰的家，搬进公寓，抛弃贵族生活。在思想上、在行动上都背叛了自己的贵族阶级。作为托尔斯泰的代表的聂赫留朵夫是这样，托尔斯泰也是这样。托尔斯泰以八十二岁高龄离家出走，突患肺炎死在阿斯塔波沃小站，以最决绝的态度表明了自己背叛贵族阶级的立场。

对待封建官僚制度：聂赫留朵夫为玛丝洛娃的事到处奔波求情，从而展示了形形色色官僚的嘴脸。他们残忍暴戾，嗜血成性，背信弃义，口蜜腹剑，麻木不仁，贪赃枉法，而最可怕的是，有些人本来是善良宽厚的，一旦当了官，就不能不变得麻木、残忍起来。而且势必结成一伙，官官相护。这就不是若干人的问题，而是普遍问题，官僚制度问题。在接近结尾时出现了一个彗星式的无名老头子，主张不要皇上，不要任何当官的。

对待宗教：认为官办教会是欺骗和愚弄人民、维护专制政体的工具。他赞成基督教所提倡的博爱、平等的教义，认为教会的许多做法都是违反基督教教义的。小说中对官办教会进行了无情的揭露。接近结尾出现的无名老头子就说，各人相信自己的心灵，就不分什么教什么派了。这就是主张凭良心办事。上帝就在每个人心中。

对待法律和监狱：依照聂赫留朵夫的看法，监狱里的罪犯，一部分是根本无罪的，一部分是因为精神道德水平高于一般水平，如革命者、罢工者，还有一部分是犯了罪的，可是社会对他们犯的罪比他们对社会犯的罪大。所谓社会对他们犯的罪，指的是剥夺了他们的生产和生活资料，为了活命，他们不得不“犯罪”。那个无名的老头子是这样说的：“法律哩！他们先把所有的人抢得光光的，把人家所有的土地、所有的财产都夺过去，算成自己的，把反对他们的人统统杀死，然后再定出法律，不准抢劫，不准杀人。要是他们先定出法律就好了。”

对待革命者：聂赫留朵夫认为他们都是极好的人，精神道德面貌高于一般水平。他本来因为革命者采取恐怖手段，所以对革命者有些反感，可是接近之后，才知道政府对他们太残酷，他们不得不采取恐怖手段。他最敬爱的克雷里佐夫，本来是个又斯文又和善的大学生，可是目睹残酷的现实之后，变成了民意党破坏小组的组长。

在许多根本性问题上，聂赫留朵夫都表现出当时先进的观点。

聂赫留朵夫的精神的人复活的过程，也是深刻认识社会和背叛贵族阶级的过程。托尔斯泰正是通过这一思想感情的载体揭露和批判了贵族社会。

玛丝洛娃是托尔斯泰满怀激情塑造的美好女性形象。她原是一个美丽纯洁的少女。被聂赫留朵夫诱奸怀孕后，被主人赶出门来，在走投无路的境况下沦落为妓女。因为想起过去的事太痛苦，就尽量不去想，浑浑噩噩，过起醉生梦死的生活。后来遭诬陷，进监狱。直到聂赫留朵夫第一次探监，她还习惯地把他看作风月场上的男人，对他媚笑，向他要钱。但正是这次见面，使她回想起过去，她精神的人也苏醒了。她的可贵的品性一次次表现出来。除了第一次见面要的那十个卢布以外，她什么也没有要过。她总是在关心别人。每次见到聂赫留朵夫，都要求他为别人的事奔走。她重新爱上聂赫留朵夫，却不同意跟他结婚，因为她认为这对聂赫留朵夫不是幸福，而是一种拖累，她不愿接受他的牺牲。后来她在政治犯的影响下，精神境界越来越高。最后嫁给政治犯西蒙松，正是为了使聂赫留朵夫得到完全解脱。一个处于这种境地的女子，宁可离开一个贵族老爷，嫁一个服苦役的政治犯，这是多么崇高的精神境界。玛丝洛娃的精神的人不是简单地复活，而是达到了崇高、完美的境界。

然而玛丝洛娃和聂赫留朵夫不同，她只是托尔斯泰塑造的美好形象，却不是托尔斯泰的代表者，不是托尔斯泰思想感情的载体。

《复活》卷首引用了几段《圣经》，结尾引用得更多些。结尾与卷首所引《圣经》内容大致相同。有些评论家便认为这是本书主旨，是聂赫留朵夫的思想归宿，认为这反映了托尔斯泰空想的、反动的学说的内容，诸如“不以暴力抗恶”“道德自我完善”等等。其实不应该这样看。引用《圣经》是有针对性的。为的是要世人爱护、怜恤有罪的和无罪的罪犯。请看：“为什么看见你弟兄眼中有刺，却不想自己眼中有梁木呢?”“一个人若有一百只羊，一只走迷了路，你们的意思如何？他岂不撇下这九十九只，往山里去找那只迷路的羊吗?”“你不应该怜恤你的同伴，像我怜恤你吗?”这里的“弟兄”“迷路的羊”“同伴”显然指的是罪犯。用意是很清楚的。

接近结尾时像彗星一般出现的那个无名的老头子，是一个值得重视的人物。确切地说，聂赫留朵夫只是托尔斯泰思想感情的载体，无名老头子才是托尔斯泰的代言人。老头子的话是极其深刻和犀利的。在这样一部书的结尾，作者是应该有一番结论性的话要说的。怎样说呢？通过什么方式，通过哪一个人物来说呢？

通过中心人物聂赫留朵夫，如果说得太露骨、太激烈，也许不符合人物性格，也许会引起审查机关注意。因此他设计了一个不引人注意的、一闪而过的、“疯疯傻傻”的无名老头子。借老头子之口，对宗教、法律、监狱、官僚制度进行了深刻而激烈的批判。研究托尔斯泰思想的人，是不应该忽视这个人物的。

古往今来，一切伟大的作品都具有高超的艺术性、高度的真实性、深厚的人性。《复活》正是在这几方面都达到了非同一般的程度。

关于艺术性，不少评论者都提到《复活》中使用的对比手法。是的，托尔斯泰最善于使用对比手法。开卷便写美好的春天，接着便写监狱的景象；当玛丝洛娃被押去受审时，聂赫留朵夫还躺在高高的弹簧床上；聂赫留朵夫穿着干净衬衣坐在头等车厢的丝绒软椅上说笑，玛丝洛娃在凄风苦雨中跟着车厢奔跑；柯察金夫人一行往右一拐，朝头等车厢走去，聂赫留朵夫和塔拉斯往左边走，朝三等车厢走去。举不胜举。此外，历来评论家都特别称道托尔斯泰表现人物心理活动的技巧，称道他掌握了“心灵的辩证法”。在《复活》中，聂赫留朵夫的心理活动是用直叙的方法写出的，玛丝洛娃的心理活动却不是直叙，而是通过言语、表情写出的。不论用这种方法、那种方法，都将主人公丰富而多变化的心理活动写得十分合理，十分自然，十分细腻。

尽管在文学史上现实主义传统由来已久，然而真正如实地描绘现实的作品是不多的。因为历来统治者都喜欢歌功颂德，忌恨揭露黑暗、丑恶面的作品。托尔斯泰却凭自己的胆识和良心，如实地描绘了人民的悲惨境况，描绘了形形色色官僚的丑恶嘴脸，揭示了官僚制度的腐朽和教会欺骗群众的实质。《复活》写成后，当时的审查机关大加砍削，删节达五百余处，如描写监狱祈祷的两章，全部删去，只留下“礼拜开始了”几个字。就这样，发表后还是触怒了教会。教会宣布把托尔斯泰革出教门。也正是因为托尔斯泰在《复活》中真实地反映了俄国的社会现实，列宁称托尔斯泰为“俄国革命的镜子”。

《复活》中表现出深厚的人性，是有目共睹的，然而却不是有口皆碑。多少年来，不少人认为这是托尔斯泰最大的弱点，认为他所表现的人性是与阶级性相悖的。这是过去理论界“左”的思潮的一种表现。其实，聂赫留朵夫作为托尔斯泰思想感情的代表者，对待不同的阶级是爱憎分明的。对劳动人民充满同情和爱护之心，对革命者充满敬意，对贪官污吏深恶痛绝，对贵族是厌恶的。在《复活》第二部中写道，聂赫留朵夫乘车赴下诺夫哥罗德，有意避开柯察金公爵一家人，不坐头等车，而坐三等车，跟普通劳动者在一起。他和普通劳动者交谈之后，心里感到无比舒畅。他“看着这些人那干瘦而强壮的四肢，那粗糙的土布衣服，那黑黑的、亲切的、风尘仆仆的脸，感到自己置身于这些全新的人以及他们那种真正的人类劳动生活的正当情趣和苦乐之中”，就感到自己进入了一个美好的新世界，认为“这才是真正的上等社会”。而“想起了柯察金之流那个游手好闲、穷奢极侈的世界以及他们那种低下卑微的生活情趣”，就感到厌恶。可以说，聂赫留朵夫不但在理智上认识到应该同情劳动人民和憎恨统治阶级，而且在思想感情上完全站到了劳苦大众一边，站到了统治阶级的对立面。

可见，托尔斯泰宣扬人性，不是否定阶级性，而是反对兽性。

聂赫留朵夫的精神的人，也就是人性的人。在聂赫留朵夫身上，人性的人经常与兽性的人较量。当兽性的人占上风时，人性的人就被压抑了；等到人性的人复活了，兽性的人就败退了。在具体的人身上是这样，在整个人类历史、人类社会中何尝不是这样？！

《复活》是人性的人复活，也就是人性复活。弘扬人性，何罪之有？！

文学以情感人。《复活》正是充满深厚的感人之情——对劳苦大众和弱小者的同情和爱护之心，对统治者的愤恨，对贵族的憎恶，对革命者的敬意，对官办教会的蔑视。这一切都表现得异常分明，异常强烈，异常真挚。这一切都是人性的感情。无怪乎《复活》感动了一代一代的读者，而成为超越国界、超越时代的不朽名著。

**力　冈**

**一九九一年五月**

# 目　录

# 第一部

《马太福音》第十八章第二十一节至第二十二节:“那时彼得进前来,对耶稣说:主啊,我弟兄得罪我,我当饶恕他几次呢?到七次可以吗?耶稣说,我对你说,不是到七次,乃是到七十个七次。”

《马太福音》第七章第三节:“为什么看见你弟兄眼中有刺,却不想自己眼中有梁木呢?”

《约翰福音》第八章第七节:“……你们中间谁是没有罪的,谁就可以先拿石头打她。”

《路加福音》第六章第四十节:“学生不能高过先生,凡学成了的不过和先生一样。”

## 一

尽管几十万人麇集在不大的一块地方,千方百计糟蹋所聚居的土地,在地上铺砌石头,让地上什么也不生长,尽管一见出土的小草就铲除,尽管烧煤炭和石油烧得烟雾腾腾,尽管拼命砍伐树木，驱逐一切鸟兽，然而，就是在城市里，春天依然是春天。阳光送暖，青草蓬勃生长，不仅在街心公园的草坪上，而且在石头缝里，凡是青草没有铲尽的地方，都一片翠绿。桦树、白杨、稠李纷纷吐出黏黏的、芳香的绿叶，菩提树上鼓起绽裂的嫩芽；寒鸦、麻雀和鸽子都不负春意，已经高高兴兴地在做窝儿；就连苍蝇，经阳光一晒，也在墙脚下嗡嗡飞动。不论树木花草，不论雀鸟昆虫，不论小孩子，全都欢欢喜喜。可是人——大人，成年人——却依然无休无止地在欺骗自己和相互欺骗，折腾自己和相互折腾。人们认为，神圣和重要的不是这春天的早晨，不是为造福万物而生就的人间美景，这种可以激发和睦、融洽、友爱之情的美景，神圣而重要的倒是人们自己想方设法，施行人对人的统治。

比如，省监狱办公室里的官吏们认为神圣和重要的，不是所有的鸟兽和人都受到春天的感染，享受到春天的欢乐，他们认为神圣和重要的，是昨天收到一封编号、盖印、标明案由的公文，公文要求，今天，四月二十八日，上午九时前将狱中三名在押的案犯，两女一男，送法庭受审。其中一名女的是主犯，须单独押送。由于接到这张传票，这天上午八点钟，看守长走进又暗又臭的女监走廊。紧跟着他走进走廊的是一个面容憔悴的女人，一头拳曲的白发，身穿袖口镶金绦的女褂，扎一条蓝边腰带。这是一名女看守。

“您是要带玛丝洛娃？”她一面问，一面同值班看守朝走廊内一间牢房门口走去。

值班看守当啷一声开了铁锁，打开牢房门，一股比走廊里更难闻的臭气从牢房里冲了出来。值班看守吆喝道：

“玛丝洛娃，过堂去！”又把牢门掩上，等待着。

就是在监狱的院子里，空气也是新鲜清爽的，那是吹进城里来的田野上的空气。可是走廊里却是污浊难闻的饱含伤寒菌的空气，充满粪便气味、焦油气味和腐烂气味，任何人一走进来都会立刻感到窒闷和难受。女看守虽然闻惯了污浊空气，但从外面一走进来，就有这样的感觉。她一进走廊，顿时就感到浑身无力，昏昏欲睡。

牢房里响起忙乱的声音：几个女人说话的声音和几双光脚板走动的声音。

“快点儿，有什么磨蹭的，玛丝洛娃，听见没有！”看守长对着牢房门喝道。

过了两分钟左右，一个身穿白衣白裙、外罩灰色囚服、个头儿不高、胸部非常丰满的年轻女子大踏步走出牢房，很麻利地转过身子，在看守长身边站住。这女子脚穿麻布长袜，外套囚犯暖鞋，头上扎一块白头巾，显然有意地让几圈乌黑的鬈发从白头巾里露了出来。她的脸色异常苍白，白得像地窖里的土豆芽，长期坐牢的人脸色都是这样的。她那一双不大而宽阔的手和从囚服宽大领口里露出来的丰满的白脖子也是这样。在这张脸上，特别是在苍白无光泽的脸色衬托下，那双乌黑发亮、有点儿浮肿、然而十分有神的眼睛，实在使人惊异。其中有一只眼睛多少有点儿斜视。她挺着丰满的胸脯，身子站得笔直。一来到走廊里，她就微微仰起头，对直地朝看守长的眼睛看了看，站下来，摆出一副任人摆布的姿态。看守长正要关门，这时有一个没裹头巾的白发老太婆从门里探出她那张苍白而冷峻的皱皱巴巴的脸。老太婆刚开口对玛丝洛娃说话，看守长就把门推到老太婆的头上，白头不见了。牢房里响起女人的哄笑声。玛丝洛娃也微微笑了笑，转过脸对着门上装了铁条的小窗口。老太婆从里面凑到小窗口上，用沙哑的嗓门儿说：

“顶要紧的是，不能说的别说，说过的别改口，就行了。”

“只要有一个结果就好，不会比现在更糟的。”玛丝洛娃摇了摇头，说。

“当然，结果只有一个，不会有两个。”看守长带着长官的神气说，显然相信自己说得很俏皮。“跟我走！”

小窗口里露出来的老太婆的眼睛不见了。玛丝洛娃来到走廊中央，迈着很快的碎步跟着看守长走去。他们走下石头阶梯，经过比女监更臭、更嘈杂、每个小窗口都有眼睛盯着他们的男监，走进办公室，办公室里已经有两名押解士兵持枪等待着。坐在这儿的一名文书把一份烟味很重的文件交给一名押解士兵，指着女犯说：

“把她交给你了。”

这名士兵是下诺夫哥罗德的一个红脸膛、有麻子的汉子，他把公文掖在军大衣翻袖里，瞟着女犯，笑嘻嘻地朝高颧骨的楚瓦什同伴挤挤眼睛。他们带着女犯下了台阶，朝大门口走去。

大门上的一扇小门打开来，两名士兵押着女犯跨过小门的门槛，来到院子里，再走出围墙，来到铺砌石头的大街上。

车夫、店伙计、厨娘、做工的、当官为吏的纷纷停住脚步，好奇地打量女犯。有的摇摇头，心里说：“瞧，这就是干坏事的下场，还是像我们这样做人好。”孩子们胆战心惊地望着这个女强盗，唯一可以放心的是她被士兵押着，再也不能为非作歹了。一个乡下汉子卖掉了木炭，在茶馆里喝足了茶，这时走到她跟前，画了一个十字，送给她一个戈比。女犯脸红了，低下头，嘴里说了两句什么。

女犯觉察到向她射来的一道道目光，也不扭转头，不动声色地斜睨着那些看她的人。许多人这样注意她，使她感到高兴。这春天的空气，与牢房里的相比，清爽多了，也使她很高兴。不过她已经不习惯于走路，又穿着笨重的囚犯暖鞋，两只脚走在石子路上非常疼痛。于是她看着自己脚底下，尽可能走得轻一点儿。他们经过一家面粉铺，门前有许多鸽子，摇摇摆摆地走来走去，没有人欺负打扰。女犯的脚差点儿碰到一只瓦蓝色鸽子，那只鸽子腾地飞起来，拍打着翅膀擦着女犯耳边飞过，给她送来一阵清风。女犯微微一笑，接着想起自己的处境，沉重地叹了一口气。

## 二

女犯玛丝洛娃的身世十分平常。她是一个未婚女农奴的私生女。这女农奴跟着喂养牲口的母亲，住在两个地主小姐的庄子里。这个未婚女子每年都生孩子，并且依照乡下习惯，给孩子行洗礼，然后，做母亲的就不再喂养不受欢迎、不需要，而且妨碍干活儿的孩子，孩子很快就饿死。

就这样死了五个孩子。五个孩子都行了洗礼，然后都不再喂养，于是都死掉了。第六个孩子是跟一个路过的茨冈人生的，是个女孩儿。她的命运本来也会是一样，可是事出偶然，两个老小姐中有一个来到牲口棚里，斥责喂养牲口的人，因为奶油有牛臊气。当时产妇和这个挺好看的胖娃娃正躺在牲口棚里。老小姐大骂了一通，又说奶油有牛臊气，又说不该把产妇放在牲口棚里，骂完正要走，忽然看见这孩子，对孩子产生了爱怜之情，就自己提出要做她的教母。她便给孩子行了洗礼，后来，因为心疼自己的教女，就常常给做母亲的送牛奶和钱。这样，女孩儿就活了下来。两个老小姐就叫她“得救妞儿”。

这孩子三岁那年，母亲害病死了。喂牲口的外婆抚养外孙女感到十分吃力，两个老小姐便把孩子收养了。这个黑眼睛女孩儿长成一个异常活泼可爱的小姑娘，两个老小姐常常逗她取乐儿。

两个老小姐中，妹妹索菲娅·伊凡诺芙娜比较善良，给女孩儿行洗礼的就是她；姐姐玛丽娅·伊凡诺芙娜心肠却比较硬。索菲娅常为小姑娘打扮，教她念书，一心想让她成为自己的养女。玛丽娅却说，要让小姑娘成为一名干活儿的好手，一名很好的侍女，因此对她管束很严，常常处罚她，在心情不好的时候还要打她。就这样，因为在两种影响下成长，等小姑娘长大了，就成了半个侍女，半个养女。她的名字的叫法不亲也不卑，不叫卡金卡，也不叫卡吉卡，而叫卡秋莎。她缝缝补补，收拾房间，擦拭圣像，烧菜，推磨，煮咖啡，洗衣服，有时陪两个老小姐坐坐，给她们读书解闷儿。

有些人向她求婚，可是她谁也不愿嫁，觉得跟着向她求婚的那些干力气活儿的人过日子，她受不了。

就这样，她生活到十六岁。等她过了十六岁生日，老小姐家里来了一个上大学的侄儿，是一位阔绰的公爵少爷，卡秋莎一下子就爱上了他，虽然不仅不敢向他表白，甚至自己对自己也不敢承认。后来又过了两年，这位侄少爷出发去远征，顺路来到姑妈家，在姑妈家住了四天，临行前夜，他勾引了卡秋莎，动身那天他塞给卡秋莎一张一百卢布的钞票，就走了。他走后又过了五个月，她才清楚地知道自己怀孕了。

从那时候起，她对一切都厌恶了。她只是一心想着怎样避免即将临头的耻辱。她不仅服侍两个老小姐又勉强又马虎，而且，连自己也不知道是怎么一回事儿，竟发起脾气。她对老小姐说了不少无礼的话，过后自己觉得懊悔，就要求辞退。

两个老小姐对她也很不满意，就放她走了。她离开她们家，就到县警察局长家里做侍女，但只在那里干了三个月，因为警察局长虽然是一个五十来岁的老头子，却千方百计地调戏她，有一次，他死皮赖脸地纠缠她，她发起火来，骂他浑蛋和老色鬼，并且狠狠地当胸推了他一把，把他推倒在地上。她因为粗暴无礼被撵走了。再找活儿已不可能，因为很快就要分娩，于是她住到乡下一个又做产婆又卖私酒的寡妇家里。分娩很顺利。可是那产婆刚给村子里一个有病的女人接过生，就把产褥热传染给了卡秋莎。婴儿是个男孩儿，被送进育婴堂，据送婴儿的老太婆说，婴儿一到那里便死了。

卡秋莎住进产婆家里的时候，身上总共有一百二十七卢布：二十七卢布是挣的工钱，一百卢布是勾引她的少爷给的。等她从产婆家里出来，只剩了六个卢布。她不会省钱，自己要花就花，谁要就给谁。产婆向她要了四十卢布作为两个月的生活费，即伙食费和茶点钱，花二十五卢布把孩子送进育婴堂，产婆又借了四十卢布买牛，还有二十来个卢布买衣服、买礼物用了，所以，当卡秋莎身体复原时，她已经没有钱了，不得不再找活儿干。她在一位林务官家里找到了活儿。林务官是有妻室的人，但也和警察局长一样，从第一天起就缠住卡秋莎不放。卡秋莎十分讨厌他，拼命躲避他。可是他比她老练、狡猾，更主要的他是东家，他想叫她到哪儿就叫她到哪儿，所以找到一个机会，把她占有了。妻子知道了这事儿，有一次碰上丈夫单独和卡秋莎在房间里，就扑过去打她。卡秋莎也不示弱，于是扭打起来，打的结果是把她撵出门来，连工钱也不给。于是卡秋莎来到城里，住到姨妈家。姨父是个装订工，以前日子过得不错，可是如今没有主顾，而且经常酗酒，手底下有什么东西都要变卖喝掉。

姨妈开了一个小洗衣铺，她和儿女们借以糊口，并养活潦倒的丈夫。姨妈要卡秋莎在她的洗衣铺干活儿。但卡秋莎看到姨妈铺子里洗衣女工干的活儿太艰苦，就不想干，又到荐头行里去找地方当女仆。她找到一位太太家，太太家有两个上中学的儿子。她进去一个星期，那个上中学六年级的留胡子的大儿子就丢开功课，缠住她，不让她安宁。太太认为一切全怪玛丝洛娃，就把她辞退了。一时未找到新的工作。但事有凑巧，她一来到荐头行，就遇到一位太太，肥胖的光手臂上戴着钻石戒指和手镯。这位太太知道了正在找活儿干的玛丝洛娃的处境，就把自己的地址告诉她，请她到家里去。玛丝洛娃来到她家里。太太很殷勤地招待她，请她吃馅饼，喝甜酒，又打发侍女送一封信到什么地方去。傍晚就有一个一头长长的白发和白胡子的高个子来到房间里。这老头子一进来就挨着玛丝洛娃坐下，眼睛闪闪发亮，笑嘻嘻地打量起她，同她说笑。太太把他叫到另一个房间里，玛丝洛娃就听到太太说："是个雏儿，刚从乡下来的。"然后太太把玛丝洛娃叫去，说，这是一位作家，钱多得很，只要她能使他喜欢，他是不会舍不得什么的。她使他喜欢了，他便给了她二十五卢布，并说要常常和她相会。她付了姨妈家的生活费，买了新衣服、帽子和缎带，钱很快就用完了。过了几天，作家又请她去一次，她去了。他又给了她二十五卢布，并且叫她搬到单独的一个住所去。

玛丝洛娃住在作家租下的寓所里，却爱上了同院一个讨人喜欢的店伙计。她自己对作家说了这事，便搬到另外一个单独的小寓所去。店伙计本来说要和她结婚，后来却不辞而别，到下诺夫哥罗德去了，显然是把她抛弃了。于是玛丝洛娃又成了孤单单一个人。她本想一个人在寓所里住下去，可是不准她住。派出所所长对她说，只有领到黄色执照[①]，经过检查，才能单独居住。于是她又来到姨妈家。姨妈看到她身上讲究的衣服、披肩和帽子，认为她现在身份高了，就恭恭敬敬地招待她，再也不敢叫她做洗衣妇了。对于玛丝洛娃来说，也不存在当不当洗衣妇的问题。她现在怀着怜悯的心情看着前面几间屋里的洗衣妇过的苦役般的日子。那些洗衣妇脸色苍白，胳膊干瘦，有的已经害了痨病，在三十度[②]的肥皂水蒸气里洗衣服，熨衣服，不论冬夏都开着窗子。她一想到她也可能服这种苦役，就心里发怵。

就在这时候，就在玛丝洛娃没有任何人可以依靠因而特别困顿的时候，一个为妓院物色姑娘的牙婆找到了她。

---

①帝俄时期的妓女执照。

②指列氏温度。列氏三十度相当于摄氏三十七点五度。

玛丝洛娃早就抽上香烟，而在她同店伙计姘居的后期和被他抛弃以后，她越来越迷恋上老酒。她之所以迷恋老酒，不光是因为她觉得酒味甘美，更因为酒能使她忘记身受的一切痛苦，使她摆脱烦恼，增强自尊心，没有酒是不行的。不喝酒的时候，她总感到灰心丧气，在人面前抬不起头来。

牙婆为姨妈摆了一桌酒席，让玛丝洛娃吃得酒足饭饱之后，就提出要她进本城一家最好的上等妓院，向她列举了干这种营生的种种好处。玛丝洛娃必须有所选择：要么选择当女仆的屈辱处境，其中有男人的纠缠和秘密的、临时的通奸；要么选择有保障的、安定的、合法的地位和公开的、合法的、报酬丰厚的、经常的通奸。于是她选择了后者。此外，她想借此报复勾引她的公爵少爷、店伙计和一切欺侮过她的男人。其中还有一点吸引她，使她最后打定了主意，那就是牙婆对她说，她想要什么衣服，就做什么衣服，丝绒的，法伊绉的，绸缎的，袒胸露臂的舞服，要什么有什么。于是她想象到自己穿着黑丝绒绲边的鹅黄色袒胸绸衣的情景，再也招架不住，就交出身份证去换黄色执照。当晚牙婆就叫来一辆马车，把她送进有名的基塔耶娃妓院。

从那时起，玛丝洛娃就长期过起违反上帝和人类训条的生活。千百万妇女过着这种生活，不仅得到关心国民福利的政府许可，而且受到政府保护。过这种生活的妇女到头来十个有九个害上痛苦的疾病，未老先衰，过早夭折。

夜间纵情狂饮，行欢作乐，白天昏昏沉睡。下午三四点钟慵倦无力地从肮脏的床上爬起来，喝矿泉水醒酒，喝咖啡，穿着罩衫、小褂、睡衣，懒洋洋地在几个房间里蹭跶，撩起窗帘望望窗外，有气无力地互相对骂。然后梳洗，搽油，往身上、头发上洒香水，试衣服，为衣服同老鸨争吵，照镜子，往脸上涂脂抹粉，画眉毛，吃又甜又腻的点心；然后穿起袒胸露臂的鲜艳绸衫；然后走进灯火辉煌的华丽大厅，嫖客陆续到来，奏乐，跳舞，吃糖果，喝酒，吸烟，与嫖客通奸，嫖客有年轻的，有中年的，有半大孩子，有风烛残年的老头子，有单身汉，有有妻室的，有商人，有店伙计，有亚美尼亚人，有犹太人，有鞑靼人，有富的，有穷的，有健壮的，有病弱的，有醉汉，有不喝酒的，有粗鲁的，有温柔的，有军人，有文官，有大学生，有中学生，各种阶层、各种年龄、各种性格的人，应有尽有。又是叫嚷又是调笑，又是打闹又是音乐，抽烟喝酒，喝酒抽烟，音乐从天黑响到天明。只有上午才能脱身和昏昏沉睡。天天如此，一个星期都是如此。到了周末，就到政府机关，即公安分局，里面那些担负国家重任的男人，官吏和医生，有时严肃认真，有时不惜蹂躏为防止犯罪不仅赋予人类，而且赋予禽兽的羞耻心，用轻薄嬉笑的态度对这些女人进行检查，发给她们许可证，批准她们继续干上一星期她们和同伙们干过的那种罪行。下一个星期还是如此。不论冬天与夏天，不论平常日子和节假日，天天如此。

玛丝洛娃这样过了七年。在这期间，她换过两家妓院，住过一次医院。在她进妓院的第七年，也就是她第一次失身后的第八年，在二十六岁的时候，她出了事，因为这事她进了监狱，在监狱里和盗贼、杀人犯一起过了六个月之后，现在被押送法庭受审。

## 三

就在玛丝洛娃走得筋疲力尽，走了很长的路，来到地方法院大厦门前的时候，她的养母的侄儿，当初诱奸她的公爵少爷德米特里·伊凡诺维奇·聂赫留朵夫，还躺在他那高高的弹簧床上，床上铺着羽绒褥垫和揉皱的被单。他穿着干净的、胸前皱褶熨得很平整的荷兰式衬衣，敞着领口，吸着香烟。他望着面前，眼睛一动也不动，思索着今天要干些什么事，昨天有过一些什么事。

他想起昨天在富贵的柯察金家度过的一个黄昏，想到大家都揣测他一定要和柯察金家的小姐结婚，不由得叹了一口气，扔掉烟蒂，想从银烟盒里再取一支烟，可是他改变了主意，从床上耷拉下两条光溜溜的白腿，用脚找到拖鞋，把一件绸晨衣披在圆滚滚的肩上，迈着又快又重的步子，来到卧室隔壁的盥洗室里。盥洗室里充满甘香酒剂、花露水、发蜡和香水的非自然气味。他用特制的牙粉刷过他那修补过多处的牙齿，用芳香的含漱剂漱过口，然后上上下下擦洗身子，再用几条不同的毛巾擦干。用香皂洗过两只手，用刷子仔细刷过长指甲，在老大的大理石脸盆里洗过脸和白胖的脖子，便走到旁边另一间屋里，这儿已准备好淋浴。他用凉水冲洗过那白白的、结实而丰满的身体，用毛茸茸的浴巾擦干，穿起熨得笔挺的干净衬衣，穿上擦得像镜子一样锃亮的皮鞋，坐到梳妆台前，用两把梳子梳理那拳曲的小黑胡子和前顶已经有些稀疏的鬈发。

他穿戴的东西，也就是他的服饰用品，如衬衣、外衣、鞋子、领带、别针、袖扣，样样都是最高级、最昂贵的货色，高雅，大方，坚固，名贵。

他从十来样领带和胸针中随手各挑了一样。以前他做这些事觉得新鲜有趣，现在觉得索然无味了。他穿起刷得干干净净、放在椅背上的衣服，便走了出来，虽然算不上焕然一新，但也周身上下干净芳香。他走进长长的餐厅。昨天三个汉子刚把餐厅里的镶木地板擦得明光锃亮。里面有一张老大的橡木食品橱，一张老大的活动餐桌，雕成狮爪形状的桌腿宽宽地叉开，很有气派。餐桌上铺着薄薄的、浆得笔挺的、绣有巨大家徽的桌布。上面是盛着香喷喷的咖啡的银咖啡壶，银糖缸，盛着煮过的奶油的奶油罐和装着新鲜面包、面包干、饼干的篮子。这些家什旁边放着刚收到的信件、报纸和新出的一期法文杂志《两个世界》①。聂赫留朵夫刚要拆阅信件，从通向走廊的门里轻轻走进一个肥胖的老妇人，身穿丧服，头戴花边头饰，遮盖着她那很宽的头发挑缝。这是阿格拉菲娜·彼得罗芙娜，原是聂赫留朵夫母亲的侍女，不久前母亲就在这所宅子里去世，她就留下来给少爷做女管家。

阿格拉菲娜几次跟随聂赫留朵夫的母亲出国，在国外住了十来年，很有贵妇人的仪表和气派。她从小就生活在聂赫留朵夫家，在德米特里·伊凡诺维奇还叫小名米金卡的时候就熟悉他了。

"早晨好，德米特里·伊凡诺维奇。"

"您好，阿格拉菲娜·彼得罗芙娜。有什么新闻吗？"聂赫留朵夫用玩笑的口吻问。

"有一封信，不知是公爵夫人写来的，还是公爵小姐写来的。

①原文为法语。凡用法语的，一律排楷体，以后不再作注。

一名侍女老早就送来了,还在我屋里等着呢。"阿格拉菲娜说着,把信交给他,脸上带着意味深长的微笑。

"好,我就看。"聂赫留朵夫说着,接过信,注意到阿格拉菲娜的笑,不由得皱起眉头。

阿格拉菲娜微笑的含意是,信是柯察金小姐写来的,照阿格拉菲娜的看法,聂赫留朵夫正准备同她结婚呢。阿格拉菲娜的微笑所表示的这种推断,使聂赫留朵夫很不愉快。

"那我去叫她再等一会儿。"阿格拉菲娜说着,拿起放得不是地方的扫面包屑的小刷子,放到另一个地方,就轻轻地走出餐厅。

聂赫留朵夫打开阿格拉菲娜交给他的那封香喷喷的信。信是写在一张毛边的灰色厚纸上的,字迹尖细而稀疏。他看了起来。

"我既承担义务做您的记性,那现在就提醒您:今天,四月二十八日,您应当出庭陪审,因此您无论如何不能照您昨天以您素有的随便态度答应的那样,陪我们去看画展了;除非您情愿向地方法院缴纳三百卢布的罚金,相当于您舍不得买的那匹马的价钱,为的是您没有按时出庭。昨天您刚走,我就想起了这事。请您千万不要忘记。

玛·柯察金娜公爵小姐。"

信的背面又附笔写着:

"妈妈要我告诉您,为您准备的餐具将等您到深夜。您务必要来,迟早听便。

玛·柯"

聂赫留朵夫皱起眉头。两个月来,柯察金公爵小姐一直巧妙地在他身上下功夫，就是要用一条条无形的线把他和她拴得越来越紧，这封信便是这种功夫的继续。已经过了青春少年、不再痴心钟情的男子，遇到结婚的事，总是左顾右盼，踌躇不决。不过，除了这种一般性的踌躇不决之外，聂赫留朵夫还有一个重大原因，使得他纵然下了决心，也不能立刻去求婚。这原因不是他在十年前诱奸了卡秋莎又把她抛弃了。这事儿他已经忘得一干二净，没有认为这是他结婚的障碍。这原因是眼下他与一个有夫之妇有关系，虽然从他这方面来说，这种关系现在已经断了，但她却不认为是断了。

聂赫留朵夫见到女人很腼腆。但正是他的腼腆挑起了那个有夫之妇要征服他的欲望。那个女人是一个县的首席贵族的妻子。在选举首席贵族期间，聂赫留朵夫常常去那个县。那个女人勾引他发生了关系。这种关系使聂赫留朵夫一天比一天更迷恋她，同时也一天比一天更厌恶她。起初是聂赫留朵夫招架不住她的诱惑，后来又因为感到对她负疚，所以不得到她的同意，就不能断绝这种关系。就是由于这一原因，聂赫留朵夫认为即使自己有心，也无权向柯察金家小姐求婚。

桌上正好放着那个女人的丈夫的来信。聂赫留朵夫一见到他的笔迹和邮戳，就满脸通红，顿时感到精神紧张起来，他每遇到危险，总是这样的。不过他的紧张是不必要的：那个丈夫，聂赫留朵夫主要田产所在县的首席贵族，来信是通知聂赫留朵夫，五月底要召开地方自治会非常会议，请聂赫留朵夫务必出席，并希望在会议上讨论有关学校和专用线路等当前重大问题时支持他，因为预料在讨论中会遭到反动派的强烈反对。

首席贵族是自由派人士，他和一些志同道合的人一起反对亚历山大三世在位期间气焰嚣张的反动势力，并且全力以赴地投入这场斗争，丝毫不知道家庭生活中的不幸。

聂赫留朵夫想起由于这个人而经历过的种种苦恼时刻。记得有一次他以为她的丈夫知道了这事，就准备同他决斗，决斗时他准备朝天开枪。还记得跟她大闹过一场，她在绝望中朝花园里的池塘跑去，想投水自尽，他慌忙跑去找她。“我现在不能去找她，在她没有答复我以前，也不能采取任何措施。”聂赫留朵夫在心里说。他在一个星期之前给她写过一封很果断的信，承认自己不对，愿意用任何方式弥补自己的过错，不过他还是认为，他们的关系应该一刀两断，这确实对她有好处。他现在就在等待回复，还没有收到回信。没有回信多少是个好兆头。假如她不同意分手，早就写信来，或者还会像以前那样亲自赶来了。聂赫留朵夫听说，那儿现在有一位军官在追求她，这使他难受，因为他嫉妒，同时又使他高兴，因为有希望摆脱处处作假的尴尬局面。

另一封信是庄园的总管写来的。总管在信里说，他，聂赫留朵夫必须亲自去一趟，以便办理遗产继承手续，此外，还要对今后如何经营田产问题做出决定：是按照公爵夫人在世时那样经营，还是采取总管以前曾向公爵夫人提出、如今又向公爵少爷提出的办法，也就是添置农具，把租给农民的土地全部收回，自己耕种。总管在信中说，这样经营要划算得多。同时总管还表示歉意说，原定一号前应当汇出三千卢布，多少有些延迟了。这笔钱将随下一班邮车汇出。他所以延迟汇款，是因为怎么也收不齐农民欠的租，农民异常刁滑，以至于不得不求助于官府，强制农民缴租。聂赫留朵夫看完这封信,又高兴又不高兴。高兴的是他觉得自己拥有偌大的家产,不高兴的是他在青春少年时期原是斯宾塞[①]的狂热信徒,而且因为自己是大地主,斯宾塞在《社会静力学》中所提出的正义不允许土地私有的论点特别使他震动。他出于青年人的直率和豪爽,不仅口头上说土地不应该成为私有物,不仅在大学里就这一问题写过论文,而且当时在行动上把小部分土地(那一部分土地不属于母亲,而是他自己从父亲名下继承的)分给了农民,因为他不愿意违背自己的信念占有土地。现在他因为继承遗产而成为大地主,他必须在二者中选择其一:要么像十年前处理他父亲的二百俄亩土地那样,放弃他的私有财产,要么以默默接受的方式承认自己以前的一切想法都是错误和荒谬的。

第一条他做不到,因为除了土地他没有任何其他生活资料。他不愿做官,可是他又过惯了阔绰生活,认为要放弃这种生活已经不可能了。而且,何必放弃这种生活,因为年轻时的信仰、决心、好强心和惊天动地的志向,如今都没有了。至于第二条,关于土地私有制不合理的道理,当初他是从斯宾塞的《社会静力学》中汲取来的,后来过了很久又从亨利·乔治[②]的著作里找到光辉论证,要否定这一明确无误、颠扑不破的道理,他无论如何做不到。

因此,总管的信又使他很不高兴。

---

①赫伯特·斯宾塞(1820—1903),英国哲学家和社会学家。既为阶级的不平等辩护,又主张人人有权享用天然资源。

②亨利·乔治(1839—1897),美国经济学家和社会活动家。发展了斯宾塞关于土地的学说,提出土地收归国有的理论。托尔斯泰热烈拥护这一主张。

## 四

聂赫留朵夫喝完咖啡,便朝书房走去,要去看看通知,看看应该几点钟出庭,再给公爵小姐写回信。去书房要经过画室。画室里放着画架,有一幅已经动笔的画翻过来放在画架上,墙上还挂着几张画稿。他看到他已经下了两年功夫的这幅画,看到几张画稿和整个画室,又一次感觉到,他在绘画方面已经无法继续前进了。近来他特别深切地感觉到这一点。他认为,他有这种感觉,是因为审美感太敏锐了,眼高手低。但不管怎样,意识到这一点,总是很不愉快的。

七年前,他断定自己有绘画天才,便辞去了军职。他把艺术创作看得很高,有点瞧不起一切其他工作。现在看来,他无权傲视一切。因此一想到这一点就很不愉快。他怀着沉重的心情看了看画室里豪华的设备,闷闷不乐地走进书房。书房是一个又高又大的房间,有各种各样的装饰、用具和设备。

聂赫留朵夫一下子就在大写字台一个标有“急件”的抽屉里找到那份通知,通知写明应在十一时出庭。然后坐下来给公爵小姐写信,说感谢她的邀请,他将尽量赶去吃饭。可是,写完了信,却又撕掉,认为写得太亲热了。又写了一封,似乎又太冷淡了,几乎是辱骂的语调。他又把信撕掉,按了按墙上的电铃按钮。走进来一名上了年纪的、面色阴沉的家仆,腰系灰色细布围裙,留着络腮胡子,嘴唇和下巴刮得光光的。

“请派人去叫一辆马车来。”

“是,老爷。”

“再请您对柯察金家那个等回话的人说一声,就说我谢谢,我会尽量赶到的。”

“是。”

“这样有点失礼,可是我写信又写不好。反正今天要和她见面的。”聂赫留朵夫心里想着,走出书房去换衣服。

等他穿好衣服,来到台阶上,一个熟识的马车夫已经坐在胶轮马车上等着他了。

“昨天您刚刚离开柯察金公爵家,我就到了,”马车夫多少扭了扭他那白衬衫领子里的黑黑的、强壮的脖子,说,“他们家看门的说,老爷您刚走。”

“连马车夫都知道我和柯察金家的关系了。”聂赫留朵夫心里说。于是他面前又出现了近来经常盘旋在他脑际的悬而未决的问题:该不该同柯察金家小姐结婚?这个问题也像当前他遇到的多数问题一样,他怎么也不能解决,觉得这样或那样都不行。

总的说,想结婚的原因是:第一,除了可以享受家庭温暖以外,结婚还可以避免不正当的两性生活,而过合乎道德的夫妻生活;第二,也是主要的原因,他希望家庭和子女能够给他目前这种空虚的生活增添一些意义。想结婚的原因无非就是这些。不想结婚的原因大致是:第一,怕失去自由,这是一切已经不太年轻的单身男子的普遍性顾虑;第二,对于女人这种神秘的生物怀着一种不自觉的恐惧。

具体地说,想和米西(柯察金家小姐本名玛丽娅,正如一切名门世家的小姐,她还有别号)结婚的原因是:第一,她出身名门,从衣着到音容笑貌，走路风度，都与平常人不同，这不同不是因为有什么特殊之处，而是因为她的“雍容华贵”——他再也想不出更适当的词儿来形容这种品质，他对这种品质十分珍视；第二，她认为他是一个出类拔萃的人物，因此他觉得她是了解他的。在聂赫留朵夫看来，对他的这种了解，也就是对他的崇高价值的承认，证明她聪明非凡，见解过人。不想和米西结婚的原因是：第一，很可能找到一个比米西还要好得多、因而同他更般配的姑娘；第二，她已经二十七岁，因此她以前一定谈过恋爱。聂赫留朵夫一想到这事，就很不好受。他的自尊心很强，即使在过去她爱的不是他，他也不能容忍。当然，以前她不可能知道日后会遇见他，但是一想到她以前可能爱过什么人，就觉得自己受了侮辱。

就这样，有多少应该结婚的理由，就有多少不应该结婚的理由；至少二者是势均力敌，不相上下。因此聂赫留朵夫嘲笑自己是比里当的驴子[①]。而且他至今仍然是驴子，不知道在两捆干草当中选哪一捆好。

“不过，还没有收到玛丽娅·瓦西里耶芙娜（首席贵族的妻子）的回信，没有跟她完全断绝关系，反正还不能采取任何行动。”他自己对自己说。

他想到可以而且应该迟一点儿做出决定，便感到高兴。

“反正这些事我过些时候会考虑好的。”当他坐的轻便马车轻快无声地来到法院门前的柏油路上时，他在心中对自己说。

“现在我得认真负责地履行社会职责，我一向认真负责，我认

①比里当，法国十四世纪哲学家。他写过一篇寓言，说有一头驴子看到两捆完全相同的干草，不知道该吃哪一捆好，结果饿死。

为这是应该的。再说，这种事往往都很有意思。”他心里想着，从看门人身边走过，进入法院的门廊。

## 五

聂赫留朵夫走进法院的时候，走廊里已经有不少人在紧张地来回走动了。

法警们带着公文或者遵照指示走来走去，有的快步行走，有的甚至小跑，两脚不离地面，鞋底擦着地板，跑得气喘吁吁。警官、律师和法院办事人员来来往往，时而朝这边来，时而朝那边去。一些原告和无人押解的被告无精打采地在墙边踱步，或者坐着等候。

“地方法庭在哪里？”聂赫留朵夫向一名法警问道。

“您问哪一个法庭？有民事庭，有高等审判庭。”

“我是陪审人员。”

“那就是刑事庭。您这样说就明白了。打这儿朝右走，然后往左拐，第二个门就是。”

聂赫留朵夫照他的指点走去。

在法警所指的那个门口，有两个人站在那儿等着：一个是又高又胖的商人，面貌和善，显然已经吃饱喝足，情绪极好；另一个是犹太裔店员。聂赫留朵夫走到他们跟前，问他们这儿是不是陪审人员议事室的时候，他们正在谈羊毛的价钱。

“就是这儿，先生，就是这儿。您也是陪审人员，跟我们是一伙儿的吧？”面貌和善的商人快活地挤挤眼睛问。“那好，咱们一块儿来干吧。"他听到聂赫留朵夫肯定的回答,又接着说:"我是二等商人巴克拉绍夫,"他说着,伸出一只又宽又软的肥厚的手,"是要辛苦一番了。请问贵姓?"

聂赫留朵夫报了姓名,便走进陪审人员议事室。

在不大的陪审人员议事室里,有十来个不同行业的人。大家都是刚到,有的坐着,有的走来走去,互相打量着,互相介绍认识。有一个退役军人穿着军服,其余的人穿礼服或西装便服,只有一个人穿长袍。

尽管不少人为这事丢开正事,尽管嘴上说这事太麻烦,然而大家都露出几分得意的神气,认为自己是在做一项重大的社会工作。

陪审人员有的已经相互介绍认识了,有的还在相互猜测对方是什么人,都在交谈,谈天气,谈早来的春天,谈即将审理的案子。有些同聂赫留朵夫不相识的人,连忙过来跟他认识,显然认为这是特别光彩的事。聂赫留朵夫却像往常跟陌生人周旋一样,觉得这是一般的应酬。要是有人问他,为什么他认为自己高人一等,他也答不上来,因为他这一辈子也没有表现出什么了不起的过人之处。至于他讲得一口流利的英语、法语和德语,穿戴的衬衫、外衣、领带、袖扣都是上等货,都不能成为他自命不凡的理由。这一点他自己也明白。然而,毫无疑问,他又认为这都是他的过人之处,认为别人对他表示尊敬是理所当然的,要是别人不表示尊敬,就觉得是受到屈辱。在陪审人员议事室里恰恰就有人对他不表示尊敬,因而他也就十分不快。陪审人员当中有一个是聂赫留朵夫的熟人。这人叫彼得·盖拉西莫维奇(聂赫留朵夫从来不知道而且也不屑于知道这人的姓），给聂赫留朵夫姐姐家的孩子们当过教师，大学毕业后当了中学教师。聂赫留朵夫一向讨厌他那种不拘礼节的态度、那种洋洋自得的哈哈大笑，总之，如聂赫留朵夫的姐姐说的，那种“公社习气”，使人很讨厌。

“哈，您也落网啦，”彼得·盖拉西莫维奇迎着聂赫留朵夫高声大笑，“您也没躲掉吗？”

“我根本就不想躲。”聂赫留朵夫严肃而阴沉地说。

“哦，这可是一种公民的忘我精神。不过，您等着吧，等到您吃不上饭，睡不成觉，就不唱这个调调儿了！”彼得·盖拉西莫维奇更响亮地哈哈大笑着说。

“这个大司祭的儿子马上就要跟我拍肩膀了。”聂赫留朵夫在心里说，脸上露出极其阴沉的神色，假如此刻他得到亲人全部死光的噩耗，那这种神气就显得很自然了。聂赫留朵夫离开他，走到一群人跟前，这些人围着一个高高的、脸刮得光光的、仪表堂堂的先生，听他有声有色地在说一件什么事。这位先生说的是目下正在民事庭审理的一宗案件，似乎很熟悉案情，叫得出法官和著名律师的名字和父称。他说到一位著名的律师使那宗案子出现了惊人的转折，由于这一转折，那个老太太，尽管道理完全在她这一方，势必白白地拿出一大笔钱给对方。

“真是一位天才律师！”他说。

大家都恭恭敬敬地听着，有的人几次插嘴想说说自己的看法，可是都被他打断，似乎只有他一个人了解全部底细。

聂赫留朵夫虽然来迟了，可是还得等很久。有一位法官到现在还没有来，不得不延迟开庭。

## 六

庭长很早就来到法院。庭长是一个高大而肥胖的人，留着老大的花白络腮胡子。他是个有妻室的人，可是十分风流放荡，他的妻子也是这样。他们互不干涉。今天早晨他收到一个瑞士女人的来信，那女人夏天在他家做过家庭教师，现在从南方上彼得堡去，路过此地。她在信中说，在三点到六点之间她在本市"意大利旅馆"等他。因此他希望今天早点儿开庭，早点儿结束，以便赶去和那个红头发的克拉拉相会。去年夏天他和她在别墅里就干起了风流韵事。

他走进办公室，把门反扣上，从文件柜最下面一格取出两个哑铃，向上，向前，向两旁，向下各运动了二十回，然后把哑铃举过头顶，身子轻巧地蹲下去三次。

"要保持元气，再没有什么办法比淋浴和做体操更好的了。"他在心里说，一面用无名指上戴金戒指的左手摸摸右臂上那紧绷绷的一团肌肉。他还要练击剑(他在久坐审理案件之前，总要做这两种运动)，这时房门动了一下。有人想开门。庭长连忙把哑铃放回原处，把门开了。

"对不起。"他说。

一位法官走了进来，个头儿不高，戴着金丝眼镜，耸着肩膀，阴沉着脸。

"玛特维·尼基济奇又没有到。"这位法官很不满地说。

"还没有到，"庭长一面穿制服，一面回答说，"他总是迟到。"

“奇怪，怎么不难为情？”这位法官说过这话，很生气地坐了下来，伸手掏香烟。

这位法官是个一丝不苟的人，今天早晨同妻子发生过一场很不愉快的争吵，因为妻子不到时候就把这个月的生活费用光了。她要求预支一些钱，可是他说，无法通融。于是就吵了起来。妻子说，要是这样，那就不做饭，叫他休想在家里吃到饭。吵到这里，他赶紧收兵，生怕她说到做到，因为她是什么事都干得出来的。“这不是，老老实实、规规矩矩过日子，却落得这样，”他心里想着，眼睛瞧着又健康又愉快、容光焕发、和蔼可亲的庭长，庭长把两个胳膊肘叉得宽宽的，用两只好看的白手朝绣花领子两边捋他那又长又密的花白络腮胡子，“他总是处处得意，快快活活，可我总是有说不尽的烦恼。”

书记官走进来，带来一份案卷。

“非常感谢，”庭长说着，点起一支香烟，“先审哪一件案子？”

“哦，我看，就审毒死人命案吧。”书记官似乎漫不经心地说。

“那好，毒死人命案就毒死人命案吧。”庭长说，心里盘算这件案子不复杂，四点钟之前可以结束，他就可以走了，“玛特维·尼基济奇还没有来吗？”

“还没有来。”

“布列维到了吗？”

“他到了。”书记官回答说。

“您要是见到他，就告诉他，我们先审毒死人命案。”

布列维是副检察官，在这次审讯中负责提出公诉。

书记官来到走廊里，就遇见布列维。布列维肩膀耸得高高的，制服敞开着，腋下夹着公文包，几乎像跑步一样在走廊里匆匆走着，走得靴后跟噔噔直响，没有夹皮包的那支胳膊不停地摆动着，摆动得手背正对着行进的方向。

“米哈伊尔·彼得罗维奇要我问问，您准备好了没有？”书记官向他问道。

“还用问，我总是准备得好好的。”副检察官说，“先审哪一案？”

“毒死人命案。”

“那太好了。”副检察官说。其实他一点也不认为这好。他一夜没有睡觉。他们给一个同事饯行，喝了很多酒，打牌打到夜里两点钟，然后去玩女人，去的正是玛丝洛娃六个月前所在的那家妓院，因此恰恰毒死人命案的案卷没有来得及看，现在就想草草翻看一下。书记官是有意刁难，知道他没有看过毒死人命案的案卷，就向庭长建议先审这一案件。书记官是个自由派，甚至激进派思想类型的人。布列维思想却十分保守，而且正像一切在俄国任职的德国人一样，特别崇信东正教。所以书记官很不喜欢他，而且眼红他的职位。

“那么，阉割派[①]教徒的案子怎么样啦？”书记官问道。

“我说过，这一案我不能负责起诉，”副检察官说，“因为缺乏证人，我要向法庭如此说明。”

“那没有多大关系嘛……”

“我不干。”副检察官说过这话，又那样摆动着胳膊，跑进自己

①宗教派别。十八世纪末出现于俄国。宣扬用阉割的办法，摆脱肉欲，拯救灵魂。

的办公室。

他借口一个证人未到而推迟阉割派教徒的案件，其实那个证人对本案无足轻重，不是必要的，他所以要推迟，是因为担心此案一旦由有文化的陪审人员来审理，就可能以无罪结案。等到跟庭长协商一番，这宗案子就可能转到县法庭审理，那里陪审人员多数是农民，判罪的可能性就大些。

走廊里人来人往，越来越热闹了。民事庭附近的人最多，里面正在审理那个热心诉讼的仪表堂堂的先生对陪审人员说的那宗案件。在审讯休息时，民事庭里走出一位老太太，那位天才的律师就是从她身上敲一笔钱给一个生意人，那个生意人本来不应得这笔钱的。这一点法官们都明白，原告和他的律师更明白；可是律师想出的一招太厉害，不能不判老太太赔款，也不能不把这笔钱判给生意人。老太太是一个衣着讲究的胖女人，帽子上还插着几朵很大的鲜花。她出了门，在走廊里站下来，把两条又短又粗的胳膊一摊，对她的律师一遍又一遍地说："这究竟是怎么一回事儿呀？请您给我说说！这究竟是怎么一回事儿呀？"律师望着她帽子上的鲜花，在思索什么事，没有听她的话。

那位名律师跟在老太太身后，快步走出民事庭。他那宽领口坎肩的胸衬闪闪放光，那得意扬扬的脸也闪闪放光。就是他略施心计，使戴花的老太太倾家荡产，那个给他一万卢布的生意人得到十万以上。所有的眼睛一齐看着这位律师，他也觉察到这一点。他那副神气仿佛在说："丝毫用不着表示崇拜。"便很快地从大家身旁走过去了。

## 七

玛特维·尼基济奇终于也来了。一个身材瘦削、走路歪斜、下嘴唇也歪斜的长脖子法警警官也走进了陪审人员议事室。

这位警官是一个正直人，受过大学教育，但是不论在哪里都保不住职位，因为他常常纵饮无度。三个月前，他妻子的靠山，一位伯爵夫人，为他谋得这个职位，他至今还没有丢掉，为此很感到高兴。

“怎么样，诸位先生，都到齐了吗？”他一面说，一面戴夹鼻眼镜，从眼镜上方打量着。

“看样子，全到了。”一个快活的商人说。

“咱们来查对一下。”警官说着，从口袋里掏出名单，点起名来，时而从眼镜上方，时而透过镜片看看被点到的人。

“五等文官伊·马·尼基福罗夫。”

“我来了。”那位仪表堂堂、熟悉各种案情的先生说。

“退役上校伊凡·谢苗诺维奇·伊凡诺夫。”

“有。”一个身穿退役军官制服的瘦子回答。

“二等商人彼得·巴克拉绍夫。”

“到，”那个面貌和善的商人咧开嘴笑着回答说，“全都准备好啦。”

“禁卫军中尉聂赫留朵夫公爵。”

“我来了。”聂赫留朵夫回答。

警官从眼镜上方望着，特别恭敬而愉快地鞠了一个躬，似乎借此表示对他另眼相看。

“上尉尤·德·丹钦柯、商人格·叶·库列少夫”等等。

除了两个人，全到了。

“诸位先生，现在就请进法庭吧。”警官用愉快的手势指着门口说。

大家纷纷起身，你谦我让地走出门去，来到走廊里，又从走廊来到法庭里。

法庭是一个又大又长的厅堂。大厅的一端是一个高台，有三级台阶通向高台。高台中央放一张长桌，桌上铺一块带深绿色流苏的绿呢桌布。长桌后面放着三把橡木雕花高背椅。椅子后面的墙上挂着一方镶金框的明晃晃的将军全身像，将军身穿军服，披挂绶带，一只脚向前跨，一只手按着佩刀柄。[1]右边墙角上挂着一个神龛，里面是头戴荆冠的基督圣像。神龛前面是读经台，右边是检察官的高高的写字台。左边，在高高的写字台对面，远远地放着书记官的小桌。靠近旁听席有一道光光滑滑的橡木栏杆。栏杆里面是被告坐的长凳，暂时还空着。高台右边放着两排椅子，也都是高高的椅背，是给陪审人员坐的。高台下面有几张桌子，是供律师们用的。橡木栏杆把大厅分成两半，这一切都在大厅的前半部。大厅的后半部摆满一排排长凳，一排比一排高，直到后面的墙壁。在大厅后半部前排的长凳上，坐着四个女人，像是工厂的女工或者女仆，还有两个男人，也是干活儿的人。这些人显然慑于法庭布局的威严气氛，都在很胆怯地小声耳语。

陪审人员一落座，警官就一溜歪斜地走到法庭中央，仿佛要

①沙皇像。

威吓在场的人似的，放大了嗓门儿吆喝道：

“开庭！”

全体起立。法官们登上高台：打头的是一身肌肉和一部漂亮的络腮胡子的庭长，然后是那位戴金丝眼镜的脸色阴沉的法官，此刻他的脸色更阴沉了，因为他在开庭前遇到当见习法官的内弟，内弟告诉他，刚才到姐姐那里去过，姐姐对他说，不做饭了。

“这么着，咱们只好上饭馆了。”内弟笑嘻嘻地说。

“这有什么好笑的。”脸色阴沉的法官说过这话，脸色就越发阴沉了。

最后上去的是另一位法官，也就是一贯迟到的玛特维·尼基济奇。这位法官留一部大胡子，一双和善的大眼睛向下垂着。他长期患胃炎，遵照医生意见，今天早晨开始采用新的疗法，就因为采用新疗法，今天他在家里耽搁得比平时更久。此时他往高台上走，一脸专注的神气，因为他有一个习惯，常用各种各样的办法占算自己对自己提出的问题。此刻他就在占算：如果从办公室门口到高背椅的步数可以被三除尽，新的疗法就能治好他的胃病；如果除不尽，就治不好。应该是二十六步就到，但他迈了很小的一步，正好第二十七步跨到椅子跟前。

身穿绣金领制服的庭长和两位法官，一登上高台，顿时就显得威风凛凛。他们自己也感觉到这一点，三个人都好像因为自己太威风觉得难为情，赶紧谦逊地垂下眼睛，坐到铺着绿呢桌布的长桌后面各自的雕花靠背椅上。长桌上放着一件雕着老鹰的三角形家什，几只玻璃缸，这样的玻璃缸通常是在食品店里盛糖果的，还有墨水瓶、钢笔、上等白纸和新削的几支粗细不同的铅笔。

副检察官也跟着法官们一起走进来。他还是那样匆匆忙忙，腋下夹着皮包，还是那样摆动着一只胳膊，快步走到窗边自己的位子上，立即就埋头翻阅案卷，争分夺秒为提出公诉做准备。这位副检察官这只是第四次担任起诉。他的功名心很重，一心想升官，因此他认为必须使自己担任起诉的一切案件取得判刑的结果。毒死人命案的实质他大致是知道的，而且也拟好了发言提纲，不过还需要一些论据，此时他就是在匆匆忙忙从案卷中摘选。

书记官坐在高台的对面一端，因为已经把可能需要宣读的文件准备好，便阅读起一篇被查禁的文章，这篇文章是昨天弄到手的，已经看过几遍了。他很想跟那位同他观点一致的大胡子法官谈谈这篇文章，想在交谈之前再把文章好好看一看。

## 八

庭长翻阅了案卷，向警官和书记官问了几个问题，得到肯定的答复后，便吩咐带被告上堂。一会儿，栏杆后面的那扇门开了，两名戴军帽的宪兵手握出鞘的佩刀走了进来，接着进来的是被告，先是一名满脸雀斑的红头发男子，然后是两名女子。那男子身穿囚袍，囚袍显得又肥又长，与他的身材极不相称。他进法庭的时候，垂着两只手臂，两个大拇指叉开来，紧紧抵在裤缝上，用这种姿势撑着直往下耷拉的太长的衣袖。他不看法官和旁听者，而是凝神望着他绕着走的长凳。他绕过长凳，规规矩矩坐到长凳的一端，让出地方给别人坐。然后眼睛盯住庭长，腮上的肌肉蠕动起来，仿佛在嘟哝什么。在他身后进来的是一个年纪不算轻的女人，也穿着囚衣。这女人扎着囚犯用的三角头巾，脸色灰白，没有眉毛和睫毛，但有一双红红的眼睛。这个女人似乎非常镇定。她快要走到自己的位子上的时候，囚衣被什么东西挂住了，她不慌不忙，细心地把囚衣摘开，坐了下来。

进来的第三名被告是玛丝洛娃。

她一走进来，法庭里所有的男人眼睛一齐转向她，一双双眼睛很久都离不开她那白嫩的脸、那水灵灵的黑眼睛和囚袍底下那高高隆起的胸脯。就连一名宪兵，当她从他身边走过时，也目不转睛地盯着她，目送她走过去，坐下来，等她坐下了，他似乎才意识到自己有失体统，赶紧转过脸来，提起精神，眼睛直直地望着窗外。

庭长等待着被告就座，等玛丝洛娃一坐下，他就转过脸对书记官说话。

例行的程序开始了：清点陪审人员人数，讨论缺席陪审人员问题，决定给予罚款，解决请假陪审人员问题，安排候补陪审人员补充缺席陪审人员。然后庭长把一些小纸片折好，放进玻璃缸里，多少挽了挽制服的绣花袖口，露出汗毛浓密的手腕子，用魔术师的动作摸出一张张小纸片，摊开来，念出上面的姓名。然后庭长放下袖口，请司祭带陪审人员宣誓。

司祭小老头儿那浮肿的脸白里透黄，穿着棕色法衣，胸前挂着金十字架，还有一枚小小的勋章别在法衣的侧面。他慢腾腾地迈着法衣下面浮肿的两条腿，走到圣像下面的读经台前。

陪审人员一齐站起来，拥拥挤挤地朝读经台走去。

“请。”司祭说过这话，就用浮肿的手摸着自己胸前的十字架，等待所有的陪审人员都走过去。

这位司祭任神职已有四十六年,他准备再过三年,就要像不久前大司祭那样庆祝自己任职五十周年了。自从实行公开审判以来,他就在地方法庭担任司祭,而且他引以自豪的是,他带领宣誓的已有好几万人,现在到了晚年,还能继续为教会、国家和家庭效力。他身后不仅可以给家里留下一所房子,而且还有不下三万卢布的有息证券。他在法庭里干的工作是领着人对着《福音书》发誓,而《福音书》明明写着反对发誓,所以这工作是不好的,这一点他却从来没有想过。他不仅不感到难过,而且很喜欢这种驾轻就熟的活儿,因为干这种活儿常常结识一些上流人士。今天他就有幸结识了那位有名的律师,他对他无限钦佩,因为他光是办理帽子上插大花的老太太一案,就得了一万卢布。

等陪审人员踏着台阶上了高台,司祭就朝一侧弯了弯他那白发稀疏的秃头,将头套进油乎乎的法巾开口,理了理稀疏的白发,就转身朝着陪审人员。

"举起右手,手指照这样捏在一起,"他用苍老的声音慢吞吞地说着,举起每个指头上都有小窝儿的浮肿的手,把手指头撮成捏东西的样子,"现在请跟着我念,"他说过,就念起来,"当着万能的上帝,对着上帝的神圣的《福音书》和生养万物的圣十字架,我保证和起誓,在审理本案中……"他说着,每说一句都要顿一顿。"不要放下手,就这样举着,"他对一个放下手的年轻人说,"在审理本案中……"

那个留络腮胡子、仪表堂堂的先生,那个上校,那个商人和另外几个人,都依照司祭的要求举着手,撮着手指头,而且好像特别高兴似的，举得很高，很利索，可是其余的人却好像很不情愿，很马虎。有些人念誓词声音特别高，似乎在赌气地说："反正要念就念，要念就念好啦。"有些人却只是小声嘟哝，常常落在司祭后面，过一会儿好像受了惊似的，很不合拍地赶上去。有些人好像生怕丢掉什么东西似的，用挑衅的姿势把手指头撮得紧紧的。还有一些人不时地把手指头松开又撮紧。所有的人都觉得很不自在，只有司祭小老头儿坚定不移地相信他做的是十分有益、十分重要的事。宣誓完毕，庭长提出要陪审人员选一位首席陪审。陪审人员又一齐站起来，拥拥挤挤地走进议事室，一进议事室，几乎所有的人都立即掏出香烟，抽起烟来。有人提议选那位仪表堂堂的先生为首席陪审，大家立即表示同意。然后大家把香烟丢掉或捻灭，回到法庭。当选的首席陪审向庭长声明自己当选首席陪审，于是大家又朝原位子走去，一个个跨过别人的腿，在两排高背椅上坐了下来。

一切都进行得很顺利，很快，而且相当隆重。这样正正规规，有条有理，庄严隆重，使在场的人感到十分满意，使他们更相信自己是在做一项庄严而重大的社会工作。聂赫留朵夫也有这样的感觉。

等陪审人员一落座，庭长就向他们说明陪审人员的权利、责任和义务。庭长在讲话的时候，不断变换姿势：一会儿把头支在右手上，一会儿支在左手上，一会儿身子靠在椅背上，一会儿靠在椅子扶手上，一会儿理理纸边儿，一会儿抚摩裁纸刀，一会儿摸摸铅笔。

庭长说，陪审人员的权利是：可以通过庭长审问被告，可以使用铅笔和纸,可以检查物证。其责任是:审判必须公正,不能背离实情。其义务是:保守会议秘密,如与外界私通消息,将受严惩。

大家都恭恭敬敬、很注意地听着。那个商人一面向周围散发着酒气,压制着很响的饱嗝,一面对每一句话都点头表示赞成。

## 九

庭长讲完话,就转身对着被告。

"西蒙·卡尔津金,站起来。"他说。

西蒙腾地站起来。腮上的肌肉抖动得更快了。

"叫什么名字?"

"西蒙·彼得罗夫·卡尔津金。"他又快又利索地说,显然事先已准备好回答。

"您是什么出身?"

"农民。"

"是哪一省,哪一县的?"

"土拉省,克拉比文县,库皮扬乡,包尔基村。"

"多大年纪?"

"三十三岁,生于一千八百……"

"信什么教?"

"信俄国教,东正教。"

"结婚没有?"

"没有,老爷。"

"什么职业?"

“在毛里塔尼亚旅馆当茶房。”

“是否有犯罪前科？”

“从来没有犯过罪，因为我以前过日子……”

“没有犯罪前科吗？”

“上帝保佑，从来没有。”

“起诉书副本收到了吗？”

“收到了。”

“请坐下。叶菲米娅·伊凡诺芙娜·包奇科娃。”庭长喊下一个被告。

可是西蒙仍然站着，把包奇科娃遮住了。

“卡尔津金，坐下。”

卡尔津金还是站着。

“卡尔津金，坐下。”

然而卡尔津金还是站着，直到警官跑过去，侧歪着头，很不自然地睁大眼睛，用悲怆的语调小声说：“坐下吧，坐下吧！”他才坐下。

卡尔津金像站起时那样快地坐下去，掩了掩囚袍大襟，又不出声地咕哝起腮帮子。

“您叫什么名字？”庭长疲惫地叹着气向第二名被告问道，眼睛也不看她，而是在面前的案卷中寻找什么。审理案件已成为庭长的家常便饭，若要加快审讯进程，他可以把两件案子一次审完。

包奇科娃四十三岁，科洛缅村小市民出身，也在毛里塔尼亚旅馆当茶房。没有犯罪前科。起诉书副本已收到。包奇科娃回答问题特别大胆，而且口气强硬，似乎回答每一句话都有话外音：

“是的，我叫叶菲米娅，也就是包奇科娃，起诉书副本收到啦，我觉得这事挺光彩哩，不许任何人笑话我。”等问话完了，包奇科娃不等别人叫她坐下，她就坐下了。

“您叫什么名字？”色鬼庭长特别亲切地问第三名被告。“应该站起来。”他看到玛丝洛娃坐着，便又温和又亲热地补充说。

玛丝洛娃轻盈地站起来，挺着高高的胸脯，也不答话，只是带着听从摆布的神气，用她那双有点儿斜视的笑盈盈的黑眼睛对直地看着庭长的脸。

“叫什么名字？”

“柳包芙。”她很快地说。

聂赫留朵夫这时已戴起夹鼻眼镜，看着依次被审问的被告。

“啊，这不可能，”他盯着第三名被告的脸，心里想道，“可是，怎么会叫柳包芙呢？”他听到她的回答，又想道。

庭长想继续往下问，可是戴眼镜的法官很生气地小声说了两句话，把他拦住了。庭长点点头表示同意，就又问被告：

“怎么叫柳包芙呢？”他说，“您登记的是另一个名字呀。”

被告没有作声。

“我问您，您的真名字是什么？”

“您受洗时取的名字是什么？”那位很生气的法官问道。

“以前叫卡捷琳娜[①]。”

“啊，这不可能。”聂赫留朵夫又在心里说，其实他已经毫无疑问地知道，这就是她，就是那个半养女半侍女的姑娘，当初他爱过她，确实爱过她，在情欲冲动下诱奸了她，后来又把她抛弃，以后

①即叶卡捷琳娜，乃是卡秋莎的大名。

再也不想她，因为一想起这事就格外难受，就对自己看得格外清楚，就会看到，他这个以正派自诩的人不仅不正派，而且对待那个女子的行为简直是卑鄙下流。

是的，这就是她。现在他清楚地看出那种独有的、神秘的特点，那特点使每一张脸与别的脸截然不同，使每一张脸成为特有的、独一无二的脸。尽管这张脸如今苍白和丰满得有点不自然，那种特点，那种可爱的、与众不同的特点，还是表现在脸上，嘴唇上，在有点儿斜视的眼睛里，尤其表现在那种天真的、笑盈盈的目光中，表现在脸上以至身上流露出来的任人摆布的神态中。

“您早就应该这样说。”庭长还是特别温和地说，“父称是什么？”

“我是私生女。”玛丝洛娃说。

“那么按照教父的名字怎样称呼呢？”

“米海洛娃。”

“她又能干什么坏事呢？”聂赫留朵夫这时依然在心里寻思着，很吃力地喘着气。

“姓什么，通常叫您什么？”庭长又问。

“随母亲姓玛丝洛娃。”

“出身呢？”

“小市民。”

“信东正教吗？”

“信东正教。”

“职业呢？干什么活儿？”

玛丝洛娃不作声。

“干什么活儿?”庭长又问一遍。

“在一个院里。”她说。

“在什么院里?”戴眼镜的法官厉声问道。

“您自己知道,那叫什么院。”玛丝洛娃说着,微微一笑,很快地向周围扫了一眼,马上又对直地盯着庭长。

她脸上的表情有一种极不寻常的意味,她说的话、她的笑容和她匆匆扫视法庭的目光中都有一种可怕而可怜的意味,使得庭长垂下了头,法庭里刹那间鸦雀无声。寂静被一个旁听者的笑声打破。有人向他发出嘘声。庭长抬起头,继续问她:

“您以前没有受过审判和侦讯吗?”

“没有。”玛丝洛娃叹着气小声说。

“起诉书副本收到了吗?”

“收到了。”

“请坐下吧。”庭长说。

被告就像盛装的贵妇提起拖地长裙那样从后面提了提裙子,便坐了下来,把一双不大的白白的手拢在囚袍袖筒里,眼睛还盯着庭长。

接着检查证人是否到齐,又让证人退堂,又推定法医,请法医出庭。然后书记官起立,宣读起诉书。他念得又清楚又响亮,但念得太快,分不清舌尖音和卷舌音,因而他的声音变成一片嗡嗡声,使人昏昏欲睡。法官们一会儿把身子靠在椅子的这边扶手上,一会儿靠在那边扶手上,一会儿靠在长桌上,一会儿靠在椅背上,一会儿闭上眼睛,一会儿睁开眼睛小声交谈。一名宪兵好几次憋住打了一半的呵欠。

几名被告中，卡尔津金还在不停地咕哝腮帮子，包奇科娃挺直腰板、镇定自若地坐着，偶尔将手指头伸到头巾里面搔搔头皮。

玛丝洛娃时而一动不动地坐着，望着书记官，听他宣读，时而浑身打哆嗦，好像要进行反驳，脸涨得通红，过一会儿又沉重地叹气，换一换双手的姿势，往四下里扫一眼，又盯住书记官。

聂赫留朵夫坐在第一排靠边第二座的高背椅上，摘下夹鼻眼镜，望着玛丝洛娃，他心中进行着一场复杂而痛苦的活动。

## 十

起诉书是这样的：

“一八八×年一月十七日毛里塔尼亚旅馆有一名旅客猝死，经查，此人乃库尔干二等商人费拉邦特·叶密里扬内奇·斯梅里科夫。

“经第四警察分局医官检明，死亡乃是饮酒过量引起心力衰竭所致。斯梅里科夫尸体当即掩埋入土。

“事过数日后，斯梅里科夫的同乡好友、商人季莫亨自彼得堡归来，获悉斯梅里科夫猝死之事，表示怀疑，声称必有人谋财害命。

“此怀疑已由预审证实，业已查明：(一)斯梅里科夫死前不久从银行取出三千八百银卢布。然在封存的死者遗物清单中仅有现金三百一十二卢布十六戈比。(二)死前一日以及死前最后一夜斯梅里科夫都是在妓院和毛里塔尼亚旅馆同妓女柳包芙(叶卡捷琳娜·玛丝洛娃)在一起。斯梅里科夫不在旅馆时，叶卡捷琳娜·

玛丝洛娃曾受其托自妓院赴旅馆取款。玛丝洛娃会同毛里塔尼亚旅馆茶房叶菲米娅·包奇科娃和西蒙·卡尔津金,用斯梅里科夫交予她的钥匙打开皮箱,取出现款。玛丝洛娃开箱时,在场的包奇科娃和卡尔津金目睹箱内装有百卢布钞票若干沓。(三)斯梅里科夫同妓女玛丝洛娃自妓院回到毛里塔尼亚旅馆后,玛丝洛娃受茶房卡尔津金撺掇,让斯梅里科夫饮下一杯白兰地酒,酒内掺有卡尔津金交与之白色粉末。(四)翌日上午妓女柳包芙(叶卡捷琳娜·玛丝洛娃)即将斯梅里科夫之钻石戒指一枚售与老板娘,即妓院鸨母与本案证人基塔耶娃,自称戒指系斯梅里科夫所赠。(五)斯梅里科夫死后次日,毛里塔尼亚旅馆女茶房叶菲米娅·包奇科娃即赴本地商业银行,将一千八百银卢布存入自己的活期存款户头。

“经法医检查,解剖斯梅里科夫尸体并化验其内脏,查明死者体内确有毒药,据此足以断定,确系中毒死亡。

“被告玛丝洛娃、包奇科娃与卡尔津金在受审时均不承认犯有罪行。玛丝洛娃供称:伊确受斯梅里科夫委托,自伊“工作”(“工作”系伊本人的说法)的妓院赴毛里塔尼亚旅馆为商人取款,伊用所交之钥匙打开商人之皮箱,遵嘱取出四十银卢布,并未多取分文,此点包奇科娃和卡尔津金均可证明,因开箱、取款、锁箱时二人均在场。玛丝洛娃又供称,伊第二次到商人斯梅里科夫房间时,确曾照卡尔津金教唆,使商人饮下白兰地,酒中掺有一种粉末,她以为此粉末系安眠药,为的是使商人入睡,她可以及早脱身。戒指确系斯梅里科夫所赠,因伊受到商人殴打,放声痛哭,且欲离去,商人便以此相赠。

“叶菲米娅·包奇科娃供称，遗失款项一事伊毫不知情，伊从未进入商人房间，进出该房间仅有柳包芙一人，商人如有财物丢失，定系柳包芙携带商人钥匙取款时乘机行窃。”书记官念到这里，玛丝洛娃打了个哆嗦，张大了嘴巴，转头看了看包奇科娃。书记官又念下去：“当叶菲米娅·包奇科娃面对一千八百银卢布的银行存款单，并被问及此款来源时，伊供称，此款乃伊同西蒙·卡尔津金十二年积攒，伊已准备与西蒙结婚。另据西蒙·卡尔津金第一次受审时供认：玛丝洛娃携带钥匙自妓院来旅馆时，彼与包奇科娃受玛丝洛娃教唆，窃得该款，并与玛丝洛娃以及包奇科娃平分。”玛丝洛娃听到这里，又打起哆嗦，甚至跳了起来，脸涨得通红，并且开口说起话来，但被警官制止。书记官又念下去：“最后卡尔津金还供认，彼曾将药粉交与玛丝洛娃，使商人安眠；在第二次供词中却又否认自己参与偷窃钱财，亦否认将药粉交与玛丝洛娃，声称所有罪行系玛丝洛娃一人所为。至于包奇科娃存入银行之款项，伊之供词与包奇科娃相符，即彼二人十二年来在旅馆跑堂所得旅客赏赐之小费。”

然后，起诉书中综述了被告对质记录、证人供词、法院鉴定人意见，等等。

起诉书的结语如下：

“综上所述，包尔基村农民西蒙·彼得罗夫·卡尔津金，年三十三岁，小市民叶菲米娅·伊凡诺娃·包奇科娃，年四十三岁，小市民叶卡捷琳娜·米海洛娃·玛丝洛娃，年二十七岁，被控于一八八×年一月十七日共同预谋，窃取商人斯梅里科夫现款共计二千五百银卢布及戒指一枚，并蓄意谋害，以毒酒将斯梅里科夫灌醉，致使其死亡。

“此项罪行触犯刑法第一四五三条第四款及第五款。据此按《刑事诉讼程序条例》第二〇一条规定,农民西蒙·卡尔津金、小市民叶菲米娅·包奇科娃及叶卡捷琳娜·玛丝洛娃应交由地方法院会同陪审人员审理。”

书记官这才念完长长的起诉书,把起诉书折叠好,坐到位子上,用两手理理长头发。大家都轻松地舒了一口气,有一种很愉快的感觉,觉得审讯既已开始,一切都会立刻水落石出,正义就会得到伸张。只有聂赫留朵夫一人没有这种感觉。他想到十年前他所认识的天真美丽的姑娘玛丝洛娃会做出这种事,吓得心惊肉跳。

## 十一

起诉书念完以后,庭长同两位法官商量了一下,便转身对卡尔津金说话,脸上的神情像是很清楚地在说,现在我们可以把一切原原本本、彻头彻尾弄清楚了。

“农民西蒙·卡尔津金。”他把身子向左歪了歪,开口说。

西蒙·卡尔津金站起来,两手贴住裤缝,整个身子向前倾,一个劲儿不出声地咕容着腮帮子。

“您被控于一八八×年一月十七日与叶菲米娅·包奇科娃以及叶卡捷琳娜·玛丝洛娃合谋盗窃商人斯梅里科夫皮箱内的现款,然后拿来砒霜,唆使叶卡捷琳娜·玛丝洛娃放入酒中让商人斯梅里科夫喝下,致使斯梅里科夫毙命。您认罪吗?”他说完,又歪向左边。

“根本没有这回事儿,因为我们只管伺候客人……”

“这话您以后再说。您认罪吗?”

“根本没有,老爷。我只是……”

“有话以后再说。您认罪吗?”庭长镇静然而强硬地又问一遍。

“我不会干这种事,因为……”

警官又跑到西蒙·卡尔津金跟前,用悲怆的语调小声把他的话制止住。

庭长露出此事业已结束的神气,把拿案卷那只手的臂肘换了个地方,便开始审问叶菲米娅·包奇科娃。

“叶菲米娅·包奇科娃,您被控于一八八×年一月十七日在毛里塔尼亚旅馆与西蒙·卡尔津金以及叶卡捷琳娜·玛丝洛娃合谋盗窃商人斯梅里科夫皮箱中的现款及戒指,分赃之后,为了掩盖罪行,让商人斯梅里科夫喝下毒酒,致使其毙命。您认罪吗?”

“我什么罪也没有,”这名女被告又利落又强硬地说,“我连那个房间都没有进过……既然这个贱货进去过,那这事就是她干的。”

“有话以后再说,”庭长又是那样又温和又强硬地说,“这么说,您不认罪吗?”

“我没有拿钱,也没有灌酒,连房间里都没有去过。假如我去的话,准会把她撵出去。”

“您不认罪吗?”

“我从来没犯过罪。”

“好吧。”

“叶卡捷琳娜·玛丝洛娃，”庭长开始审问第三名被告，“您被控携带商人斯梅里科夫的皮箱钥匙，从妓院去毛里塔尼亚旅馆，从皮箱中窃取现款和戒指一枚。”他像背书一样说，同时侧着耳朵听左边的法官说话，那位法官说，查对物证清单还少一个酒瓶。“从皮箱中窃取现款和戒指一枚，”庭长又重复了一遍，“你们分了赃，后来您又和商人斯梅里科夫回到毛里塔尼亚旅馆，您让斯梅里科夫喝了下毒的酒，因而使他毙命。您认罪吗？”

“我什么罪也没有，”她很快地说起来，“我先前怎么说的，现在还是怎么说：我没有拿过，没有拿就是没有拿，我什么也没有拿，那戒指是他自己给我的……”

“您不承认犯有盗窃两千五百卢布现款的罪行吗？”庭长问。

“我说过，除了四十卢布，我什么也没有拿。”

“那么，您犯了给商人斯梅里科夫酒中下药的罪，您承认吗？”

“这事我承认。不过我以为就像别人告诉我的，那是安眠药，吃了没有事儿。我没想到他会死，我也没有那种心思。我可以对着上帝说：我没有那种心思。”她说。

“这么说，您不承认犯有盗窃商人斯梅里科夫的现款和戒指的罪行，”庭长说，“可是您承认给他下过药，是吗？”

“就算承认吧，不过我以为那是安眠药。我给他吃，只是为了让他睡觉。我没有存心害他，没想到他会死。”

“很好，”庭长显然对取得的结果很满意，“那您就把事情的经过说一说，”他说着，把身子靠到椅背上，两手放在桌上，“把全部经过原原本本地说一说。您老实招供就可以得到从宽发落。”

玛丝洛娃依然对直地看着庭长,没有说话。

"您把事情的经过说一说。"

"您问事情的经过吗?"玛丝洛娃忽然很快地开口说,"我来到旅馆里,有人把我领进他的房间,他已经喝得烂醉了。"她说到"他"这个词儿时,露出异常恐惧的神情,眼睛瞪得老大。"我想走,他不放。"

她不作声了,就好像忽然断了思路,或者想到了别的事。

"那么,后来呢?"

"后来还有什么可说的?后来在那儿待了一些时候,就回家了。"

这时副检察官很不自然地用一个胳膊肘支撑着,半欠起身子。

"您要提问题吗?"庭长问道,听到副检察官肯定的回答,就打了个手势,表示把审问的权力交给他。

"我想提一个问题:以前这名被告是不是认识西蒙·卡尔津金?"副检察官说,眼睛没有看玛丝洛娃。

他提过问题,就闭上嘴巴,皱起眉头。

庭长把这个问题重复了一遍。玛丝洛娃用惊恐的目光盯着副检察官。

"跟西蒙吗?以前认识。"她说。

"现在我想知道,被告同卡尔津金的交情怎么样。他们是不是常常见面?"

"交情怎么样吗?他常常找我去陪客,算不上什么交情。"玛丝洛娃一面回答,一面惶惶不安地把视线从副检察官身上转到庭长身上，又转了回去。

“我想知道，为什么卡尔津金专找玛丝洛娃去陪客，而不找别的姑娘。”副检察官眯起眼睛，带着轻佻、刻薄而阴险的笑容说。

“我不知道。我怎么知道？”玛丝洛娃一面回答，一面惊恐地朝四下里扫了一眼，有一刹那间她的目光停留在聂赫留朵夫身上，“他想找谁就找谁呗。”

“难道她认出来了？”聂赫留朵夫惊恐地想，觉得血往脸上直涌。可是玛丝洛娃并没有把他和别人分辨开来，马上就转过脸去，又带着惊恐的神情盯着副检察官。

“这么说，被告否认她和卡尔津金有什么亲密关系，是吗？很好。我没有什么别的要问了。”

副检察官立刻把胳膊肘从写字台上放下来，动手做记录。其实他什么也没有记，只是用笔描着笔记本上的字母，不过他见过一些检察官和律师这样做：在提过巧妙的问题之后，就在自己的发言稿上写几句足以击败对方的提示。

庭长没有立即接着向被告问话，因为这时他在问戴眼镜的法官，是否同意提出事先准备好而且写在纸上的那些问题。

“后来又怎样呢？”庭长继续问道。

“我回到家里，”玛丝洛娃已经比较大胆地看着庭长一个人，继续说，“我把钱交给老板娘，就上床睡了。刚刚睡着，我们的一个姑娘就来叫我。她说：‘快去，你那个买卖人又来了。’我不愿出去，可是老板娘要我去。**他**就在那儿，”她说到**他**这个词儿，又露出很明显的恐惧神情。“**他**一个劲儿在给我们那些姑娘们灌酒，后来**他**还要叫人去打酒，可是身上的钱已经花光了。老板娘信不过他。他就打发我到他住的旅馆房间去。他告诉我钱在哪儿,取多少。我就去了。”

庭长这时正在同左边的法官小声说话,没有听见玛丝洛娃在说什么,但为了表示他全听见了,就把她最后一句话重复了一遍。

“您就去了。那么,后来呢?”他说。

“我到了那儿,就照他说的办:走进他的房间。不是我一个人进房间的,我还叫上西蒙·米海洛维奇和她。”她指着包奇科娃说。

“她胡说,我压根儿没有进去过……”包奇科娃刚开口,就被制止了。

“我当着他们的面拿了四张红票子。”玛丝洛娃皱着眉头,不看包奇科娃,继续说。

“那么,被告在拿四十卢布时,是否注意里面有多少钱?”副检察官又问道。

副检察官对玛丝洛娃一发问,她就打了个寒战。她也不知道这是怎么回事儿,但觉得他对她不怀好意。

“我没有数过,我看见那都是一些一百卢布的票子。”

“被告看到了那些一百卢布的票子。我没有别的要问了。”

“那么,怎么样,您把钱带回去了吗?”庭长看着表,继续问道。

“带回去了。”

“那么,后来呢?”庭长问。

“后来他又把我带回旅馆。”玛丝洛娃说。

“那么,您是怎样让他喝下了药的酒的?”庭长问。

“怎样让他喝吗?我把药粉撒在酒里,就让他喝了。”

“您究竟为什么要让他喝?”

她没有回答,只是重重地、深深地叹了一口气。

“他老是不放我走,”她沉默了一会儿,又说,“我给他折腾得难受死了。我走到走廊里,对西蒙·米海洛维奇说:‘他能放我走才好。我真累了。’西蒙·米海洛维奇说:‘他闹得我们也烦死了。我们想让他吃点安眠药。他一睡着,你就可以走了。’我说:‘好。’我以为那药是没有害处的。他就给了我一个小纸包。我走进房间,他在屏风后面躺着,马上就叫我给他倒白兰地。我拿起桌上一瓶上等香槟酒,倒了两杯,一杯给自己,一杯给他,把药粉撒到他的杯子里,让他喝了。假如我当时知道,哪能让他喝呀?”

“那么,戒指是怎样落到您手里的?”庭长问。

“戒指是他自己送给我的。”

“他什么时候送给您的?”

“我跟他一回到旅馆,我就想走,他就打我的头,把梳子都打断了。我生气了,转身就要走。他就捋下手上的戒指送给我,叫我不要走。”她说。

这时副检察官又欠了欠身子,依然带着故作天真的神气请求允许他提几个问题,在得到允许之后,他歪了歪绣花领子上面的头,问道:

“我想知道,被告在商人斯梅里科夫的房间里待了多长时间。”

玛丝洛娃又露出惊恐的神色,她惶惶不安地把视线从副检察官身上移到庭长身上,急忙说:

“我不记得待了多长时间。”

“那么,被告是否记得,她从商人斯梅里科夫的房间里出来以后,有没有到旅馆里别的什么地方去过?”

玛丝洛娃想了想。

“到旁边一个空房间里去过。”她说。

“您到那里去干什么?”副检察官全神贯注,竟忘记了通过庭长,直接审问起被告。

“我去把头发和衣服理一理,等马车来。”

“卡尔津金是否到房间里跟被告待过一阵子?”

“他也去过。”

“他去干什么?”

“还有商人喝剩下的香槟,我们一块儿喝了。”

“嗯,一块儿喝了。很好……那么,被告是否和卡尔津金说过话,说过一些什么?”

玛丝洛娃忽然皱起眉头,脸涨得通红,很快地说:

“说了什么?我什么也没有说。事情怎样,我全都讲了,别的我什么也不知道。你们想拿我怎样就怎样好啦。反正我没有罪。”

“我没有别的要问了。”副检察官对庭长说过这话,便装模作样地耸起肩膀,在自己的发言提纲上很快地记下被告的供词:她和西蒙一起进过一个空房间。

沉默了一阵子。

“您没有别的什么话要说吗?”

“我都说了。”她叹着气说过这话,就坐了下来。

随后庭长在纸上记了一点什么,听到左边的法官小声对他说的话，就宣布审讯暂停十分钟，匆匆站起来，走出法庭。左边那位高个头儿、大胡子、一双和善的大眼睛的法官和庭长商量的是，他觉得胃里有点儿不舒服，想自己按摩一会儿，再喝点儿药水。他把这事儿对庭长说了说，庭长就根据他的要求宣布休息。

陪审人员、律师和几个证人都随着法官们站起来，因为觉得这宗重大案件已经告一段落，都很愉快地来来回回走动起来。

聂赫留朵夫走进陪审人员议事室，在窗前坐了下来。

## 十二

是的，这就是卡秋莎。

聂赫留朵夫和卡秋莎的关系是这样的。

聂赫留朵夫第一次见到卡秋莎，是在他上大学三年级那一年。那时候他为了写一篇关于土地所有制的论文，在姑妈家里过了一个夏天。往年一到夏天他总是跟母亲和姐姐一起住在莫斯科附近他母亲的大庄园里。但那一年姐姐出嫁了，母亲出国到温泉地疗养去了。聂赫留朵夫要写论文，就决定到姑妈家去度夏。姑妈家远离城市，十分清静，受不到干扰，两位姑妈又十分疼爱他这个侄儿和继承人，他也很爱她们，喜欢她们那种古老而朴素的生活。

那年夏天，聂赫留朵夫在姑妈家里感到精神振奋，意气昂扬。一个青年人，一旦不是按照别人的指点，而是自己领会到生活的美好和重要性，领会到一个人在生活中所担负的事业的全部意义，看到人本身和全世界都有可能达到尽善尽美的地步，而且不但满怀希望,并且怀着能够实现自己的完美理想的充分信心去实现这种完美理想的时候,都会是这样的。那一年他在大学里就读了斯宾塞的《社会静力学》。斯宾塞关于土地私有制的论断给他留下强烈的印象,特别因为他自己就是大地主的儿子。他父亲并不富有,母亲却有一万俄亩左右的陪嫁。那时他第一次懂得土地私有制的真正残酷和不平,而他又是一个十分看重道德的人,认为为了合乎道德要求而做牺牲是最高的精神享受,他决定不再享受土地所有权,立即把他从父亲名下继承来的土地交给农民。他正是就这个问题在写一篇论文。

那一年他在乡下姑妈家的生活是这样过的:他很早就起身,有时才三点钟,太阳还没有出山,就到山脚下河里去洗澡,有时还披着蒙蒙的晨雾。等他洗完澡回来,花草上还闪烁着露珠儿。早晨他喝完咖啡,有时就坐下来写论文或者查阅资料,但多半是既不读书也不写作,又走到户外,到田野上和树林里散步。午饭之前,他在花园里找个地方睡一觉,然后在吃午饭时候凭他那股快活劲儿逗得两位姑妈也快快活活,笑声不断。饭后他就骑马或者划船,晚上又看书,或者陪两位姑妈坐坐,摆摆纸牌算卦。夜里,特别是在月色皎洁的夜晚,他常常不能入睡,原因只是他感受到的生活中的喜悦太大,太激荡人心了,于是他干脆不睡觉,怀着一个个美梦、一样样打算在花园里走来走去,有时一直到天亮。

他在姑妈家的第一个月就是这样幸福而宁静地度过的,根本没有留意那个半是侍女、半是养女、眼睛乌黑、脚步轻盈的卡秋莎。

当时聂赫留朵夫才十九岁。他一直在母亲的羽翼下成长,是一个十分纯洁的青年。他梦想有一个女人，只是梦想有一个妻子。凡是他认为不能成为他的妻子的女人，对他来说都不是女人，只是人。可是，事有偶然，在那年夏天的升天节，姑妈家有位女邻居带着孩子们来玩，其中有两位小姐、一名男中学生和一个寄住在女邻居家的农民出身的青年画家。

吃过茶点以后，大家就到门前已经割过草的草地上玩起捉人游戏。他们把卡秋莎也带去了。玩过几回之后，便轮到聂赫留朵夫跟卡秋莎一起跑。聂赫留朵夫看到卡秋莎总是很愉快，可是他从来没想到，在他与她之间会发生什么特别的关系。

"哈，这一下子别想捉住这两个人，"轮到捉人的快活的画家说着，迈动他那庄稼汉的短而壮的罗圈腿飞跑起来，"除非他们自己绊一跤。"

"您呀，休想逮我们！"

"一，二，三！"

他们拍手拍了三下。卡秋莎勉强憋住笑，敏捷地和聂赫留朵夫交换了位置，用粗糙有力的小手握了握他的大手，便朝左边跑去，她那浆过的裙子发出窸窸窣窣的响声。

聂赫留朵夫跑得很快，他不愿让画家逮到，就使足了劲儿跑起来。他回头看了看，看到画家在追卡秋莎，但卡秋莎飞快地迈动着年轻而矫健的两条腿，渐渐撇开他，朝左边跑去。前面是一个丁香花坛，谁也没有跑到那后面去过，但卡秋莎回头看了看聂赫留朵夫，点头示意，要他到花坛后面会合。他领会她的意思，就朝花坛后面跑去。谁知丁香花丛后面有一道小沟，沟里长满荨麻，聂赫留朵夫不知道，一脚踩空，跌进沟里，双手被荨麻刺破，还沾满了夕露。但他一面自己笑着自己，一面很快地爬了起来，跑到一块干净地方。

卡秋莎映动着带露醋栗似的亮晶晶的乌黑的眼睛，笑盈盈地迎着聂赫留朵夫飞跑过来。他们会合了，紧紧握住手，表示胜利。

“我看，您准是刺破手了。”她一面用空着的那只手理着松开的辫子，一面呼哧呼哧喘着气，微微笑着，从下朝上对直地看着他说。

“我不知道这儿有一道沟。”他说，也微微笑着，没有松开她的手。

她向他靠了靠，他自己也不知道是怎么回事儿，把脸朝她凑过去；她没有躲闪，他把她的手握得更紧，吻了吻她的嘴唇。

“这算什么呀!”卡秋莎说着，急忙抽出手来，跑开了。

她跑到丁香花前，折下两枝开始凋谢的白丁香，拿丁香花枝儿拍打着自己那热辣辣的脸，不住地回头朝他望着，很带劲儿地在面前摆动着两臂，转身朝做游戏的一些人走去。

从那时起，聂赫留朵夫和卡秋莎之间的关系就变了，变成了相互爱慕的纯洁少年与纯洁少女之间的特殊关系。

只要卡秋莎一走进房里来，或者甚至聂赫留朵夫老远看到她的白围裙，他就觉得似乎一切都被阳光照亮了，一切都变得更有趣，更悦目，更有意义；生活也变得更快乐。她也有这样的感觉。不过，不仅卡秋莎在跟前能对他产生这样的作用；只要一想到有一个卡秋莎，在她来说，只要一想到有一个聂赫留朵夫，都会产生这样的作用。聂赫留朵夫有时收到不愉快的母亲来信，或者有时论文写得不顺手，或者有时心头涌起少年人那种莫名的惆怅，但只要一想到有一个卡秋莎，而且他可以看到她，一切烦恼都会烟消云散。

卡秋莎在家里有许多事情要做，但她能够把一样样事情做好，还能抽空读书。聂赫留朵夫就把自己刚刚读完的陀思妥耶夫斯基和屠格涅夫的小说拿给她看。她最喜欢屠格涅夫的《僻静的角落》。他们只是偶尔见面谈一谈，有时在走廊里，有时在阳台上，有时在院子里，有时在姑妈的老女仆玛特廖娜的房间里，卡秋莎就跟玛特廖娜住在一起，有时聂赫留朵夫就到她们的小房间里就着糖块喝茶。他们谈话时有玛特廖娜在场，感到最轻松愉快。如果只有他们两个，谈话就很别扭。这时候眼睛立刻说起另外一番话，比嘴里说的话重要得多。他们把嘴抿得紧紧的，而且有点儿害怕起来，于是他们连忙走开。

聂赫留朵夫第一次住在姑妈家，他和卡秋莎一直保持着这样的关系。两位姑妈发现这种关系，有点害怕，甚至往国外写信把这事告诉聂赫留朵夫的母亲叶莲娜·伊凡诺芙娜公爵夫人。玛丽娅姑妈很怕侄儿跟卡秋莎发生暧昧关系。但这种害怕是多余的，因为纯洁的人最是多情，聂赫留朵夫正是不自觉地爱上了卡秋莎，也正是这种爱情保证他和她不致沉沦。他不仅没有在肉体上占有她的欲望，而且一想到可能会和她发生这种关系就害怕。具有诗人气质的索菲娅姑妈的担心倒是切实得多。她担心性格倔强而果断的侄儿一旦爱上这姑娘，就会不顾她的出身和地位，毫不犹豫地同她结婚。

假如聂赫留朵夫当时清楚地意识到自己爱上了卡秋莎，尤其是假如当时有人劝他绝对不能也不应该把他的命运同这样一个姑娘结合在一起,那就很容易发生这样的事:他就会凭他那敢作敢当的性格做出决定,认为只要他爱上一个姑娘,就不管她是什么人,没有理由不同她结婚。可是,两位姑妈没有把自己的顾虑告诉他,他也没有意识到自己爱上了这个姑娘,他就这样走了。

他当时满心以为,他对卡秋莎的感情只是当时充溢于他全身的生的欢乐感的一种表现,这个可爱的、讨人喜欢的姑娘在和他同享这种生的欢乐感。可是,在他动身的时候,卡秋莎同两位姑妈一起站在台阶上,用她那泪汪汪的有点儿斜视的黑眼睛送着他,他才感到,他别离的是一种美好的、珍贵的、一去永不返的东西。他觉得无限惆怅。

“再见,卡秋莎,各方面都得感谢你。”他一面上马车,一面隔着索菲娅姑妈的睡帽说。

“再见,德米特里·伊凡诺维奇。”她用亲切悦耳的声音说过这话,便强忍着满眶的眼泪,朝门廊里跑去,到那儿她可以痛痛快快哭一场。

## 十三

从那时起,聂赫留朵夫一连三年没有跟卡秋莎见面。直到他新升为军官,奔赴部队,路过姑妈家,才又和她见面。这时候他与三年前住在她们家时相比,已经完全换了一个人了。

那时他是一个诚实而有自我牺牲精神的青年,随时准备为一切美好的事业献身。如今成了一个荒淫放荡、彻头彻尾的利己主义者,喜爱的只是自己的享乐。那时候他觉得世界是一个秘密,他怀着喜悦和激情千方百计要解开这个秘密。现在他觉得现实中的一切既简单又明了，一切都是由他所处的现实环境所决定。那时候他认为必需和重要的是接触大自然，接触曾经生活过、思想过、感触过的前人（如接触哲学、诗歌），现在认为必需和重要的是人为的规章制度和跟同事们交往。那时候女人是神秘的、迷人的，正因为神秘才是迷人的创造物；现在，除了家里的女人和朋友的妻子，一切女人的功用都十分明确：女人是他已经尝试过的最好的享乐工具。那时候他不要钱，母亲给他的钱连三分之一都用不了，他可以放弃父亲名下的田产，分给他的佃户；现在母亲每月给他一千五百卢布，他还不够用，为了钱他已经跟母亲有过几次不愉快的交谈。那时候他认为精神上的人才是真正的**我**，现在则认为强壮而精力充沛、兽性的**我**才是他自己。

他之所以发生一系列可怕的变化，只是因为他不再相信自己而相信起别人。为何他不再相信自己而相信起别人，那是因为，如果相信自己，日子就太不好过：按照自己的信念处理任何问题都不利于追求舒服快乐的兽性的**我**，几乎总是与其作对；如果按照别人的观念，就无须解决什么问题，一切问题都已解决，而且解决得总是不利于精神的**我**而利于兽性的**我**。况且，他要是相信自己的信念，总会遭到人家的指摘，要是相信别人的观念，就得到周围人们的赞扬。

比如，聂赫留朵夫思考上帝、真理、穷与富的问题，阅读有关这些问题的书籍，议论这些问题，他周围的一些人就都认为这很不合适，而且有点儿可笑，母亲和姑妈就会用好意取笑的口气管他叫我们可爱的哲学家。如果他看爱情小说，讲淫秽笑话，上法国戏院看轻松喜剧并且津津有味地讲讲剧中情节，大家就都夸奖他，鼓励他。如果他认为必须节俭用度，穿旧大衣，不饮酒，大家就认为他古怪，有点儿标榜自己；他把大笔大笔的钱用于打猎或者装置不同一般的豪华的书房，大家却都称赞他风雅，并且送给他种种名贵物品。他本来是个保持童贞的青年，并且想一直保持到结婚，可是他的亲人却都为他的健康担心，后来他从一个同事手里夺得一个法国女人，成了真正的男子汉，他母亲知道了，不仅不生气，倒是十分高兴。可是公爵夫人一想到他和卡秋莎那一段恋情，想到他可能打算跟她结婚，就提心吊胆。

等到聂赫留朵夫成年以后，认为私有土地不合理，因而把从父亲名下继承的不大的一部分田产分给农民，他这一行动同样使母亲和亲属们感到恐慌，并且成为所有的亲属经常责难和嘲笑的话题。有些人一遍又一遍地告诉他，得到土地的农民不仅没有富起来，反而更穷了，因为他们开了三家小酒馆，索性不干活儿了。等到聂赫留朵夫进了禁卫军，跟那些出身名门的同事们一起又是挥霍，又是赌博，花钱如流水，使得公爵夫人不得不动用存款，她却几乎一点也不难过，认为这是很自然的事，甚至认为在年轻时就种种牛痘，在上流社会里习惯习惯，倒是一件好事。

起初聂赫留朵夫做过抗争，但抗争极其困难，因为凡是他凭自己的信念认为是好的，别人都认为是坏的；反过来说，凡是他凭自己的信念认为是坏的，他周围所有的人都认为是好的。最后，聂赫留朵夫屈服了，不再相信自己而相信别人。开头这样自我否定是不愉快的，但这种不愉快的感觉没有持续多久。就在这时他开始抽烟喝酒，很快就消除不愉快的感觉，甚至觉得十分轻松了。

于是聂赫留朵夫带着天生的一股热乎劲儿投身于周围的人同声称道的这种新生活，完全停息了心中另有所求的呼声。这种变化是从他上彼得堡以后开始的，到他进部队的时候就完成了。

军队生活本来就容易使人堕落，因为人一进入军队，就终日无所事事，也就是既不从事正当有益的劳动，又不担负人类共同的义务，游手好闲照例能享受军队、军服、军旗的荣誉，另外，人一进入军队，一方面对其他人拥有无限的权利，另一方面必须在上级长官面前奴颜婢膝，唯命是从。

不过，军队生活和军服、军旗以及合法的暴行与屠杀所造成的堕落还是一般性的，而在只有富贵人家的子弟才能入选的禁卫军团里，因为有钱和接近皇室还会造成另一种堕落，如果二者加在一起，就会使人的利己主义达到完全疯狂的地步。聂赫留朵夫自从进入军中服务，开始像同事们那样生活之后，他的利己主义就疯狂地发展起来。

天天无事可做，只是穿上不是自己而是别人精心缝制和洗刷的军服，戴起头盔，拿起别人铸造、擦亮并且给他送到手的武器，跨上别人养大、训练好和喂得膘肥体壮的骏马，跟同样的一些人去参加练兵或者检阅，纵马奔驰，挥舞马刀，射击，再把这一套教给别人。别的事情是不干的。而那些上层人士，老的少的，还有沙皇及其亲信，不仅赞成他们干这种事儿，而且还因此夸奖他们，感谢他们。他们干完这种事儿以后，认为最好和最重要的便是上军官俱乐部或者最豪华的饭店去吃饭，尤其是喝酒，挥霍不知从何处弄来的金钱；然后是剧场，舞会，女人；然后又是骑马，舞刀，奔驰；然后又是挥霍金钱，喝酒，打牌，玩女人。

这样的生活特别能使军人堕落,因为一个平民要是过这样的生活,他内心深处不可能不为此感到惭愧。军人却认为这是理所当然,而且夸耀这样的生活,感到十分光彩,尤其是在战争时期。聂赫留朵夫就是这样,他是在对土耳其宣战后进入军队的。"我们准备战死沙场,因此这种逍遥自在的欢乐生活不仅是应该原谅的,而且是我们必需的。所以我们才过这种生活。"

聂赫留朵夫在一生的这一阶段中,正是隐隐约约地这样想的。他在整个这段时期里,一直因为冲破以前自己为自己设置的道德樊篱而感到无比喜悦,而且也一直处在利己主义连续疯狂发作的状态中。

三年之后他上姑妈家去的时候,正是处在这样的状态中。

## 十四

聂赫留朵夫上姑妈家,是因为他所在的部队已开赴前方,她们的庄园就在他追赶部队的路上,而且她们殷切地邀请他去,但他这一次去,主要的却是为了要看看卡秋莎。也许,在内心深处已受到如今已脱缰的兽性的人的教唆,对卡秋莎起了歹念,然而他还没有意识到这一点。他只是想旧地重游,看看他曾经流连过的地方,看看两位可笑而又可爱、总是在他不知不觉之间用慈爱和赞许的气氛将他包围的善良的姑妈,看看给他留下极其愉快的回忆的可爱的卡秋莎。

他是在三月底耶稣受难日来到的。这天下着倾盆大雨,道路泥泞不堪,因此来到时浑身湿透,冻得瑟瑟发抖,但他精神饱满,心情振奋,在那段时期他的心情总是这样的。“她还在她们家吗?”他心里这样想着,他乘的雪橇便进了他熟悉的姑妈家的旧式地主院落,院子里堆满了从房顶溜下来的积雪,周围砌了一道砖墙。他预料,她听到雪橇铃声就会跑到台阶上来,但只是女仆房间门前的台阶上出现了两个掖着裙子、提着水桶的光脚婆娘,显然是在擦地板。正门的台阶上也没有她,出来的只是男仆季洪,系着围裙,看样子也是在打扫屋子。索菲娅姑妈身穿丝绸连衣裙,头戴睡帽,来到前厅。

“啊,你来了,太好了!”索菲娅姑妈一面吻他,一面说。“玛丽娅姑妈上教堂回来累了,有点儿不舒服。我们去领圣餐来着。”

“恭喜您领圣餐,好姑妈,”聂赫留朵夫一面说,一面吻姑妈的手,“真对不起,我把您身上弄湿了。”

“快上你屋里去。瞧你浑身都湿透啦。你都长胡子啦……卡秋莎!卡秋莎!快给他拿咖啡来。”

“这就来!”走廊里传来熟悉的、悦耳的声音。

聂赫留朵夫的心高兴得怦怦跳了起来。“她还在这儿!”就好像太阳从满天乌云里露了出来。聂赫留朵夫便快快活活地跟着季洪上他以前住过的房间里去换衣服。

聂赫留朵夫很想向季洪问问卡秋莎的情况:她身体怎么样?过得好不好?是不是要出嫁了?可是季洪一副毕恭毕敬的神气,一本正经,而且一定要亲自用水给他冲手,弄得聂赫留朵夫不好向他打听卡秋莎的情况,只是问了问他的孙子,问了问已成为他的老搭档的那匹公马和看家狗波尔康。孙子们和老马都很好,很健壮,只是波尔康去年疯了。

聂赫留朵夫脱下湿衣服，刚要穿干净衣服，就听见轻快的脚步声，接着是敲门声。聂赫留朵夫从脚步声和敲门声听出了是谁。这样走路和敲门的只有她。

他披上湿透的军大衣，走到门口。

“请进!”

就是她，卡秋莎。还是那个模样，只是比以前更娇艳了。那双纯真的、微微有点儿斜视的黑眼睛还是那样笑盈盈地从下朝上看着。她还和以前一样，系着一条洁白的围裙。姑妈让她送来一块刚刚剥去包装纸的香皂和两条毛巾：一条俄国大浴巾和一条毛巾。不论是不曾动用的印着文字的香皂，还是那毛巾，以及她本人，都是那样干净、新鲜、纯洁、悦目。她那鲜艳可爱的红唇，还像以前看见他时那样，由于压抑不住心中的喜悦，抿得紧紧的。

“欢迎您，德米特里·伊凡诺维奇。”她好不容易说出口，脸上飞起红云。

“你好……您好。”他不知道对她说话称“你”好还是称“您”好，脸变得跟她一样红。“您好吗，身体好吗?”

“托上帝的福……这是您姑妈叫我送来的您喜欢的玫瑰香皂。”她说着，把香皂放在桌上，把毛巾搭在椅子扶手上。

“侄少爷他自己有。”季洪想维护客人的独立生活精神，就这样说，一面得意扬扬地指着聂赫留朵夫那打开的银盖大梳妆盒，里面有许多玻璃瓶子、刷子、发蜡、香水和各种各样的化妆用品。

“您替我谢谢姑妈。我来到这儿，真高兴呀。”聂赫留朵夫说。他觉得心中又像上次来时那样舒畅和温暖。

她听了这话，只微微一笑，就出去了。

素来就钟爱聂赫留朵夫的两位姑妈，这一回见到他，比往常更要高兴。侄儿要上战场，也许负伤，也许阵亡，因此两位姑妈特别动情。

聂赫留朵夫原来的行程安排是：在姑妈家只停留一天一夜。但是见了卡秋莎，他答应再过两天，在姑妈家过复活节，并且打电报给他的朋友和同事申包克，他们原约定在敖德萨会合的，现在请他也到姑妈家来。

他见到卡秋莎的第一天，心中就萌发了当初对她的恋情。他又像以前那样，一看到卡秋莎的白围裙心中就荡漾难平，一听到她的脚步声、说话声、笑声就压抑不住心中的喜悦，看到她那双带露醋栗般的黑眼睛，特别在她微笑的时候，就不能不心醉，尤其在他们相遇时他见她脸上飞起红云，他不能不销魂。他感到自己在恋爱了，但不像以前那样，以前他觉得恋爱是一种秘密，而且自己都不肯承认是在恋爱，而且那时候他相信一个人一生只能恋爱一次。现在他又在恋爱了，现在知道是在恋爱，并且因此感到高兴，而且尽管想瞒住自己，可是模模糊糊地知道，恋爱是怎么一回事儿，恋爱的结果是什么。

聂赫留朵夫也和所有的人一样，由两个人合成。一个是精神的人，自己追求的只是也能使别人幸福的幸福。另一个是兽性的人，所追求的仅仅是自己的幸福，而且为了自己的幸福不惜牺牲全世界一切人的幸福。在这段时期，彼得堡生活和军队生活使他的利己主义达到疯狂地步，兽性的人在他身上占了上风，完全压倒了精神的人。但是，他见到卡秋莎，当初对她的恋情再度萌发之后，精神的人又抬起头来，开始争取自己的权利。所以在复活节前这两天里,在聂赫留朵夫身上一刻也不停地进行着内部斗争,虽然他自己并没有意识到。

他心里明白,他该走了,现在毫无必要再在姑妈家住下去,知道这样住下去不会出什么好事,但是他实在太高兴,太愉快了,所以他不顾这些,留了下来。

基督复活节前一天,礼拜六傍晚,一位司祭带着助祭和诵经士来做晨祷。据他们说,他们的雪橇经过一个个水洼和一块块光土地,好不容易走了三俄里,才从教堂来到姑妈家。

聂赫留朵夫跟两位姑妈和仆人站在一起做晨祷,一面目不转睛地看着站在门口、手提香炉的卡秋莎,等做完晨祷,他按礼节跟两位姑妈和司祭各吻了三次,便要去睡觉,却听到姑妈的女仆玛特廖娜跟卡秋莎在走廊里说话,她们要一起上教堂去行复活节蛋糕和奶饼净化礼。他在心里说:“我也去。”

上教堂去,不论坐车还是坐雪橇,都没有好路可走。在姑妈家和在家一样随便当家的聂赫留朵夫便吩咐备上那匹所谓老搭档的公马,他再也不去睡觉,而是穿起漂亮的军服和紧身马裤,披上军大衣,跨上那匹膘肥体壮、一个劲儿嘶鸣的老公马,那马蹚着一个个水洼和积雪,摸黑朝教堂走去。

## 十五

这次晨祷后来在聂赫留朵夫的一生中成为最幸福、最值得怀念的往事。

公马蹚着水在漆黑中走着,只是有的地方有白雪照亮,一看见教堂周围的点点灯火，便竖起耳朵。等他骑马进了教堂的院子，礼拜已经开始了。

有几个汉子认出他是玛丽娅小姐的侄儿，把他领到干爽的地方下马，把他的马拴好，便把他领进教堂。教堂里已经挤满了过节的人。

右边是男子汉：有身穿土布长袍、脚裹洁白包脚布、外套树皮鞋的老头子，有身穿崭新的呢子长袍、腰束鲜艳的腰带、脚蹬高靿皮靴的小伙子。左边是妇女：一个个头上裹着红绸巾，上身穿着棉绒坎肩，配着大红衣袖，下身系着裙子，有蓝的，有绿的，有红的，有花的，脚上是钉掌的半高靿靴子。站在她们后面的是一些衣着朴素的老太婆，裹着白头巾，身穿灰色长袍，系老式毛裙，脚穿平底鞋或者新树皮鞋。在男男女女之间还有一些孩子，都穿得漂漂亮亮，头上还抹了油。男子汉们在画十字，甩动着头发在鞠躬；妇女们，特别是那些老太婆，都用没有神的眼睛盯着一尊烛光照亮的圣像，撮紧手指，使劲地点着额头上的头巾、肩膀和肚子，嘴里念叨着，弯腰站着或者跪着。孩子们一看到有人朝他们看，就学大人的样子，起劲地做祷告。那贴金的大蜡烛四周围有许多小蜡烛，照得金黄的圣像壁明晃晃的。枝形大烛架上插满了蜡烛。唱诗班的业余歌手们放声高唱，其中有粗喉咙大嗓门儿，也有孩子们尖细的最高音。

聂赫留朵夫走到前面去。教堂正中站的是一些有头脸的人物：有一个地主带着老婆和穿水兵制服的儿子，有警察分局局长，有电报员，有穿高靿皮靴的商人，有佩戴奖章的村长。读经台右边，地主老婆后面，站着玛特廖娜，穿着光闪闪的紫色连衣裙，披着带流苏的白色披巾。旁边是卡秋莎,穿一件胸前带褶的白连衣裙,系一条天蓝色腰带,乌黑的头发上扎一个鲜红的蝴蝶结。

一切都很隆重、庄严、愉快、美好:不论是身穿光闪闪的绣银法衣、胸前挂金十字架的司祭,不论是身穿饰金饰银漂亮祭服的助祭和诵经士,不论是身穿节日服装、头发抹油的业余歌手,不论是节日赞美歌那舞曲似的欢乐音调,不论是司祭们手举饰花的三烛烛架、反复喊着“基督复活了!基督复活了!”不停地为大家祝福的声音。一切都很美,但最美的却是穿白色连衣裙、系天蓝色腰带、乌黑的头发上扎着鲜红蝴蝶结、快活得眼睛发亮的卡秋莎。

聂赫留朵夫感觉到,她虽然没有回头,却看见他了。这是他经过她身边走向祭坛的时候看出来的。他本来没有什么话要对她说,可是他想了想,在经过她身边的时候说:

“姑妈说,做完晚弥撒她就开斋。”

就像往常见到他那样,她的青春的血涌上她那一张可爱的脸,那双黑眼睛笑着,洋溢着喜气,天真地从下朝上看着,盯住聂赫留朵夫。

“我知道。”她笑了笑,说。

这时候,一个诵经士手拿铜咖啡壶从人群里挤过来,走过卡秋莎身边,因为没有注意她,祭服的下摆擦到了她。这个诵经士显然由于对聂赫留朵夫尊敬,绕着他走,却擦着了卡秋莎。可是聂赫留朵夫却觉得十分奇怪:他这个诵经士怎么不明白,这儿的一切,以至全世界的一切,都是为卡秋莎一人而存在的,对世界上的一切都可以不放在眼里,唯独对她不能这样,因为她是世界上一切的中心。为了她,圣像壁才闪金光,枝形烛架和烛台上所有的蜡烛才大放光明;为了她,才高声欢唱:“基督复活了,欢乐吧,人们!”世上一切美好的东西,都是为她而存在。他觉得卡秋莎也明白这一切都是为她而存在。聂赫留朵夫有这样的感觉,是在凝视着她那带褶白连衣裙裹着的苗条身躯,凝视着她那喜气洋洋的脸的时候,他正是从她脸上的表情看出来,她心里唱的歌儿跟他心里唱的完全一样。

在早祷与晚祷的间歇时候,聂赫留朵夫走出教堂。人们见他来了都让路,向他鞠躬。有的人认得他,有的人问:“这是谁家的?”他在教堂门前台阶上站了下来。一些乞丐把他围住,他就把钱包里的零钱全部散给他们,这才走下台阶。

天色已经很亮,什么都看得很清楚了,可是太阳还没有出来。人们都纷纷来到教堂周围的墓地上坐下。卡秋莎仍然在教堂里,聂赫留朵夫便停下来等她。

人们还在纷纷往外走,靴底铁钉叮叮地敲着石板,一个个走下台阶,分散到教堂院子里和墓地上。

玛丽娅姑妈的糕点师傅老态龙钟,颤动着脑袋,把聂赫留朵夫拦住,跟他互吻了三下。他的老伴儿裹着三角绸头巾,头巾下面露出皱皱巴巴的喉结,这时从手帕里拿出一个橙红色鸡蛋,送给聂赫留朵夫。接着有一个健壮的年轻汉子,身穿崭新的长袍,腰束绿色腰带,满面春风地走过来。

“耶稣复活了,”他眏着笑眯眯的眼睛说过这话,便走到聂赫留朵夫跟前,给他送来一股庄稼汉特有的好闻气味,用红润的嘴唇对着他的嘴吻了三下,那拳曲的大胡子扎得他的脸痒痒的。

就在聂赫留朵夫跟年轻汉子互吻,接下他送的深棕色鸡蛋的时候，玛特廖娜那光闪闪的连衣裙和那个扎着鲜红蝴蝶结的乌黑可爱的头出现了。

她立即从她面前走着的许多人的头顶上看见了他，他也看见她的脸放起光来。

她和玛特廖娜来到台阶上，站了下来，给乞丐们散钱。有一个烂掉鼻子、只剩一个红疙瘩的乞丐走到卡秋莎面前。她从手绢里拿出一样东西送给他，然后走到他跟前，跟他互吻了三下，丝毫没露出厌恶的神气，倒是眼睛里依然闪着喜悦的光彩。就在她和乞丐互吻的时候，她的目光与聂赫留朵夫的目光相遇了。她仿佛在问：这样好吗？我做得对吗？

“对，对，好姑娘，样样都好，样样都美，我爱你。”他在心里说。

她们走下台阶，他便走到她跟前。他不想跟她互吻，只想在她跟前待一会儿。

“耶稣复活了。”玛特廖娜说这话的时候，低着头，微笑着，用的那口气似乎在说，今天大家都平等了。接着用折叠得像小老鼠一样的手帕把嘴擦擦干净，便把嘴唇朝他凑过来。

“真的复活了。”聂赫留朵夫一面跟她互吻，一面说。

他回头看了看卡秋莎。她脸上立即飞起红云，同时立即来到他跟前。

“耶稣复活了，德米特里·伊凡诺维奇。”

“真的复活了。”他说。他们互吻了两下，似乎考虑了一下该不该再吻一下，又似乎考虑好应该再吻一下，就又吻了第三下，并且两个人都笑了笑。

“你们是要去找司祭吧?”聂赫留朵夫问。

“不是,德米特里·伊凡诺维奇,我们就在这儿坐坐。”卡秋莎说这话时,就好像在愉快的劳动之后整个胸部深深地呼吸着,并且用她那温柔、纯洁、真情而微微有点儿斜视的眼睛对直地看着他的眼睛。

男女之间的爱情总有一个时刻达到顶点,在这样的时刻里,爱情中没有什么自觉的、理性的成分,也没有肉欲的成分。这个复活节的夜晚,对聂赫留朵夫来说,就是这样的时刻。虽然他在各种各样的场合见过卡秋莎,但是现在他每想起她,总是首先最鲜明地想起这时刻。那乌黑、光滑、发亮的可爱的头,那严严实实裹住她那苗条身躯和不高的胸脯的带褶的白连衣裙,那脸上的红云,那一双由于一夜未眠而微微斜视的、乌黑发亮、含情脉脉的眼睛,以及她整个的人都表现出两个主要的特点:她的纯洁无瑕的爱不仅是对他——这他是知道的——而且是对世界上一切人和一切东西的,不仅是爱世界上一切美好的事物,而且也爱她刚才吻过的那个乞丐。

他知道她心里有这样的爱,因为那天夜里和那个早晨他也感到自己心里有这样的爱,感到他和她就在这样的爱中结合在一起了。

唉,要是这一切就停留在那天夜里出现的这种感情上,多么好呀!“是的,那件可怕的事是在复活节之夜过后才发生的呀!”现在他坐在陪审人员议事室窗前,这样想着。

## 十六

聂赫留朵夫从教堂回来，就跟两姑妈一块儿开斋。为了提提精神，他按照在军队里养成的习惯，喝了白酒和葡萄酒，然后回到自己的房里，立刻就和衣睡着了。敲门声把他惊醒。他从敲门声听出这是她，就爬起来，一面揉着眼睛，伸着懒腰。

“卡秋莎，是你吗？进来吧。”他说着，下了床。

她把门开了一道缝儿。

“开饭啦。”她说。

她还是穿着那件白连衣裙，不过头发上的蝴蝶结没有了。她看了看他的眼睛，满脸就放起光来，就好像她向他报告了一件不同寻常的喜事。

“这就去。”他说着，就拿起梳子，要梳头发。

她还站在那儿没有走。他发觉这一点，就丢下梳子，朝她走去。但就在这时她转过身去，迈着惯常那种轻盈而敏捷的步子，顺着走廊里的长地毯朝前走去。

“我真傻，”聂赫留朵夫对自己说，“我怎么不把她留住呢？”

他跑过去，在走廊里追上了她。

他要拿她怎么样，连他自己也不知道。不过他似乎觉得，在她进了他的房间的时候，他应该干点儿什么，那是所有的人在这种情况下都会干的，他却没有干。

“卡秋莎，你等一下。”他说。

她回头看了看。

“您有什么事？”她说着，步子渐渐慢下来。

“没什么，不过……”

他鼓了鼓劲儿，并且想到一切处在他的地位的男子在此类场合会怎么办，就搂住卡秋莎的腰。

她站了下来，看了看他的眼睛。

“别这样，德米特里·伊凡诺维奇，别这样。”她满脸通红通红地说。便用她那强劲有力的手推开那条搂住她的胳膊。

聂赫留朵夫放她走了。一时间他不但感到不好意思和羞惭，而且憎恶起自己。他本来应该相信自己才对，可是他不明白，这种不好意思和羞惭正是他灵魂里最美好的感情在流露，但他反而认为这说明自己很蠢，他应该像大家那样干才对。

他又一次追上她，又搂住她，吻她的脖子。这一吻完全不同于前两次的吻，也就是那次在丁香花丛后面情不自禁的吻和今天早晨在教堂里的吻。这一吻火辣辣的，这一点她也感觉到了。

“您这是干什么呀？”她惊叫起来，听那声音好像他砸碎了一件无价之宝，再也无法修补似的。她快步跑开了。

他走进餐厅。两位盛装的姑妈、一位医生和一位女邻居都站在一碟碟小菜旁边。一切都和平常一样，可是聂赫留朵夫心里却起了风暴。别人对他说什么，他都没有听清楚，别人问东他答西，一心只想着卡秋莎，回味着刚才在走廊里追上她时这一吻。他再没有心思去想别的事。每次她走进来，他不必看她，整个身心都会感觉到她来了，而且必须强制自己，才能不去看她。

饭后他马上回到自己房里，心猿意马地在房里踱了很久，一面倾听着家里的响声，等待着她的脚步声。他身上那个兽性的人，这会儿不仅已抬起头来，而且把他第一次来时以至今天早晨在教堂里还活在他身上的那个精神的人踩在脚下。这个可怕的兽性的人如今在他的灵魂中独自称霸了。尽管他一整天都在守候她，可是一直没有机会跟她单独见面。大概她是躲着他。不过，合当有事，到了傍晚，她要上他隔壁的房间里去。医生留在这儿过夜，卡秋莎要给客人铺床。聂赫留朵夫听到她的脚步声，就放轻脚步，屏住呼吸，就像要干什么犯罪的事似的，跟在她后面走了进去。

她已经把两手伸进干净的枕套，抓住枕头的两个角，这时回头看了看他，微微一笑，不过这不是以前那种快活和欢喜的笑，而是一种提心吊胆、可怜巴巴的笑。这笑容仿佛是对他说，他要干的事是很坏的。他一时间怔住了。现在还有可能进行斗争。他对她真情的爱的声音虽然微弱，可是还能听见，这声音在对他说**她**这个人，说**她**的感情，说**她**的生活。另外一个声音却在说：注意，你要错过**自己的**享乐、**自己的**幸福了。这第二个声音淹没了第一个声音。他果断地走到她跟前。压制不住的、可怕的兽性感情已经控制了他。

聂赫留朵夫紧紧搂住她，让她坐在床上。他觉得还有什么事要做，就挨着她坐下来。

“德米特里·伊凡诺维奇，好少爷，请您放手，”她用哀求的声音说，“玛特廖娜·巴甫洛芙娜来啦！”她一面挣扎一面喊道。而且真的有人朝门口来了。

“那我夜里去找你，”聂赫留朵夫说，“你一个人在屋里，不是吗？”

“您说什么呀？千万别这样！不要这样。”她只是嘴上这样说，可是激动而慌乱的她整个的人却在说另外一番话。

来到门口的果然是玛特廖娜·巴甫洛芙娜。

她胳膊上搭着一条被子走进房里来，带着责备的神气看了聂赫留朵夫一眼，便很生气地责怪卡秋莎拿错了被子。

聂赫留朵夫一声不响地走了出去。他甚至不感到羞惭。他从玛特廖娜的脸色看出来，她是在责备他，而且她的责备是应该的，他知道自己做的事很坏，但是兽性的感情已经挣脱了以往对她的真挚爱情，控制住他，独自称霸，其他一切概不理睬了。现在他知道，要满足欲望该怎么干，于是他就寻思这样干的办法。

整个黄昏他都坐立不安，一会儿上姑妈的房里去，一会儿又走出来，回到自己房里，一会儿又走到台阶上，心里只盘算着一件事：怎样才能跟她单独见面。可是，她躲着他，玛特廖娜又寸步不离地跟定了她。

## 十七

整个黄昏就这样过去，黑夜降临了。医生去睡了。两位姑妈也安歇了。聂赫留朵夫知道，此刻玛特廖娜在姑妈的卧室里，女仆房里只有卡秋莎一个人。他又走到台阶上。外面黑漆漆，暖洋洋，潮漉漉，夜空中弥漫着白茫茫的浓雾。春天里，雾能融化残雪，也许由于残雪在融化而升起浓雾。家门前百步远处陡坡下有一条河，从河上传来奇怪的声音：那是冰层在碎裂。

聂赫留朵夫走下台阶，踩着结了冰凌的残雪跨过一个个水洼，来到女仆房间窗前。他的心在胸膛里怦怦直跳，连他自己都能听见。他一会儿憋住气，一会儿气冲出来，变成一声深深的叹息。女仆房间里点着一盏小灯。卡秋莎独自坐在桌旁，沉思着，眼睛望着前面。聂赫留朵夫一动不动地看了她好一阵子，想看看她以为没有人看到的时候会做些什么。她一动不动地坐了有两分钟光景，然后抬起眼睛，微微笑了笑，摇了摇头，似乎是在责怪自己，然后换了个姿势，猛地把两条胳膊往桌上一放，又把眼睛对着前方。

他站在窗口看着她，无意识地同时听着自己的心跳声和河面上传来的奇怪响声。在浓雾弥漫的河上，正进行着缓慢而不停的活动：时而嗞嗞直响，时而咔嚓开裂，时而哗啦迸散，时而薄冰像玻璃似的叮叮乱撞。

他站着，看着卡秋莎那沉思默想、想心事想得很苦恼的脸，他不由得怜惜起她来，然而说也奇怪，这种怜惜只是点旺了他对她的欲火。

他身上的欲火愈燃愈旺。

他敲了敲窗子。她像触电似的，全身打了个寒战，脸上露出恐慌的神情。然后她腾地站起来，走到窗前，把脸贴到玻璃上。她把手掌放在眼上遮住灯光向外看，认出他来，然而脸上的恐慌神情仍没有消失。她的脸色异常严肃，他从来没见过她这种模样。他笑了笑，她这才笑了笑，她笑，似乎只是为了迎合他，心里并不想笑，心里还是很恐慌。他对她打了个手势，要她到外面来相会。可是她摇摇头，表示不出来，并且仍然站在窗前。他又一次把脸凑近窗玻璃，想对她喊一声，但这时她转过脸对着房门口，显然是有人在唤她。聂赫留朵夫离开了窗口。雾非常浓,离开房子五步就看不见窗子,只看见黑乎乎的一团,中间是红红的、显得很大的一片灯光。河上依然响着冰块的噬噬声、哗啦声、咔嚓声和叮叮声。在浓雾笼罩的院子里,有一只公鸡在不远处叫起来,附近另外几只公鸡立即响应,接着村子里远远传来互相打岔或者合成一片的鸡叫声。不过,除了河上,四下里还是一片宁静。这时候已经是鸡叫二遍了。

聂赫留朵夫在墙角后面来来回回走了两趟,有好几次脚踩到水洼里,后来又走到女仆房间窗前。灯仍然亮着,又是卡秋莎一个人坐在桌旁,似乎有什么事拿不定主意。他刚走到窗前,她就看了他一眼。他敲了敲窗子。她也没看是谁敲的,就立刻从房里跑出去。他听到门钩吧嗒一声,接着是通院子的门吱扭一声开了。他已经在门廊边等她,于是立即一声不响地把她搂住。她紧紧偎住他,仰起头,用嘴迎接他的吻。他们站在门廊拐角后面一块化净了雪的干地方,没有满足的欲火烧得他全身火辣辣的,十分难受。这当儿,通院子的门又吧嗒响了一声,又吱扭一声开了,就听见玛特廖娜气嘟嘟的呼唤声:

“卡秋莎!”

她挣脱了他,回到女仆房里。他听到门钩吧嗒一声扣上。然后一切都静了下来,窗户里那红红的灯光不见了,只剩下沉沉的浓雾和河上的闹声。

聂赫留朵夫走到窗前,再也看不到什么人了。他敲窗子,再也没有回应。聂赫留朵夫从正门的台阶回到房子里,可是他睡不着。他脱去靴子,光着脚顺着走廊朝她的门口走去,旁边就是玛特廖娜的房间。起初他听到玛特廖娜安静地打着鼾,就想进去,谁知玛特廖娜咳嗽起来,翻了个身,床嘎吱嘎吱响了一阵子。他屏气息声,一动不动地站了有五分钟光景。等到一切又沉寂下来,又听见安静的鼾声,他就尽可能踩着不发响的地板又往前走,一直走到她的房门口。什么声音也听不见。她显然没有睡,因为听不见她的呼吸声。他刚刚低低地唤了一声"卡秋莎",她就急忙爬起来,走到房门口,似乎很生气地劝他走。

"这算什么呀? 唉,这怎么行呀? 姑妈们要听见的。"她的嘴这样说,可是她整个的人却在说:"我整个儿都是你的。"

聂赫留朵夫明白了的就是**这一点**。

"喂,你开一下儿吧。我求求你。"他说着不必再说的话。

她不作声了,过一会儿他听见一只手摸索门扣的沙沙声。门扣吧嗒一声,他就钻进打开的房门。

他一下子把她搂住,她还穿着粗布衬衣,他把她抱起来就走。

"哎呀! 您干什么呀?"她小声说。

可是他没有理睬她的话,抱着她朝自己房里走去。

"哎呀,别这样,请您放开我。"她嘴里说着,身子紧紧地贴在他身上。

等她浑身哆嗦,一声不响,也不回答他的话,从他的房里走出去后,他也走到台阶上,站下来,用心思索刚才的事的意义。

天色亮一些了。下面河上冰块的咔嚓声、叮叮声和嗞嗞声更响了,而且在原有的响声之外,又增添了潺潺的流水声。浓雾开始下沉,从雾幕后面涌出如钩残月,它阴郁地照着漆黑、可怖的一团。

“这究竟是什么：是我得到了莫大的幸福，还是闯了大祸？”他问自己。“这种事是常有的，大家都这样嘛。”他自己对自己说。于是就回去睡了。

## 十八

第二天，漂漂亮亮、快快活活的申包克上聂赫留朵夫姑妈家来找他了。申包克凭他的潇洒、殷勤、快活、慷慨大方和对聂赫留朵夫的友爱，博得了两位姑妈的赞赏。他的慷慨大方虽然使两位姑妈喜欢，但是大方得过分，又使她们困惑莫解。来了瞎眼的乞丐，他一掏就是一个卢布，给仆人们发赏钱，一下子就是十五卢布。他看到索菲娅姑妈的小狮子狗秀捷特卡的爪子受伤出血，热心地亲自给狗包扎，毫不心疼地掏出自己的花边麻纱手绢（索菲娅姑妈知道，像这样的手绢至少要十五卢布一打），给秀捷特卡做绷带。两位姑妈从来没见过这样的人，也不知道这个申包克已经欠下二十万卢布的债，而且他自己知道这笔债是永世还不清的，因此多几十卢布或少几十卢布在他就不算什么了。

申包克只待了一天，第二天晚上就同聂赫留朵夫一起走了。他们不能再待下去了，因为到部队报到的最后期限已经到了。

在姑妈家度过的最后一天里，前一夜的事还历历在目的时候，聂赫留朵夫心中有两种心情在搏斗着：一种是兽性爱那种热辣辣的、肉欲的回味，尽管这种兽性爱并没有使他产生预期的达到目的的某种得意感；另一种心情是意识到他做了一件很坏的事，意识到这坏事必须加以弥补，弥补不是为了她，是为了自己。

聂赫留朵夫正处在利己主义疯狂发作的状态中，只会想着自己。他想的是，如果别人知道了他和她的事，会不会责难他，责难到何种程度，而不是想着她现在心情怎样，对她今后会有什么影响。

他以为申包克猜到了他同卡秋莎的关系，这使他的虚荣心得到了满足。

“怪不得你忽然留恋起两位姑妈，在她们家住了一个礼拜呢，”申包克一看见卡秋莎，就对他说，“我要是你，也不肯走了。真迷人呀!”

他还想到，虽然没有尝够跟她相爱的甜蜜，现在就离去未免可惜，不过既然非走不可，那么就此斩断难以维持的关系，倒也是好事。他还想到，应当给她一些钱，不是为了她，不是因为她可能需要钱，而是因为通常都是这样做。既然他享用了她，如果不给她一些钱，人家会认为他是个小人。于是他给了她一笔钱，就他的状况和她的状况来说，他认为那数目是适当的。

临走那天，他吃过午饭，就在门廊里等她。她一看见他，脸唰地红了。她想从旁边走过去，并且使眼色要他注意女仆房间的门开着，可是他把她拦住了。

“我想向你告别。”他说，一面在手里揉着一个信封，里面装着一张一百卢布的钞票。“这是我……”

她猜到是什么，皱起眉头，摇了摇头，把他的手推开。

“不，你拿着吧。”他嘟哝着，把信封塞到她怀里。他像被火烧伤似的，皱起眉头，哼哼着，朝自己房里跑去。

随后他在房间里踱了好一阵子，一想到刚才那情景，就浑身抽搐，甚至跳起来，而且哼哼出声来，就好像肉体感到疼痛似的。

“可是有什么办法呢？常有这种事嘛。申包克跟家庭女教师有过这种事，是他自己说的。格里沙叔叔有过这种事，父亲也有过这种事，那是他住在乡下的时候，他跟一个农家女生了私生子米金卡，那孩子至今还活着。既然大家都这样做，那么，可见这也是必要的。”他这样安慰自己，可是心里怎么也不安宁。他一想起这事，良心就受到谴责。

在灵魂的深处，在最隐秘的深处，他知道自己的行为很卑鄙、很恶劣、很残忍，一想到这事，不仅无颜议论别人，而且不敢正眼看人，更不要说像原来那样自认为是个善良、高尚、胸怀坦荡的青年人了。然而他必须把自己看成这样的人，才能继续打起精神快快活活地生活下去。而为了做到这一点，只有一个办法，就是不去想这件事。他就这样做了。

他投入的新生活，新的地方，新的同伴，战争，这有助于遗忘。他愈过下去，愈是淡忘，到最后真的完全忘记了。

有一次，已经是在战后，他希望看到卡秋莎，就拐到姑妈家，才知道卡秋莎已经不在了，听说在他走后不久她就离开姑妈去生孩子，在什么地方生下了个孩子。据两位姑妈耳闻，她完全变坏了，他听了心里非常难受。按时间来推算，她生的孩子可能是他的，但也可能不是他的。两位姑妈说，她变得很坏，而且就像她母亲一样，天性淫荡。他听到姑妈这种说法十分高兴，因为这似乎说明罪责不在于他。起初他还是想找找她和孩子，但是后来，正因为一想到这事他心灵深处就觉得太痛苦、太惭愧，就没有费应有的力气去寻找，并且把自己的罪过忘得更干净，索性不再去想了。

但是现在,这种惊人的巧遇使他想起了一切,要他承认自己没有心肝、残忍、卑鄙,正因为这样才能在良心上放着这样的罪孽心安理得地过了十年。不过,要他承认这一点,还相距甚远,目前他考虑的只是,千万不能让人知道全部底细,但愿她和她的辩护人不要把一切和盘托出,让他当众出丑。

## 十九

聂赫留朵夫正是怀着这样的心情走出法庭,来到陪审人员议事室的。他坐在窗前,听着周围的人说话,不住地抽烟。

那个快活的商人显然非常赞赏商人斯梅里科夫消磨时间的办法。

“嘿,哥儿们,他可玩得真痛快,真是西伯利亚气派。口味也真不赖,挑上这样一个小妞儿。”

首席陪审发表议论说,本案的关键在于鉴定。彼得·盖拉西莫维奇在和犹太裔店员说笑话,并且哈哈大笑起来,不知他们说的是什么。有人问聂赫留朵夫什么话,他总是回答一两个字应付,只希望别人不要打扰他。

等到警官一溜歪斜地走来再一次请陪审人员进法庭,聂赫留朵夫感到心惊肉跳,似乎他不是去陪审,而是他被押上法庭受审。在心灵深处他已经感觉到自己是个恶棍,应该无颜正眼看人,可是他照样大摇大摆地走上台去,紧挨着首席陪审,在自己的位子上坐下来,把一条腿架在另一条腿上,手里玩弄着夹鼻眼镜。

被告们刚才也被带到什么地方去，这时刚刚又被押回来。

法庭里添了几张新面孔，是几个证人。聂赫留朵夫发现，玛丝洛娃一再地注视那个一身绸缎和丝绒、衣着十分华丽的胖女人，就好像再也扯不开视线似的。那女人头戴高高的女帽，上面扎一个很大的花结，一直裸露到肘部的手臂上挎着一个精致的提包，坐在栏杆前的第一排。聂赫留朵夫后来才知道，这是玛丝洛娃所在的那家妓院的鸨母，是证人。

开始审问证人，问他们的姓名、宗教信仰等等。然后庭长问两旁的法官，要不要让证人宣过誓以后再审问。于是老司祭又是那样吃力地挪动着两腿走过来，又是那样把胸前绸法衣上的金十字架拉拉端正，又是带着那样心安理得和相信自己在做一项十分有益的大事的神气领着证人和鉴定人去宣誓。等到宣誓完毕，所有的证人都被带出去，只留下妓院鸨母基塔耶娃一人。法官要她讲一讲她所知道的有关本案的情况。基塔耶娃堆着一脸假笑，带着德国口音详详细细、一五一十地讲了起来，每说一句话，戴帽子的头就缩一下。

先是熟识的茶房西蒙到妓院里来找她，要给一个有钱的西伯利亚商人叫一个姑娘。她就叫柳包芙去。过了一阵子，柳包芙就带着那个商人一起回来了。

“那个商人已经有点儿迷糊了，”基塔耶娃微微笑着说，“到了我们院儿里他又喝，还请姑娘们喝。可是他身上的钱不够了，就叫这个柳包芙到他的房间里去拿，他已经对她另眼相看了。”她说着，朝玛丝洛娃看了一眼。

聂赫留朵夫感觉到，玛丝洛娃听了这话似乎微笑了一下，这一笑使他感到恶心。他心中浮起一种奇怪的、隐隐约约的厌恶感,其中也夹杂着怜悯感。

“那么,你认为玛丝洛娃怎么样?”一个经法庭指定担任玛丝洛娃辩护人的见习法官红着脸,胆怯地问。

“她顶好了,”基塔耶娃回答说,“这姑娘受过教育,很文雅。她是好人家出身,懂得法文。她有时喝酒喝多点儿,可是从来不放肆。完全是一个好姑娘。”

卡秋莎看着鸨母,可是后来一下子把视线转到陪审人员这边,停留在聂赫留朵夫身上,她的脸色变得严肃甚至冷峻了。那双冷峻的眼睛有一只斜睨着。这两只奇怪地看人的眼睛对着聂赫留朵夫看了很久。他尽管战战兢兢,他的视线却也离不开那双黑白分明、微微斜视的眼睛。他想起了那个可怕的夜晚,那冰层碎裂声,那浓雾,尤其是凌晨升起的如钩残月,照着那漆黑、可怖的一团。这双又看他又不看他的黑眼睛使他想起了那漆黑、可怖的一团。

“她认出来了!”他在心里说。聂赫留朵夫觉得身子缩成了一团,等待着当头一棒。可是她没有认出他来。她平静地叹了一口气,又看着庭长。聂赫留朵夫也叹了一口气,在心里说:“唉,但愿快点儿结束。”此刻他有一种心情,就好像在打猎时要弄死一只受伤的鸟儿:又厌恶,又怜惜,又难过。没有死的鸟儿在猎袋里挣扎:又讨厌,又可怜,真想快点儿把它弄死,快点儿忘掉。

聂赫留朵夫此刻听着审问证人,就怀着这样复杂的心情。

## 二十

可是，就像故意折腾他似的，这宗案件拖了很长时间。先是逐个儿讯问证人和鉴定人，再就是副检察官和辩护人照例一本正经地提出种种不必要的问题，然后庭长提请陪审人员检查物证，其中有一只带梅花形钻石的戒指，戒指很大，显然原来是戴在很粗的食指上的，还有一个滤器，里面有化验出来的毒药。这些物证都盖了火漆印，贴着标签。

陪审人员正准备去查看物证，这时副检察官又欠起身来，要求在检查物证之前先宣读法医的验尸报告。

庭长正要尽快地了结此案，好赶去会他的瑞士情妇，虽然也明明知道，宣读验尸报告除了令人厌烦和延迟吃饭时间以外，别无其他作用，而且也知道，副检察官这样要求，无非是因为他有权这样做，庭长还是不能拒绝，只有表示同意。书记官取出验尸报告，又用他那不分舌尖音和卷舌音的声音闷闷不乐地念起来：

"外部检查表明：

"（一）费拉邦特·斯梅里科夫身长二俄尺十二俄寸。"

"倒是一条高大的汉子。"那个商人很关切地对着聂赫留朵夫的耳朵小声说。

"（二）就外表判断，此人年龄在四十岁上下。

"（三）尸体外表鼓胀。

"（四）全身皮肤呈淡青色，并杂有若干黑色斑点。

"（五）尸体表皮有若干水泡，大小不等，并有数处皮肤脱落并悬垂，状如大块破布。

“（六）头发深褐色，甚为浓密，一经触动，极易脱落。

“（七）眼球突出眼眶之外，角膜浑浊。

“（八）鼻孔、双耳和口腔流出带泡沫脓液，嘴半张开。

“（九）由于面部和胸部鼓胀，颈部几乎不见。”

等等，等等。

就这样在四页纸上写了二十七条，记录了在城里寻欢作乐的商人那高大、肥胖而又鼓胀、腐烂的可怕尸体外部检查的详细情形。聂赫留朵夫原来那种模模糊糊的厌恶心情，在听了验尸报告以后更加强烈了。他仿佛觉得，卡秋莎的生活、从尸体鼻孔里流出来的脓液、从眼眶里突出来的眼球、他自己对她的行为都是同一类事物。这一类事物把他团团围住，把他淹没。等到外部检查报告终于宣读完毕，庭长深深地舒了一口气，抬起头来，指望宣读已经结束。不料书记官接着又念起内部检查报告。

庭长又垂下头，一只手托住下巴，闭上眼睛。坐在聂赫留朵夫旁边的商人强忍着瞌睡，身子偶尔晃一晃。被告们坐在那儿，像身后的宪兵那样一动不动。

“内部检查表明：

“（一）头皮极易脱离头盖骨，未发现任何瘀血迹象。

“（二）头盖骨中等厚度，完整无损。

“（三）坚硬的脑膜有两处已变色，每处直径约四英寸，脑膜呈苍白色。”等等，等等，还有十三条。

然后是见证人的姓名和签字，然后是医生的结论，结论表明，根据解剖中发现并已记录在案的胃部变化和肠与肾内的部分变化，可以**在很大程度上**肯定，斯梅里科夫之死是由于毒药同酒一起进入胃内所致。根据胃内和肠内变化，尚难断定进入胃内的是何种毒药。但应该肯定，毒药是和酒一起进入胃中，因为在斯梅里科夫胃中尚有大量的酒。

“看来，真是海量。”瞌睡醒来的商人又小声说。

宣读这份报告用了一小时左右，可是副检察官还感到不满足。等报告宣读完毕，庭长对他说：

“我看，内脏检查报告无须再念了。”

“可是我要请求宣读这份报告。”副检察官微微侧歪着欠了欠身子，也不看庭长，很严厉地说。那口气使人觉得，要求宣读是他的权利，他决不放弃这一权利，如果拒绝他的要求，他就有理由上诉。

那位眼睛和善而下垂的大胡子法官因患有胃炎，觉得体力不支，就对庭长说：

“这又何必念呢？这只是浪费时间。扫不净的，再加几把扫帚也扫不干净，只不过多扫些时间。”

戴金丝眼镜的法官什么也没说，阴郁而果断地望着前方，对妻子和生活再也不抱什么希望了。

宣读报告开始了。

书记官带着很坚决的神气，提高了嗓门儿，仿佛要驱散全场人的睡意似的，又开始念下去：

“一八八×年二月十五日，本人受医务署委派，遵照第六三八号指令，并有副医务检查官在场，检查了下列内脏：

“（一）右肺和心脏（在六磅玻璃瓶内）。

“（二）胃内杂物（在六磅玻璃瓶内）。

“（三）胃（在六磅玻璃瓶内）。

“（四）肝、脾、肾（在三磅玻璃瓶内）。

“（五）肠（在六磅陶罐内）。”

这次宣读一开始，庭长就向一位法官俯过身去，小声说了些什么，然后又转向另一位法官，在得到他们赞同以后，就在此处把宣读打断。

“法庭认为没有必要宣读这个报告。”他说。

书记官不念了，把文件收起来。副检察官气嘟嘟地记录起什么。

“诸位陪审先生可以检查物证了。”庭长说。

首席陪审和另外几位陪审人员站起来，束手束脚地走到桌子跟前，依次看了看戒指、玻璃瓶和滤器。那个商人还把戒指戴到自己手指上试了试。

“嘿，那手指可真粗，”他回到座位上，说，“像一条大黄瓜。”他又补充一句，显然他把那个中毒丧命的商人想象成一个大力士，想象得很开心。

## 二十一

等物证检查完毕，庭长宣布法庭调查结束。他因为希望快点儿了结此案，就不宣布休息，请公诉人发言，满以为他也是人，也要吸烟和吃饭，一定会顾惜他们的。谁知副检察官既不顾惜自己，也不顾惜他人。副检察官天生十分愚蠢，而且，不光是愚蠢，更不幸的是他在中学毕业时又得了金质奖章，在大学里因为写了一篇有关罗马法地役权的文章还得了奖金，因此自以为了不起，自高自大（他在猎取女人方面连连得手，更使他洋洋自得），结果就变得格外愚蠢。庭长请他发言，他慢腾腾地站起来，显露出穿着绣金制服的整个优美身躯，两手按着写字台，微微低下头，向整个大厅扫了一眼，不看几个被告，就开始发言。

“诸位陪审先生，你们承审的这宗案件，”他开始发表他在别人宣读报告和文件时准备好的演说，“是一宗很有代表性的——如果可以这样形容的话——犯罪案件。”

他认为，一个副检察官的演说应当具有社会意义，就像一些已经成名的律师发表的著名演说那样。不错，旁听席上只坐着三个女人——一个女裁缝、一个厨娘和西蒙的姐姐，还有一个马车夫，但是这没有什么关系。那些有名的人物开头也是这样的。一个副检察官的行事准则应当是永远高瞻远瞩，也就是深入探索犯罪的心理奥秘，揭露社会的溃疡。

“诸位陪审先生，你们面前看到的是一宗很有代表性的——如果可以这样形容的话——世纪末罪行，可以说，具有可悲的腐败现象的种种特征，在我们时代，我们社会的一些分子在这种腐败现象特别强烈的——可以这样说——影响下，已身受其害……”

副检察官讲了很久，一方面是回想他已经想好的精彩语句，另一方面，主要的是一分钟也不停顿，让他的演说在一小时零一刻钟的时间里像滔滔不绝的流水。只有一次停住，咽唾沫咽了老半天，可是他马上克制住，接下去说得更加慷慨激昂，娓娓动听，弥补了停顿的损失。他时而倒换着两只脚，望着陪审人员，用奉承的语气说话；时而看着自己的记事本，用平静的郑重语气；时而用高亢的控诉语气；时而面朝旁听者，时而面朝陪审人员。只有那三名用眼睛盯着他的被告，他一眼也不看。他的演说引用了当时法学界流行的最新理论，这些理论不仅在当时，而且在今天还被看作科学文明的最新成就。其中有遗传说、先天犯罪说，有龙勃罗梭[①]，有塔尔德[②]，有进化论，有生存竞争论，有催眠术，有暗示术，有沙尔科[③]，有颓废论。

据副检察官判断，商人斯梅里科夫是一个强壮、纯朴类型的心地宽厚的俄罗斯人，由于自己轻信和心胸坦荡，落入了一伙无耻男女之手，成为他们的牺牲品。

西蒙·卡尔津金是农奴制返祖遗传的产物，是一个受尽摧残的人，缺乏教养，缺乏原则，甚至不信宗教。叶菲米娅是他的姘头，是遗传的受害者。在她身上可以看到退化者的种种特征。然而罪魁祸首却是玛丝洛娃，她是颓废者最下等的代表。

“这个女人，”副检察官说这话，眼睛仍不看她，“受过教育，因为我们刚才在这法庭上听到了她的鸨母的证词。她不仅能读书写字，还懂得法语，她这个显然带有犯罪胚芽的孤女，在有知识的贵族家庭里长大，本来可以靠正当劳动为生；但是她抛弃自己的恩主，沉湎于淫欲，而为了满足淫欲进了妓院，在妓院里她比别的姑娘走红，因为她受过教育，不过，更主要的，诸位陪审先生，正

①龙勃罗梭（1835—1909），意大利精神病学者，提出先天犯罪说。

②塔尔德（1843—1904），法国社会学家、刑事学家。

③沙尔科（1825—1893），法国神经病理学家，曾著书论述催眠术。

如你们刚才在这里听她的鸨母说的，她会运用一种神秘的性能控制嫖客，这种性能最近已经由科学界，特别是沙尔科学派研究出来，定名为‘暗示’。她就是凭这种性能控制了那位豪富的嫖客，控制了那位善良、轻信的萨特阔式俄罗斯壮士，利用他的信任先窃取钱财，然后对他下了毒手。”

“哼，他这是怎么回事儿，说得似乎离了谱儿啦。”庭长侧身对着那位一丝不苟的法官，笑嘻嘻地说。

“十足的浑蛋。”一丝不苟的法官说。

“诸位陪审先生，”这时候副检察官又继续说下去，一面扭动着细腰，摆出优雅的姿势，“这些人的命运就掌握在你们手里，而且社会的命运也部分地掌握在你们手里，因为你们的判决将对社会发生影响。你们要切实考虑这种罪行的危险性，考虑玛丝洛娃之类的病态人物对社会的危害，要使社会免受其传染，要使这个社会的纯洁、健康的分子免受其传染，避免屡见不鲜的毁灭。”

副检察官带着似乎切身体会到这次判决的重要性的表情，带着显然完全陶醉于自己的演说的神气，在自己的位子上坐了下来。

如果去掉华丽的辞藻，他的演说的意思是：玛丝洛娃骗得商人的信任，用催眠术把他迷住，拿了钥匙到旅馆里去取钱，本想把所有的钱一把拿走，但被西蒙和叶菲米娅撞见，只好和他们平分。这之后为了掩盖犯罪痕迹，她又同商人来到旅馆，在那里把他毒死。

副检察官发言以后，律师席上站起来一个中年人，身穿燕尾服，胸前露着宽宽的半圆形硬衬，口若悬河地发言，为卡尔津金和包奇科娃辩护。这是他们花三百卢布请来的辩护律师。他为他们开脱,把一切罪责全推到玛丝洛娃身上。

他否认玛丝洛娃所供取钱时有卡尔津金和包奇科娃在场一事,坚持说,她既然是一个归案的毒死人命犯,她的供词就丝毫不可靠。他说,至于那两千五百卢布,两个勤劳而正直的人是挣得出来的,有时一天就可以得到旅客三个以至五个卢布的赏钱。至于商人的钱,那是玛丝洛娃偷走了,转交给别的什么人,或者甚至丢失了,因为当时她不是在清醒状态。毒死人命是玛丝洛娃一人所为。

因此他要求诸位陪审先生认定卡尔津金和包奇科娃在盗窃钱财方面无罪;即使认定他们两个在盗窃方面有罪,那么至少不能认定参与毒死人命,也不能认定参与预谋。

律师在结束发言时挖苦副检察官说,副检察官关于遗传学说的一番光辉理论,虽然能阐明科学的遗传学问题,但在本案中不适用,因为包奇科娃的父母身份不明。

副检察官气得好像要呜噜呜噜直叫,在纸上记了些什么,带着轻蔑而惊讶的神气耸了耸肩膀。

然后玛丝洛娃的辩护律师站起来,畏畏缩缩、结结巴巴地进行辩护。他没有否认玛丝洛娃参与偷窃钱财,只坚持说她没有蓄意毒死斯梅里科夫,给他吃药粉只是为了让他睡觉。他想乘机施展一下他的口才,就简要地说了说玛丝洛娃是受一个男人的引诱而堕落的,那个男人至今逍遥法外,而她却不得不独自承担堕落的沉重后果。可是他在心理学领域的涉足并不成功,所以大家都感到很不自在。等他说到男人的无情和女人的可怜,已经语无伦次的时候，庭长有意给他解围，就请他尽可能贴近案情。

这位律师发言之后，副检察官又站起来，为自己的遗传学论点辩护，反驳第一个律师说，即使包奇科娃的父母身份不明，遗传学说的正确性也丝毫不容置疑，因为遗传规律已为科学充分证实，我们不但可以由遗传推断犯罪，而且可以由犯罪推断遗传。至于在辩护中推测，说什么玛丝洛娃堕落是因为有一个想象中的（他用特别刺激的语气说出“想象中的”）引诱者，可是一切证据倒是在说明，她是一个引诱者，引诱了许多人，许多人在她手里成为牺牲品。他说完这话，带着胜利的姿态坐了下来。

然后让被告们为自己辩护。

叶菲米娅·包奇科娃一再地说，她什么也不知道，什么事也没有参与，一口咬定一切都是罪犯玛丝洛娃一个人干的。西蒙只是一连几遍反复地说：

“随你们怎么办，反正我没有罪，我是冤枉的。”

玛丝洛娃却什么也不说。庭长对她说，她有权为自己辩护，她只是抬起眼看了看庭长，又像一头被围捕的野兽似的，朝大家扫了一眼，马上就垂下眼睛，哭了起来，大声抽搭着。

“您怎么啦?”坐在聂赫留朵夫旁边的商人，听见聂赫留朵夫忽然发出奇怪的声音，就问道。那是压抑住的大哭声。

聂赫留朵夫还不明白他目下处境的真正实质，就把勉强忍住的大哭和夺眶而出的眼泪看作神经脆弱的表现。为了掩饰哭泣和眼泪，他戴起夹鼻眼镜，然后又掏出手绢，擤起鼻涕。

他害怕的是，如果在这法庭里的人都知道了他的行径，他就会丢尽脸面。害怕心情淹灭了原来进行着的内心搏斗。在最初这段时间里,这种害怕的心情比什么都强烈。

## 二十二

被告们做了最后陈述,各方面对提出问题的方式又商量了好一阵之后,各项问题都提了出来,庭长这才开始做简短总结。

他在阐述案情之前,先用愉快而亲切的语调解释了很久,说抢劫就是抢劫,偷窃就是偷窃,在上锁的地方盗窃就是在上锁的地方盗窃,在没有上锁的地方盗窃就是在没有上锁的地方盗窃。他在讲解这番道理的时候,特别频繁地拿眼睛看聂赫留朵夫,似乎特别想使他明白这类重要情况,希望他明白之后好向同事们解释。然后,等他认为陪审人员已经充分明白了这番道理,便开始阐释另一番道理,说,致人于死的行为叫作杀害,因此毒死也是杀害。等他认为这番道理也已为陪审人员所理解,就又给他们讲解:如果偷盗和杀害同时发生,那么犯罪要素便是偷盗和杀害。

尽管他自己也很想快点儿脱身,尽管那个瑞士女人已经在等他,可是他已经干惯了这一行当,一开讲就怎么也煞不住车,因此就详详细细地给陪审人员讲解:如果他们认为被告有罪,那就有权认定他们有罪,如果认为被告无罪,就有权认定他们无罪;如果认为被告犯这种罪而没有犯那种罪,就有权认定他们犯这种罪而没有犯那种罪。然后又向他们说明,尽管他们享有这样的权利,然而必须正当使用。他还想向他们解释,如果他们对所提的问题做肯定的回答,那就是他们通过这种回答认定问题中所提出的全部内容,如果不能认定问题中所提的全部内容,就应当另外说明某些内容不能认定。可是他一看怀表,看到差五分就到三点,于是决定马上转入案情阐述。

“这宗案件的情况是这样……”他开始讲案情,把辩护人、副检察官和证人说过好几遍的话又重复了一遍。

庭长讲话,两边法官都带着深思的神气听着,偶尔看看表,认为他讲得虽然很好,也就是说,讲得一丝不苟,只是长了一点儿。所有司法人员和所有在场的人都有这样的看法,副检察官也有这样的看法。庭长结束了总结发言。

似乎一切都说过了。然而庭长无论如何也不肯放弃他的发言权。他听着自己讲话的娓娓动听的语调,洋洋得意,觉得还需要再说几句,说说陪审人员所享权利的重要性,行使这种权利必须小心谨慎,切勿滥用,还要说说,他们是宣过誓的,他们是社会的良心,议事室里的秘密必须严加保守,等等,等等。

庭长一开始讲话,玛丝洛娃就目不转睛地盯住他,仿佛生怕听漏一个词儿。因此聂赫留朵夫不再担心自己的目光跟她的目光相遇,就一直看着她。于是在他的心目中出现了一种常有的现象:乍看到心爱的人那多年不见的脸在分别期间发生的种种外部变化,感到十分吃惊,渐渐地那脸又变得跟很多年前完全一样,一切外部变化全都消失,于是呈现在心目中的只是那个举世无双、绝无仅有的精神的人的主要风貌。

聂赫留朵夫心中就是在发生这样的变化。

是的,尽管身穿囚服,身体发胖,胸部高高鼓了起来,尽管下半张脸变宽了,额头、鬓角出现了皱纹,尽管眼睛浮肿,但这无疑就是卡秋莎,就是她在基督复活节时候用一双含情脉脉、洋溢着喜气和青春活力的笑盈盈的眼睛那样真挚地从下朝上看着他，看着她心爱的人。

“会有这样的惊人巧遇！真想不到，这件案子偏偏就安排在我陪审的时候，十年不见，却在这里的被告席上看见她！这一切将怎样收场呀？快点儿吧，唉，快点儿了结吧！”

他还是不肯屈服于他心中开始抬头的悔恨心情。他认为这是偶然的事，不久就会过去，不会影响他的生活。他觉得他现在就像一只在家里闯了祸的小狗，主人揪住它的项圈，把它的鼻子按到它闯祸的地方。小狗嗷嗷直叫，拼命往后挣，想尽可能远远离开闯祸的地方，把祸事忘掉；可是主人铁面无情，就是不肯放。聂赫留朵夫就是这样已经感觉到自己行为的恶劣，也感觉到有一只强有力的主人的手，但是他还不明白他干的那件事的后果，也不承认有一个主人。他还是不肯相信眼前这件事是他造成的。可是那只无形的铁手紧紧抓住他，他已经预感到无法脱身了。他还是硬撑着，而且照以往的习惯把一条腿架在另一条腿上，满不在乎地玩弄着他的夹鼻眼镜，大模大样地坐在第一排第二座上。其实在心灵深处他已感觉到，不仅是他干的那件事，而且他的闲散、放荡、无情而自满自得的整个生活都是残酷、卑鄙而下流的。有一道可怕的帷幕，在整个这段时间，在这十二年里，一直像魔幻似的遮住他的眼睛，使他看不见那桩罪行和他后来的整个生活，如今帷幕已经闪动，他已经能够断断续续地朝帷幕后面看一看了。

## 二十三

庭长终于结束了发言,动作优美地拿起问题征询表,交给走到他跟前的首席陪审。陪审人员纷纷起立,因为可以离开而高兴起来,同时却又不知道两手往哪儿搁,因而感到有点儿不好意思,就这样一个跟一个朝议事室走去。等他们走进去一关上门,就有一名宪兵来到门口,从鞘里抽出刀来搁在肩上,在门口站岗。法官们也站起来,走了出去。三名被告也被押了出来。

陪审人员走进议事室,像先前一样,第一件事就是掏出香烟吸了起来。他们在法庭里坐在自己的位子上,各人或多或少都感觉自己的姿态有些别扭和做作,等他们走进议事室并吸起烟来,这种感觉没有了,于是带着如释重负的感觉在议事室里分头坐下来,立刻就兴致勃勃地交谈起来。

"那姑娘没有罪,她是一时糊涂,"好心肠的商人说,"应当从宽发落。"

"这正是我们要讨论的,"首席陪审说,"我们不能单凭个人印象办事。"

"庭长的总结发言很好。"那个上校说。

"哼,太好了!我差点儿睡着了。"

"假如玛丝洛娃没有串通两个茶房,他们就不会知道那笔钱,关键就在这儿。"那个犹太脸型的店员说。

"那么,照您说的,钱是她偷的了?"一位陪审先生说。

"这话我怎么也不相信,"好心肠的商人叫了起来,"一切都是那个红眼妖婆干的。”

“都不是好货。”上校说。

“她说她没有进过房间嘛。”

“您再相信她的话，就完啦。我一辈子也不相信那个坏婆娘。”

“不过，您光是不相信她，也不行。”店员说。

“钥匙在她手里。”

“在她手里又怎么样？”商人反驳说。

“那么戒指呢？”

“她不是说过了吗，”商人又叫起来，“那个买卖人脾气暴躁，又喝了不少酒，把她揍了一顿。后来呢，不用说，又心疼起她来。就说：给你吧，别哭了。那人可是个高大汉子，我听到，好像身高有二俄尺十二俄寸，体重有八普特哩！”

“这都无关紧要，”彼得·盖拉西莫维奇插嘴说，“问题在于：这件事是她教唆和策划的呢，还是那两个茶房？”

“不可能单是两个茶房干的。钥匙在她手里嘛。”

就这样七嘴八舌地议论了好一阵子。

“对不起，诸位先生，”首席陪审说，“咱们坐到桌子旁边来讨论讨论吧。请。”他说着，坐到主席位子上。

“那些妞儿都不是好货。”店员说。为了证明玛丝洛娃是主犯，他说了说一个这样的姑娘怎样在街心公园里偷走了他的朋友的表。

那位上校也趁此机会讲起一件更为惊人的偷窃银茶炊的事。

“诸位先生，请大家就问题来讨论吧。”首席陪审用铅笔敲着桌子说。

大家都不作声了。要讨论的问题是这样的:

(一)西蒙·彼得罗夫·卡尔津金,克拉比文县包尔基村农民,现年三十三岁,是否犯有下列罪行:一八八×年一月十七日,在某城蓄意杀害商人斯梅里科夫以夺取其钱财,串通他人将毒药放入白兰地酒中使其饮下,致使斯梅里科夫毙命,并盗窃其现金约二千五百卢布以及钻石戒指一枚?

(二)叶菲米娅·伊凡诺芙娜·包奇科娃,小市民,现年四十三岁,是否犯有第一项问题中所列罪行?

(三)叶卡捷琳娜·米海洛娃·玛丝洛娃,小市民,现年二十七岁,是否犯有第一项问题中所列罪行?

(四)如果被告叶菲米娅·包奇科娃未犯第一项问题中所列罪行,则是否犯有下列罪行:一八八×年一月十七日,在某城毛里塔尼亚旅馆当茶房期间,从投宿旅馆的商人斯梅里科夫房内锁着的皮箱中盗窃现金二千五百卢布,为此带去配好的钥匙将皮箱打开?

首席陪审把第一个问题念了念。

“诸位先生,怎么样?”

大家对这个问题很快做出回答。大家一致回答说:“是的,他有罪。”一致认定他参与谋财害命。只有一个劳动组合的老头子不同意认定卡尔津金有罪,他回答一切问题都是为了开脱。

首席陪审以为他不了解,就向他解释,从各方面看,无疑卡尔津金和包奇科娃都是有罪的,但劳动组合的老头子回答说他了解,但最好还是宽大为怀。他说:“我们自己也不是圣者嘛。”他还是坚持自己的意见。

对于同包奇科娃有关的第二个问题,经过长时间的讨论和解释之后,大家一致回答说:“她没有罪。”因为没有明显的证据说明她参与下毒,这是她的律师特别强调的。

那个商人一心想为玛丝洛娃开脱,曾坚持说包奇科娃是真正的罪魁祸首。有许多陪审人员同意他的意见,但首席陪审却要严格按照法律办事,说没有根据认定她参与投毒。经过长时间辩论之后,首席陪审的意见胜利了。

对于同包奇科娃有关的第四个问题,大家都回答说:“是的,她有罪。”不过根据劳动组合老头子的意见加了一句:“但应从宽发落。”

同玛丝洛娃有关的第三个问题竟引起一场激烈的争论。首席陪审坚持说,她既犯有毒死人命罪,又犯有盗窃罪,商人不同意,上校、店员、劳动组合的老头子都支持商人意见,其余的人似乎都摇摆不定,但首席陪审的意见渐渐占上风,尤其因为大家都累了,宁愿附和那种可以快点儿取得统一的意见,也好让大家快点儿脱身。

聂赫留朵夫根据法庭审讯情形以及他对玛丝洛娃的了解,相信她在盗窃和毒死人命方面都没有罪,而且起初他也相信大家都会承认这一点。后来他看出,由于那商人辩护得十分笨拙,而且他辩护显然是因为迷恋她的美色,这一点连他自己也不加掩饰,同时由于首席陪审正是抓住这一点进行反击,更主要的是因为大家都累了,渐渐倾向于认定玛丝洛娃有罪,这时他就想表示反对,但是他很怕为玛丝洛娃说话,他觉得,大家马上就要看清他和玛丝洛娃的关系了。可是同时他又觉得，事情不能就此罢休，必须进行反驳。他脸上红一阵，白一阵，正想开口说话，这时一直沉默的彼得·盖拉西莫维奇显然被首席陪审那种盛气凌人的口吻所激怒，突然开口对他进行反驳，说的正是聂赫留朵夫想说的话。

“请问，”他说，“您说钱是她偷的，因为钥匙在她手里，可是，难道那两个茶房就不能在她走后配一把钥匙打开皮箱吗？”

“对呀，对呀。”商人附和说。

“她也不可能拿那笔钱，因为就她的处境来说，她没办法处置那么多钱。”

“我也这么说嘛。”商人支持说。

“多半是她到旅馆去了一趟，使两个茶房起了歹念。他们就利用了这个机会，事后把一切都推到她身上。”

彼得·盖拉西莫维奇讲得很气愤。他的气愤惹得首席陪审也气愤起来，因此也就特别固执地坚持相反的意见，可是彼得·盖拉西莫维奇说得极有道理，多数人都同意他的话，认为玛丝洛娃没有参与盗窃现金和戒指，戒指是商人送给她的。等谈到她是否参与毒死人命，热心为她辩护的商人说，必须认定她无罪，因为她没有来由把他毒死。首席陪审却说，不能认定她无罪，因为她自己也承认药粉是她放的。

“她放是放了，但她以为那是鸦片。”商人说。

“她用鸦片也能害命。”喜欢插叙的上校说。于是他趁机讲起他的内弟媳妇服鸦片自尽，要不是就近有医生及时抢救，就没命了。上校讲得那么动听，那么郑重，神态那么庄严，所以谁也没有勇气打断他。只有店员受到他的感染，决定打断他，好讲讲自己的故事。

“还有一些人却喝惯了鸦片，”他开口说，“一次能喝四十滴。我有一个亲戚……”

可是上校不容许打岔，又继续讲鸦片对内弟媳妇造成的后果。

“啊，诸位先生，现在已经四点多了。”一位陪审先生说。

“那该怎么办，诸位先生？”首席陪审说，“我们就认定她有罪，但并非蓄意抢劫，也没有盗窃财物。就这样，好不好？”

彼得·盖拉西莫维奇觉得自己取得了胜利，很满意，就表示同意。

“不过应该从宽发落。”商人补充说。

大家都同意了。只有劳动组合的老头子坚持说：“不，她没有罪。”

“结果也就是这样嘛，”首席陪审解释说，“并非蓄意抢劫，也没有盗窃财物。这样一来，她也就没有罪了。”

“那就这样吧，还有应该从宽发落；这样就十分周到，没说的了。”商人快活地说。

大家都十分疲劳，又争论得头昏脑涨，所以谁也没有想到在答案中加一句：**她有罪，但并非蓄意害命**。

聂赫留朵夫当时非常激动，所以也没有发觉这一点。答案就照这样写下来，送交法庭。

拉伯雷①写过一位律师，有人请他办案，他拿出各种各样的法典，念了二十页毫不相干的拉丁文法律条款之后，便建议掷骰子，

①拉伯雷(1494—1553)，法国人文主义作家，著有长篇小说《巨人传》。

看是单数还是双数。如果是双数,就是原告有理,如果是单数,就是被告有理。

在这里也是这样。所以做出这样的决定而不是那样的决定,不是因为大家都同意这样的决定,而是因为,第一,庭长的总结发言虽然很长,这一回却偏偏漏掉了他平素总要交代的话,也就是陪审人员在答复问题的时候可以说,“是的,她有罪,但是没有蓄意害命”;第二,上校讲他的内弟媳妇的事讲得太长,太乏味;第三,聂赫留朵夫太激动,竟未注意到没有补充说明并非蓄意害命,以为有了“并非蓄意抢劫”这样的补充说明便不至于判罪;第四,当时彼得·盖拉西莫维奇不在议事室里,首席陪审重读问题和答案时,他出去了;然而主要却是因为大家都十分疲乏,都想快点儿脱身,所以就同意了可以快点儿了结此事的答案。

陪审人员摇了摇铃。手握出鞘军刀站在门外的宪兵把军刀收入鞘里,闪到一旁。法官们坐到位子上,陪审人员一个跟一个走了出来。

首席陪审神情庄重地拿着问题征询表。他走到庭长跟前,把表交给他。庭长看完了表,显然感到十分惊讶,把两手一摊,就同两位法官商量。庭长感到惊讶的是,陪审人员提出了第一个补充条件“并非蓄意抢劫”,却没有提出第二个补充条件“并非蓄意害命”。按陪审人员的答案只能得出这样的结论:玛丝洛娃没有偷,没有抢,同时却毫无来由地毒死了人。

“您瞧,他们的答案多么荒唐,”他对左边的法官说,“这就是要她去服苦役,而她又没有罪。”

“哼,她怎么会没有罪。”那个严厉的法官说。

“她就是没有罪嘛。依我看，这种情形应该引用第八百一十八条。”（第八百一十八条规定：如法庭认为定罪不当，可取消陪审人员的决定。）

“您以为怎样？”庭长问那位和善的法官。

和善的法官没有立即回答，他看了看面前那份公文的号码，把数字加起来，用三除没有除尽。他本来占算，如果除尽，他就同意，可是，尽管没有除尽，他因为心地和善，也就同意了。

“我也认为应该这样办。”他说。

“那么您呢？”庭长问那位满脸怒气的法官。

“无论如何也不行。”他决绝地回答说，“报纸上本来就在说，陪审人员总是为罪犯开脱；如果法庭也为罪犯开脱，那人家又会怎么说呢？我无论如何也不同意。”

庭长看了看表。

“很遗憾，不过有什么法子呢？”他说过这话，就把问题表交给首席陪审宣读。

所有的人都站了起来。于是首席陪审倒换着两只脚，清了清喉咙，把问题和答案念了一遍。所有的司法人员，包括书记官、律师以至副检察官，都露出惊讶的神情。

三名被告不动声色地坐着，显然不了解答案的意义。所有的人又都坐下来。庭长就问副检察官，几名被告应该判什么刑。

有关玛丝洛娃方面的意外成功使副检察官感到分外高兴，他认为这次成功全由于他施展了雄辩的口才。他查了查有关条款，便欠起身来说：

“我认为处分西蒙·卡尔津金应根据第一千四百五十二条和

第一千四百五十三条，处分叶菲米娅·包奇科娃应根据第一千六百五十九条，处分叶卡捷琳娜·玛丝洛娃应根据第一千四百五十四条。”

所有这几条都是限定范围内最重的刑罚。

“法官退庭，商议判决。”庭长说着，站了起来。

大家都随着他站了起来，带着办了一件好事的轻松愉快心情纷纷走出法庭或者在法庭里来回走动着。

“老弟，咱们做了一件极不光彩的错事。”彼得·盖拉西莫维奇走到聂赫留朵夫跟前说。这时首席陪审正在对聂赫留朵夫说一件什么事。“咱们这是送她去服苦役呀。”

“您说什么？”聂赫留朵夫叫起来。这一回他丝毫没有注意这位教师那种令人不快的随便态度了。

“当然嘛，”他说，“咱们没有在答案里加一句：‘她有罪，但并非蓄意害命。’刚才书记官就告诉我：副检察官要判她十五年苦役。”

“我们就这样决定的嘛。”首席陪审说。

彼得·盖拉西莫维奇又争论起来，说，既然她没有偷钱，就无从蓄意害命，这是不言自明的。

“在离开议事室之前，我把答案念了一遍呀，”首席陪审辩白说，“谁也没有反对嘛。”

“我当时从议事室出来了，”彼得·盖拉西莫维奇说。“您怎么也没有注意？”

“我万万没有想到。”聂赫留朵夫说。

“好一个没有想到！”

“不过，这事还可以纠正呀。”聂赫留朵夫说。

“唉，不行了，现在全完了。”

聂赫留朵夫看了看三名被告。他们这几个命运已定的人仍然那样一动不动地坐在栏杆后面和士兵前面。玛丝洛娃不知为什么在微笑。这时聂赫留朵夫心里有一种很卑鄙的心情在蠢动。在这之前，他预料她会无罪开释并将留在城里，他感到很尴尬，不知怎样对待她才好；而且，不论怎样对待她都很为难。现在服苦役而且去西伯利亚，就一刀斩断了他和她的任何牵连：受伤未死的鸟儿不再在猎袋里扑腾，也就不再使人想起它了。

## 二十四

彼得·盖拉西莫维奇的推测是正确的。

庭长从会议室回来，拿起判决书，就宣读起来：

“一八八×年四月二十八日，本地方法院刑事庭遵奉皇帝陛下圣谕，依照诸位陪审先生认定，根据刑事诉讼法第七百七十一条第三款、第七百七十六条第三款及第七百七十七条判决如下：农民西蒙·卡尔津金，年三十三岁，小市民叶卡捷琳娜·玛丝洛娃，年二十七岁，褫夺一切公权，流放服苦役——卡尔津金八年，玛丝洛娃四年，二人皆承受刑法第二十八条所列后果。小市民叶菲米娅·包奇科娃，年四十三岁，褫夺一切公权及特权，没收其财产，处以三年徒刑，并承受刑法第四十九条所列后果。本案诉讼费用由被告平均负担，如被告无力负担，则由国库支付。本案物证一律变卖，戒指追回，酒瓶销毁。”

卡尔津金站着，还是那样挺直身子，叉开的手指头抵在裤缝上，并且咕容着腮帮子。包奇科娃似乎十分镇定。玛丝洛娃听到判决，脸涨得通红。

“我没有罪，没有罪！”她对着整个法庭大叫起来。“这是冤枉人。我没有罪。我没有那种坏心，连想都没想过。我说的是实话。全是实话。”她往长凳上一坐，放声痛哭起来。

等卡尔津金和包奇科娃都走了出去，她还坐在那里痛哭，宪兵只好拉拉她的囚衣袖子。

“不行，这事不能就这样了结。”聂赫留朵夫完全忘掉刚才那种卑鄙的心情，自言自语道。而且情不自禁地急急忙忙朝走廊里走去，想再看她一眼。门口挤了一群又说又笑、对案件结局感到满意的陪审人员和律师，所以他在门口耽搁了几分钟。等他走到走廊里，她已经走远了。他快步走去，再不顾虑他这样会引起别人的注意，直到追上她并且绕到她前头，才停了下来。她已经不再哭了，只是一下一下地抽搭着，用头巾的角擦着有几处变红了的脸，从他身旁走过去，没有转头看。等她过去以后，聂赫留朵夫急忙往回走，要见见庭长，可是庭长已经走了。

聂赫留朵夫一直追到门房，才把庭长追上。

“庭长先生，”聂赫留朵夫走到他跟前说。这时庭长已穿好浅色大衣，正要接过门房递过来的镶银头手杖。“我可以和您谈谈刚才判决的案件吗？我是陪审人。”

“哦，当然可以，您是聂赫留朵夫公爵吧？太高兴了，我们以前见过面。”庭长一面说，一面握手，同时很愉快地回想着他和聂赫留朵夫见面的那个晚上，他跳舞跳得那么优美，那么轻快，比所有的年轻人都好。“有什么事我能为您效劳呀?”

“有关玛丝洛娃的答案方面出了点误会。她没有犯毒死人命罪,可是被判了服苦役。”聂赫留朵夫带着一脸忧郁神气说。

“法庭是根据你们做出的答案进行判决的呀,”庭长一面说,一面朝大门口走去,“尽管法庭也觉得你们的答案不符合案情。”

庭长想起来,他本想向陪审人员交代,如果他们回答“是,她有罪”,而没有否定蓄意杀害,那就是肯定蓄意杀害,但因为他急于了结此案,就没有交代这一点。

“是呀,不过,难道错了就不能纠正吗?”

“上诉的理由总是可以找到的。这事得找律师。”庭长说着,一面微微歪着头戴帽子,一面继续朝门口走去。

“不过这实在太糟了。”

“您要知道,玛丝洛娃面前本来就有两条路。”庭长说。他显然想尽可能讨得聂赫留朵夫喜欢,尽可能对他有礼貌些,理了理大衣领子外面的络腮胡子,轻轻挽住聂赫留朵夫的胳膊肘,一面朝大门口走,一面又说:“您不是也要走吧?”

“是的。”聂赫留朵夫说着,连忙穿大衣,跟他一起向外走。

他们来到令人舒畅的明媚的阳光下,立刻就得放大了嗓门儿说话,才能在车水马龙声中分辨出说话的声音。

“您瞧,情况是有些奇怪,”庭长放大了喉咙,继续说,“因为她,因为这个玛丝洛娃面前有两条路:要么几乎是无罪开释,坐一阵子牢,还可以扣除已监禁的日子,甚至只是拘留;要么就是服苦役。中间的道路是没有的。假如你们加上一句‘但并非蓄意杀害’,她就可以无罪开释了。”

“我千不该万不该忽略了这一点。”聂赫留朵夫说。

“问题就在这里呀。”庭长笑着说，一面看着表。

这时离克拉拉约定的最后时间只有三刻钟了。

“现在，您要是愿意，可以去找找律师。必须找到上诉的理由。要找总是能找到的。上贵族大街，”他对马车夫说，“三十戈比，不能再多了。”

“老爷，请上车吧。”

“再见。如果有什么事需要我效劳，请到贵族大街德沃尔尼科夫楼房找我。这地方很好记。”

他很亲切地鞠了一个躬，就坐上车走了。

## 二十五

聂赫留朵夫同庭长谈了话，又呼吸到清爽的空气，感觉好过一些了。他现在心想，正因为他在极不习惯的环境里过了整整一个上午，这加重了他的难受感觉。

“这真是离奇而惊人的巧合！一定要尽一切努力减轻她的苦难，而且要尽可能快一些。马上就着手去做。对，我就在这儿，在法院打听一下法纳林或者米基申住在哪儿。”他想起了两位有名的律师。

聂赫留朵夫转身回到法院，脱下大衣，朝楼上走去。他一进走廊就遇见法纳林。他把法纳林拦住，说有事要请教。法纳林认识他，知道他的姓名，就说，很高兴为他效劳。

“虽然我已经累了……不过，如果时间不长的话，您就把您的事情说一说吧。咱们上这儿来。”

于是法纳林把聂赫留朵夫带进一个房间，可能是一位法官的办公室。他们在桌旁坐了下来。

“请问，是怎样一回事儿？”

“首先我要请求您，”聂赫留朵夫说，“不要让任何人知道我在干预这宗案件。”

“哦，这是理所当然的。那么……”

“今天我做陪审人，我们把一个女子判了苦役，那个女子是无罪的。这事使我很难过。”

聂赫留朵夫不由地红了脸，说不下去了。

法纳林瞟了他一眼，又垂下眼睛听着。

“嗯。”他只是应了一声。

“我们把无罪的女子判成有罪。我希望撤销原判，希望把这个案子转到最高法院去。”

“转到参政院去。”法纳林纠正说。

“所以我要求您承办这件事。”

聂赫留朵夫想尽快地把最难出口的话说完，因此马上又接着说：

“至于办这宗案子的酬劳费和各项开支，不论多少，全部由我负担。”他红着脸说。

“哦，这事我们可以商量。”律师看到聂赫留朵夫毫无经验，就宽厚地笑着说。

“究竟是怎么一回事儿呢？”

聂赫留朵夫把情形讲了一遍。

“好吧，明天我就着手来办这件事，查一查案卷。后天，不，星期四吧，星期四下午六点钟请您上我家来，我给您答复。就这样好吗？那咱们走吧，我还有些问题要在这儿查一查。”

聂赫留朵夫向他告辞后，走了出来。

他同律师谈过话，已经采取措施维护玛丝洛娃，因此他觉得心里更轻快了。他来到外面。天气是晴和的，他快活地吸了一大口春天的空气。马车夫赶过车来请他上车，他还是步行。有关卡秋莎的种种思绪以及他和她的件件往事顿时在他脑海里回旋起来。他又愁闷起来，一切都显得暗淡无光了。“不，这些事以后再好好考虑吧，”他对自己说，“现在，恰恰不应该这样，应该痛快痛快，丢开种种烦恼。”

他想起柯察金家请他吃饭，就看了看表。时间还不晚，他还赶得上吃饭。一辆公共马车叮当响着从旁边驶过。他紧跑几步，跳上马车。到了广场上，他跳下车，另叫了一辆豪华的马车，过了十分钟，便来到柯察金府第的大门前。

## 二十六

“请进，老爷，在等您呢。”柯察金府上那个和蔼可亲的胖门房一面说，一面拉开装了英国铰链、开关不带响声的橡木大门。“已经入席了，但吩咐过，您一到就请进。”

门房走到楼梯口，按了按通到上面的铃。

“有些什么人？”聂赫留朵夫一面问，一面脱衣服。

“有科洛索夫先生，还有米海尔·谢尔盖耶维奇；再就是家里人了。”门房回答说。

一个穿燕尾服、戴白手套的漂亮侍仆在楼梯上面往下看了看。

“请吧，老爷，”他说，“有请。”

聂赫留朵夫走上楼梯，穿过他熟悉的一个富丽堂皇的大厅，进入餐厅。在餐厅里，一家人都已入席，只除了从来不出房间的母亲索菲娅·瓦西里耶芙娜公爵夫人。老柯察金坐在上首；他左边紧挨着坐的是医生，右边紧挨着坐的是客人科洛索夫。科洛索夫原是省首席贵族，如今是银行董事，是柯察金的自由派朋友。左边再过去是米西的小妹的家庭教师雷德尔小姐和四岁的小妹。右边，在她们对面的是米西的弟弟，柯察金的独生子，六年级学生别佳，一家人就是因为等他考试留在城里的。别佳旁边是为他补习功课的一个大学生。左边再往下是卡捷林娜·阿列克谢耶芙娜，是斯拉夫教派的一个四十岁老姑娘。她的对面是米海尔·谢尔盖耶维奇，或者叫米沙·捷列金，是米西的表哥。米西小姐坐在下首，她旁边摆着一份没有动用的餐具。

“哦，这太好了。请坐，我们才刚刚开始吃鱼哩。”柯察金老头子一面说，一面很吃力地用假牙小心咀嚼着，抬起充血而看不见眼皮的眼睛望着聂赫留朵夫。“斯捷潘。”他满嘴含着鱼肉，用眼睛瞟着那副空着的餐具，呼唤一个很神气的胖胖的侍役。

虽然聂赫留朵夫熟识老柯察金，多次在饭桌上见到他，可是今天不知怎的，他那一张大红脸，那掖在背心里的餐巾上面津津有味地咀嚼着的嘴唇，那肥嘟嘟的脖子，尤其是那肥大的将军式身躯，特别使聂赫留朵夫讨厌。聂赫留朵夫不由得想起他所知道的此人的残酷本性。此人在做地方官的时候，常常鞭笞百姓，甚至把人绞死，天知道这是为什么，因为他既富又贵，不需要再邀功请赏。

“这就摆好，老爷。”斯捷潘说着，从摆满银盘子的橱子里拿出一把大汤匙，又朝一个留络腮胡子的漂亮仆人点点头，那个仆人就动手把米西旁边那副没有动用的餐具摆好，餐具上原来盖着浆过的、精心折叠得露着家徽的餐巾。

聂赫留朵夫绕饭桌一周，和大家一一握手。他走过的时候，除了老柯察金和女士们，所有的人都站起来。他虽然和其中多数人从来没交谈过，但还是像这样绕桌一周，同所有的人一一握手，这事今天使他觉得特别不愉快，觉得特别可笑。他因为来迟表示了歉意，就想在饭桌下首米西和卡捷琳娜·阿列克谢耶芙娜之间的空位子上坐下，可是老柯察金对他说，即使不喝酒，也要到那张摆满龙虾、鱼子酱、干酪和咸青鱼的桌子上去吃一点儿。聂赫留朵夫自己也没想到会有那么饿，一吃起夹干酪面包，就放不下，狼吞虎咽地吃起来。

“喂，怎么样，你们破坏纲纪了吗？”科洛索夫用讽刺的口吻引用反动报纸抨击陪审制度的话说，“把有罪的判成无罪，把无罪的判成有罪，是吗？”

“破坏纲纪……破坏纲纪……”老公爵笑着重复说。他一向十分佩服这位自由派同志和朋友的才情和学识。

聂赫留朵夫不担心是否失礼，没有理睬科洛索夫，却就着刚端上来的一盘热气腾腾的汤，继续大嚼。

“你们让他吃点儿吧。”米西笑盈盈地说。用“他”这个代词表示了她和他的亲密关系。

可是科洛索夫却慷慨激昂地大声讲起那篇使他愤慨的抨击陪审制度的文章内容。公爵的表侄米海尔·谢尔盖耶维奇附和他的意见，也说了说那家报纸另一篇文章的内容。

米西像往常一样优雅，她衣着讲究，讲究而不显眼。

“您想必累坏了，饿坏了。”她等聂赫留朵夫吃完，对他说。

“不，没什么。您呢？去看画展了吗？”聂赫留朵夫问。

“没有，我们改日再去。我们在萨拉玛托夫家打了一阵子网球。说真的，克鲁克斯先生打得太好了。”

聂赫留朵夫到这里来是为了散散心。平时他在这一家总是感到很愉快，不仅因为这里的豪华气派使他感到舒服，而且有一种亲热得近乎奉承的气氛在无形之中包围着他。可是今天，说也奇怪，这一家的一切，从门房、宽阔的楼梯、鲜花、仆役、桌上的摆设直到米西本人，都使他感到厌恶。今天他觉得米西也不吸引人，矫揉造作，极不自然。他讨厌科洛索夫那种自以为是的、老一套的自由派论调，讨厌老柯察金那公牛般的、肉嘟嘟的、一举一动都带着自以为是意味的身躯，讨厌斯拉夫派信徒卡捷琳娜·阿列克谢耶芙娜那满口的法国话，讨厌家庭教师和大学生那种拘谨的神气，尤其讨厌米西用以称呼他的代词“他”……聂赫留朵夫常常在对待米西的两种态度之间摇来摆去：有时他似乎是眯缝着眼睛或者在月光下看她，看到的都是她的美好之处，他觉得她又娇艳，又俏丽，又聪明，又洒脱……有时好像忽然来到明亮的阳光下，就看到，而且也不能不看到她的种种缺陷。今天他就像是遇到这样的日子。今天他看到了她脸上的一道道皱纹，知道而且看出她的头发是人工做蓬松的，看到她的胳膊肘尖尖的，尤其看到她大拇指上的宽指甲，简直像她父亲的指甲。

“玩那种球太没有意思了，”科洛索夫谈到网球时说，“我们小时候打棒球有意思多了。”

“不，是您没有玩过。这种球好玩得要命。”米西反驳说。聂赫留朵夫觉得“好玩得要命”这几个字她说得有点儿做作。

于是展开一场争论。米海尔·谢尔盖耶维奇和卡捷琳娜·阿列克谢耶芙娜都参加了争论。只有家庭教师、大学生和孩子们没有作声，显然不感兴趣。

“老是拌嘴！”老柯察金哈哈大笑着说，一面从背心里往外抽餐巾，一面哗啦啦地把椅子往旁边推，一名侍仆马上把椅子接过去，他这才站起身离开饭桌。其余的人也都跟着他站起来，走到一张小桌跟前，桌上放着漱口杯和香喷喷的温水，大家一面漱口，一面继续进行着谁也不感兴趣的谈话。

“不是这样吗？”米西对聂赫留朵夫说。她是想要他支持她的意见：人的性格再没有比在运动玩乐中表现得更清楚的了。可是她看到他脸上一副心事重重的神气，而且她觉得还有不以为然的神气，她最怕在他脸上看到这样的神气，就想弄明白这是什么事引起的。

“说实在的，我不知道。我从来没想过这种事。”聂赫留朵夫回答说。

“您去看看妈妈，好吗？”米西问。

“好，好。”他一面说，一面却掏香烟，而且那口气也分明在说，他不想去。

她没有作声，用疑问的目光看了看他，他觉得不好意思了。“可真是的，上人家这儿，叫人家败兴来了。”他心里想着，就尽量做出热诚的样子，说，要是公爵夫人肯接见，他是很乐意去的。

“当然，当然，妈妈会很高兴的。您在那儿也可以抽烟。伊凡·伊凡诺维奇也在那儿。”

这家的女主人索菲娅·瓦西里耶芙娜公爵夫人长期卧病在床。她躺着见客已经七年多了。她身上是花边和缎带，周围是丝绒、鲜花和镀金、象牙、青铜器皿。她从不出门，只是接见她所说的“自己的朋友”，也就是她认为在某些方面超群出众的一些人。聂赫留朵夫所以进入这类朋友之列，是因为她认为他是一个聪明的年轻人，又因为他的母亲是他们家的亲密朋友，也因为米西如果能嫁给他，那是很好的。

公爵夫人的房间在大客厅和小客厅的后面。米西原来走在聂赫留朵夫前面，一进大客厅，她果断地站住，手扶着一把贴金椅子的椅背，朝他看了看。

米西很想出嫁，而聂赫留朵夫正是一个很好的配偶。此外，她又喜欢他，而且她已经习惯了一种想法：他是属于她的（不是她属于他，而是他属于她）。于是她就像精神病人常有的情形那样，不自觉地然而又顽强地变换着花招儿来达到自己的目的。此刻她就和他说起话来，为的是要他表明心意。

“我看出来，您是遇到了什么事。”米西说，“究竟是什么事？”

他想起他在法庭上的巧遇，皱起眉头，脸也红了。

“是的，是遇到一件事，”他想做一个老实人，就照实说，“是一件奇怪的、不寻常的、重要的事。”

“究竟什么事呀？您不能说一说吗？”

“现在我还不能说。恕我不说。这件事我还没有来得及好好考虑。”聂赫留朵夫说着，脸红得更厉害了。

“您对我都不能说吗？”她脸上的肌肉哆嗦了两下，手扶的椅子也动了动。

“不能，我不能说。”他回答说，觉得这样回答她，也是在回答自己，承认确实遇到了一件十分重要的事。

“哦，那咱们走吧。”

她摆了摆头，似乎要摆脱一些不必要的想法，随即迈着异乎寻常的快步朝前走去。

他感觉到，她好像咬紧了嘴唇，忍住眼泪。他见自己使她伤了心，觉得又不好意思又难过，但是他知道，稍一软弱，他就完了，也就是说，他就被缚住了。他现在最害怕的就是这一点，于是他一言不发，一直跟她走进公爵夫人的房间。

## 二十七

公爵夫人刚吃完她的又讲究又富于营养的午饭。她总是一个人吃饭，为的是不让人看到她做这种毫无诗意的家常事。她的沙发床旁边有一张小桌，上面放着咖啡。她在吸很平和的玉米叶卷烟。公爵夫人又瘦又长，长长的牙齿，又大又黑的眼睛，依然是一个年轻打扮的黑发女人。

有不少难听的话，说到她和医生的关系。聂赫留朵夫以前没有注意这种事。可是他今天不仅注意了，而且当他看见医生就坐在她旁边的软椅上，那两撇小胡子还抹了不少油，亮光光的，他感到恶心得不得了。

科洛索夫坐在公爵夫人旁边的矮沙发上，正在搅和着小桌上的咖啡。小桌上还放着一杯甜酒。

米西和聂赫留朵夫一起走进母亲房里，但她没有留下来。

“等妈妈累了，把你们赶走，你们就上我那儿去吧。”她对聂赫留朵夫和科洛索夫说，那语气好像他们之间什么事也不曾有过似的。她快活地微微一笑，就轻悄无声地踩着厚厚的地毯走了出去。

“哦，您好，我的朋友，请坐，来给我们讲一讲吧。”公爵夫人说，脸上带着装得跟真笑一模一样的假笑，露出做得异常精巧、跟真牙丝毫不差的长长的、漂亮的假牙。“我听说，您才从法院来，心绪十分不快。我以为，好心肠的人干这种事是要难过的。”她用法语说。

“是的，这话很对，”聂赫留朵夫说，“一个人常常会感到自己不……感到自己没有权利审判……”

“这话说得多好呀！”她像往常一样巧妙地奉承同她谈话的人，装出听到他的正确意见受到震动的神气，叫了起来。

“哦，您的画怎样啦，我很感兴趣。”她又说，“要不是我有病，早就到府上去了。”

“我把画丢到一边了。”聂赫留朵夫冷淡地说。今天他觉得她的假意奉承和她那百般掩饰的老态一样明显。他再也无法强制自己装出殷勤的神气。

“这不应该！您可知道，列宾亲口对我说过，他很有才气。”她对科洛索夫说。

“这样说谎她怎么不害臊呀。”聂赫留朵夫皱着眉头在心里说。

等到公爵夫人看出聂赫留朵夫确实心情不佳，没有心思参加愉快有趣的谈话，于是她就转脸问科洛索夫对一出新戏有什么意见，从那语气听起来好像科洛索夫的意见能解决一切疑难，他的每一句话都会成为金科玉律。科洛索夫对新戏指摘了一通，还趁机把自己的艺术见解发挥了一番。公爵夫人对他的精辟见解一再表示震惊，试图为剧本作者辩护几句，可是马上就表示认输，或者只是说几句折中的意见。聂赫留朵夫看着，听着，可是他看见和听见的完全不是面前的情形。

聂赫留朵夫时而听公爵夫人说话，时而听科洛索夫说话，他看出来：第一，不论公爵夫人还是科洛索夫，对新戏都不感兴趣，彼此也不感兴趣，他们所以要说话，无非为了满足饭后活动活动舌头和喉头肌肉的生理要求；第二，科洛索夫喝了白酒、葡萄酒、甜酒，有些醉意，但不像平时难得喝酒的汉子那样醉，而是像喝惯了酒的人常有的那样有几分酒意，他既不摇摇晃晃，也不胡言乱语，但却处在一种极不正常的洋洋自得状态中；第三，聂赫留朵夫看出来，公爵夫人在谈话中总是惴惴不安地望着窗子，因为斜阳开始从窗子里射进来，就会把她的老态照得分外清楚。

“说得多么精到呀。”她评价科洛索夫的见解说。接着她按了按床边墙上的电铃。

这时医生站起身来，就像家里人一样，一句话没说就走了出去。公爵夫人一面继续谈话，一面目送他。

“菲利浦，请把那道窗帘放下来。”等到那个漂亮侍仆应着铃声走进来，她用眼睛瞟着窗帘说。

“不，不管您怎么说，其中总有神秘之处，没有神秘之处就不成其为诗。”她说着，用一只黑眼睛很生气地注视着放窗帘的侍仆的动作。

“神秘而没有诗意，便是迷信；而不神秘的诗，就成了散文。”她说着，伤感地微笑着，同时目光没有离开正在拉窗帘的侍仆。

“菲利浦，不是放那道窗帘，是大窗户上的。”公爵夫人带着受苦受难的神气说。显然她很心疼自己又花费力气说出这两句话，于是，为了慰劳自己，马上用戴满戒指的手把香喷喷的冒着烟的卷烟送到嘴上。

胸膛宽阔、肌肉强健的美男子菲利浦仿佛表示歉意似的微微一鞠躬，在地毯上轻轻迈动两条强壮的、鼓着腿肚子的腿，一言不发顺从地走到另一个窗口，留神看着公爵夫人，仔细拉窗帘，不让一丝阳光照到她身上。可就这样，他做得还是不对头，于是受尽苦难的公爵夫人又不得不中断有关神秘主义的谈话，再来指点头脑不清、无情地折磨她的菲利浦。菲利浦眼里有一点火星闪了一刹那。

“‘鬼才知道你究竟要怎样。’他心里一定在这样说。”聂赫留朵夫观察着这一场面，心里想道。但是美男子和大力士菲利浦马上掩盖住自己的不耐烦动作，又温顺地照着病病歪歪、娇弱无力、处处装腔作势的公爵夫人的吩咐做起来。

“当然，达尔文学说有很大一部分是有道理的，”科洛索夫说着，懒洋洋地躺在矮沙发上，用带睡意的眼睛望着公爵夫人，“可是他有些过头了。是的。”

“哦，您相信遗传吗？”公爵夫人因为聂赫留朵夫一直沉默觉得难受，就问他道。

“遗传吗？”聂赫留朵夫反问道。“不，我不相信。”他说。这时他全神贯注的却是不知为什么出现在脑际的一些奇怪的形象。大力士和美男子菲利浦在他的想象中成了人体模特儿，科洛索夫也跟他在一起，一丝不挂，肚子像个西瓜，脑袋光溜溜的，胳膊没有肌肉，像两条枯藤。这会儿裹在丝绒和绸缎里的公爵夫人的两肩也在他的想象中隐隐约约显露出本来的模样，不过这种想象太可怕了，于是他咬咬牙驱散了。

公爵夫人用眼睛打量了他一遍。

“米西可是在等您了，”她说，“您上她那儿去吧，她要给您弹弹舒曼的新作哩……挺好呢。”

“她什么也不想弹。她这是为什么事在撒谎。”聂赫留朵夫心里想着，站了起来，握了握公爵夫人那戴戒指的、毫无血色的、枯瘦的手。

卡捷琳娜·阿列克谢耶芙娜在客厅里遇到他，马上跟他说起话来。

“我可是看出来，您干陪审这种事情，确实感到是一种负担。”她像平常一样用法语说。

“不过，请您原谅，我今天心情不好，可没有权利也让别人不痛快。”聂赫留朵夫说。

“您为什么心情不好呀？”

“请允许我不说为什么。”他一面说，一面找自己的帽子。

“您该记得,您说过,任何时候都要说实话,而且您当时还对我们大家说过一些推心置腹的实话。为什么现在您就不愿意说说呢? 米西,你该记得吧?”她对来到跟前的米西说。

“因为那是在玩儿,”聂赫留朵夫很严肃地回答说,“在玩儿的时候是可以的。可是在实际生活中我们太坏了,我是说,我太坏了,至少我不能说实话。”

“您不要改口,您最好说说,我们坏在什么地方。”卡捷琳娜·阿列克谢耶芙娜抓住话柄说,就好像没有发现聂赫留朵夫的严肃神情。

“再没有比承认自己心情不好更坏的了。”米西说。“我就从来不承认自己心情不好,因此心情总是很好。好吧,咱们上我房间里去。我们想办法驱散您的不佳情绪。”

聂赫留朵夫觉得自己就像一匹马被人抚摩着,为的是戴上笼头,牵去套车。可是他今天特别不愿意拉车。他道歉说该回家了,就握手告别。米西握他的手比往日时间更长。

“您记住,对您很重要的事情,对您的朋友也同样重要。”她说。“您明天来吗?”

“不一定。”聂赫留朵夫说过这话,感到羞臊,他自己也不知道,是为自己羞臊,还是为她羞臊,他的脸红了,连忙走了出去。

“怎么回事儿呀? 我觉得这事儿太有意思了。”等聂赫留朵夫走出去,卡捷琳娜·阿列克谢耶芙娜说。“我一定要弄清楚。准是一件关系到体面的事:我们亲爱的米佳[1]恼火得很哩。”

“不如说是一件肮脏的风流事呢。”米西本想这样说,却没有

①米佳是聂赫留朵夫的名字德米特里的爱称。

说出口，她呆呆地望着前面，脸色阴沉，跟刚才望着他时完全不同了，不过她即使对卡捷琳娜·阿列克谢耶芙娜也不说这种难听的俏皮话，而只是说：

“我们人人都有开心的时候和不开心的时候。”

“难道我又看错人吗？”她心里想。“早知今日，何必当初，他可是太负心了。”

如果要米西说一说当初又怎样，她一定说不出任何具体的事例。可是她无疑又知道，他不但勾起她的希望，而且几乎答应了她。这一切都不是因为有明确的语言，只是从眼神、微笑、暗示和默默无言中揣摩的。不过她还是认为他是她的，所以，失去他，她太难受了。

## 二十八

“又无耻又卑鄙，又卑鄙又无耻。”聂赫留朵夫步行回家，在熟悉的街道上走着，心里这样想着。他和米西谈话勾起的沉重心情还没有消失。他觉得，如果可以单从形式上论事的话，他对待她没有什么过错：他没有对她说过任何有约束力的话，没有向她求过婚，但他觉得，实际上他已经跟她联系在一起，已经答应过她了。可是今天他切切实实感觉到，他不能同她结婚。“又无耻又卑鄙，又卑鄙又无耻。”他反复地对自己说，不是仅指他对米西的态度，而是指所有的事。“一切都是卑鄙无耻。”他走进自己家的门廊，还一再地在心里这样说。

“晚饭我不吃了，您去吧。”他对跟着他走进餐厅的侍仆柯尔尼说。餐厅里已摆好了餐具和茶。

“是。”柯尔尼答应过，却没有走，收拾起餐桌上的东西。聂赫留朵夫看着柯尔尼，觉得他太不知趣。聂赫留朵夫很希望大家都别打扰他，让他安静一会儿，可是他觉得好像大家都有意跟他作对，偏偏缠住他不放。等到柯尔尼拿着餐具走了，聂赫留朵夫正要到茶炊跟前去倒茶，却听见阿格拉菲娜的脚步声，他急忙走进客厅，随手把门关上，免得看到她。三个月前他母亲就是在这客厅里去世的。他走进客厅，客厅里有两盏反光灯照亮，一盏在他父亲的画像旁边，另一盏在他母亲的画像旁边，这时他想起了最后一段时间他对母亲的态度，他觉得他的态度是不自然的和可恶的。这也是卑鄙无耻的。他想起来，在她生病的后期，他简直巴不得她死掉。他曾对自己说，他希望她死是为了她可以早日摆脱痛苦，而其实他希望她死是为了他自己可以不再看到她那种痛苦的模样。

他希望在心里唤起对她的美好回忆，就看起她的画像，那是花五千卢布请一位名画家画的。在画上，她穿着黑丝绒连衣裙，袒露着胸部。画家显然刻意描绘乳房和两乳之间的肌肤以及美得迷人的肩膀和脖子。这可真是又无耻又卑鄙。像这样把母亲画成一个半裸美女，其中就有一种令人难堪的、侮辱性意味。所以令人难堪，尤其因为，三个月前这个女人就躺在这里，干瘪得像一具木乃伊，而且还散发着一股恶臭难闻的气味，不仅充满整个客厅，而且充满整个一座房子，怎么也无法消除。他觉得现在好像还能闻到那股气味。他还想起来，她在临死前一天，用干瘪发黑的手握住他的又白又结实的手，看了看他的眼睛，说：“米佳，如果我有什么不对的地方,不要责怪我。”她那痛苦得失去神采的眼睛里涌出了泪水。“多么卑鄙呀!”他看着那肩膀和双臂圆润得像大理石一般的、带着得意扬扬的笑容的半裸美女,又一次在心中说。画像上袒露的胸脯使他想起另一个年轻的女子,几天前他看到她就是这样袒胸露臂的。那女子就是米西。她想了一个借口叫他晚上到她家去,为的是要他看看她赴舞会时穿上舞服的模样。于是他带着厌恶的心情想起她那丰润的肩膀和手臂,还有她那粗鲁的、禽兽般的父亲以及他的经历与残酷,她那声名可疑而又自作聪明的母亲。这一切都令人厌恶,同时又十分无耻。又无耻又卑鄙,又卑鄙又无耻。

“不行,不行,”他想道,“必须脱身,斩断跟柯察金一家人、跟玛丽娅的一切虚伪关系,斩断同遗产、同其他一切一切的不应有的关系……是的,要自由地呼吸。到国外去,上罗马去,去画我的画……”他想起他怀疑过自己的才气。“噢,那也没关系,只要能自由呼吸就行。先上君士坦丁堡,再上罗马,只是要快点儿辞去陪审职务。还要跟律师一起把这宗案子料理好。”

于是一下子就在他的脑际异常真切地浮现出那个乌黑的眼睛有点儿斜视的女犯的身影。在被告最后陈述时她哭得多么伤心！他急忙把吸完的香烟在烟灰缸里捻灭,另外点上一支,就在客厅里来来回回踱了起来。于是,他和她度过的时光又像一幅幅画面出现在他的脑际。他想起他同她最后一次相逢,想起当时他控制不住的兽欲,想起兽欲满足后他的扫兴心情。他想起雪白的连衣裙和天蓝色腰带,想起那次晨祷。“我确实爱过她,那天夜里我是真情爱她,那爱情是纯真而美好的,而且以前,在我第一次住在姑妈家写我的论文的时候,我就爱上她了,那是多么爱呀!”于是他想起他当年的样子。那时他充满朝气、青春活力和生命力。他想到这里,伤心极了。

当时的他和现在的他相差太大了。这样的差别,比起教堂里的卡秋莎和今天上午他们审讯的那个陪商人纵饮的妓女之间的差别,即使不是更大,至少是一样大。那时他朝气蓬勃,无牵无挂,胸怀远大,如今他觉得自己完全落入空虚、无聊、苟且、低下的生活罗网,看不见任何出路,甚至多半不想冲出这一罗网。他想起来,当年他曾经以直爽自豪,当年他曾经为自己立下准则要永远说实话,而且他确实也老老实实,可是他现在处处虚伪,虚伪透顶,虚伪到家,以至于周围所有的人都把他的虚情假意看作真心实意。在这种虚伪里没有,至少他没有看到任何出路。他已经陷在里面,习惯了,甚至觉得舒服自在呢。

怎样解决他和玛丽娅·瓦西里耶芙娜的关系以及和她的丈夫的关系,才能毫不羞臊地面对他和他的孩子们的眼睛?怎样才能毫不虚伪地了结跟米西的关系?他一面承认土地私有制不合理,一面又继承了母亲的遗产,这个矛盾怎样才能摆脱?怎样才能补偿自己对卡秋莎犯下的罪孽?决不能就这样算了。“不能把我爱过的女子丢开不管,不能满足于花钱请律师,使她免除本来就不该服的苦役。不能用金钱补偿罪过,不能像当年那样,给她一些钱,就以为该做的都做到了。”

于是他十分真切地想起那时候,他在走廊里追上她,把钱塞给她,就跑开了。“哼,那笔钱!”他想起当时的情景,心里又像当时那样感到恐慌和厌恶。“哼,哼,多么卑鄙呀!”他也像当时一样说出声来。“只有流氓、无赖才干得出这种事来！我就是，就是流氓，就是无赖!”他出声地说起来。“难道我真的是……”他停住脚步，“难道我真的是，难道我就是无赖吗？要不然又是什么呢？”他自己回答说。“而且，难道就这一件事吗？”他继续揭露自己。“你对玛丽娅和她丈夫的所作所为难道不卑鄙，难道不下流吗？还有你对财产的态度呢？你认为私有财产不合理，可是你却借口是母亲留下来的，只管享用。还有你整个的游手好闲、花天酒地的生活。还有最最坏的，你对卡秋莎的所作所为。无赖，流氓！别人想怎样评论我就怎样评论好啦，我可以欺骗别人，可是我欺骗不了自己。”

于是他忽然明白了，近来他对人，尤其今天他对公爵、公爵夫人，对米西、柯尔尼感到憎恶，实际上也是憎恶他自己。说也奇怪，这种自认卑鄙的心情之中有难过也有喜悦与欣慰。

聂赫留朵夫这一生进行过不止一次“灵魂大清扫”。往往过了一大段时间之后，他忽然觉得内心活动不通畅，有时甚至完全停顿，他就开始清除堆积在灵魂中而成为停顿的原因的种种污垢。他把这种精神活动情形称作灵魂大扫除。

往往在这样的醒悟之后，聂赫留朵夫都要自己立一些章程，而且打算永远奉行：例如写日记，开始过另一种生活，而且他希望永远这样过下去，他把这叫作*翻开新的一页*。可是每一次他都经不住花花世界的诱惑，不知不觉又堕落下去，而且往往陷得比以前更深。

他这样清扫和振作精神，已经有好几次了。第一次便是在那年他上姑妈家消夏的时候。那是最有生气、精神最振奋的一次醒悟。其效果也保持得相当长久。后来在战争时期他辞去文职,进了军队,甘愿为国捐躯,这时也有过这样的醒悟。可是很快地灵魂里又积满了污垢。后来又有一次醒悟,那是在他辞去军职,出国学习绘画的时候。

从那时到今天,已经有很长时间没有进行清扫了,所以他从来没有像这样肮脏过,他良心上的要求同他所过的生活从来没有这样悬殊。他看到这样的差距,感到十分惊惧。

差距这样大,又是这样肮脏,所以开头他灰心丧气,觉得无法清扫了。“你已经尝试过自省和弃恶从善,可是毫无结果,”魔鬼在他心里说,“那又何必再试一次呢? 又不光是你一个人,大家都是这样的,人生本来就是这样嘛。”魔鬼这样说。可是,那个唯一正确、唯一强大、唯一长存的不受任何摆布的精神的人在聂赫留朵夫心中苏醒了。聂赫留朵夫不能不相信他。不论他这个实际的人和他想做的人之间的差距有多么大,对于一个觉醒了的精神的人来说,什么事情都是能够办得到的。

“不论花多大的代价,我也要冲破束缚我的虚伪罗网,我要承认一切,对一切人说老实话,做老实事。”他毅然决然地对自己出声地说。“我要老老实实对米西说,我是一个浪荡子,不能和她结婚,只是白白地搅乱了她的心;我要对玛丽娅(首席贵族的妻子)说老实话。不过,对她没有什么好说的,我要对她丈夫说,我是个无赖,我欺骗了他。我处置遗产必须合理。我要对她,对卡秋莎说,我是个无赖,对不起她,我要尽一切可能减轻她的痛苦。是的,我要去见她,要求她饶恕我。是的,我要请求饶恕,像小孩子一样求饶。”他站了下来。“如果需要的话,我就跟她结婚。”

他站着，像小时候那样把双臂交叉放在胸前，抬眼朝上望着，好像对着什么人说：

"主啊，帮助我，教导我，到我的心中住下，清除我身上一切污垢吧！"

他祷告，请求上帝帮助他，到他的心中住下，清除他的污垢，而这时他的要求也就实现了。存在于他心中的上帝在他的意识中苏醒了。他感觉到自己就是上帝，所以不仅感觉到不再受摆布，感到振奋和生的快乐，而且感觉到善的强大力量。凡是人能做到的一切最好的事，他觉得自己现在都能做到。

他在对自己说这番话的时候，眼里含着泪水，是好的泪水，又是坏的泪水。好泪水是因为，这是在他心中沉睡了这些年的精神的人苏醒后欢乐的泪水；这泪水是因为，这是自我赞赏、赞赏自己的美德的泪水。

他感到闷热。便走到已经卸下冬季套窗的窗前，把窗子打开。窗子面向花园。这是一个清爽而无风的月夜。大街上响过一阵辘辘的车轮声，随后一切都安静下来。窗前可以看到一棵光秃的高大白杨树的投影，所有的枝枝丫丫都清清楚楚地印在一片干净的沙土场地上。左面是板棚的棚顶，在明亮的月光下变成了白色。正前面是纵横交错的树枝，透过树枝可以看见黑乎乎的板墙。聂赫留朵夫望着月光下的花园和棚顶，望着杨树的阴影，吸着令人神清气爽的新鲜空气。

"多么好呀！多么好呀，我的上帝，多么好呀!"他说的是他这时候心灵里的状况。

## 二十九

玛丝洛娃直到傍晚六点钟才回到牢房。她已经不习惯走路，如今走了有十五俄里石子路，筋疲力尽，两腿疼痛，意想不到的严厉判决有如五雷轰顶，再加上饥饿难当。

还是在一次审讯暂停的时候，法警在她身旁吃起面包和煮鸡蛋，她嘴里就流满口水，她觉得很饿，有时想向他们讨一点儿吃，可是她觉得那太不体面。这以后又过了三个小时，她已经不再想吃了，只觉得浑身无力。在这种状态下她听到了意想不到的判决。起初她以为听错了，无法相信听到的话，无法把自己跟苦役这类事儿联系起来。可是她看到法官和陪审人员的脸上那泰然自若、一本正经的神情，显然把这个消息看作是十分自然的事，她就气愤起来，就向整个法庭呼喊起冤枉。可是她又看到连她的喊冤也被看作是十分自然的、意料中的而且也不能改变事实的事，她这才感到势必屈从强加在她头上的、残酷无情的、使她吃惊的不公正判决，便哭了起来。特别使她惊讶的是，这样狠心给她判刑的这些男人，有年轻的，有不算老的，都是平时亲亲热热地打量着她的那些男人。她看出来，只有一个人，也就是副检察官，心情完全不同。她坐在犯人候审室里等候开庭的时候，以及在审讯暂停的时候，她都看到这些男人假装有什么事，在门口走来走去，或者索性走进候审室，只是为了要好好地看一看她。就是这些男人忽然不知为什么判她服苦役，尽管她没有犯别人控告她的那种罪。起初她哭，后来不哭了，木木地坐在候审室里等候押回。这时她只有一个想头：吸烟。包奇科娃和卡尔津金在宣判后被押进候审室时，她的精神状态就是这样的。包奇科娃开口就骂玛丝洛娃，管她叫苦役犯。

"怎么，你赢啦？你没罪啦？大概也逃不掉啦，下贱的窑姐儿。你这是自作自受。当了苦役犯，恐怕卖俏也卖不成啦。"

玛丝洛娃坐着，把两只手插在囚袍的袖筒里，头垂得很低，一动不动地看着面前两步远处踩得很脏的地板，只是说：

"我没沾惹您，您也别招我。我没有沾惹您嘛。"她一连说了几遍，然后就不作声了。直到卡尔津金和包奇科娃被押走，一名法警给她送来三个卢布，她才多少有了一点儿精神。

"你是玛丝洛娃吧？"他问。"拿去，这是一位太太送给你的。"他说着，把钱交给她。

"哪一位太太？"

"你拿着就是了，难道还要跟你们聊聊吗？"

这钱是妓院鸨母基塔耶娃叫他送来的。她离开法庭的时候，问警官，能不能给玛丝洛娃几个钱。警官说，可以。她得到许可以后，就从白胖的手上脱下带三个纽扣的麂皮手套，从绸裙后面的皱褶里掏出一个新式钱包，里面装着相当多的息票[1]，那是她刚从妓院挣来的证券上剪下来的，她从中抽出一张两卢布五十戈比的息票，再添上两枚二十戈比和一枚十戈比的硬币，交给警官。警官叫来一名法警，当着女施主的面把钱交给法警。

"请您务必送到。"基塔耶娃对法警说。

法警因为这样信不过他，十分生气，所以才那样气嘟嘟地对

①在帝俄时代，证券的息票可以当现钱流通。

玛丝洛娃说话。

玛丝洛娃接到钱十分高兴，因为有了钱就可以满足她现在唯一的要求。

“只要能买支烟抽抽就好了。”她心里想道，而且她的全部心思都集中在这种抽烟的欲望上。她想抽烟想得要命，等到有的办公室里飘出烟气，走廊里有了烟味，她就如饥似渴地吸起空气。可是她又等候了很久，因为负责打发她的书记官把被告忘了，和一位律师谈起了那篇查禁的文章，并且争论起来。审判结束后，也有几个年轻和年老的男人来打量她，交头接耳地说着什么话。可是现在她不理会他们了。

终于，到四点多钟才打发她回去。押解她的下诺夫哥罗德人和楚瓦什人从后门把她带出法院。在法院门廊里她就交给他们二十戈比，请他们给她买两个面包和一包香烟。楚瓦什人笑起来，接过钱说：

“好吧，给你买。”他说过，果然真的去买来香烟和面包，并且把找的零钱交给她。

在路上不能抽烟，所以玛丝洛娃依然带着没有满足的烟瘾来到监狱大门口。就在押解士兵带她进门的时候，正好从火车站押来一百名犯人。她在过道里碰上了他们。

这些犯人有留胡子的，有不留胡子的，有年老的，有年轻的，有俄罗斯人，有其他民族的人，有剃了半边头的，全都戴着哗啷直响的脚镣，过道里顿时灰尘飞扬，脚步咚咚，又是说话声，又是酸臭的汗味。犯人们从玛丝洛娃身旁走过时，都如饥似渴地盯着她，有些人还带着一脸馋相，走到她跟前，擦着她的身子走过。

“嘿，瞧这妞儿，真标致。”一名犯人说。

“小娘子，你好哇。”另一名犯人挤着眼睛说。

一名黑脸膛的犯人，后脑勺剃得青青的，刮得精光的脸上留着小胡子，拖着哗啷直响的脚镣，跑到她跟前，一把搂住她。

“怎么，连老相好都不认识啦？别装模作样了！”等她把他推开，他龇着牙、眏着眼睛嚷道。

“浑蛋，你这是干什么？”副典狱长从后面走过来，喝道。

那名犯人把身子一缩，急忙跑开了。副典狱长便训斥起玛丝洛娃：

“你在这儿干什么？”

玛丝洛娃本想说她刚从法院回来，可是太疲乏了，懒得说话。

“刚从法院回来，长官。”为首的押解兵从过往人群中走过来，把手举到帽檐上说。

“嗯，那就交给看守长。这真不像话!”

“是，长官。”

“索科洛夫！把她带走。”副典狱长叫道。

看守长走过来，很生气地朝玛丝洛娃的肩膀捅了一下，又朝她点了点头，便带着她朝女监走廊里走去。在走廊里把她浑身上下摸索、搜查了一阵，没有搜到什么（她已经把那包烟夹到面包里），就让她进了早晨从里面出来的那间牢房。

## 三十

关押玛丝洛娃的牢房是一间长方形的屋子，长九俄尺，宽七俄尺，有两个窗户，有一座半露在墙外的泥灰剥落的壁炉，有几张木板干裂的板床，占去三分之二的地盘。正中面对房门挂着黑乎乎的圣像，旁边插着一支蜡烛，下面吊着一束落满灰尘的蜡菊。左边门后面地板上有一块发了黑的地方，放着一个臭烘烘的木桶。这时刚刚点过名，女犯们已经被锁起来过夜了。

关在这间牢房里的一共有十五人：十二个女人和三个孩子。

这时天还很亮，所以只有两个女人躺在床上：一个用囚服连头蒙住，是一个傻婆娘，因为没有身份证被抓进来的，这婆娘几乎总是在睡觉；另一个害有肺痨，是因盗窃罪判刑的。这个女人没有睡，只是枕着囚服躺着，眼睛睁得老大，很费劲儿地在喉咙里憋着往上直涌、引得喉咙发痒的黏痰，为的是不咳嗽起来。其余的女犯都没有裹头巾，只穿着粗布衬衣，有的坐在床上缝缝补补，有的站在窗口望着院子里走过的男犯。三个做针线活儿的女犯当中，有一个就是早晨送过玛丝洛娃的老婆子科拉布列娃。一脸忧愁神气，眉头皱得紧紧的，满脸皱纹，下巴底下的皮肉松得耷拉下来，像一个口袋。她是一个高大而强壮的老婆子，淡褐色头发编成短短的辫子，两鬓已经白了，腮上有一个长毛的小疣子。这个老婆子因为用斧头劈死丈夫，被判服苦役。她所以要劈死丈夫，是因为丈夫调戏她的女儿。她是这间牢房的犯人班长，也是她贩卖私酒。她戴着眼镜做针线活儿，像庄稼婆娘那样用三个指头把针捏在很有劲的大手里，针尖对着自己。她旁边坐着一个面貌和善、唠唠叨叨的女人，个头儿不高，脸黑黑的，鼻子翘翘的，黑眼睛小小的，也在缝一个帆布口袋。她是铁路的道口工，被判了三个月徒刑，因为她没有举着旗子出来接车，结果就出了车祸。还有一个做针线活儿的女犯是菲道霞，同伴们都管她叫菲尼奇卡，是一个十分年轻俊俏的女子，脸白白的，红扑扑的，一双孩子般清澈、明亮的蓝眼睛，不大的脑袋上盘着两根长长的淡褐色辫子。她是因为谋害丈夫未遂罪下狱的。她出嫁时还是一个十六岁的小姑娘，一结婚就试图毒死丈夫。在她被保出狱等候审讯的八个月里，她不但跟丈夫和好了，而且深深爱上了他，等到开庭审讯的时候，她跟丈夫已经难舍难分了。尽管丈夫和公公，尤其是十分心疼她的婆婆，在法庭上想尽办法为她开脱，她还是被判赴西伯利亚服苦役。这个善良、开朗、常常在笑的菲道霞跟玛丝洛娃是邻床，她不仅喜欢起玛丝洛娃，而且认为关心她、替她做事是自己的本分。还有两个女人坐在床上没有做事情。一个四十岁左右，面容又瘦又苍白，也许当年是很美的，如今又瘦又苍白了。她怀里抱着一个娃娃，拿又白又长的乳房给娃娃喂奶。她犯的罪是：有一次从他们村里带走一名新兵，老百姓认为是非法抓走的，就拦住警察分局局长，把新兵夺下来。这女人是非法被抓的小伙子的姑妈，头一个抓住新兵骑的马的缰绳。另外一个坐在床上没做事的，是一个满脸皱纹、相貌和善、个头儿不高的老婆子，一头白发，背也驼了。这个老婆子坐在炉边的床上，一个短头发、大肚子的四岁男孩子带着清脆的笑声在她身旁跑来跑去，她装作要逮他的样子。小男孩只穿一件小褂，在她身旁来来回回跑着，嘴里一遍又一遍地嚷着："嘿，你逮不到我！"这个老婆子和儿子一起被控犯有纵火罪。她自己坐牢倒是很不在乎，只是为同时入狱的儿子难过，但她最担心的还是她的老头子，她怕的是，她不在，老头子会长一身虱子，因为儿媳妇已经走掉，没有人帮他洗澡了。

除了这七个女人以外，还有四个女人站在一扇打开的窗户跟前，手扶着铁栅栏，又是做手势，又是叫嚷，跟刚才在门口碰到玛丝洛娃、这时候正从院子里走过的男犯搭话。其中有一个女犯是因为偷窃罪在服刑，生得五大三粗，浑身肉嘟嘟的，头发火红色，白里透黄的脸上和手上生满雀斑，老粗的脖子从敞着的衣领里露出来。她用嗄嗓门儿对着窗外大声喊着一些不堪入耳的脏话。她旁边站着一个很难看的黑黑的女犯，上身很长，两腿极短，个头儿像一个十岁的小姑娘。她的脸很红，一脸斑斑点点，两只黑眼睛离得很远，嘴唇又厚又短，掩盖不住龇着的白牙。她看着院子里的情景，不时地尖声大笑。这名女犯因为喜欢卖俏，外号就叫"俊姐儿"。她是因盗窃和纵火罪被判刑的。在她们后面站的是一个大肚子孕妇，身穿肮脏的灰衬衣，瘦得露出青筋，样子十分可怜，她是因为窝赃判刑的。这个女人没有说话，但看着院子里的情景，一直在赞许和动情地笑着。站在窗口的第四个女犯是因为贩卖私酒而服刑，是一个矮壮的乡下女人，眼睛凸在外面，面貌很和善。跟老婆子玩儿的那个小男孩，就是她的孩子。她还有一个七岁的女孩儿，也因为没人照管，跟她一起坐牢。她也和另外三个女人一样，朝窗外望着，可是不停地打着袜子，而且听到在院子里走过的男犯们说的话，很反感地皱起眉头，闭上眼睛。她那个七岁的女儿披散着淡黄色头发，穿着一件小褂，站在红头发女人身边，用一只瘦瘦的小手抓住她的裙子，眼睛一动不动地用心听着女犯和男犯互相骂的脏话，并且小声学着说，就像要背熟似的。第十二个女犯是教堂诵经士的女儿，她把她的私生子丢到井里淹死了。这是一个高高的、身段很美的姑娘，淡褐色头发从又短又粗的辫子里松脱出来，披散着，凸出的眼睛一动也不动。她丝毫也不注意周围的一切，光着脚，只穿一件肮脏的灰色小褂，在牢房的空地上来来回回走着，走到墙边，就陡地很快转过身来。

## 三十一

等到铁锁一响，玛丝洛娃又进了牢房，大家都朝她转过脸来。就连诵经士的女儿一时间也停住脚步，扬起眉毛，看了看进来的玛丝洛娃，但是她什么话也没有说，就又迈着坚定的大步来来回回走了起来。科拉布列娃把针插到粗麻布上，用疑问的目光从眼镜上方凝视着玛丝洛娃。

“唉，咿呀！你回来啦。我还以为你会无罪释放哩。”她用几乎像男人一样沙哑的粗嗓门儿说。“看样子，是要你坐牢啦。”

她摘下眼镜，把针线活儿放下来。

“好闺女，刚才我还跟大婶说，也许马上会把你释放的。听说，也常有这样的事。说不定还会给一些钱，那要看你的运气了。”道口工马上用她那唱歌一般的声音说起来。“唉，谁知却是这样。这么看，我们算的卦都不灵。好闺女呀，看起来，这是上天定了的呀。”她不停嘴地说着亲热而悦耳的话。

“当真判了罪吗？”菲道霞带着同情和亲热的神气，用她那孩子般清澈而明亮的蓝眼睛看着玛丝洛娃问道。她那快活而娇艳的脸变了样，好像就要哭出来。

玛丝洛娃一声也没有回答，默默地走到自己的床前，坐到床板上。她的床是靠边第二张，紧挨着科拉布列娃。

“我看,你还没有吃饭。”菲道霞说着,站起身来,朝玛丝洛娃走来。

玛丝洛娃没有回答,把两个白面包放在床头上,就开始脱衣服:脱下落满灰土的囚服,从拳曲的黑发上解下头巾,又坐了下来。

在床铺另一头跟小孩子玩的驼背老婆子也走过来,站在玛丝洛娃面前。

“啧,啧,啧!”她很心疼地摇了摇头,啧着舌头说。

小男孩也跟着老婆子走过来,睁大了眼睛,上嘴唇撅成三角形,盯着玛丝洛娃带来的白面包。玛丝洛娃这一天经过种种事情之后,看到一张张同情的脸,就想哭一场,而且她的嘴唇已经哆嗦起来。但她强忍住了,一直忍到老婆子和小男孩走到跟前的时候。可是等她听到老婆子那好心的、充满同情的啧啧声,尤其是小男孩那专注的目光从面包转到她身上,跟她的目光相遇时,她再也忍不住了。她整个的脸哆嗦起来,她放声大哭起来。

“我说过嘛:要找一个真有本事的律师。”科拉布列娃说。“怎么,要流放吗?”她问。

玛丝洛娃想回答,可是说不成话。她一面哭,一面从面包里取出那包香烟,烟盒上印着一个高发髻、袒露三角形胸部的红颜女士。她把烟递给科拉布列娃。科拉布列娃看了看上面的画,不以为然地摇了摇头,主要是不赞成玛丝洛娃这样乱花钱。她拿出一支烟,在灯上点着了,自己吸了一口,然后塞到玛丝洛娃手里。玛丝洛娃依然哭着,如饥似渴地一口又一口把烟吸进肚子又吐了出来。

“判的苦役。”她抽抽搭搭地说。

“这伙儿恶霸,该死的吸血鬼,他们就不怕上帝,”科拉布列娃说,“毫无来由就给闺女判了刑。”

这时候,还在窗前的几个女人发出响亮的哈哈大笑声。小女孩也在笑,她那尖细的孩子笑声跟三个女人那沙哑而刺耳的笑声汇合成一片。有一名男犯在院子里做了一个什么动作,惹得窗口的观众忍不住大笑起来。

“啊呀,这剃光了毛的牙狗!他这是干什么呀。”那个红头发女人说。她笑得哆嗦着浑身的肥肉,把脸贴在铁栅栏上,胡乱嚷起下流话。

“真是够呛!有什么好笑的!”科拉布列娃对着红头发女人摇了摇头,说。接着又问玛丝洛娃:“判了很多年吗?”

“四年。”玛丝洛娃说着,眼泪扑簌簌流了出来,有一滴落到了香烟上。

玛丝洛娃很生气地把香烟揉了揉,扔掉了,又拿起一支。

道口工虽然不吸烟,却马上把烟头捡起来,把烟头抻抻直,一面不住嘴地说着:

“好闺女,这么看,还是俗话说得对,”她说,“公理叫猪吃了。他们想怎样就怎样。科拉布列娃大婶说他们会放你,我说不会。我说,我心里感觉到他们一定要把这个好闺女折腾够的,结果就是这样。”她一面说,一面得意地听着自己的声音。

这时男犯都已经从院子里走过去,跟男犯搭话的几个女人都离开窗口,也走到玛丝洛娃跟前。第一个走过来的是带着女孩儿的凸眼睛酿酒女人。

“怎么会判得这么重呀?”她一面问,一面挨着玛丝洛娃坐下,继续很麻利地打着袜子。

“判得重就因为没钱。要是有钱,请上个能说会道的机灵律师,恐怕就没事了。”科拉布列娃说。“那个……姓什么来着?……鬈头毛,大鼻子,那个家伙,我的妈呀,他能从水里捞出干的。能把他请来就好了。”

“能请到当然好啦,”俊姐儿挨着他们坐下来,龇着牙齿说,“那人少了一千卢布连睬都不睬呢。”

“哎呀,这么看,也是你命该如此呀,”因纵火罪坐牢的老婆子插嘴说,“我也够受:人家把我家儿媳妇夺走,又把儿子关进来喂虱子,我这么大年纪也给关进来了。”她第一百次讲起自己的遭际。“坐牢和讨饭,看起来,怎么也躲不掉。不是讨饭,就是坐牢。”

“看起来,他们那些人都是这样。”贩私酒的女人说着,仔细看了看小女孩的头,就把袜子放在身旁,把小女孩拉到两腿中间,用动作麻利的手指头在她头上逮起虱子。“‘你为什么卖私酒呀?’不然我拿什么养活孩子?”她一面说,一面继续做着做惯了的事儿。

贩酒女人的话使玛丝洛娃想起了酒。

“有酒就好了。”她用袖子擦着眼泪,只是偶尔抽搭着,对科拉布列娃说。

“要喝酒啦?好吧,拿钱来。”科拉布列娃说。

## 三十二

玛丝洛娃也是从面包里取出钱来，把那张息票交给科拉布列娃。科拉布列娃接过息票，看了看，她虽然不识字，却相信无所不知的俊姐儿说的这纸片值两卢布五十戈比，便爬到炉子的通气口边，去拿藏在那里的一瓶酒。女犯们看到这情景，除了玛丝洛娃的邻床，都纷纷回到自己的床位上。玛丝洛娃这时也抖了抖头巾和囚服上的灰土，爬到床上，吃起面包。

"我给你留着茶，不过恐怕已经凉了。"菲道霞说着，就到搁板上去拿用包脚布裹着的白铁茶壶和茶杯。

茶已经完全凉了，而且白铁味胜过茶味，但玛丝洛娃还是倒了一杯，就着吃面包。

"小菲尼亚，给你。"她呼唤着，掰下一块面包，递给盯着她的嘴巴的小男孩。

这时科拉布列娃把一瓶酒和一个杯子递给玛丝洛娃。玛丝洛娃请科拉布列娃和俊姐儿一起喝。这三个女犯是这个牢房里的贵族，因为她们有钱，而且有什么东西都一起享用。

过了几分钟，玛丝洛娃就来了精神，很带劲儿地讲起法庭上的情形，模仿副检察官的腔调和动作，还讲到法庭上特别使她惊讶的一件事。她说，在法庭上所有的人显然都带着很喜欢的神情在看她，而且不时还有人特意走到候审室里来。

"就连那个押解的兵都说：'这都是来看你的。'有的人走进来，问某某文件或者别的什么东西在哪里，可是我看出来，他不是要什么文件,而是要拿眼睛把我吃下去。”她笑着说,并且似乎大惑不解地摇着头。“也有这号儿的戏子!”

“这话可是一点也不假。”道口工接过话茬,马上又用她那唱歌一样的声音滔滔不绝地说起来。“这就好比苍蝇见了糖。他们干别的事无精打采,干这号儿事一个个都来劲儿。他们男人不吃饭都行……”

“到了这儿也是一样,”玛丝洛娃打断她的话说,“在这儿我也碰上了。刚刚把我带进门,就有一批人从火车站来到这儿。他们死乞白赖地把我缠住,我简直不知道怎样才能脱身。多亏副典狱长来解围。有一个人死死缠住我,我好不容易才挣脱了。”

“那人什么模样?”俊姐儿问。

“黑黑的,留着小胡子。”

“八成是他。”

“他是谁?”

“谢格洛夫嘛。就是刚刚走过去的那个人。”

“这谢格洛夫是个什么人?”

“连谢格洛夫都不知道哩!谢格洛夫两次从服苦役的地方逃出来。现在又把他抓住了,可是他还是会逃走的。连看守们都怕他哩。”常常跟男犯们互通信息,因而知道狱中一切新闻的俊姐儿说,“他一定会逃走的。”

“他逃走,可是又不能把咱们带走。”科拉布列娃说。“你最好还是说说,”她对玛丝洛娃说,“关于上诉的事律师对你说了些什么。现在不是应该上诉吗?”

玛丝洛娃说,她什么也不知道。

这时候红头发女人把斑斑点点的双手插进又乱又浓密的红头发里，用指甲搔着头皮，来到正在喝酒的贵族跟前。

“卡秋莎，我来好好对你说说，”她说了起来，“开头第一件事，你得写呈子，说你不满意判决，这以后要去找检察官。”

“干你什么事？”科拉布列娃用气嘟嘟的粗嗓门儿对她说，“你是闻到酒味了。不用你多嘴。你不说，人家也知道该怎么办，没有你也行。”

“又不是跟你说话，你管得着吗？”

“想喝酒了吧？就凑过来啦。”

“那好吧，就给她喝一点儿。”玛丝洛娃一向有了东西就分给大家。

“我来给她一点儿厉害的……”

“好，好，来吧！”红头发女人说着，朝科拉布列娃逼过来。“我才不怕你呢。”

“天生当囚犯的料！”

“你才是哩！”

“骚货！”

“我是骚货？你这苦役犯，凶手！”红头发女人嚷了起来。

“走开，我叫你走开。”科拉布列娃沉下脸说。

可是红头发女人反而更逼近了，科拉布列娃就朝她那露着的肥胖胸脯推了一把。红头发女人好像就等她这一下，用迅雷不及掩耳的动作一手抓住科拉布列娃的头发，另一只手举起来就要打耳光，可是这只手被科拉布列娃抓住了。玛丝洛娃和俊姐儿抓住红头发女人的两条胳膊，使劲想把她拉开，可是红头发女人那只手揪住科拉布列娃的辫子，怎么也不肯松开。她也曾放了一下子，但那是为了把头发缠在拳头上。科拉布列娃歪着头，一只手在红头发女人身上乱打，并且用牙齿去咬她的手。女犯们都拥在两个打架的女犯周围，又拉架又嚷嚷。就连害肺痨的女人也走过来，一面咳嗽，一面看着两个女人扭打。两个孩子紧紧偎在一起哭着。女看守听到吵闹声，带着一名男看守走了进来，才把两个打架的女犯拉开了。科拉布列娃解开白色的发辫，把揪下来的头发一绺一绺地往外挑，红头发女人拉扯着撕破的衬衣，盖住黄黄的胸部。两个人都在叫嚷着，又解释又诉说委屈。

"我知道嘛，这都是酒惹出来的。明天我就要报告典狱长，他会把你们整治得好好的。我闻到啦，这儿有酒味儿。"女看守说。"你们小心点儿，把东西收拾掉，不然要倒霉的。我可没工夫给你们评理。各就各位，都给我住嘴。"

可是过了很长时间两个女人都没有住嘴，又对骂了老半天，互相追述是怎样开头的，是谁的过错。最后，男看守和女看守走了，两个女人才渐渐安静下来，准备睡觉。老婆子跪在圣像前祷告起来。

"两个苦役犯凑在一块儿了。"红头发女人忽然用沙哑的嗓门儿在床铺的另一头说起来。每一句话里面都夹杂着极其巧妙的骂人话。

"你小心我再收拾你。"科拉布列娃马上也回嘴，也夹杂着类似的骂人话。一会儿两个人又不作声了。

"要不是他们把我拉住，我早把你的眼珠子抠出来啦……"红头发女人又说起来，不要多等，又得到科拉布列娃同样规格的回敬。

然后又是时间长一点儿的间隔，然后又是对骂。间隔时间越来越长，最后，完全静了下来。

大家都躺下了，有几个已经打起呼噜，只有一向都是祷告很久的老婆子还在对着圣像磕头。还有诵经士的女儿等看守一走，就下了床，又在牢房里来来回回走了起来。

玛丝洛娃没有睡着，老是想着自己如今成了苦役犯，而且人家已经有两次叫她苦役犯：一次是包奇科娃，另一次是红头发女人。可是她怎么也不习惯这种叫法。科拉布列娃原来背对她躺着，这时翻过身来。

“我真没有想到，一丝一毫也没有想到呀，”玛丝洛娃小声说，“别人干了坏事，一点儿关系也没有，我什么也没干，却要受罪。”

“闺女，别难过。在西伯利亚，人也能活下去。你到了那里也不会完蛋。”科拉布列娃安慰她说。

“我知道不会完蛋，不过总是太屈了。我一向好好儿过日子，不该遭这份罪。”

“人拗不过上帝呀，”科拉布列娃叹着气说，“人是拗不过上帝的。”

“我知道，大婶儿，可总是难受呀。”

她们沉默了一会儿。

“你听见吗？这是那个骚货。”科拉布列娃这样说，是要玛丝洛娃注意那边床上响起的奇怪的声音。

这声音是红头发女人强忍住的痛哭声。红头发女人哭的是，刚才挨了骂，又挨了打，她非常想喝酒，又不给她喝。她哭的还有，她这一辈子除了嘲笑、侮辱、打和骂以外，别的什么都没有见过。她想找点儿安慰，就回忆起自己跟工人菲吉卡·莫洛江科夫的初恋。可是一想起那次恋爱，也就想起那次恋爱是怎样收场的。那个莫洛江科夫有一次喝醉了酒，为了开玩笑，拿明矾抹在她身上最敏感的地方，然后就看着她疼得把身子缩成一团，跟同伴们一起哈哈大笑。那次恋爱就这样结束了。她一想起这事儿，就觉得自己可怜，而且以为不会有人听见，就哭了起来，哭得像个小孩子，又哼哼，又吸鼻子，还一下一下吞着咸咸的泪水。

“她真可怜呀。”玛丝洛娃说。

“可怜当然可怜，可是别来捣乱嘛。”

## 三十三

聂赫留朵夫第二天醒来，第一个感觉就是觉得自己遇到了一件事，而且甚至还没有想起是什么事，就已经知道是一件又重要又好的事。“卡秋莎，官司。”对了，还有不能再说谎话，要老老实实说话。而且，也是惊人的巧合，就在这天早晨他终于收到了盼望已久的首席贵族夫人玛丽娅的来信，这封信他现在特别需要。玛丽娅给他充分自由，祝他今后婚姻美满。

“婚姻!”他带着讥讽的口气说出口来。“我现在离这种事儿多么遥远呀!”

他想起昨天他打算把事情原原本本地对她的丈夫说说，向他悔过，并表示愿意尽一切可能进行补偿。可是今天早晨他觉得这事似乎不像昨天想得那样容易了。“再说，既然他不知道，又何必让他伤心？他要是问起来，那我就告诉他。可是，能特意去告诉他吗？不能，这没有必要。”

今天早晨他觉得对米西说出真情实话似乎也很困难。这又是不能开口说的，说出来她会觉得是侮辱。这种关系就和现实中的很多关系一样，只能是意会中的事。这天早晨他只是决定：他不再上他们家去，如果他们问起来，他就说实话。

不过，在和卡秋莎的关系中，却没有什么不可以说的。

“我要上监狱里去，对她说说，我要请求她饶恕我。如果有必要，是的，如果有必要，我就和她结婚。”他想道。

这天早晨他想到牺牲一切并且和她结婚，以求道德上的完善，想得特别动情。

他已经很久没有这样精神饱满地迎接新的一天了。阿格拉菲娜一走进他的房里来，他立即带着连自己也意想不到的果断劲儿声明说，他再不需要这座住宅，再也不需要她伺候了。本来已经以默契的形式决定，他保留这座租金昂贵的大住宅是供结婚用的。所以，退还住宅就有特殊的含意。阿格拉菲娜很吃惊地看了看他。

“阿格拉菲娜·彼得罗芙娜，非常感谢您在各方面对我的照顾，可是我现在不需要这样大的住宅，也不需要任何人伺候了。要是您愿意帮助我，那就请您费神料理东西，暂时收拾收拾，就跟妈妈在世时那样。等娜塔莎来了，她会处理的。”娜塔莎是聂赫留朵夫的姐姐。

阿格拉菲娜摇了摇头。

“究竟怎么料理呀？东西都是要用的嘛。”她说。

“不，不用了，阿格拉菲娜·彼得罗芙娜，肯定不用了。”聂赫留朵夫回答她摇头所表示的意思说。“还请您告诉柯尔尼，我多给他两个月的工钱，以后就不用他了。”

“您这样做可不行，德米特里·伊凡诺维奇，”她说，“就算您要到国外去，房子以后还是用得着的。”

“阿格拉菲娜·彼得罗芙娜，您想得不对。我不到国外去；如果我走的话，那是到另外的地方去。”

他的脸忽然一下子红了。

“是啊，应该告诉她，”他心里想道，“没有什么不可以说的，应该把一切告诉所有的人。”

“昨天我遇到一件很奇怪、很重要的事。您记得玛丽娅姑妈家的卡秋莎吗？”

“当然记得啦，我还教她做针线活儿来着。”

“嗯，昨天在法庭上审的就是那个卡秋莎，我正好做陪审人。”

“哎呀，我的天，多可怜呀！”阿格拉菲娜说，“审她什么罪呀？”

“杀人罪。这一切都是我干的。”

“这怎么能是您干的呢？您这话说得太奇怪了。”阿格拉菲娜说着，她那双老眼里闪起戏谑的火花。

她知道他和卡秋莎的事。

“是的，我是一切事情的起因。所以，这事就改变了我的一切计划。”

“这事又能使您有什么变化呢？”阿格拉菲娜忍着笑说。

“这变化就是：既然她是因为我才走上那条路的，那我就应当尽我的力量帮助她。”

“这是您的一片好心，不过在这方面您没有什么了不起的过错。这种事儿大家都有，要是冷静点儿，这一切会渐渐淡漠，渐渐忘记，照样过日子，”阿格拉菲娜一本正经地说，“您把这一切都算在自己账上，毫无必要。我早就听说她走上了邪路，那又怪谁呢？”

“怪我。因此我想补救。”

“啊，这事要补救可是很难。”

“那就是我的事了。如果您考虑您自己，那么，妈妈曾经有一个愿望……”

“我不是考虑自己。先夫人待我恩重如山，我再不希望什么了。丽莎一直叫我去（丽莎是她的一个已出嫁的侄女），等到用不着我了，我就上她那儿去。只是您不必把那种事儿放在心上，人人都有那种事儿。”

“噢，我可不是这样想。我还是请您帮助我把住宅退了，把东西收拾收拾。还请您别生我的气。我在各方面都非常、非常感激您。”

说也奇怪，自从聂赫留朵夫认识到自己很坏并且自己憎恶起自己那时候起，他就不再憎恶别人了。而且倒是觉得阿格拉菲娜和柯尔尼可亲又可敬。他很想也在柯尔尼面前忏悔一番，但看到柯尔尼那副毕恭毕敬的神气，他就不好这样做了。

聂赫留朵夫去法院的路上，还是坐着那辆马车，还是经过那些街道，可是自己对自己感到惊讶，感到自己完全成了另一个人。

昨天他觉得同米西结婚是伸手可及的事，现在他觉得是完全不可能的了。昨天他认为自己地位优越，米西嫁了他肯定会幸福美满；今天他觉得自己不仅不配跟她结婚，而且也不配跟她接近了。“只要她知道我是一个什么样的人，就怎么也不会跟我往来了。可是我还责怪她向那位先生卖弄风情呢。的确也不行，即使她现在嫁给我，而我知道另一个女子就在这儿的监狱里，明天或者后天就要跟着大批犯人去服苦役，恐怕我不但不会感到幸福，而且也不会心安。被我害了的那个女子就要去服苦役，我却在这儿接受贺喜，还要带着年轻妻子出去拜客。或者我还同那个首席贵族，就是我和他的妻子无耻欺骗的那个人，一起出席会议，统计票数，对于提付表决的地方自治会监督学校等等的议案，看有多少票赞成，多少票反对，过后再跟他的妻子幽会（多么卑鄙呀！）；或者我继续画那幅画，那幅画显然是永远画不成的，因为我本来就不该干那种无聊的事，我现在也不可能做那种事了。”他在心里说着，一直因为感觉到内心发生变化暗自高兴。

“首先，现在就要去见见律师，”他想道，“问问他的意见，然后……然后，到监狱里去看她，看昨天那个女犯，把一切都对她说说。”

他想象着怎样和她见面，怎样对她倾吐心里话，怎样向她认罪，向她说明，为了赎罪他愿意做一切力所能及的事，他可以和她结婚，一想象到此情此景，就感到特别兴奋，而且眼里涌出了泪水。

## 三十四

聂赫留朵夫来到法院，在走廊里遇见昨天那位警官，就向他打听已判决的犯人关在哪里，要见犯人须经什么人许可。警官说，犯人关押在不同的地方，判决没有正式公布之前，要见犯人须经检察官许可。

“等审讯结束后，我来告诉您，带您去。检察官现在还没有到。就等审讯以后吧。现在就请您出庭。马上就要开庭了。”

聂赫留朵夫今天觉得警官似乎特别可怜。他谢过他的盛情，就朝议事室走去。

他快要走到议事室门口，这时陪审人员纷纷走出议事室，正要进法庭。那个商人还是像昨天那样快活，还是那样酒足饭饱，见了聂赫留朵夫，就像见了老朋友一样。就连彼得·盖拉西莫维奇那随便的态度和哈哈大笑声，今天也没有使聂赫留朵夫反感。

聂赫留朵夫真想也对所有陪审人员说说自己和昨天那个女被告的关系。他心想：“如果实事求是的话，昨天审讯的时候我就应该站起来，当众宣布我的罪行。”可是，等他跟其他陪审人员一起进入法庭，昨天那一套程序又开始了：又是“开庭啦”，又是三位穿绣花领制服的法官登上高台，又是一片肃静，陪审人员在高背椅上就座，宪兵，沙皇像，司祭，这时他觉得，尽管他应该那样做，可是就是在昨天，他也不能破坏这种庄严气氛。

开审前种种准备工作也跟昨天一样（只是免去了陪审人员宣誓和庭长对他们的交代）。

今天审讯的是一宗撬锁盗窃案。由两名持刀宪兵押着的被告是一个二十来岁的小伙子，瘦瘦的，两肩很窄，穿的囚服是灰色的，一张脸也是灰灰的，毫无血色。他一个人坐在被告席上，皱着眉头打量着一个个走进来的人。这个小伙子被控跟一个同伙撬板棚的锁，从里面偷了一些旧的擦脚垫，价值三卢布六十七戈比。从起诉书中可以看出来，这个小伙子跟同伙扛着擦脚垫在一起走，被警察截获。小伙子和他的同伙当即认罪，于是双双进了监狱。那个同伙是钳工，死在狱中，所以只有小伙子一个人受审。几张旧擦脚垫就放在物证桌上。

审讯的进程和昨天一样，检查物证，提起公诉，传证人，证人宣誓，讯问证人，讯问鉴定人，交叉讯问。那个作为证人的警察回答庭长、公诉人、律师的问话，都是很不带劲地说几个字："是，大人"，或者"我不知道"，然后又是"是，大人"……然而，尽管他表现出当兵的那种呆板和机械般的神气，还是可以很明显看出来，他很可怜那个小伙子，很不乐意讲他的抓人成绩。

另一个证人是失主，是一位房主，擦脚垫就是他的。显然是一个肝火很旺的小老头儿。等到问他，那擦脚垫是不是他的，他很不乐意地承认了是他的。等到副检察官问他，打算拿这些擦脚垫做什么用，是不是很需要这些东西，他就动了肝火，回答说：

"这些破擦脚垫，去它妈的吧，我才用不着哩。要是早知道惹出这么多麻烦，我不但不去找，而且情愿倒贴一张红票子丢掉，就是出两张也行，只要不把我拉来受审。我就是坐马车也花五个卢布了。我身体又不好，又有疝气，又害风湿。"

两名证人就是这样说的。被告本人全部招认了，而且像一头被逮住的小野兽一样，茫然失措地朝四下里张望着，时断时续地讲着事情的经过。

案情已经大白，可是副检察官还是像昨天一样，耸起肩膀，提出一些足可制服狡猾的罪犯的巧妙问题。

他在发言中提出，盗窃是发生在住人的房屋里，而且是撬锁盗窃，因此小伙子应当受到最重的惩处。

法庭指派的辩护人则指出，盗窃不是在住人的房子里进行的，因此，罪行虽然无可否认，但罪犯还没有对社会造成像副检察官所说的那样的危害。

庭长又像昨天一样装出一副不偏不倚、大公无私的神气，向陪审人员详细解释和交代他们已经知道而且也不可能不知道的一些问题。也像昨天一样几次宣布暂停，大家还像昨天一样抽烟，警官还是那样呼喊“开庭啦”，两名宪兵还是那样忍住瞌睡坐在那里，手握出鞘军刀威吓犯人。

从审讯中可以看出来，这个小伙子原来被父亲送进烟厂当学徒，在烟厂里过了五年。今年厂主和工人们发生纠纷之后，小伙子被解雇了。他找不到活儿，就在城里到处游荡，拿仅剩的几个钱买酒喝。他在小馆里结识了一个比他失业更早、喝酒也喝得更凶的钳工。有一天夜里，他们趁着醉劲儿撬开门锁，摸到东西扛起就走。就这样被抓住。他们全都承认了。于是被关进牢里。钳工在候审间死了。现在小伙子就作为必须同社会隔绝的危险分子被审讯。

“这个危险分子，跟昨天那个女犯是一样的，”聂赫留朵夫听着审讯，心中想着，“他们危险，我们倒是不危险？……我这个浪荡子、酒色之徒、骗子，还有我们这一伙人，还有虽然知道我的底细却不但不鄙视我，反而尊敬我的那些人，倒不是危险分子？而且，就算这个小伙子是这个大厅里所有的人当中对社会最危险的人，在他已经落网的时候，按常理来说，究竟应该怎么办呢？

“其实很明显，这个小伙子不是什么了不得的坏蛋，而是一个最平常的人。这是大家都看得出来的。他之所以成为现在这样，是因为他处在产生这样的人的环境中。因此，看来很清楚，为了不再出现这样的小伙子，必须尽一切努力消除产生这样不幸的人的环境。

“可我们是怎么办的呀？我们虽然明明知道还有成千上万这样的人在外面游荡，却抓住这样一个偶然落到我们手里来的小伙子，把他关进监牢，让他处在无所事事的环境里，或者让他从事有害健康而无意义的劳动，使他终日接触一些跟他一样无以为生因而走了歧路的人，然后由国库出钱让他从莫斯科省流放到伊尔库茨克省，进入最腐败的人群中。

“我们不但没有采取任何措施以消除产生这样的人的环境，反而对产生这样的人的机构一味加以鼓励。这类机构是大家都知道的，那就是工厂、作坊、饭馆、酒店、妓院。我们不但不取消这类机构，而且认为是必不可少的，加以鼓励和安排。

“我们这样培养出来的人将不是一个，而是千百万个，然后我们就抓住一个，就自以为我们该做的已经做到了，已经保障了自己的安全，对我们再也不能有什么要求了。我们就把他从莫斯科省送到伊尔库茨克省。”聂赫留朵夫坐在上校旁边，听着辩护人、副检察官和庭长的不同的腔调，看着他们那踌躇满志的姿态，特别动情、特别清醒地思索着。“有多少劲儿用到了装模作样上了呀！”聂赫留朵夫继续思索着，一面环顾着这个大厅，看着画像、灯、椅子、军服、一面面厚厚的墙壁和窗子，想到这座建筑物之大，想到更加庞大的整个机构，想到不仅此地，而且遍及全俄的官吏、文书、看守、差役组成的浩浩荡荡的队伍,按时领取俸禄,就是为了表演这种毫无益处的闹剧。“如果我们拿出这种劲儿的百分之一来帮助那些无以为生的人,而不是像我们现在这样仅仅把他们看作供我们安逸和舒适的劳动力和肉体,那有多好呀。当初这孩子由于家境贫困从乡下来到城里的时候。”聂赫留朵夫望着小伙子那憔悴的、惊恐的脸,想道,“只要有一个人怜悯他,周济他,就行了。或者即使他已经在城里,在厂里干了十二小时活儿之后,跟着年龄大的同伴去下小馆的时候,只要有一个人对他说‘别去,孩子,这可不好’,小伙子也就不会去,不会去闲荡,什么坏事也不会做了。

“可是,自从他在城里像小野兽一样过起学徒生活,为了不生虱子把头剃得光光的,跑来跑去为师傅们买东西的那时候起,却没有一个人怜悯过他。恰恰相反,自从他进城以来,从师傅和同伴们嘴里听到的是,谁会骗人,谁会喝酒,谁会骂人,谁会打架,谁会玩女人,谁就是好汉。

“等到有害健康的劳动、酗酒、放荡使他生了病,学坏了,整日里昏头昏脑,浑浑噩噩,如同在梦里一般在城里漫无目的地游荡,又一时糊涂钻进人家的板棚里,从里面偷了几张没人用的擦脚垫,这时我们这些衣食富足、有钱也有文化的人不但不想方设法消除使小伙子落到今天这种地步的原因,倒是要惩罚这个小伙子,想以此改变局面。

“真可怕呀！真不知道,其中主要是残酷还是荒谬。不过,不论是残酷还是荒谬,看来都已经达到无以复加的地步。”

聂赫留朵夫一心思索着这些事,已经不再听眼前的审讯了。

而且他感到自己想到的情形十分可怕。他很奇怪,怎么他以前没有看到这种情形,怎么别人也没有看到呀。

## 三十五

等到刚刚宣布第一次暂停,聂赫留朵夫就站起来,来到走廊,打定主意再也不回法庭了。想拿他怎么办就怎么办好啦,反正他再也不能参与这种可怕和可憎的蠢事了。

聂赫留朵夫打听到检察官的办公室在什么地方,就去找他。一名听差不肯让他进去,说检察官现在有事。但聂赫留朵夫不听他的,径自走进门去,跟迎上前来的一位官员打过招呼,就请他向检察官通报,说他是陪审人员,因有十分重要的事要见他。公爵的头衔和讲究的衣着帮了聂赫留朵夫的忙。那官员向检察官通报过,就让聂赫留朵夫进去了。检察官站着接待他,显然不满意聂赫留朵夫执意要见他。

"您有什么事?"检察官冷冷地问。

"我是陪审人员,姓聂赫留朵夫,我要见见被告玛丝洛娃。"聂赫留朵夫又快又果断地说,同时他涨红了脸,感觉到他现在所做的事对他的一生将会有决定性的影响。

检察官个头儿不高,黑黑的脸膛,短短的白发,炯炯有神的眼睛十分灵活,突出的下巴上那浓密的胡子修剪得整整齐齐的。

"玛丝洛娃吗?当然,我知道。犯有毒死人命罪的。"检察官很平静地说。"您究竟为什么要见她呀?"然后,好像要缓和一下气氛似的,又补充说:"如果我不知道您为什么要见她,我是不好准许的呀。”

“我有事要见见她，这事在我是特别重要的。”聂赫留朵夫又涨红了脸说。

“是这样呀，”检察官说着，抬起眼睛，很仔细地把聂赫留朵夫打量了一遍，“她的案子审问过没有？”

“昨天她受过审了，而且被判了四年苦役，很不应该。她是无罪的。”

“哦，是这样。要是她昨天才被判决，”检察官丝毫不理睬聂赫留朵夫说的玛丝洛娃无罪的那句话，“那么，在正式公布判决之前，她应该还是被关押在拘留所里。只有在规定的日期才可以到拘留所里去探望。我劝您到那里去问一下。”

“可是我需要尽可能快点儿见到她。”聂赫留朵夫哆嗦着下巴说，因为他感到关键时刻就要到了。

“您到底为什么要见她？”检察官有点儿烦躁地扬起眉毛，问道。

“因为她没有罪，却被判服苦役。我才是造成这一切的罪人。”聂赫留朵夫用打哆嗦的声音说，同时他感觉到自己说的是不必要说的话。

“这究竟是怎么一回事儿？”检察官问道。

“因为我勾引过她，才害得她落到目前这种地步。如果不是我害得她成了这样的人，她就不会遭到这样的指控。”

“我还是看不出，这跟探监有什么关系。”

“那就是，我想跟着她走，而且……同她结婚。”聂赫留朵夫说了出来。而且和往日一样，他一说起这话，眼里就涌出泪水。

“噢？原来是这样！”检察官说。“这倒是一桩很稀罕的事儿。您好像是克拉斯诺别尔斯克地方自治会的议员吧？”检察官问道。他好像想起来，现在说出这种奇怪主意的这个聂赫留朵夫，以前他听说过似的。

“对不起，我以为这跟我的要求没有什么关系。”聂赫留朵夫又涨红了脸，气愤地回答说。

“当然，没有关系，”检察官一点也没有生气，隐隐约约微笑着说，“不过您的想法太不一般，太出格了……”

“怎么样，我能得到许可吗？”

“许可吗？行，我马上给您开一张许可证。请您坐一会儿。”

他走到桌边，坐下来，就写起来。

“请坐下吧。”

聂赫留朵夫还站着。

检察官开好许可证，交给聂赫留朵夫，一面用好奇的目光望着他。

“我还应该声明，”聂赫留朵夫说，“我不能再参加审讯了。”

“您是知道的，这要向法庭提出正当理由。”

“理由就是，我认为一切审判不仅无益，而且是不道德的。”

“是这样呀。”检察官依然带着隐隐约约的微笑说。他似乎用这样的笑容表示，这一类说法是他熟悉的，属于可笑的老生常谈。“是这样呀，不过您想必也明白，我作为检察官，不可能同意您的意见。因此我建议您把这事向法庭提出来，法庭会解决您的申请问题，认定理由是否正当，如果不正当，就要您交出一笔罚金。您就去向法庭提出吧。”

“我已经声明过了,此外我哪儿也不去了。”聂赫留朵夫生气地说。

“再见。”检察官一面说,一面鞠躬送客,显然是想快点儿摆脱这个古怪的来访者。

“刚才来找您的是什么人?”聂赫留朵夫一出门,有一位法官就走进检察官办公室,问道。

“是聂赫留朵夫,您可知道,此人在克拉斯诺别尔斯克县自治会就发表过种种奇谈怪论。您想想看,他是陪审人员,在被告当中有一个妇人或者姑娘被判服苦役,他说他勾引过她,他现在想和她结婚。”

“这不可能吧?”

“他就是这样对我说的……而且说这话时激动得有点儿奇怪。”

“如今的年轻人都有点儿那个,有点儿不正常。”

“可是他已经不怎么年轻了。”

“唉,老兄,你们那个出了名的伊凡申科夫真讨厌透了。他可是真会折腾人:说了又说,简直没有个完。”

“根本就不应该让这种人多说,要不然就成了真正的捣乱公堂……”

## 三十六

聂赫留朵夫离开检察官办公室,乘马车径奔拘留所。可是这里没有一个姓玛丝洛娃的。所长就对聂赫留朵夫说,她应该是在羁押解犯的老监狱里。聂赫留朵夫又朝那里奔去。

果然,玛丝洛娃就在这里。检察官忘了,大约六个月前,发生过一起政治事件,显然被宪兵夸大到了最大限度,所以拘留所里到处都关满了大学生、医生、工人、高等女校学生和女医士。

羁押解犯的监狱离拘留所很远,所以聂赫留朵夫来到这里已经快到黄昏时候。他想走到那座阴森森的大建筑物的门口,可是岗哨不准他走近,只是按了按门铃。一名看守听到铃声走了出来。聂赫留朵夫出示许可证,但看守说,不经过典狱长许可,不能让他进去。聂赫留朵夫就去找典狱长。聂赫留朵夫在楼梯上就听见房里有人用钢琴在演奏一支复杂而雄壮的乐曲。一个侍女一只眼睛裹着纱布,气嘟嘟地给他开了门,这时琴声从房里冲出来,激荡着他的耳鼓。那是一支听腻了的李斯特的狂想曲,弹得很好,但是只弹到一个地方为止。等弹到这个地方,就又从头弹起。聂赫留朵夫就问包扎着一只眼睛的侍女,典狱长是不是在家。

侍女说,不在家。

"很快就能回来吗?"

狂想曲又停止了,接着又动听又洪亮地响了起来,直到那个似乎有妖邪的地方。

"我去问问。"

侍女去了。

狂想曲刚刚又热情奔放地响起来,还不到有妖邪的地方,戛然停住,就听到说话声。

"去对他说,不在家,今天也不会回来。他做客去了。干吗缠着不肯走!”这是房里一个女子的声音。狂想曲又响了起来,却又停住,就听见挪动椅子的声音。显然是弹钢琴的女子发火了,要亲自训斥一下这个缠住不走的不速之客。

“爸爸不在家。”一个头发蓬松、面色苍白、忧郁的眼睛带着发青的眼圈儿、一副可怜巴巴模样的姑娘走出来,气嘟嘟地说。她看到是一个身穿讲究的大衣的年轻人,口气缓和下来,又说:“请进吧……您有什么事吗?”

“我要到监狱里探望一名女犯。”

“想必是一名政治犯吧?”

“不,不是政治犯。我有检察官的许可证。”

“哦,我不了解,爸爸不在家。您请进来嘛。”她又在小小的前室里招呼他说。“要不然您就去找副典狱长,现在他在办公室里,您和他谈谈吧。您贵姓?”

“谢谢您。”聂赫留朵夫说过,没有回答她的问话,就走了出来。

他身后的门还没有关上,那热情而欢畅的琴声又响了起来,那琴声跟这弹琴的环境、跟顽强练琴的可怜巴巴的姑娘的面孔太不协调了。聂赫留朵夫在院子里遇到一位小胡子上翘而且抹了油的年轻军官,就问他,副典狱长在哪里。原来他就是副典狱长。他接过许可证看了看,就说,他不便凭着拘留所的许可证让他进监狱。况且,时候已经很晚了……

“请您明天来吧。明天十点钟,人人都可以探监。到时候您就来吧,典狱长那时候也在家。那时候您可以在大间里探望,如果典狱长准许,还可以在办公室里。”

这一天聂赫留朵夫就这样探监没有探成，便转身回家。他想到就要和她见面，心情异常激动，走在大街上，此刻回想的不是法庭上的情形，而是他和检察官以及拘留所长、副典狱长的谈话。回想起自己怎样想方设法跟她见面，怎样把自己的打算告诉检察官，怎样到拘留所和老监狱准备去见她，就激动得很久都不能平静。他一回到家里，马上就拿出很久没有动过的日记本，看了几段，就写了如下的一段："两年没有记日记了，原以为再也不会干这种孩子气的事儿了。其实这不是孩子气的事儿，而是同自己，同每个人身上都存在着的真正的、圣洁的自我倾谈。这个**我**一直在沉睡，所以我无人可以倾谈。是一桩非同寻常的事把这个**我**惊醒的。是在四月二十八日，我在法庭上当陪审人员的时候。我在被告席上看到了她，看到被我勾引过的卡秋莎身穿囚服。由于奇怪的误会和我的过错，她被判服苦役。我刚才去找过检察官，去过监狱。我未能进去看她，但我下定决心尽一切可能同她见面，向她认罪，甚至结婚以赎罪。主啊，帮助我吧！我心中是畅快，是高兴的。"

## 三十七

这天夜里，玛丝洛娃过了很久都睡不着。她睁了眼睛躺着，望着不时被来回踱步的诵经士女儿遮住的门，听着红头发女人的鼾声，心里在想着。

她想的是，她到了库页岛，无论如何不能嫁个苦役犯，好歹也要另外找个主儿——找个当官的，找个文书，至少也要找个看守或者副看守。反正他们都喜欢女的。“只是不能再瘦下去，要不然就完了。”她想起辩护人怎样盯着她，庭长怎样盯着她，在法院里迎面相遇或者故意从她身边走过的人怎样盯着她。她想起别尔塔来监狱探望她时说过，她在基塔耶娃妓院爱过的那个大学生到妓院里来过，问起过她，并且对她十分怜惜。她想起跟红头发女人打架，就怜惜起红头发女人；想起卖面包的人多给了她一个白面包。她想起很多人，唯独没有想起聂赫留朵夫。她从来不回想她的童年和少女时代，尤其是从不回想她和聂赫留朵夫的爱情。因为想起来太痛苦了。这些往事已经深深埋在她的心底，动也不能动了。她就连做梦也从未梦见过聂赫留朵夫。今天她在法庭上没有认出他来，不单是因为她最后一次看见他时，他还是个军人，没有下巴胡，只有小小的唇髭，拳曲的头发很短却很浓密，如今留了下巴胡，已经显露出老态，主要的还是因为她从来没有想过他。她埋葬她跟他那一段时期的一桩桩往事，是在他从军中归来，却没有顺路到姑妈家去的那个可怕的、黑漆漆的夜晚。

在那个夜晚之前，在她还指望他会来的时候，她不仅没感到肚子里的娃娃是个负担，而且常常对娃娃在肚子里轻轻的、有时猛烈的活动感到惊喜动情。可是在那个夜晚之后，一切都不同了。未来的孩子只是成了一种累赘。

两位姑妈都盼着聂赫留朵夫，要他来，可是他打来电报说不能来，因为要如期赶到彼得堡。卡秋莎知道了这事，就决定到火车站跟他见面。火车要在夜里两点钟经过车站。卡秋莎服侍两个老小姐睡了，说动了厨娘的小女儿玛莎陪她，穿起旧靴子，裹好头巾，撩起衣襟，就朝车站跑去。

这是一个风雨交加的黑漆漆的秋夜。温和的、大大的雨点一阵又一阵倾注下来。在田野上连脚下的路都看不到,在树林里就像炉子里一样漆黑,卡秋莎虽然很熟悉这条路,在树林里还是迷了路,等她跑到停车三分钟的小站,并不是像她指望的那样早到,而是已经响过第二遍铃了。卡秋莎跑上站台,一下子就在头等车厢的窗子里看见了他。这节车厢里灯光特别明亮。丝绒软椅上有两个没有穿上装的军官面对面坐着在打牌。靠窗小桌上点着几支淌油的粗蜡烛。聂赫留朵夫穿着紧身马裤和白衬衫,坐在软椅扶手上,臂肘支在椅背上,不知因为什么笑着。卡秋莎一认出是他,就用冻僵的手敲了敲窗子。但就在这时候,第三遍铃响了,火车缓缓动了,先是后退,接着那接合在一起的车厢磕碰着,一节紧跟着一节向前移动起来。有一个打牌的军官手里拿着纸牌站起来,朝窗外张望。卡秋莎又敲了一下窗子,并且把脸贴到窗玻璃上。这时她跟前的这一节车厢也猛地一颤,走动起来。她随着车厢往前走,一面朝窗子里面望着。那个军官想打开窗子,可是怎么也打不开。聂赫留朵夫站起来,把那个军官推开,就动手开窗子。火车加快了速度。卡秋莎加快脚步紧紧跟着,可是火车越开越快,就在窗子被打开的当儿,一名列车员一把将她推开,自己跳进了车厢。卡秋莎落在后面了,可是她还一个劲儿地在湿漉漉的站台木板上跑着;后来站台到头了,她好不容易支撑着没有摔倒,从台阶上跑到泥土地上。她还在跑,但是头等车厢已经远远跑到前面去了。在她身旁奔跑的已经是一节一节的二等车厢,然后一节节三等车厢以更大的速度从她身旁驰过,可她还是在跑着。等到尾部带灯的最后一节车厢驰过,她已经跑过了水塔,这里已经无遮无拦，狂风朝她扑来，撕扯着她头上的头巾，吹得衣服下摆从一面紧紧裹住她的双腿。头巾被风吹掉了，可是她还一个劲儿地在跑。

“阿姨，卡秋莎阿姨！”玛莎很吃力地跟在她后面跑着，喊着。“您的头巾掉啦！”

“他在亮堂堂的车厢里，坐的是丝绒软椅，有说有笑，吃喝玩乐，可是我在这儿，在泥水里、黑地里，顶着风，冒着雨，站着哭。”卡秋莎想着，站了下来，把头往后一仰，双手把头抱住，放声痛哭起来。

“他走啦！”她大叫起来。

玛莎害怕了，抱住卡秋莎湿漉漉的身子。

“阿姨，咱们回家吧。”

“再有火车开过来，往轮子底下一趴，就完了。”这时卡秋莎心里这样想着，没有回答玛莎的话。

她拿定主意要这样做。但就在这时候，如同平常在激动之后乍一安静下来那样，她肚子里的孩子，他的孩子，突然颤动了一下，撞了一下，缓缓地伸展开来，接着又像有一个又细、又软、又尖的东西冲撞起来。于是，一分钟之前还使她痛不欲生的万般苦恼、她对他的满腔愤恨和她不惜一死来报复他的念头，顿时烟消云散。她镇定下来，理了理衣服，裹起头巾，匆匆朝家里走去。

她带着一身泥水筋疲力尽地回到家里。从那天起，她的心灵就开始变化，结果她就变成了现在这个样子。在那个可怕的夜晚之后，她就不再相信善了。以前她自己相信善，而且相信别人也相信善，可是从那个夜晚之后，她断定谁也不相信善，大家满嘴的上帝和行善,只不过都是做做样子骗人的。她爱过他,他也爱过她——这她是知道的,可是他把她玩够了,把她的感情作弄够了,就把她抛弃了。可他还是她认识的人当中最好的一个呢。其余的人就更坏了。她遭遇的种种事情,在每一步上都证实了这一点。他那两位姑妈,那两位笃信上帝的老小姐,看到她不能像以前那样伺候她们了,就把她撵了出来。所有她遇到的人,凡是女人,都想方设法通过她来赚钱;凡是男人,从老警察局长到监狱里的看守,都把她看作享乐的工具。不论是谁,都要享乐,要享的正是这种乐,除此之外,世界上再没有别的事了。在她无事可干的第二年,跟她姘居的那个老作家更是证实了这一点。他就是这样直言不讳地对她说,人生的幸福尽在其中,他把这叫作诗意和美感。

人人都是为了自己,为了自己能享乐,至于满口的上帝和行善,那是为了骗人的。要是有时候心中出现疑问:为什么世上的一切安排得这样糟,以至于大家都相互为恶,大家都受罪,那么,不去想这些事就行了。要是苦闷起来,抽抽烟,或者喝喝酒,或者最好是跟男人干点儿风流事儿,苦闷也就过去了。

## 三十八

第二天是星期日,早晨五点钟,女监走廊里响起惯常的哨子声,早已不睡的科拉布列娃把玛丝洛娃唤醒。

“我是苦役犯了。”玛丝洛娃揉着眼睛,不由自主地呼吸着一到早晨就臭得要命的空气,在心中恐怖地想道。因此她很想再昏昏睡去，逃入沉沉梦乡，可是担惊害怕的习惯战胜了睡意，于是她爬起来，盘起腿坐好，朝四下里打量着。女犯们都已经起来了，只有孩子们还在睡觉。凸眼睛的卖私酒女人为了不惊动孩子们，小心翼翼地在抽孩子们身子底下的囚服。反抗抓兵的女人在炉边晾尿布，她的小娃娃在蓝眼睛的菲道霞怀里不要命地哭着，菲道霞摇着小娃娃，用温柔悦耳的声音为他唱催眠曲。害肺痨的女人自己揪住胸口，脸憋得通红，很吃力地咳嗽着，在咳嗽的间歇里几乎像喊叫似的喘着气。红头发女人醒来后，弯着两条粗腿仰面朝天躺在床上，很快活地大声讲着她做的梦。被控纵火的老婆子又站在圣像前，一遍又一遍小声祷告着，画着十字，鞠着躬。诵经士的女儿一动不动地坐在床上，一双惺忪的、呆滞的眼睛朝前望着。俊姐儿在手指头上卷着她那油光光的粗硬的黑发。

走廊里响起穿大棉鞋走路的啪嗒啪嗒的脚步声，铁锁哐啷一响，进来两名倒便桶的男犯，穿着夹克和短得离脚踝很远的灰色裤子，带着一脸的阴郁和怒气用扁担挑起臭烘烘的便桶，挑出牢房。女犯们纷纷到走廊里水龙头跟前洗脸。红头发女人在水龙头旁边跟边上另一间牢房里出来的一名女犯争吵起来。又是骂，又是叫，又是诉说……

“你们也许是想进单身禁闭室啦!”一名看守吆喝起来，并且在红头发女人那肉嘟嘟的光脊梁上狠狠地打了一巴掌，那清脆的响声整个走廊里都听得见。“你给我闭嘴!”

“瞧，老头子玩得多么带劲儿!”红头发女人说。她把这拍打当作亲热。

“喂，快点儿！穿好衣服去做礼拜。”

玛丝洛娃还没有梳头,典狱长就带着一名随从来了。

“点名啦!”看守吆喝道。

从另一间牢房里又走出另外一些女犯,于是所有的女犯在走廊里站成两排,而且后排的女犯必须把手放在前排女犯的肩上。所有的女犯都一一被点过。

点过名以后,女看守走来,领着女犯们朝教堂走去。从各个牢房里出来的一百多名女犯排成一个纵队。玛丝洛娃和菲道霞在队伍正中间。女犯们都裹着白头巾,穿着白衣白裙,其中只有极少数几个穿着自己的花衣裳。这是带着孩子跟随丈夫去流放的妻子。整个楼梯被这个队伍塞满了。只听到穿棉鞋走路的柔和的脚步声、说话声,偶尔还有笑声。在拐弯的地方玛丝洛娃看到了走在前面的自己的仇人包奇科娃那张凶狠的脸,就指给菲道霞看。女犯们走下楼梯,就不说话了,一个个画着十字,弓着身子,跨过敞开的大门,进入还很空的金碧辉煌的教堂。她们的位置就在右边,于是她们拥拥挤挤,你推我撞地渐渐站了下来。跟在女犯后面进来的是身穿灰色囚服的男犯,有解犯,有监犯,有村社判决的流放犯。男犯们大声咳嗽着,密密麻麻地站到左边和教堂中央。在上面的敞廊上已经站着许多先到的男犯:一边是剃光半边头、叮当叮当响着脚镣表明自己在场的苦役犯,另一边是没有剃头也没有戴脚镣的候审犯人。

这座监狱教堂是一位富商花了几万卢布重建和装修的,因此整个教堂色彩鲜艳,金光闪闪。

教堂里有一阵子没有人作声,只听得擤鼻涕声、咳嗽声、孩子的哭叫声,偶尔能听到脚镣叮当声。过了一阵子,站在教堂中央的男犯们向两边闪了闪，彼此紧紧挤到一起，在中间让出一条路来，典狱长就顺着这条路走过去，走到教堂中央，站到所有的人的前面。

## 三十九

礼拜开始了。

礼拜仪式是这样的：司祭穿起特制的、奇怪而极不合身的锦缎法衣，在碟子里把面包切成许多小块，一一摆好，然后一一放进一碗葡萄酒中，同时嘴里念着各种名字和祷词。这时候诵经士也不停嘴，先是念祷词，然后和犯人组成的唱诗班交替地唱祷词。各种各样的斯拉夫语祷词本来就难懂，再加上念得快、唱得快，就益发难懂了。祷词主要内容是祝愿皇上和皇室福寿无疆。这种内容的祷词跪着念了许多遍，时而跟其他祷词一起念，时而单独念。此外，诵经士又念了《使徒行传》中的几行诗，声调又古怪又紧张，叫人一点儿也不懂。司祭也念了《马可福音》中的一段，倒是念得十分清楚。其中说的是，基督复活之后，在升天和坐在圣父右首之前，先向抹大拉的马利亚显灵，驱除了她身上的七个魔鬼，然后又向十一个门徒显灵，吩咐他们向天下众生传布福音，并且说明，不信的必定灭亡，信而受洗的必然得救，此外，还能驱鬼，手按病人就能为人治病，还能说种种新的语言，还能捉蛇，若饮下毒物，不会死亡，依然康泰无恙。

据说，司祭切成的面包碎块放到葡萄酒里，经过一定的手法和祈祷，就能变成基督的血和肉——这就是礼拜的实质。这手法就是:尽管司祭穿着口袋般的锦缎法衣行动十分不便,可还是从容不迫地高举起双臂,就这样一直举着,然后跪下来,吻圣坛和圣坛上的东西。然而最主要的动作是,司祭两手拿起餐巾,从容不迫地、慢悠悠地在碟子和金碗之上摇来晃去。据说,面包和葡萄酒就是在这时候变为血和肉,因此这一节仪式进行得特别隆重。

“尽情歌颂至圣、至洁、至福的圣母吧。”司祭做完这些动作之后,在隔板后面大声叫了起来。于是唱诗班就很庄严地唱起来,唱的是,要尽情地歌颂童女马利亚,生下基督,却没有失去贞洁,理应比司智天使享有更大的光荣,比任何六翼天使享有更伟大的名声。在这之后,便认为变化已经完成了。于是司祭揭去碟子上的餐巾,把碟子中央的一小片面包切成四片,先在酒里蘸一蘸,然后送进嘴里。就算是他吃了一小口基督的肉,喝了一小口基督的血。在这之后,司祭拉开帷幔,打开中间的门,手里端着金碗从中间门里走出来,请自愿者也来享用放在碗里的基督的血和肉。

自愿的是几个孩子。

司祭先问了几个孩子的姓名,然后用茶匙小心翼翼地从碗里舀出浸过酒的面包,依次将一小片送进每个孩子嘴里的深处。诵经士当即给孩子们擦嘴,并且用快活的腔调唱起孩子们吃基督肉、喝基督血的歌儿。这之后司祭又把碗端到隔板那边,在那里喝完碗里的血,吃完基督的肉块,仔细把小胡子舔干净,擦干嘴巴和碗,喜滋滋地迈着矫健的步子从隔板后面走出来,他那小牛皮靴的薄后跟不住地嘎吱嘎吱响着。

基督教礼拜的主要仪式到此结束了。但司祭有意安慰不幸的犯人,就在通常的仪式之外增加了一项特殊的仪式。这项特殊仪式是这样的：司祭站在由十支蜡烛映照着的被他吃掉的基督的虚拟的铁铸包金圣像（脸和双臂是黑的）面前，用假嗓门儿怪声怪调地似唱又似在说下面一番话：

“造福万代的耶稣呀，千万使徒将你赞美，我的耶稣呀，千万殉道者将你颂扬，万能的主，耶稣呀，拯救我吧，我的救主耶稣，我的最善最好的耶稣呀，拯救投奔你的人吧，救主耶稣呀，饶恕我吧，所有圣徒、所有先知祈祷中诞生的耶稣呀，我的救主耶稣呀，赐给人类天堂的快乐吧，爱人类的耶稣呀！”

到这里他停顿了一下，换了一口气，画了一个十字，磕了一个头，大家也都这样做了。典狱长、许多看守和囚犯们都跪了下去。上面敞廊里的脚镣响声特别紧密了。

“天使的创造者，力量的主宰呀，”他继续似唱又似说下去，“最最神奇的耶稣呀，天使们望尘莫及，万能的耶稣呀，祖祖辈辈的救主，造福万代的耶稣呀，族长们将你颂扬，最最光荣的耶稣呀，万代帝王的靠山，最好的耶稣呀，你实现了一切预言，最美的耶稣呀，你是殉道者的后盾，最和善的耶稣呀，修士们因为有你才欢喜，最慈善的耶稣呀，神父们因为有你才幸福，最仁爱的耶稣呀，持斋人因你而斋戒，赐福万代的耶稣呀，圣徒们因为有你才欢乐，最高洁的耶稣呀，童贞者因为有你才永葆贞洁，千秋万代的耶稣呀，罪人的救星，耶稣呀，上帝之子，饶恕我吧！”最后终于停住了，不过还是带着越来越大的嘶声一遍又一遍地呼唤着“耶稣”，而且一只手撩起绸里子的法衣，一条腿跪下去，叩起头来，唱诗班则唱起最后的那一句：“耶稣呀，上帝之子，饶恕我吧！”犯人们跪下去又爬起来，那半边头上留下的头发甩过来又甩过去，勒在干枯的腿上的脚镣不住地叮当响着。

就这样持续了很久。开头是一套赞美词,其结尾是“饶恕我吧”,然后又是另一套赞美词,其结尾是“阿利路亚”。犯人们就画十字,下跪,匍匐在地。开头每赞颂一次,犯人们就跪拜一次,后来隔一次,有时隔两次跪拜一次。等到赞颂完毕,司祭轻松地舒了一口气,合上《圣经》,走到隔板后面去,大家都很高兴。只剩下最后一道程序了。这道程序是:司祭从大桌子上拿起四端镶有圆形珐琅饰物的包金十字架,举着十字架走到教堂中央。先是典狱长走到司祭跟前吻十字架,然后是副典狱长,然后是看守们,然后是犯人们拥拥挤挤,小声互骂着,朝司祭走去。司祭一面和典狱长说话,一面把十字架和自己的手杵到走到他跟前的犯人的嘴上,有时也杵到鼻子上,犯人们则尽可能地又吻十字架又吻司祭的手。为了安慰和开导迷途弟兄而举行的基督教礼拜就这样结束了。

## 四十

在场的人,从司祭、典狱长到玛丝洛娃,谁也不曾想过,司祭声嘶力竭地反复呼唤过无数次和用尽稀奇古怪的字眼赞美的耶稣本人,恰恰最反对这儿所做的一切事情。他不仅反对这种种毫无意义的废话和好为人师的司祭利用面包和酒所做的侮辱性法术,而且极其明确地反对一些人把另外一些人称作师表,反对在教堂里祈祷,而指示让每个人单独祈祷。他反对修建教堂,说要来拆毁教堂,说不应该在教堂里祈祷,而要在心灵中和真理中祈祷。而最主要的则是，他不仅反对像这里这样地对人进行审判，监禁，拷打，侮辱，惩罚，而且反对对人使用任何暴力，说他是来释放一切囚犯的。

在场的人谁也不曾想过，这里所做的一切，名义上一切为了基督，实际上对基督正是最大的侮辱和嘲弄。谁也不曾想过，司祭举着让人们亲吻的四端镶有圆形珐琅饰物的包金十字架，不是别的什么，正是基督受刑的绞架的形象，而基督所以被害，正是因为他反对此刻以他的名义在这里所做的一切。谁也不曾想过，那些假想自己吃面包喝酒就是吃基督的肉喝基督的血的司祭，确实正是在吃基督的肉，喝基督的血，不过不是面包和酒代表的肉和血，而是另一种，那就是，他们不仅蛊惑那些被基督视为彼此一体的"弱小者"，而且剥夺他们的最大幸福，使他们遭受最残酷的折磨，不让人们知道基督带给人类的福音。

司祭心安理得地做着他所做的一切，因为他从小就形成一种观念，认为这是唯一的真正的宗教，以前的圣徒都信奉这个教，现在教门和世俗的长官们也都信奉这个教。他不是相信面包会变成肉，不是相信说许多废话对灵魂有益或者真的他吃了基督的肉。这都是不足信的。他相信的是，必须信奉这个教。他所以这样相信，主要是因为，他十八年来靠着履行这个教的种种仪式得到可观的进项，借以养家糊口，供儿子读中学，供女儿上神学校。诵经士也这样相信，而且比司祭信得更坚定，因为他根本不顾这种宗教教义的实质，只知道圣餐酒、追荐亡灵、诵经、做普通祈祷和带赞美词的祈祷都有一定的价钱，真正的基督徒都是很乐意出钱的，因此在他高喊"饶恕吧，饶恕吧"，照规定唱经文和念经文的时候，心中十分安宁，认定这是必要的，就像有人卖木柴、面粉和土豆一样。至于典狱长和看守们，虽然从来不知道也不探讨这个教的教义是什么以及教堂里进行的种种仪式有什么意义，却认定必须要信这个教，因为最高层官员们以及沙皇本人都信这个教。除此之外，他们有一种感觉，虽然这感觉很模糊(他们怎么也解释不清楚这是怎么一回事儿)，但总感觉这个教在为他们的惨无人道的行当辩护。假如没有这种信仰，他们不仅很难，也许根本不可能像现在这样心安理得地把自己所有的力气用来折磨人。典狱长是一个心地十分善良的人，如果不是在这种信仰中得到支持，根本不可能过这样的日子。就因为他在这种信仰中得到了支持，他站得笔直，一动也不动，很虔诚地跪拜，画十字，等到唱起“那些司智天使”，还想方设法使自己动感情，等到开始给孩子们授圣餐，就走到前面去，亲手抱起一个领过圣餐的孩子，高高举了起来。

在犯人当中，只有少数人看透了这是愚弄有这种信仰的人的一种骗局，因此心里觉得这一套实在好笑。大多数人则相信，那包金的圣像、蜡烛、金碗、法衣、十字架、反复叨念的“赐福万代的耶稣”和“饶恕吧”之类的艰涩难懂的话，都蕴藏着十分神秘的力量，凭借这种力量可以在今生和来世得到很大的好处。虽然其中多数人都做过一些尝试，试图借助于祈求、祷告、蜡烛在今生得到一些好处，结果一无所得，他们的祈求没有如愿，但每个人都坚定地相信，这种失败是偶然的，这一套章法既然得到有学问的人和总主教的赞许，总还是十分重要的，即使对今生无用，对来世必定是有用的。

玛丝洛娃也这样相信。她也和别人一样，在做礼拜的时候产生了一种又景仰又厌烦的复杂心情。起初她站在隔板后面的人群中央，除了同牢房的女犯，看不见任何人。等到领圣餐的人向前移动，她也和菲道霞一起往前移动，她才看到了典狱长，看到典狱长身后的许多看守中间有一个矮小的汉子，浅褐色头发，淡黄色胡子，那是菲道霞的丈夫，正目不转睛地看着妻子。在唱赞美诗的时候，玛丝洛娃一直在打量他，跟菲道霞小声说话，等到大家都画十字和跪下去，她才照着做。

## 四十一

聂赫留朵夫一清早就出门了。巷子里还有一个乡下汉子赶着车在怪声怪调地叫喊着：

“卖牛奶啦，卖牛奶啦，卖牛奶啦！”

昨晚下了第一场温暖的春雨。凡是没有修马路的地方一下子都冒出碧绿的芳草。花园里的桦树披满绿色的绒毛，稠李和白杨舒展开清香的长叶。许多人家和商店里都卸下套窗，擦洗着。在聂赫留朵夫经过的旧货市场上，排成一排的货棚旁边蠕动着密密匝匝的人群。有些衣服褴褛的人腋下夹着皮靴，肩上搭着熨得平平整整的长裤和背心，来来回回地走着。

一些小饭馆门前已经拥挤着不少做礼拜的工人，男的都穿着干净的上衣和锃亮的皮靴，女的头上都裹着花花绿绿的头巾，身上都穿着带玻璃珠的外套。警察挎着带黄绦的手枪在站岗，窥伺可以帮他们打发烦闷无聊时光的违章事件。在林荫道上和刚刚染绿了的草坪上,孩子们和狗在跑着玩儿,快快活活的保姆们坐在长凳上闲聊着。

大街上,背阴的左边还是阴冷潮湿的,中间是干的。各种车辆在大街上不停地奔跑着,那轰隆轰隆的是沉甸甸的载货马车,沙沙响的是轻便马车,叮当叮当的是公共马车。四面八方的钟声在召唤人们去参加像这时在监狱里正进行着的那样的礼拜,那各种音调的当当声和嗡嗡声震得空气颤抖着。盛装打扮的人们纷纷向各自的教区走去。

聂赫留朵夫坐的马车没有到监狱跟前,而是在通往监狱的路口停下了。

有一些男人和女人,手里大都拿着包袱,就站在这离监狱一百步左右的路口上。右边是几座不高的木房子,左边是一幢挂招牌的两层楼房。砖石结构的巨大监狱就在前面,探监的人是不准走近的。一名持枪的哨兵前前后后地走着,要是有人想从他身旁绕过,他就厉声吆喝。

右边木房子的小门旁边,有一名身穿镶丝绦制服的看守手拿记事本坐在哨兵对面的长凳上。探监的人走到他跟前,说出要探望的人的姓名,他就记下来。聂赫留朵夫也走到他跟前,说要探望叶卡捷琳娜·玛丝洛娃。穿镶绦制服的看守也记了下来。

“为什么还不让人进去?”聂赫留朵夫问道。

“正在做礼拜。等做完礼拜,就让进了。”

聂赫留朵夫回到等候探监的人群里。这时有一个人,穿着破破烂烂的衣服,戴着皱皱巴巴的帽子,光脚上穿一双破鞋,脸上一道道红红的伤痕,从人群里走出来朝监狱走去。

“你往哪儿去?”持枪的哨兵朝他吆喝道。

“你咋呼什么?”穿破烂衣服的人对哨兵的吆喝毫不在乎,回答了两句,就走了回来。“你不叫进去,我就等一等。何必那么大的嗓门儿,像个将军似的。”

人群里发出赞许的笑声。探监的人大部分穿着很差,甚至很破烂,但也有一些男女衣着很讲究。聂赫留朵夫旁边就站着一个穿得很体面的男子,一张脸红润而丰满,胡子刮得精光,手里拿着一个包袱,显然是内衣。聂赫留朵夫问他是不是第一次来这儿。拿包袱的男子回答说,他每到星期日都来这儿。于是他们聊了起来。原来他是银行的看门人,是来探望弟弟的,弟弟因为伪造证件正在受审。这个好心肠的人把自己的身世全都对聂赫留朵夫说过之后,轮到他问聂赫留朵夫了,这时一匹肥壮的良种大青马拉着一辆胶轮轻便马车奔驰过来,车上坐着一个大学生和一个戴面纱的小姐,他们的注意力就被吸引过去了。大学生手里抱着一个很大的包袱。他走到聂赫留朵夫面前问他,能不能转交他带来的施舍品白面包,如果能的话,要办什么手续。

“我这是照未婚妻的心意来办的。这就是我的未婚妻。她的父母劝我们把这些东西送给犯人。”

“我是第一次来,不知道,不过我以为应该问一问那个人。”聂赫留朵夫一面说,一面指着身穿制服、手拿记事本、坐在右边的看守。

就在聂赫留朵夫和大学生说话的时候,正中开有小窗口的监狱大铁门开了,从大门里走出一个穿军服的军官和另一个看守。那个手拿记事本的看守就宣布开始放探监的人进监。哨兵往旁边一闪,所有探监的人就像害怕误了点似的,一齐迈着快步,有的甚至小跑,朝监狱大门口拥去。大门口站着一个看守,探监的人从他身旁走过,他就高声喊叫着计算人数:“十六,十七……”在监狱里面还有一个看守用手拍着每一个人,也在计算进入二道门的人数,为的是在放出的时候核对人数,不让一个探监的人留在狱里,也不让一个犯人跑出去。这个点数的人也不看是谁走过,用手在聂赫留朵夫的背上一拍,有一刹那聂赫留朵夫感到看守这一拍是一种侮辱,但他马上想起他是为什么到这儿来的,于是他因为有这种不满和受侮辱的心情感到不好意思起来。

进门后首先看到的是一个拱顶大房间,几面不大的窗户上都装了铁栅栏。在这个名为集会室的房间里,聂赫留朵夫出乎意外地看到壁龛里有一尊耶稣受难的巨像。

“这是为什么?”他在心里问道,因为他总是不由自主地把耶稣像同自由的人联系在一起,而不是同囚犯联系在一起。

聂赫留朵夫慢步走着,好让急着探监的人走在前面,同时也因为他心中出现了各种各样的感触:想到关在这里的恶人,感到害怕;想到也关在这里的无辜者,例如昨天的小伙子和卡秋莎,感到怜悯;想到就要跟卡秋莎见面,又感到胆怯和动情。在走出第一个房间的时候,有一个看守在房间的那一头说了一句什么话。但是心事重重的聂赫留朵夫却没有注意看守说的话,继续朝大多数探监者走的方向走去,也就是走往男监,而不是他要去的女监。

他一一让过性急的探监人,自己最后一个走进指定的会面的房间。等他推开门走进这个房间,首先使他惊愕的是汇合成一片轰轰声的上百人的震耳欲聋的叫唤声。直到聂赫留朵夫走到很多人跟前，看到人们像苍蝇叮在糖上那样紧紧贴在把房间隔开的铁丝网上，才明白是怎么一回事儿。这个房间后墙上有几个窗户，中间不是有一道，而是有两道从天花板直到地面的铁丝网把房间隔成两半。两道铁丝网之间有几名看守来来回回地走着。铁丝网那边是囚犯，这边是探监的人。双方隔着两道铁丝网，中间有三俄尺的距离，因此不但无法传递什么东西，而且都不能好好地看看对方的脸，尤其是近视的人。谈话也很困难，必须使足劲儿叫喊，才能使对方听见。两边紧紧贴在铁丝网上的一张张脸，有妻子的脸，丈夫的脸，父母的脸，子女的脸，都急切地要相互好好地看一看，说说要说的话儿。但是因为每个人都希望说得能让对方听清楚，旁边的人也希望这样，于是他们的声音就互相干扰，所以每个人都尽可能喊得比别人声音高。因此就形成了一片轰轰声，还夹杂着叫喊声，聂赫留朵夫一进这个房间，正是听到这种声音吃了一惊。要听清说的是什么，是根本不可能的。只能凭脸上的表情判断说的是什么，交谈的人是什么关系。聂赫留朵夫近旁有一个老婆子紧紧贴在铁丝网上，哆嗦着下巴，在对一个脸色苍白、剃了半边头的年轻人叫喊着什么话。那个男犯扬起眉毛，皱紧眉头，聚精会神地听着。老婆子旁边有一个穿庄稼汉衣服的年轻人，两手罩在耳朵上，不住地摇着头，在听一个面貌同他相像、脸色憔悴的白胡子男犯说话。再过去，站着一个穿得很破烂的人，挥动着胳膊叫喊着什么话，还在笑着。他旁边有一个女人怀抱婴儿坐在地板上，头上裹着质地很好的羊毛头巾，在号啕痛哭，显然是因为第一次看到对面那个白发人穿了囚衣，剃了半边头，戴上了脚镣。和聂赫留朵夫说过话的那个银行看门人就站在这个女人旁边，正使足劲儿朝对面一个眼睛十分明亮的秃头男犯喊叫。等到聂赫留朵夫明白了他也必须在这样的条件下说话，不由得涌起满腔愤怒，痛恨那些有权创造和推行这一套办法的人。他觉得奇怪的是，这种可怕的状况，这样作弄人的感情，谁也不认为这是侮辱。不论士兵、典狱长，不论探监的人、犯人，都在心平气和地这样做着，好像都认为本来就应该是这样的。

聂赫留朵夫在这间屋里待了有五分钟光景，心里出现了一种奇怪的苦闷感，感到自己无能为力，感到自己和整个世界很不一致。他在精神上产生了一种很强烈的恶心感，很像晕船时的感觉。

## 四十二

“不过，我是来做什么的，还是要做什么。”聂赫留朵夫给自己鼓气说，“可是，怎么办呢？”

他用眼睛寻找起当官的。他看到一个佩戴军官肩章、留小胡子的瘦小的人在人群后面走来走去，就对他说：

“先生，您能不能告诉我，女的关在什么地方，准许在什么地方同她们见面？”他装出特别谦恭的态度说。

“您是要去女监吗？”

“是的，我很想见见一名女犯人。”聂赫留朵夫依然装出十分谦恭的态度回答说。

“刚才在集会室里，您这样说就好了。您是要见哪一个？”

“我要见见叶卡捷琳娜·玛丝洛娃。”

“她是政治犯吗?”副典狱长问道。

“不,她只是……”

“她怎么,已经判过了吗?”

“是的,前天她判过了。”聂赫留朵夫很怕破坏了似乎很同情他的副典狱长的情绪,就很恭顺地回答说。

“要是上女监,那就请到这边来吧。”副典狱长显然从聂赫留朵夫的外表看出他是值得关注的。“西多罗夫,”他呼唤一名挂奖章的小胡子士官,“把这位先生领到女监去。”

“是,遵命。”

这时候,铁丝网旁边有人撕心裂肺地号啕大哭起来。

聂赫留朵夫觉得一切都很奇怪,而最奇怪的是,他竟然感激起典狱长和看守长,感激起在这里干着惨无人道的事的一切人,竟然感到自己受到他们的特别关照。

看守长领着聂赫留朵夫走出男监探望室,来到走廊里,开了对面的门,当即把他领进了女监探望室。

这个房间也和男监探望室一样,由两道铁丝网隔成三部分,但地方要小得多,这儿探监的人和囚犯也少些,不过叫喊声和嗡嗡声跟男监探望室里一样。两道铁丝网之间也有掌管人来来回回走着。这里的掌管人是一名女看守,穿着制服,袖口带丝绦,蓝色镶边,也像男看守一样扎着宽腰带。也像男监探望室里一样,两边的人都紧紧贴在铁丝网上:这一边是穿着各式各样服装的城市居民,那一边是女犯,有的穿着白色囚服,有的穿着自己的便服。整个铁丝网上都贴满了人。有的踮起脚,为的是越过别人的头可以把话传过去,有的就坐在地板上同对方交谈。

在所有的女犯中间,最引人注意的是一个头发蓬松的瘦瘦的茨冈女犯,因为她的叫喊声和模样儿都与众不同。她的头巾已经从拳曲的头发上滑脱下来,站在铁丝网那边靠近柱子的地方,几乎就在房间中央,很敏捷地打着手势,在对一个身穿蓝色上衣、腰带束得很低、很紧的茨冈男子叫喊着什么话。在茨冈男子旁边有一个士兵蹲在地上,在同一个女犯说话。再过去,站着一个穿树皮鞋、留着小胡子的年轻汉子,一张脸涨得通红,显然是好不容易憋住眼泪。同他谈话的是一个模样很好看的浅黄色头发的女犯,正用一双亮晶晶、蓝湛湛的眼睛看着他。这就是菲道霞和她的丈夫。他们旁边站着一个穿得很破烂的男子,正在同一个披头散发的宽脸膛女人说话。再过去是两个女人,一个男人,又是一个女人,他们每个人对面都有一个女犯。在女犯中没看到玛丝洛娃。但在那一边,在那些女犯后面还有一个女子,于是聂赫留朵夫明白了,那就是她,他立刻就觉得自己的心怦怦跳了起来,气都喘不过来了。关键性的时刻就要到了。他走到铁丝网跟前,认出是她。她站在蓝眼睛的菲道霞后面,微微笑着在听她说话。她不像前天那样穿囚服,而是穿着白色女褂,勒着腰带,胸部高高耸起。头巾里露出一圈圈拳曲的黑发,像在法庭上那样。

"这正是关键时刻,"他想道,"我该怎样招呼她呢?也许她会自己走过来吧?"

可是她没有自己走过来。她在等克拉拉,怎么也没有想到这个男人是来探望她的。

"您要找谁?"在两道铁丝网中间走来走去的女看守走到聂赫留朵夫跟前,问道。

“叶卡捷琳娜·玛丝洛娃。”聂赫留朵夫好不容易说出口来。

“玛丝洛娃，有人找你！”女看守喊道。

## 四十三

玛丝洛娃回头看了看，便抬起头，挺起胸脯，带着聂赫留朵夫很熟悉的那种依顺神气，走到铁丝网跟前，挤到两个女犯中间，惊疑地盯住聂赫留朵夫，却没有认出他来。

不过，她从他的衣着看出他是一个有钱的人，就微微笑了笑。

“您是找我吗？”她说着，那张笑盈盈的、带有一双斜视的眼睛的脸贴到铁丝网上。

“我想看看……”聂赫留朵夫不知该称“您”还是“你”，不过还是决定称“您”。他的声音不比平常高。“我想看看您……我……”

“你别跟我磨牙，”他旁边那个穿得很破烂的人叫道，“你到底拿过没有？”

“对你说嘛，人都快要死了，还要怎样？”那一边有一个人叫道。

玛丝洛娃听不清聂赫留朵夫说的是什么，但他说话时脸上的表情使她一下子想起了他。但她不相信自己的眼睛。不过，她脸上的笑容消失了，眉头也很痛苦地皱了起来。

“听不清您说的是什么。”她高声叫喊了一句，眯起眼睛，眉头皱得越来越紧了。

“我是来……”

“是的，我是来做应做的事，我是来认罪的。”聂赫留朵夫想道。他一想到这里，泪水就涌上眼睛，也涌进喉咙眼儿里，于是他用手抓住铁丝网，不说话了，同时他竭力压制着自己，免得放声大哭起来。

“我是说：你干吗要管闲事……”这边有人喊道。

“我对天发誓，我连知道也不知道。”那边有一个女犯喊道。

玛丝洛娃看到他激动的样子，认出他来了。

“好像您是……不过我不敢认。”玛丝洛娃叫道，眼睛也不看他，而且她那一下子红了的脸越发阴沉了。

“我是来请求您饶恕的。”他像背书一般毫无抑扬顿挫地大声叫道。

他喊出这话之后，感到羞臊，就朝四下里张望了一下。但他马上就想到，他觉得羞臊，倒是更好些，因为他本来就是可耻的。于是他又高声说下去：

“请你饶恕我，我非常非常对不起……”他又喊道。

她一动不动地站着，那斜视的眼睛紧紧盯着他。

他再也说不下去了，就离开铁丝网，走到一旁去，竭力忍住已经激荡着胸膛的痛哭。

副典狱长叫人把聂赫留朵夫领到女监来之后，显然还是很关心他，这时又来到女监，看到聂赫留朵夫不在铁丝网跟前，就问他为什么不和他要找的女犯谈话。聂赫留朵夫擤了擤鼻涕，提了提精神，竭力装出很平静的样子，回答说：

“隔着铁丝网无法说话，一点也听不见。”

副典狱长沉思了一下。

“嗯，好吧，可以把她带出来，您在这儿待一会儿。”

“玛丽娅·卡尔洛芙娜!”他对女看守说。“把玛丝洛娃带到外面来。”

过了一会儿,玛丝洛娃就从旁边的门里走了出来。她脚步轻盈地走到聂赫留朵夫跟前站住,皱着眉头看了看他。那乌黑的头发还像前天那样,卷成一圈一圈的露在外面。她的脸带着病态,苍白而浮肿,然而非常好看,非常安详。只是那有些斜视的漆黑的眼睛在浮肿的眼皮底下流露出特别明亮的光彩。

“可以在这儿谈谈。”副典狱长说过这话,就走开了。

聂赫留朵夫走到靠墙放着的一条长凳跟前。

玛丝洛娃用询问的目光看了看副典狱长,然后仿佛感到惊讶不解似的耸了耸肩膀,就撩了撩裙子,在他旁边坐了下来。

“我知道,您很难饶恕我,”聂赫留朵夫开口说,但他觉得泪水妨碍说话,就停住了,“不过,过去的事既然已经无法挽回,那我现在要尽我的力量去做。您说说吧……”

“您这是怎么找到我的?”她没有回答他的话,却问道。那双斜视的眼睛像是在看他,又像不是在看他。

“我的上帝呀! 帮助我吧。教教我该怎么办!”聂赫留朵夫看着她那张一下子变得很难看的脸,在心里说。

“前天您受审的时候,我当陪审,”他说,“您没有认出我来吗?”

“没有,没有认出来。我没有工夫认人,再说,我也没有好好看。”她说。

“不是有过一个孩子吗?”他一问这话,就觉得自己脸红了。

“谢天谢地,一生下来就死了。”她简短而愤恨地回答,并且转过眼睛不再看他。

“怎么死的，是什么原因？”

“我自己也病了，差点儿死掉。”她说，还是没有抬眼睛。

“两位姑妈怎么会放您走啊？”

“谁又会把一个带孩子的用人留在家里呀？她们一发觉，就把我撵出来了。还有什么好说的呀，我什么也不记得了，全忘了。那事全完了。”

“不，没有完。那事我不能就这样算了。尽管事到如今，我还想赎我的罪。”

“没有什么可赎的。以前的事是以前的事，已经过去了。”她说过这话之后，他怎么也没有想到，她看了他一眼，并且令人不快地、妖媚地和可怜巴巴地笑了笑。

玛丝洛娃怎么也没有想到会见到他，特别是在此时此地，因此乍一见到他，她十分震惊，不由得回想起她从不回想的往事。乍见到他那一会儿，她模模糊糊想起跟她相爱的那个英俊青年为她打开的新奇而美好的感情与理想的世界，随后她想起他那令人难以理解的残忍，想起在那神仙般的幸福之后接踵而来的种种屈辱和苦难。于是她感到痛苦了。但是，因为她无法对这事想出个所以然来，她这时就采取了像往常一样的做法：不再去想这些往事，并且用堕落生活的特种迷雾把往事遮盖起来。现在她正是这样做的。在乍见到那一会儿，她看到面前坐的这个人，就联想到她当初爱过的那个青年，但后来她看出这样太痛苦了，就不再把他当成那个青年了。现在这位衣着整洁、细皮嫩肉、胡子上洒了香水的先生，对她来说已经不是当初她爱过的那个聂赫留朵夫，而只是许多男人中的一个。许多男人就是在需要的时候享用像她这样的活物，而像她这样的活物就应该利用这样的男人尽可能为自己谋得更多的好处。所以她就向他妖媚地笑了笑。她沉默了一会儿，盘算着怎样利用他才好。

“那事已经过去了，”她说，“现在这不是，判我去服苦役了。”

在她说出这句可怕的话的时候，嘴唇都哆嗦起来。

“我知道，我相信您没有罪。”聂赫留朵夫说。

“当然我没有罪。我又不是小偷，也不是强盗。我们这儿都说，什么事全靠律师，”她继续说，“都说，应该上诉。可是，都说要花很多钱……”

“是的，一定要上诉，”聂赫留朵夫说，“我已经找过律师了。”

“不能心疼钱，要请一个好的。”她说。

“凡是能做到的，我都要去做。”

沉默了一会儿。

她又像刚才那样笑了笑。

“我想向您要一点儿……钱，要是能行的话。不要多……十个卢布，多了不要。”她忽然说。

“行，行。”聂赫留朵夫很尴尬地说着，就伸手去掏钱夹子。

她急忙看了看副典狱长，副典狱长正在房间里来来回回走着。

“不要当着他的面给我，等他走开了再给，要不然他会拿走的。”

等副典狱长一转过身去，聂赫留朵夫就掏出钱夹子，但他还没有来得及把十卢布钞票交给她，副典狱长就转过身来，脸朝着他们。他急忙把钞票攥在手里。

“这已经是一个没有灵魂的女人了。”他望着这张当初娇艳可爱、如今流露着十足的庸俗神气的浮肿的脸以及紧紧盯着副典狱长和他的攥着钱的手的那一双妖里妖气的斜视的黑眼睛，心中不由得这样想。一时间他心里动摇起来。

昨天夜里迷惑过他的魔鬼，又在他心里说起话来，又像平时那样千方百计地劝他不要考虑应该怎样做的问题，要他只考虑他的所作所为会有什么后果，怎样才会对自己有利。

“这个女人已经不可救药了。你这样做，无非是把石头拴在自己脖子上，自己淹死，也无益于别人。”魔鬼说。“是不是给她一些钱，把所带的钱都给她，向她告别，从此一刀两断？”他心中这样想道。

可是他马上又感觉到，此时此刻他心灵中正进行着最重大的变化，他的灵魂好像搁在动摇不定的天平上，只要稍微使一点儿力气，就会偏向这边或者那边。于是他使了一点儿力气，向昨天他感到存在于心灵中的上帝呼救，上帝也就立刻在他心中做出反应。他决定立即把所有的话向她说出来。

“卡秋莎！我是来向你请求饶恕的，可是你还没有回答，是不是饶恕了我，或者是不是将来有一天会饶恕我。”他说。忽然对她称起“你”来。

她不听他的话，却一会儿看看他的手，一会儿看看副典狱长。等副典狱长转过身去，她急忙伸过手来，抓住钞票，塞到腰带底下。

“您说得好奇怪。”她笑着说。他觉得那笑里有不值得听的意思。

聂赫留朵夫觉得，她有一种什么东西在跟他直接作对，要使她保持现在这种样子，不让他触动她的心。

可是，说来奇怪，这种情况不但没有使他后退，而且成为一种特殊的新的力量，更有力地推动着他去接近她。他觉得他应该使她在精神上苏醒过来，又觉得这是极其困难的事；但正是这事的困难吸引着他。他现在对她的这种感情，以前不论对她，不论对任何别的人都不曾有过，其中不包含任何私心：他不希望从她身上得到什么，只希望她不再是现在这种样子，希望她醒悟过来，成为她以前那样的人。

“卡秋莎，你为什么要这样说呀？我是了解你的，我记得你在巴诺沃那时候是什么样子……”

“何必提那些旧事。”她冷冷地说。

“我说起这些事，为的是弥补过去，赎我的罪，卡秋莎。”他开始说起来，本想说他要和她结婚，可是他遇到了她的目光，看出其中有一种粗野可怕的、拒人于千里之外的神气，就说不下去了。

这时候探监的人开始往外走了。副典狱长走到聂赫留朵夫跟前说，探监时间结束了。玛丝洛娃站起来，顺从地等待着让她回去。

“再见吧，我还有很多话要对您说，可是，您看，现在不行了。”聂赫留朵夫说着，伸过手去。“我还要来的。”

“该说的好像都说了……”

她伸出手让他握，却没有握他的手。

“没有，我还要设法找一个可以说话的地方，再和您见见面，有一些需要对您说的非常重要的话，到时候就可以说说了。”聂赫留朵夫说。

“好的，那您就来吧。”她说着，笑了笑，这是她想博得男人欢心时的那种笑。

“在我的心目中，您比亲妹妹还亲。”聂赫留朵夫说。

“好奇怪。”她又说。接着就摇着头，朝铁丝网那边走去。

## 四十四

在第一次相见时，聂赫留朵夫原以为，卡秋莎见到他，听到他有意为她尽心尽力和表示悔恨，一定会高兴和感动，于是卡秋莎又成为卡秋莎，然而，使他心寒的是，他看出来，卡秋莎已经不存在了，只剩下现在的玛丝洛娃。这使他又吃惊又害怕。

使他吃惊的主要是，玛丝洛娃不仅不以自己的身份为耻（不是指她的囚犯身份，她觉得当囚犯是可耻的，是指她的妓女身份），而且似乎还感到很得意，几乎引以为荣。不过说实在的，不这样也不行。不论什么人，只要想活下来，都必须认为自己的所作所为是重要的和好的。因此，不论一个人的身份如何，一定要对人生各方面养成自己相应的观点，有了这样的观点，就会觉得自己的所作所为是重要的和好的了。

通常都认为，盗贼、凶手、奸细、妓女会承认自己的行当很坏，必定会感到羞耻。事实完全相反。不论是由于命运安排还是自己造孽而进入某种行当的人们，不管这种行当多么为人所不齿，他们都要对人生的各方面养成相应的观点，有了这样的观点，他们就觉得自己的行当是好的和正当的了。为了保持这样的观点，他们本能地依附某一方面的人，这方面的人承认他们养成的有关人生和他们在生活中的地位的观念。如果小偷夸耀他们的伎俩，妓女夸耀她们的淫荡，凶手夸耀他们的残忍，我们会感到惊讶。但我们之所以感到惊讶，无非是因为这些人的生活圈子和影响有一定的局限性，而主要是因为我们是圈子以外的人。可是，如果富翁夸耀他们的财富，也就是巧取豪夺，将领们夸耀他们的胜利，也就是血腥屠杀，统治者夸耀他们的威风，也就是暴虐横行，还不都是同一类现象？我们看不出这些人歪曲了有关人生的概念，看不出这些人为了说明自己的行当正当而颠倒了善与恶，无非是因为带有这类歪曲观念的人比较多，而我们自己也是这个圈子里的人。

玛丝洛娃就是对自己的生活和她在世界上的地位养成了自己的相应的观点。她是一个判了苦役的妓女，尽管如此，她也养成了相应的世界观，有了这样的世界观，她就可以自我赞赏，甚至可以在别人面前夸耀自己的身份。

这种世界观就是：所有的男人，不论年老的，年轻的，中学生，将军，有文化的，没有文化的，无一例外，都认为跟美貌的女人性交是最高的享乐，因此所有的男人尽管装模作样地忙着干别的事，实际上只不过是想干这种事。她正是一个美貌的女人，她可以满足也可以不满足他们的这种欲望，因此她是一个举足轻重的、不可缺少的人物。她过去的生活和现在的生活都证实这种观点是正确的。

十年来，她不论在什么地方，到处都可以看到，所有的男人，从聂赫留朵夫和老警察局长到监狱里的看守，个个都需要她；她没有看到也没有发现不需要她的男人。因此在她眼里，整个人世无非是好色之徒的大聚会，一个个好色之徒从四面八方窥伺着她，想尽一切办法，如诱骗、暴力、收买、圈套，来占有她。

玛丝洛娃就是这样理解人生的。正因为她对人生这样理解，她就不但不是微不足道的人，而且是一个十分重要的人。玛丝洛娃把这种人生观看得高于世上的一切。她不能不看重这种人生观，因为一旦改变，她就失去了这种人生观赋予她的生活在人间的意义。为了不失去生活的意义，她本能地依附于同一圈子的人，那些人看待人生也和她一样。她觉得聂赫留朵夫是想把她带到另一个世界去，就进行反抗，因为她预见到，在他带去的那个世界里，她一定会丧失她在生活中的这种地位以及由此而来的自信心和自尊心。也是因为这一缘故，她不去想少女时代的往事以及她和聂赫留朵夫的初恋。那些往事和她现在的世界观太不协调，所以已经从她的记忆中完全抹掉，或者不如说已经原封不动地埋到脑海的深处，而且锁得紧紧的，封得严严的，就像蜜蜂把螟虫(幼虫)封起来，一点也不能碰，免得跑出来把蜜蜂的劳动成果全部糟蹋掉。所以在她的心目中，现在的聂赫留朵夫不再是她当初痴心热爱的那个人，而只是可以利用也应该利用的有钱的先生，跟他的关系也只能跟一切男人一样。

"是的，我没有能把最要紧的话说出来，"聂赫留朵夫一面跟着人群朝大门口走，一面想着，"我没有对她说我要和她结婚。说是没说，不过一定要这样做。"他在心中说。

两个看守站在门口，又在放行的时候用两手点着探监者的人数，免得不该出去的出去，免得不该留下的留在牢里。这一次聂赫留朵夫被拍脊梁，他不但没感到是侮辱，而且甚至都没有注意。

## 四十五

聂赫留朵夫很想改变自己的生活条件：退掉这座大住宅，把用人都打发了，自己搬到旅馆去住。但是阿格拉菲娜一再劝他说，在入冬以前改变生活上的任何安排都一点也没有道理。夏天没有人来租用大住宅，而且，总要有个地方居住和存放家具什物。这样，聂赫留朵夫想改变生活条件（他想过大学生那样的简朴生活）的一股劲头儿就落了空。不但一切如旧，而且家里更起劲地忙活起来：把各种各样的毛料衣服和皮货拿出来晾，一一挂起来，拍打灰尘，管院子的、他的下手、厨娘以及柯尔尼都一齐忙活着这些事。先把一些制服和从来没有人穿过的式样古怪的皮货拿出去，晾在绳子上，然后就往外搬地毯和家具，管院子的和他的下手挽起袖子，露出粗壮的胳膊，一下一下地使劲拍打这些东西上的灰尘，于是各个房间里都充满了樟脑气味。聂赫留朵夫从院子里走过，或者从窗口朝外望，看见东西多得不得了，而且显然毫无用处，就感到十分惊讶。他在心中说："这些东西只有一个用场，那就是提供机会，让阿格拉菲娜、柯尔尼、管院子的、他的下手和厨娘活动活动筋骨。"

"玛丝洛娃的事情还没有定下来，现在也不必改变生活方式。"聂赫留朵夫想道，"再说，改变起来也太难。等到她被释放，或者被流放，我也跟着她去，到那时候一切也就自然而然改变了。”

到了律师法纳林约定的日子，聂赫留朵夫便去找他。律师的私人住宅富丽堂皇，窗边摆着一盆盆高大的花木，挂着极其精美的窗帘，总之陈设极其奢华，表明主人发了横财，也就是有一大笔不劳而获的钱，因为这样的排场只有暴发户才会有。聂赫留朵夫一走进来，就看到接待室里有许多来访者排着次序等候，就像在医院候诊室里那样，一个个愁眉苦脸地坐在几张桌子旁边，翻看着专供他们消遣的画报。律师的助手也坐在这里一张高高的写字台边，一认出聂赫留朵夫，就走过来跟他打招呼，说马上就去向主人禀报。可是这位助手还没有走到办公室门口，门就开了，传出来洪亮而兴奋的说话声。说话的一个是法纳林本人，另一个是矮墩墩的中年人，红脸膛，密匝匝的小胡子，穿着崭新的外衣。两个人脸上都有一种很特别的表情。有些人刚刚办完一件有利可图而又不太正当的事，往往会流露出这样的神情。

“怪您自己呀，老兄。”法纳林笑哈哈地说。

“能进天堂倒是好，可是罪孽深重，进不了呀。”

“好啦，好啦，咱们心照不宣。”

两个人都很不自然地笑起来。

“哦，公爵，请进。”法纳林一看到聂赫留朵夫，就说。他又向已经走出去的商人点了一下头，便把聂赫留朵夫领进他那风格异常气派的办公室。“请抽烟。”律师说着，在聂赫留朵夫对面坐了下来，竭力忍着刚才谈成的那桩交易引起的得意的笑。

“谢谢，我是来问问玛丝洛娃的案子。”

“好，好，这就谈谈。哼，那些大财主都是十足的骗子手！”他说。“您看见刚才那个家伙了吗？他有一千二百万家财。可是还说要进天堂。哼，要是他有可能从您身上捞到一张二十五卢布的钞票，他就是用牙咬也要弄到手。”

“他说要进天堂，你要的是二十五卢布的钞票。”聂赫留朵夫这时在心中说，因为他对这个为所欲为的人感到说不出的憎恶，尽管这位律师想通过说话的口气表示他和聂赫留朵夫是同一营垒的人，而那些来访者和其他的人是属于另一个营垒的，跟他们有天壤之别。

“他把我缠得真够受的，十足的浑蛋！我真想松一口气。”律师说这话，好像是在表白他为什么没有谈正事。“好吧，现在就来谈谈您的案子……我已经仔细看过案卷，就像屠格涅夫的小说里说的，‘我不赞成其内容’[①]，就是说，那个辩护律师糟透了，以至于失去了上诉的一切理由。”

“那您看怎么样？”

“请等一下。告诉他，”他转身对进来的助手说，“就说，我怎么说的，就怎么办；他觉得行，那就好，觉得不行，就算了。”

“可是他不同意呀。”

“哼，那就算了嘛。”律师说着，他那和颜悦色的脸一下子变得阴沉可怕了。

“很多人都说，律师是白拿人家的钱的，”他在脸上又摆出原来和悦的神气，说道，“有一个破产的债务人受到不应有的指控，我救了他，于是现在许多人纷纷来找我了。可是每一件案子都得耗费大量的心血。有一位作家说，他们把身上的肉留在墨水瓶里

①引自屠格涅夫的中篇小说《多余人日记》。

了。其实,干我们这一行的也是这样。好吧,就谈谈您的案子,或者可以说,您感兴趣的那件案子,”他继续说,“情形很糟,没有很充分的上诉理由,不过试一试上诉还是可以的,这不是,我写了这样一个状子。”

他拿过一张写满了字的纸,念了起来,把一些枯燥无味的公文套话很快地带过去,特别铿锵有力地念着其他部分:

“‘谨呈刑事案上诉厅,等等,等等,上诉理由,等等,等等。经某某、某某判决,认定某某玛丝洛娃犯有毒死商人斯梅里科夫罪,根据刑法第一四五四条,判服苦役,等等。’”

他停住了。显然,尽管这种事已成了家常便饭,他还是很得意地欣赏着自己的大作。

“‘此项判决乃是严重破坏诉讼程序以及错判的结果,’”他继续铿锵有力地念道,“‘因此理应撤销。第一,在审讯时,斯梅里科夫内脏检查报告一开始宣读,就为庭长所阻止。’这是第一点。”

“不过,那是公诉人要求宣读的呀。”聂赫留朵夫惊讶地说。

“那是一样,辩护人本来也可以要求宣读。”

“不过,要知道,那实在毫无必要。”

“这总是一个理由呀。还有:‘第一,玛丝洛娃的辩护人,’”律师继续念道,“‘在发言时有意说明玛丝洛娃的为人,因此说起她堕落的内在原因,却为庭长所阻止,理由是辩护人这些话似乎与案情没有直接关系。然而,根据参政院多次训示,在刑事案件中,查明被告性格和总的精神面貌,具有头等重要意义,至少有利于正确判断责任谁属的问题。’这是第二点。”他看了看聂赫留朵夫，说。

“不过，他说得很差，所以简直叫人听不出一点儿道理来。”聂赫留朵夫更惊讶地说。

“那小子是个十足的笨蛋，当然说不出什么道理，”法纳林笑着说，“不过这总是一个理由呀。您听着，还有哩。‘第三，庭长在总结发言中竟然不顾《刑事诉讼法》第八〇一条第一款的明确规定，没有向陪审人员解释，犯罪概念是由什么样的法律因素构成的，也没有向他们说明，即使认定玛丝洛娃对斯梅里科夫下毒事实确凿，但是如果她不是蓄意谋害，仍然有权认定这种行为不是犯罪，因此可以认定她没有犯刑事罪，而只是一种过失，一种疏忽，商人的死是出乎玛丝洛娃意料之外的一种结果。’这是主要的一点。”

“不过，我们自己也明白这个道理。这要怪我们自己。”

“‘最后，第四，’”律师继续念道，“‘陪审人员对于法庭所提出的关于玛丝洛娃犯罪问题的答案，任何人一眼就可看出其中有十分明显的矛盾。玛丝洛娃被控只因图财而蓄意毒死斯梅里科夫，图财乃是杀人的唯一动机，陪审人员在其答案中否认玛丝洛娃有夺取钱财的目的，也否认其参与盗窃贵重物品，因此可以明显看出，他们本意正是否定被告有杀人意图，而只是由于庭长总结发言不完善而引起的误解，在答案中未能用应有的方式表示出这一意见，因此，对于陪审人员的这一答案，无疑应该根据《刑事诉讼法》第八一六条和八〇八条办理，即庭长应向陪审人员说明他们所犯的错误，退回答案，以便重新讨论，重新对被告犯罪问题做出答复。’”法纳林念到这里停住了。

“那么，庭长究竟为什么没有这样做？”

“我也很想知道究竟为什么呀。”法纳林笑着说。

“也许，参政院会纠正这个错误吧？”

“这要看到时候主持审理的是哪几个老废物了。”

“怎么是老废物呢？”

“就是养老院里的老废物呗。嗯，就是这样嘛。底下我写的是：‘法庭无权根据这样的认定对玛丝洛娃判刑，’”他继续很快地念道，“‘而且对她引用《刑事诉讼法》第七七一条第三款，乃是粗暴而严重地破坏我国刑事诉讼的基本原则。根据上述理由，我荣幸地呈请某某、某某根据《刑事诉讼法》第九〇九条、第九〇一条、第九一二条第二款和第九二八条等等，等等，撤销原判，并将本案移交该法院另组法庭，重新审理。’就这样了，尽力而为吧。但我要说句实话，成功的可能性是很小的。不过，这要看参政院主持审理的是什么人。如果有可靠的人，您不妨去斡旋斡旋。”

“我倒是认得几个人。”

“那要快点儿，要不然他们都要去治痔疮了，那就要再等三个月……还有，万一上诉不成，还可以向皇上告御状。这也要靠幕后活动。在这方面我也愿意效劳，不是说在幕后活动方面，是说写状子。”

“谢谢您，那么，酬金是……”

“我的助手要给您一份誊清的状子，他会告诉您的。”

“我还想问问您：检察官给了我一张许可证，准许我去监狱探望当事人，可是监狱里的人对我说，如果在规定的时间和地点以外探监，还需要经过省长批准。是需要这样吗？”

“嗯,我想是的。不过目前省长不在,是副省长管事。他可是一个彻头彻尾的浑蛋,您找他未必能办成什么事情。”

“您说的是玛斯连尼科夫吗?”

“是的。”

“我认识他。”聂赫留朵夫说过这话,便站起来,准备告辞。

这时候有一个又黄又瘦、丑得可怕的翘鼻子矮小女人快步闯进接待室里。这是律师的妻子。显然她丝毫没有因为自己丑陋而灰心丧气。她不但打扮得异常别致,不论绸缎的、丝绒的、鹅黄的、墨绿的,在她身上都有一点别出心裁的花样儿,而且她那稀稀的头发也是卷过的。她得意扬扬地带着一个满面笑容的高个子男人闯进接待室。那人一脸土黄色,身穿缎子翻领的礼服,系一条白色领带。这是一位作家,聂赫留朵夫见过他。

“阿纳托里,”她一面推门一面说,“你来一下,你瞧,谢苗·伊凡诺维奇答应朗诵他的诗,你一定要朗诵一篇迦尔洵的作品。”

聂赫留朵夫正想走,可是律师的妻子跟丈夫说了几句悄悄话之后,立刻就转过身来对他说话:

“对不起,公爵,我认识您,就不必再介绍了。请光临我们的文学早会。一定挺有意思。阿纳托里朗诵得好极了。”

“您瞧,各种各样的差事我有多少呀。”律师摊开两只手,笑嘻嘻地说,一面指着妻子,表示无法抗拒这样一个天仙般美人儿的旨意。

聂赫留朵夫带着一脸忧郁而严肃的神气十分有礼貌地谢过律师夫人的盛情邀请,表示实在无法参加,就走出办公室,来到接待室。

“这家伙真会装模作样!”等他一走出去,律师太太就说道。

在接待室里,助手把誊清的状子交给他。等谈到酬金问题,他说,阿纳托里·彼得罗维奇说定要一千卢布,并且解释说,这类案子阿纳托里·彼得罗维奇本来是不办的,只是看他的面子才接受了。

“这状子上署谁的名,应该用谁的名义?”聂赫留朵夫问道。

“可以用被告本人的名义,如果有什么不方便,那么阿纳托里·彼得罗维奇也可以接受她的委托,用他的名义。”

“不必了,我去跑一趟,让她署个名吧。”聂赫留朵夫说到这里,高兴起来,因为这是一个跟她见面的好机会,不必等到规定日期了。

## 四十六

一到时间,看守们就在各条走廊里吹起哨子。铁锁铁门叮当哐啷地响着,走廊的门和牢房的门纷纷打了开来,光脚板和棉鞋后跟吧嗒吧嗒响起来,倒便桶的男犯从走廊里走过去,空气中就充满了难闻的臭气;男女犯人们洗好脸,穿好衣服,便到走廊里点名,点过名之后就去打开水泡茶。

这天喝茶的时候,各个牢房里都纷纷议论着,今天有两个男犯要受笞刑。两个男犯中有一个是很有文化素养的年轻店员瓦西里耶夫。他是因为醋劲儿发作杀死了自己的情妇。同牢房的犯人们都很喜欢他,因为他开朗、慷慨大方,对监管人员态度强硬。他懂法律,要求按法律办事。因此监管人员很不喜欢他。三个星期之前,有一个倒便桶的男犯把粪水溅到一个看守的新制服上,看守便殴打他。瓦西里耶夫就挺身出来为倒便桶的犯人打抱不平,说没有一条法律允许殴打犯人。“我要叫你看看什么叫法律。”那个看守说过这话,就把瓦西里耶夫臭骂一顿。瓦西里耶夫也照样骂他。看守就想打他,可是瓦西里耶夫抓住他的两手,紧紧攥了有三分钟光景,然后把他拧转过身去,推出门外。看守告到上边,典狱长就下令把瓦西里耶夫关进单人牢房。

单人牢房是一排黑暗的小屋,是从外面上锁的。在又黑又冷的单人牢房里,没有床,没有桌椅,所以关在里面的人只能在肮脏的地上坐着或者躺着,老鼠就在身前身后或者就在身上跑,这儿的老鼠特别多也特别胆大,在黑暗里连一块面包也休想保住。老鼠常常从人手里抢面包吃,如果人一动不动,就干脆扑上来咬人。瓦西里耶夫说,他不上单人牢房去,因为他没有罪。几名看守就要拖他去。他挣扎起来,有两名犯人帮他从看守手里挣脱了。许多看守一齐跑了来,其中还有一个出名的大力士彼得罗夫。犯人们敌不过,都被关进单人牢房。省长立刻接到报告,说是发生了类似暴动的事件。省里发下公文,命令把瓦西里耶夫和流浪汉聂波姆尼亚希两个主犯各用树条抽打三十下。

笞刑将在女监探望室执行。

监狱里所有的犯人昨天傍晚就知道了这件事,因此各间牢房里都纷纷议论着就要执行的刑罚。

科拉布列娃、俊姐儿、菲道霞和玛丝洛娃坐在她们那个角落里,个个脸色通红,精神振奋,因为已经喝过老酒。现在玛丝洛娃再也不缺酒了,而且总是很大方地请伙伴们一起喝。这会儿她们在喝茶,也在谈着这件事。

“他又不是捣乱或者干别的什么坏事,”科拉布列娃用满口结实的牙齿嚼着小小的糖块,议论着瓦西里耶夫的事,“他不过是为别人打抱不平。因为现在不兴打人嘛。”

“都说这人挺好。”菲道霞补充说。她没有扎头巾,露着两条辫子,坐在床对面的一块劈柴上,床上放着茶壶。

“卡秋莎,最好把这事告诉他。”看道口的女人说。她说的“他”是指聂赫留朵夫。

“我一定要对他说。他为了我什么事都会做。”玛丝洛娃笑盈盈地晃着头回答说。

“可是,那要等他来才行呀,听说马上就要去折腾他们了。”菲道霞说。“真不得了!”她又叹着气说。

“我有一回看到在乡公所里打一个汉子。那是我公公打发我去找乡长,我到了乡公所,一看,他呀……”看道口的女工讲起一个很长的故事。

她的故事没有讲完,就被楼上走廊里的说话声和脚步声打断了。

女人们安静下来,仔细听着。

“他们来拖人了,那些魔鬼。”俊姐儿说,“这一下子他们会把他活活打死的。看守们都恨透了他,因为他不买他们的账。”

楼上又静了下来。于是看道口的女人接着讲她的故事,讲在乡公所的板棚里怎样殴打那个汉子,她又怎样害怕,吓得整个五脏六腑都要跳出来。俊姐儿却说了说,谢格洛夫怎样挨鞭子,他连一声也不吭。然后菲道霞把茶具收拾起来,科拉布列娃和看道口女人做起针线活儿，玛丝洛娃却抱着两膝坐在床上，感到烦闷无聊。她正想躺下睡觉，女看守来叫她上办公室去，说有人来看她了。

“你一定要把我们的事儿对他说说，”趁着玛丝洛娃对着水银掉了一半的镜子整理头巾，敏绍娃老婆子对她说，“不是我们放的火，是那个坏蛋自己放的，有一个工人看见了，他不会昧着良心说话的。你对他说说，让他把我儿子叫来。我儿子会一五一十地讲给他听。要不然这算怎么回事呀，平白无故地把我们关在牢里，那个坏蛋却霸占着别人的老婆，安安稳稳坐在酒馆里。”

“这真是毫无道理！”科拉布列娃附和说。

“我说，一定说。”玛丝洛娃回答说，“要不然就再喝一点儿，壮壮胆。”她挤挤眼睛，补充说。

科拉布列娃给她斟了半杯酒。玛丝洛娃一口气喝下去，把嘴擦了擦，便带着极其愉快的心情，一再重复着她刚才说过的话“壮壮胆”，摇头晃脑地、笑盈盈地跟着女看守顺着走廊走去。

## 四十七

聂赫留朵夫早就在门廊里等过一阵子了。

他一来到监狱，就在大门口按了按门铃，并且把检察官的许可证交给值班看守。

“您要找谁？”

“要看看女犯玛丝洛娃。”

“现在不行：典狱长有事。”

“他在办公室里吗?”聂赫留朵夫问。

“不,他在这儿,在探望室里。”看守回答说。聂赫留朵夫觉得他回答时有点儿慌张。

“难道今天接待吗?”

“不,有一件特别的事。”他说。

“怎样才能见到他呢?”

“等会儿有人出来,您自己说说吧。您先等一会儿好啦。”

这时候,司务长从边门走了出来。他身上的丝绦亮闪闪的,一张脸油光光的,小胡子被香烟熏得焦黄,厉声对看守说:

“怎么把人带到这儿来啦?……带到办公室去……”

“是我听说,典狱长在这儿。”聂赫留朵夫看到司务长也有点儿惶惶不安,觉得很奇怪,就解释说。

这时候,里面的一道门开了,满头大汗、浑身发热的大力士看守彼得罗夫走了出来。

“这一回他该记住了。”他对司务长说。

司务长使了个眼色,让他注意有聂赫留朵夫在这里,于是彼得罗夫不再作声,皱起眉头,朝后门走去。

“他是说谁该记住?他们为什么都这样慌张?为什么司务长对他使起眼色?”聂赫留朵夫心里思索着。

“不能在这儿等,请您上办公室去吧。”司务长又对聂赫留朵夫说。聂赫留朵夫正要走,典狱长却从后门走出来,神情比他的下属更为慌张。他不住地叹着气。一看到聂赫留朵夫,就转过身对一个看守说话。

“费道托夫,把五号女牢的玛丝洛娃带到办公室去。”他说。

“请随我来。”他对聂赫留朵夫说。他们登上一道很陡的楼梯，来到一个小小的房间里，房间只有一扇窗子，里面有一张办公桌和几把椅子。典狱长坐下来。

“这差事棘手，真棘手呀。”他一面对聂赫留朵夫说，一面掏出一支很粗的香烟。

“看样子您是疲倦了。”聂赫留朵夫说。

“我是厌倦了当差，这差事太难干了。谁要是想减轻他们的苦难，就会适得其反。我恨不能马上走掉。这差事棘手呀，真棘手。”

聂赫留朵夫不知道，什么事特别使典狱长为难，但是今天他看出典狱长有一种很特别的、使人觉得可怜的灰心绝望情绪。

“是的，我想，是很棘手的。”他说。“可是您何必干这种差事呢？”

“我没有家产，要养家糊口。”

“可是您既然觉得很棘手……”

“不过，我还是可以对您说说，要是想尽量往好处做的话，我还是可以尽我的力量减轻他们的痛苦。如果别人在我的位子上，绝不会这样做。要知道，这儿有两千多人，而且都是一些什么样的人呀，真是谈何容易。必须懂得如何对待他们。他们也是人，要怜惜他们。不过也不能放纵。”

典狱长讲起不久前一些男犯打架以至于打死人的事。

这时一个看守带着玛丝洛娃走进来，把典狱长的话打断了。

玛丝洛娃走到门口，还没有看到典狱长，聂赫留朵夫就看到她了。她的脸红红的。她很带劲儿地在看守后面走着，并且不住地笑着，摇晃着脑袋。她一看到典狱长，就带着惊恐的神气盯住他，但立即就恢复常态，并且又快活又带劲儿地同聂赫留朵夫打招呼。

“您好。”她拉长了声音说，并且笑盈盈地使劲握了握他的手，不像上一次那样了。

“我是带了状子来让您签名的。”聂赫留朵夫一面说，一面看着她迎接他的那种带劲儿的样子，感到有点儿奇怪。“律师写了一张状子，要签个名，就可以送到彼得堡去。”

“好的，签名也可以。什么都可以。”她笑盈盈地眯着一只眼睛说。

聂赫留朵夫从口袋掏出折好的状子，走到桌子跟前。

“可以在这儿签名吗？”聂赫留朵夫问典狱长。

“你到这儿来，坐下，”典狱长说，“给你笔。你识字吗？”

“我原来识字。”她说过这话，便笑盈盈地撩了撩裙子，挽起袖子，在桌旁坐下来，用她那有劲的小手很别扭地拿起笔，又笑了笑，回头看了看聂赫留朵夫。

他告诉她怎样签名，签在什么地方。

她很用心地拿笔蘸了蘸墨水，轻轻抖了抖，便写上自己的名字。

“再没有别的什么了吧？”她忽而看看聂赫留朵夫，忽而看看典狱长，忽而把笔放在墨水缸上，忽而放在纸上，一面问道。

“我有些话要对您说说。”聂赫留朵夫说着，接过她手上的笔。

“好，请您说吧。”她说过这话，忽然好像是想起了什么心事或者想睡觉，脸色一下子沉了下来。

典狱长站起来，走了出去，于是剩下聂赫留朵夫和玛丝洛娃两个人了。

## 四十八

带玛丝洛娃到这儿来的那个看守，在离桌子远些的窗台上坐下来。对于聂赫留朵夫来说，关键性的时刻到了。他一直在责备自己，上次见面没有对她说出主要的话，也就是没有说他要和她结婚，现在他下定决心要把这话告诉她。她坐在桌子的一边，聂赫留朵夫坐在她对面的另一边。这间屋里很亮，聂赫留朵夫第一次在近距离内看清了她的脸，看到了她眼角和嘴边的皱纹和浮肿的眼皮。他比以前更怜惜起她来。

他用臂肘支着身子，紧紧靠在桌子上，这样说话就只有她能听见，那个坐在窗台上、花白络腮胡子、犹太脸型的看守就听不见了。他开口说：

“要是这状子不顶事，那咱们就告御状。凡是能做的，咱们都要做到。”

“是啊，要是以前有个好律师就行了……”她打断他的话说，“可我那个辩护人完全是个笨蛋。他光会对我说肉麻话。”她说着笑了起来。“那时候要是大家知道我跟您认识，就大不一样了。可结果怎样呢？都把我当成小偷了。”

“她今天多么怪呀。”聂赫留朵夫想道。他正要说说心里话，可是她又说起来。

“我有一件事要对您说说。我们这儿有一个很好的老婆子，说真的,大家简直都感到吃惊。这样好的老婆子,可是平白无故坐起牢来,她坐牢,儿子也坐牢。大家都知道他们没有罪,可是有人控告他们放火,所以就坐了牢。她听说我认识您,”玛丝洛娃转动着脑袋,看着聂赫留朵夫说,“她就说:‘你对他说说,让他把我儿子叫出来,我儿子会一五一十地讲给他听。’她儿子姓敏绍夫。怎么样,您能办一办吗?说真的,她可是一个好得不得了的老婆子呀,很明显是冤枉的。您就行行好,帮她操操心吧。”她说着,一会儿看看他,一会儿垂下眼睛笑笑。

“好的,我去办,问问是怎么一回事儿,”聂赫留朵夫说着,看着她那种大大咧咧的样子,心中觉得诧异,“不过我想和您谈谈自己的事。您记得上次我对您说的话吧?”他说。

“您说了很多呀。上次您说什么来着?”她一面说,一面不停地笑,转悠着脑袋,一会儿转到这边,一会儿转到那边。

“我说过,我来请求您饶恕我。”他说。

“哎,怎么啦,老是饶恕呀,饶恕,一点儿也用不着……您最好是……”

“我说过我要弥补我的过错,”聂赫留朵夫继续说,“不是嘴上说说,而是用行动来弥补。我决定和您结婚。”

她脸上流露出惊骇的神气。她那斜视的眼睛呆住了,像是在看他,又像不是在看他。

“这又是为什么呀?”她恶狠狠地皱着眉头说。

“我觉得,我应该这样做,才对得起上帝。”

“怎么又把什么上帝搬出来啦?您说的完全不是那么一回事儿。上帝?什么上帝?当初您要是记着上帝就好啦。”她说过这话，就张大了嘴，不说了。

聂赫留朵夫这时才闻到她嘴里有一股浓烈的酒气，于是明白了她兴奋的原因。

“您安静一点儿。”他说。

“我没有什么安静不安静的。你以为我醉了吗？我就是醉了，也明白我说的是什么，”她忽然很快地说起来，并且满脸涨得通红，“我是苦役犯，原来是……您是老爷，是公爵，用不着来沾我，弄一身脏。你去找你们那些公爵小姐好啦，我的身价是一张十卢布的红票子。”

“不论你说得多么难听，也说不出我心里是什么滋味，”聂赫留朵夫浑身哆嗦着，小声说，“你想象不出，我觉得对不起你，心里有多么难受……”

“‘我觉得对不起你……’”她恶狠狠地学着他的腔调说，“那时候你倒不觉得，却塞给我一百卢布。那就是你出的价钱……”

“我知道，知道，可是现在究竟该怎么办呢？”聂赫留朵夫说。“现在我决定，再也不离开你了，”他又说了一遍，“我说到做到。”

“可是我说，你做不到！”她说着，大声笑了起来。

“卡秋莎！”他说着，就去摸她的手。

“你走开，别挨我。我是苦役犯，你是公爵，你用不着到这儿。”她气得一张脸变了颜色，叫了起来，一面把手从他手里往外抽。“你是想拿我来拯救你自己。”她继续说着，急不可待地要把心中一股怨气全吐出来。“你今生拿我寻欢作乐，来世还要拿我来拯救自己！我讨厌你，讨厌你那副眼镜，讨厌你这一副又肥又丑的嘴脸。你走开，走开！”她腾地站起来，嚷道。

看守走到他们跟前。

“你吵什么！怎么能这样……”

“请您自便，别管她。”聂赫留朵夫说。

“让她不要太放肆。”看守说。

“不必，请您再等一下。”聂赫留朵夫说。

看守又走到窗子那边。

玛丝洛娃又坐了下来，垂下眼睛，两只小手交叉着手指头紧紧攥在一起。

聂赫留朵夫站在她旁边，不知如何是好。

“你不相信我。”他说。

“您说要和我结婚，这永远办不到。我宁可上吊！就这样。”

“我反正还是要为你出力。”

“哼，那就是您的事了。不过我一点也用不着您。我这是对您说老实话。”她说，“可我当初为什么没有死掉呀？”她又说了一句，并且像诉苦似的哭了起来。

聂赫留朵夫说不出话来了，因为她的泪水挑动了他的泪水。

她抬起眼睛看了看他，就好像感到吃惊似的，并且用头巾擦起脸上流着的泪水。

这时看守又走过来，提醒说，分手的时间到了。玛丝洛娃站起身来。

“您现在很激动。要是能行的话，我明天再来。您考虑考虑吧。”聂赫留朵夫说。

她什么也没有说，也没有看他，就跟着看守走出去了。

“哈，好闺女，你现在时来运转了。”等玛丝洛娃回到牢房里，科拉布列娃对她说，“看样子，他可是真迷上你了；趁他常常来找你，你可别错过机会。他会把你救出去的。有钱的人什么事都能办得到。”

“这是实在话，”看道口女人用唱歌般的声音说，“穷人干什么事都很难，有钱人想什么就有什么，想怎样就怎样。好闺女，我们那里就有一个体面人，他就是……”

“怎么样，我的事你说了没有？”那个老婆子问道。

可是玛丝洛娃没有回答同牢房女犯们的话，却躺到床上，一双斜视的眼睛凝望着角落里，就这样躺到天黑。她心里激烈地翻腾着。聂赫留朵夫对她说的一番话，又使她回到她又恨又不理解、受尽折磨之后离开的那个世界。现在她已经脱离以往浑浑噩噩过日子的那种状态，而要带着清醒的记忆生活下去又太苦恼。晚上，她又买了酒，和同牢房的女犯痛饮一场。

## 四十九

“唉，竟会是这样，竟会这样。”聂赫留朵夫一面从监狱往外走，一面想着。现在他才充分了解自己的罪过。假如不是他有意赎罪，弥补自己的罪过，他永远也意识不到自己罪孽有多么深重；而且，她也不会意识到她受害到何种地步。直到现在，这一切才暴露出其真正的惨状。现在他才看出他对这个女人心灵的伤害，她也才看出和懂得了她受的摧残。以前聂赫留朵夫做感情游戏，欣赏自己，欣赏自己的忏悔；现在他光是觉得十分可怕了。丢下她不管——他觉得现在他做不到了，可是他又无法想象他对她的种种做法会有什么样的结果。

聂赫留朵夫刚走到大门口,就有一个挂满勋章和奖章的看守走到跟前,扮出一副令人不快的媚相,很神秘地交给他一封信。

“这是一个女人给阁下的信……”他说着,把信递给聂赫留朵夫。

“哪一个女人?”

“您看了,就知道了。是一个女犯,政治犯。我在她们那里管事。这是她托我办的。虽然这是犯禁的,可是不能不通人情……”看守很不自然地说。

聂赫留朵夫很奇怪,一个专管政治犯的看守怎么就在监狱里,几乎是在大庭广众之下传递起信件。他当时还不知道此人又是看守又是密探,只是接过信,一面从监狱往外走,一面把信看了一遍。信是用铅笔写的,字迹潇洒,不用旧体字母,内容如下:

“我听说您对一个刑事犯很关心,常到监狱里来,因此很想和您见见面。请您要求同我见面。如果得到准许,我可以向您提供许多重要情况,有助于您的斡旋和了解我们的小组。感恩戴德的薇拉·波戈杜霍芙斯卡娅。”

薇拉·波戈杜霍芙斯卡娅是诺夫哥罗德省偏僻地方的教师。有一次聂赫留朵夫和几个同伴到那里去猎熊,这位女教师要求聂赫留朵夫给她一些钱,让她进大学。聂赫留朵夫给了她一笔钱,后来就把她忘记了。现在她成了政治犯,关在监狱里,大概在监狱里听说了他的事,就表示愿意为他尽力。那时候一切有多么容易,多么简单。如今一切又是多么困难,多么复杂。聂赫留朵夫历历在目地、愉快地回想起当年的情景以及他和薇拉认识的经过。那是在谢肉节之前,在离铁路六十俄里的偏僻地方。打猎手气很好,打死了两头熊。吃过饭就准备走了,这时他们借宿的人家的主人走来说,教堂助祭的女儿来了,想见见聂赫留朵夫公爵。

“长得好看吗?”有人问。

“喂,别胡说!”聂赫留朵夫说着,摆出一本正经的神气,站起身来,离开饭桌,一面擦着嘴,惊异不解地猜测着助祭的女儿为什么要见他,一面朝主人的房里走去。

房里有一个姑娘,头戴毡帽,身穿小皮袄,非常健壮,一张瘦削而不漂亮的脸,好看的只有一双眼睛和眼睛上面那两道扬起的眉毛。

“好啦,薇拉·叶芙列莫芙娜,你就和他谈谈吧,”房东老奶奶说,“这就是公爵。我走了。”

“您有何事见教?”聂赫留朵夫说。

“我……我……您看,您有钱,我知道,您把钱花在无聊的事情上,花在打猎上,”姑娘非常腼腆地说,“我只有一个希望,希望成为有益于人类的人,可是根本不可能,因为我什么也不懂。”

她的眼神又真挚又善良,她那一副果断而腼腆的神情是那样感人,所以聂赫留朵夫就像以往常有的情形那样,一下子就像处在她的地位上,了解她,同情她了。

“我又能做点儿什么呢?”

“我是教师,可是很想进大学,却进不了。不是不让进,是可以进的,不过要花钱。您借给我一些钱,等我毕了业就还您。我以为,有钱的人打熊,让男子汉喝酒,这都不太好。有钱人何不做点好事呢?我只要八十卢布就行了。您要是不愿意,那也没关系。”她很生气地说。

“恰恰相反，我十分感谢您为我提供一个机会……我这就去拿来。”聂赫留朵夫说。

他走到门道里，看到一个同伴在这里偷听他们的谈话。他也不搭理同伴们的取笑，就从钱夹里掏出钱来，拿给她。

“请收下，收下，不用谢。我倒是应该感谢您。”

聂赫留朵夫现在想起这一切，是感到愉快的；他还很愉快地想起来，有一个军官想把这事编成不堪入耳的笑话，他差点儿跟他吵起来，另一个同伴维护他，因此后来他们更要好了，想起那次打猎多么顺手，多么愉快，他们连夜赶回火车站的一路上，他心里有多么高兴。双马雪橇排成一串，一辆接一辆轻悄无声地在林中小路上飞驰着，两旁树木有时高，有时低，夹杂着一株株枞树，枞树上压着一大片一大片的积雪，像一张张大面饼。在黑暗中，红光一闪，有人点起一支芳香的纸烟。猎人奥西普在没膝深的雪地里跑着，从这辆雪橇跑上那辆雪橇，讲着麋鹿这时候怎样在很深的雪地上游荡，啃白杨树皮，讲狗熊这时候怎样躺在密林中的洞穴里，呼哧呼哧朝洞口喷着热气。

聂赫留朵夫想起这一切，尤其是想起自我感觉健康、强壮、无忧无虑时的幸福心情。他的两肺扩张开来，把小皮袄绷得紧紧的，深深地呼吸着寒冷的空气，马轭碰得树枝上的积雪纷纷往脸上落，身子暖和和的，脸上凉丝丝的，心里没有忧虑，没有歉疚，没有恐惧，没有奢望。那时候多么好呀！可是现在呢？我的天，这一切多么令人痛苦，多么困难呀……

显然薇拉是一个革命者，如今因为革命活动坐了牢。应该见见她，尤其因为她答应出主意改善玛丝洛娃的处境。

## 五十

聂赫留朵夫第二天早晨醒来，想起昨天的种种情形，心里害怕起来。

不过，害怕是害怕，他下的决心比以往任何时候都大，一定要把开了头的事做下去。

他怀着这种责无旁贷的心情出了门，乘车去找玛斯连尼科夫，要求准许探监，除了探望玛丝洛娃，还要探望玛丝洛娃要他关照的敏绍娃母子。此外，他想要求见见薇拉，她可能会对玛丝洛娃的事提出有益的意见。

聂赫留朵夫还是在很久以前在同团服役的时候认识玛斯连尼科夫的。玛斯连尼科夫那时担任团里的司库。他是一个非常和善的、勤勤恳恳的军官，除了这个团和皇室以外，世界上什么事他也不知道，而且也不想知道。现在聂赫留朵夫见他的时候，他已是行政长官，已经把一个团换成了一个省和省政府。他娶了一个又有钱又精明的女人，正是那女人让他弃武从文的。

她又取笑他，又心疼他，就像对待自己的听话的小动物一样。聂赫留朵夫去年冬天到他们家去过一次，但他觉得这对夫妇十分乏味，以后再也没有去过。

玛斯连尼科夫一看见聂赫留朵夫，就满面春风迎上来。他的脸还是那样肉嘟嘟的，那样红，身子还是那样肥胖，衣服还是像在军中那样讲究。在军中，他总是穿一身干干净净、款式新颖、紧紧裹着两肩和胸部的军装或制服；现在他穿的是最时髦的文职服装，还是那样紧紧裹住他的肥胖的身躯和挺得高高的宽胸膛。今天他穿的是文官制服。尽管他们年龄相差不少(玛斯连尼科夫快到四十岁了)，彼此还是你我相称。

“哦，你来了，多谢。咱们上我太太那里去吧。这会儿我正好有十分钟的空闲时间，等会儿就要开会了。省长上外面去了。省里的事是我在管。”他带着掩饰不住的得意之色说。

“我找你有事。”

“什么事呀？”玛斯连尼科夫好像一下子警觉起来，用惊愕而有些严肃的语气说。

“监狱里有一个人，我很关心(玛斯连尼科夫听到“监狱”这个词儿，脸色变得越发严肃了)，我想去探望，不是在公共探监室里，而是在办公室里，也不限于规定的日子，而是要多去几次。我听说，这事由你做主。”

“自然，好兄弟，什么事我都乐意为你办。”玛斯连尼科夫说着，拿两手拍拍聂赫留朵夫的膝盖，似乎想表示自己没有官架子。“这可以，不过你也看到，我不过是个临时皇上。”

“就是说，你可以给我开一张许可证，让我和她见面吗？”

“这是一个女人吗？”

“是的。”

“她究竟因为什么事？”

“因为毒死人命。但她是被错判的。”

“是啊，你瞧瞧，这就是所谓正确审判，他们干不出别的名堂。”他不知为什么说起法语。“我知道，你不会赞同我的看法，但是有什么办法呢，这是我坚定不移的信念。”他补充说，说的是他一年来在顽固的保守派报纸的各种文章中看到的一种观点。“我知道，你是自由派。”

“我不知道我是自由派还是别的什么。”聂赫留朵夫笑着说。他常常感到很奇怪，不知道为什么所有的人都把他列入一个派，管他叫自由主义者，其实他不过主张在审判人的时候应该先听完人家的话，主张在法律面前人人平等，主张在任何情况下都不能折磨人和打人，对于那些尚未判刑的人尤其应该如此。“我不知道我是不是自由派，不过我知道，现在的审判制度不管多么糟，还是比以前的好。”

“你请谁做律师？”

“我找的是法纳林。”

“哎呀，法纳林！”玛斯连尼科夫皱着眉头说，因为想起去年他出庭作证，就是这个法纳林向他问话，并且十分恭敬地捉弄了他半个小时，惹得哄堂大笑。“我劝你不要跟他打交道。法纳林是一个道德败坏的人。”

“我还有一事相求，”聂赫留朵夫没有回答他的话，又说道，“很早我就认识一个姑娘，是一位教师。她是一个很可怜的人，现在也在牢里，很想和我见见面。你能不能再给我开一张探望她的许可证？”

玛斯连尼科夫微微歪过头，沉思起来。

“是政治犯吗？”

“是的，我听说是政治犯。”

“你要知道，只有家属才可以和政治犯见面，不过我可以给你一张通用的许可证。我知道你是不会滥用的。你关心的那个人叫什么名字……波戈杜霍芙斯卡娅吗？她长得很好看吗？”

“很丑。”

玛斯连尼科夫带着不以为然的神气摇了摇头，便走到桌子跟前，在一张带头衔的信纸上飞笔写道：“兹准许来人德米特里·伊凡诺维奇·聂赫留朵夫公爵在监狱办公室会见在押小市民玛丝洛娃以及医士波戈杜霍芙斯卡娅。”他写好，便用潇洒的草体字签了名。

“你就会看到，那里面多么有秩序。可是在那里面保持秩序实在不容易呀，因为里面的人，特别是解犯，实在太多了，但我还是严加管理，而且我也喜欢这种工作。你将会看到，他们在那里过得很好，他们都很满意。就是要善于对付他们。前些天出过一件不愉快的事，有人不服从管教。要是别人，就会把这事看作暴动，会使很多人遭殃。可是在我们手里，事情很好地解决了。一方面要关心，一方面要严加管理，”他紧紧握着雪白、笔挺、带金纽扣的衬衫袖子里露出的又白又胖、并且手指戴着绿松石戒指的拳头，说，“又要关心，又要严加管理。”

“哦，这种事我不懂，”聂赫留朵夫说，“我到那里去过两次，心里觉得难受得不得了。”

“你听我说，你应该跟巴塞克伯爵夫人交往交往，”说得上了劲的玛斯连尼科夫继续说，“她在这方面花尽了心血。她做了许多好事。多亏了她，而且我也不必故作谦虚地说，也多亏了我，那里的一切才变了样子，以前种种可怕的情形再也不存在了，他们在那里过得简直好极了。你就会看到的。至于法纳林，我和他没有私人交往，而且就我的社会地位来说，我和他干的事情各不相关，不过他确实是个坏人，而且他竟在法庭上说起那样的话，那样的话……”

“好啦，谢谢你了。”聂赫留朵夫接过许可证，说道。他没有听完这位老同事的话，就起身告辞。

“那你不到我太太那儿去了吗？”

“请原谅，不去了，我现在没有工夫。”

“哦，不用说，我太太要怪我的。”玛斯连尼科夫说着，把老同事送到楼梯第一个平台上。不是头等重要而是二等重要的人物，他总是送到这里。他正是把聂赫留朵夫划入二等重要的一类。“不，请你去见见她吧，哪怕待一分钟也好。”

可是聂赫留朵夫还是不肯去，并且就在一名仆役和门房急忙跑过来，把大衣和手杖递过来，拉开有警察在外面站岗的大门时，他说道，他现在无论如何不能去了。

“嗯，那就请你在星期四来吧。那是她会客的日子。我去告诉她!”玛斯连尼科夫站在楼梯上对他喊道。

## 五十一

聂赫留朵夫离了玛斯连尼科夫家，就在当天乘车径奔监狱，朝他熟悉的典狱长家里走去。还像上次一样，那一架质地很差的钢琴在响着。不过今天他听到的不是狂想曲，而是克莱曼蒂的练习曲，也是异常雄浑有力，节奏异常清楚、急速。那个用纱布包扎着一只眼睛的侍女开了门，说上尉在家里，便把聂赫留朵夫领进小小的会客室。会客室里有一张长沙发、一张桌子和一盏大灯，那灯放在一块毛线织成的小方巾上，粉红色纸灯罩已经有半边烤焦了。典狱长带着痛苦和忧郁的脸色走出来。

“请坐，有何事见教?”他一面说，一面扣着制服中间的一个纽扣。

“我刚才去找过副省长，这是他开的许可证。”聂赫留朵夫说着，把许可证递过去。“我想看看玛丝洛娃。”

“玛尔科娃吗?”典狱长因为琴声太响没有听清楚，反问了一声。

“是玛丝洛娃。”

“哦，是的！哦，是的!”

典狱长站起来，走到门口，这时门里面正演奏着克莱曼蒂的华彩经过句。

“玛露霞，你就多少停一下也好呀。”他说。从他的口气中可以听出来，这琴声已成为他生活中的苦难。“什么都听不清。”

钢琴声停了，可以听到不满意的脚步声，有人在门口张望了一下。

典狱长好像因为琴声停止感到十分轻松，点起一支烟味清淡的粗烟卷，并且向聂赫留朵夫敬一支。聂赫留朵夫谢绝了。

“就是说，我很想见见玛丝洛娃。”

“今天不宜见玛丝洛娃。”典狱长说。

“为什么?”

“哦，是这样，这要怪您了。”典狱长微微笑着说。“公爵，您不要把钱直接交给她。如果您愿意的话，请交给我。她的钱还是她的钱。要不像昨天那样,您把钱交给她,她就打了酒来——这种恶习怎么也戒不掉呀——今天她喝得烂醉,简直发起酒疯来啦。”

“真的吗?”

“当然真的啦,甚至我不得不采取严厉措施:把她关到另一间牢房里。她本来倒是一个老老实实的女人,不过,您今后请不要再给她钱了。就是这号儿的人嘛……”

聂赫留朵夫十分真切地想起昨天的情形,心里又害怕起来。

“那么,可以见见政治犯波戈杜霍芙斯卡娅吗?”聂赫留朵夫沉默了一会儿之后,问道。

“这没什么,可以。”典狱长说。“喂,你来干什么?”他对一个走进会客室的五六岁女孩子说。那孩子扭过头看着聂赫留朵夫,朝父亲跑来。“瞧你要跌倒啦。”典狱长一面说,一面笑嘻嘻地看着女孩子不看眼前往前跑,在地毯上绊了一下,便朝父亲跟前跑来。

“那么,要是可以的话,我就去了。”

“好的,可以。”典狱长说着,抱起一直盯着聂赫留朵夫的小女孩,站起来,又亲亲热热地把女孩放下,走到前室里。

典狱长接过包扎着眼睛的侍女递给他的大衣,还没有穿起大衣走出去,克莱曼蒂的节奏明快的华彩经过句就又响起来。

“她原来在音乐学院,可是那里面很乱。她倒是很有才气,”典狱长一面往楼下走,一面说,“她想在音乐会上演出呢。”

典狱长和聂赫留朵夫来到监狱门口。典狱长一到,小门立刻就开了。几名看守把手举到帽檐上,目送典狱长走过。四个剃了半边头的人抬着盛着什么东西的木桶,在过道里碰到他们,一看见典狱长，都缩起身子。其中一个缩得弯起身子，忽闪着两只明亮的黑眼睛，忧郁地皱起眉头。

“当然，是人才就应该培养，不能埋没，不过，您也看到，住房太小，实在够呛。”典狱长丝毫没有注意那几个犯人，继续说着，并且拖着疲惫的步子，带着聂赫留朵夫走进聚会室。

“您想看哪一个来着?”典狱长问道。

“想看波戈杜霍芙斯卡娅。”

“她关在塔楼里。您得等一等。”他对聂赫留朵夫说。

“那我能不能先看看敏绍娃母子？他们被控犯有纵火罪。”

“敏绍夫在二十一号牢房。好吧，可以把他叫出来。”

“我能不能到敏绍夫的牢房里去看看他?”

“您还是在聚会室里清静些。”

“不，我觉得那样有意思。”

“嘿，您可是找到有意思的事啦!”

这时从旁边门里走出一个衣着讲究的军官，是副典狱长。

“哦，您把公爵领到敏绍夫的牢房里。二十一号牢房，”典狱长对副典狱长说，“然后再把公爵领到办公室。我去叫她。她叫什么来着?”

“薇拉·波戈杜霍芙斯卡娅。”聂赫留朵夫说。

副典狱长是个年轻军官，淡黄头发，小胡子上抹了不少油，周身散发着花露水香味。

“请吧。”他笑嘻嘻地对聂赫留朵夫说。“您对我们这儿很感兴趣吧?”

“是的，我对这个人也很感兴趣，有人对我说，他完全没有罪就被关到这儿来了。”

副典狱长耸了耸肩膀。

“是的,这种事有时是有的。”他一面让客人走在前头,进入又宽又臭的走廊,一面心平气和地说,“有时他们也会扯谎。请吧。”

牢房门都开着,有几个犯人在走廊里。副典狱长一面走,一面朝看守们轻轻点着头,眼睛瞟着犯人们,犯人们有的贴着墙朝自己的牢房里走,有的站在门口,双手贴在裤缝上,像士兵那样目送长官。副典狱长领着聂赫留朵夫穿过一条走廊,来到左边另一条有铁门的走廊。

这条走廊比走过的一条更窄,更暗也更臭。走廊两旁是一扇扇牢门,都上着锁。门上都有小孔,直径有半俄寸,就是所谓门眼。走廊里除了一名满脸皱纹、愁眉苦脸的老看守,再没有什么人。

“敏绍夫在哪一个牢房?”副典狱长向老看守问道。

“左边第八个门。”

## 五十二

“可以看看吗?”聂赫留朵夫问道。

“请吧。”副典狱长笑嘻嘻地说过这话,就向老看守问起什么事。聂赫留朵夫朝一个小孔里面看去:里面有一个高个子年轻人,只穿内衣,留着一撮小小的黑下巴胡,来来回回地快步走着。他听到门外的沙沙声,抬眼看了看,皱起眉头,又继续走起来。

聂赫留朵夫朝另一个小孔里看去,他的眼睛遇到一只往外看的惊恐的大眼睛,于是急忙闪开。又朝第三个小孔里望去,看到床上躺着一个很矮小的人,蜷缩着身子,用囚服连头蒙住。第四个牢房里坐着一个脸色苍白的、宽脸膛的人,头垂得低低的,胳膊肘支在膝盖上。这人听到脚步声,抬起头来看了看。那一张脸上,特别是一双大眼睛里,流露着心灰意冷的神情。他显然没有兴致弄清楚是谁朝他的牢房里张望。不论是谁在张望,他显然都不指望会有什么好事。聂赫留朵夫心里害怕起来,就不再张望,一直走到敏绍夫的二十一号牢房跟前。看守开了锁,推开牢门。一个强壮的长脖子、留小胡子的年轻人,瞪着一双和善的圆眼睛站在床前,急急忙忙地在穿囚服,带着一副惊恐的神色看着进来的人。那双和善的圆眼睛带着疑问和惊恐的神情看了看他,又看看看守,又看副典狱长,又回过来看他,那眼神特别使他震惊。

“这位先生想问问你的案子。”

“多谢。”

“是的,有人对我说过您的案子,”聂赫留朵夫一面说,一面往牢房里面走,在肮脏的铁栏杆窗前站住,“我还想听您自己谈一谈。”

敏绍夫也走到窗前,立刻就讲了起来,开头还很胆怯地看着副典狱长,后来胆子越来越大;等到副典狱长走出牢房,到走廊里去发什么指示,他的胆子就完全放开了。他讲的事,从语言和讲法来看,正是一个极其纯朴善良的庄稼小伙子的事;在监狱里听到穿囚服的犯人亲口讲出这样的事,聂赫留朵夫特别感到奇怪。聂赫留朵夫一面听,一面四下里看着,看看铺草垫的矮床,看看装了粗栏杆的铁窗，看看又潮湿又肮脏的泥土墙壁，看看穿着囚服、囚鞋、被折腾得不像样子的不幸庄稼汉那可怜巴巴的脸和身子，他越来越难受起来。他真不愿相信这个善良的小伙子讲的事是真的。因为想起来就感到十分可怕：只是为了要欺压一个人，就平白无故把他抓起来，给他穿上囚服，把他关在这可怕的地方。可是，一想到这个善良的人讲的真实的事也许是欺骗和捏造，就更可怕了。他讲的是一个酒店老板在他婚后不久夺走了他的老婆。他到处告状。酒店老板却到处都买通了当官的，当官的就庇护他。有一次敏绍夫硬把老婆拉回家，可是第二天她又跑了。于是他就上门去要自己的老婆。酒店老板说没看见他老婆（其实他进去的时候，就看见她了），叫他走开。他不走。酒店老板和一个伙计打得他头破血流。第二天酒店老板的院子里就起了火。敏绍夫和他的母亲就被指控纵火，其实他没有放火，当时他在教父家里。

"你真的没有放火吗？"

"老爷，我连想都没有想过。一定是那个坏蛋自己放的。听说，他刚刚办过保险。可是都在说我和我娘，说我们去过，吓唬过他。去是去过，我那次把他大骂了一通，心里实在憋不住嘛。放火却没有放。起火的时候，我也不在那里。那是他故意说成那一天我和我娘到那里去过。他为了要保险金，自己放火，倒说是我们放的。"

"真是这样吗？"

"一点不假，我这是对着上帝说的，老爷。您就做我的亲爹吧！"他就想跪下去，聂赫留朵夫好不容易把他拉住了。"您把我救出去吧，要不我就白白地完蛋了。”他又说。

他的两腮忽然哆嗦起来，他哭了。他卷起囚服袖子，用肮脏的内衣袖子擦起眼睛。

“谈完了吗？”副典狱长问道。

“谈完了。您别这样灰心丧气，我们能做的一定做到。”聂赫留朵夫说过这话，便走了出来。敏绍夫站在门口，所以看守关牢门的时候，那门碰了他一下。看守上锁的时候，敏绍夫还在门上的小孔里张望着。

## 五十三

聂赫留朵夫在宽阔的走廊里往回走着（正是吃午饭时间，牢房门都开着），置身于穿着土黄色囚服、肥大短裤和棉鞋，眼巴巴地望着他的犯人中间，不禁产生了一种很奇怪的心情：又同情这些坐牢的人，又对那些关押他们的人感到恐惧和不解，又因为自己对这一切冷眼旁观而有些羞愧。

在一条走廊里，有一个人啪嗒啪嗒地拖着棉鞋跑进一间牢房，接着就从里面出来好几个人，拦住聂赫留朵夫，向他鞠躬。

“劳驾，老爷，不知贵姓大名，您无论如何要给我们做主。”

“我不是长官，我什么也不知道。”

“那都一样，您就找一个当官的说说也行。”一个很气愤的声音说，“我们什么罪也没有，可是已经关了一个多月了。”

“怎么回事儿？为什么？”聂赫留朵夫问道。

“就这样把我们关进来了呗。坐了一个多月的牢，自己也不知道为什么。”

“是的，这也是事有凑巧，”副典狱长说，“这些人是因为没有身份证抓起来的，本应把他们遣送回原籍，可是他们那儿的监狱被火烧了，所以他们的省政府就要求我们不要把他们送回去。就这样，别的省的人我们都已经遣送回去，这些人我们还留着。”

“怎么，就因为这样吗？”聂赫留朵夫在门口站下来，问道。

一群人，有四十名左右，都穿着囚服，把聂赫留朵夫和副典狱长团团围住。好几个人一齐说起来。副典狱长制止说：

“你们由一个人说好啦。”

人群中走出一个五十岁上下的相貌端庄的高个子农民。他向聂赫留朵夫解释说，他们都是因为没有身份证被驱逐和关在监狱里。其实他们都有身份证，只是过期两个礼拜罢了。身份证过期的事年年都有，从来没有处罚过，现在却把人当作罪犯抓起来，在这里关了一个多月。

“我们都是干泥瓦活儿，都是一个队里的。听说我们自己省里的监狱被火烧了。这又不能怪我们。您就行行好吧。”

聂赫留朵夫听着，却几乎没有听到这个相貌端庄的老人说的是什么，因为有一只很多腿的黑灰色大虱子在这个相貌端庄的泥瓦匠的络腮胡子里爬来爬去，他的注意力完全被吸引过去了。

“怎么会这样呀？难道就因为这一点吗？”聂赫留朵夫向副典狱长问道。

“是的，是主管人疏忽，应该把他们遣送回原籍。”副典狱长说。

副典狱长的话刚刚说过，从人群里又走出一个很矮小的人，也穿着囚服,怪模怪样地撇着嘴,讲起他们平白无故地在这里受尽折腾。

“待我们连狗都不如……”他说。

“哼,哼,你也别再说废话了,住嘴,要不然,你知道……”

“我有什么知道不知道,”那个矮小的人不顾一切地说起来,“难道我们有什么罪吗?”

“闭嘴!”当官的一声吆喝,矮小的人不作声了。

“这究竟是怎么回事儿呀?”他在心里这样问着,一面往外走。那些从牢房里往外看和迎面来的犯人用上百双眼睛盯着他,他就像穿过眼睛组成的行刑队一样。

“难道真的就这样把一点没罪的人关在这里吗?”等他们从走廊里走出来,聂赫留朵夫问道。

“您说有什么办法呀?不过刚才他们有许多话是胡说。要是听凭他们说,那所有的人都没有罪了。”副典狱长说。

“不过这些人确实一点罪也没有呀。”

“这些人嘛,就算没有吧。不过老百姓都很坏。不严一点是不行的。有些家伙就是不顾死活,不能马虎对待。昨天就有两个人,我们不得不处罚。”

“怎么处罚?”聂赫留朵夫问道。

“根据指示,用树条子抽了一顿……”

“体罚已经废除了嘛。”

“那不包括褫夺公权的人。对他们是可以施行体罚的。”

聂赫留朵夫想起昨天他在门廊里等候时所见到的种种情形,这才明白,那时候正是在施行体罚。于是他心中涌起一股特别强烈的复杂感情，其中有好奇感、苦闷感、困惑感和几乎要引起生理上恶心感的精神上的厌恶感。这种复杂感情以前也有过，但从来没有像现在这样强烈。

他不再听副典狱长说话，也不再四下里张望，急急忙忙从走廊里走出来，就朝办公室走去。典狱长刚才在走廊里忙起了别的事，忘记了派人去叫波戈杜霍芙斯卡娅。等聂赫留朵夫走进办公室，他才想起答应过派人叫她。

“我这就打发人把她叫来，您坐一会儿吧。”他说。

## 五十四

办公室有两个房间。在第一个房间里有一个露在外面的、泥灰剥落的大壁炉和两扇很肮脏的窗子。在一个角落里竖着一根为犯人量身高的黑木尺，另一个角落里挂着幅很大的基督像——这是所有折磨人的地方的常备品，就像是嘲笑基督教义用的。在这第一个房间里站着几名看守。在另一个房间里有二十来个男女靠墙坐着，有的是几个人一堆，有的是两个在一起，小声说着话。靠窗放着一张写字台。

典狱长坐在写字台旁，请聂赫留朵夫坐到旁边一把椅子上。聂赫留朵夫坐下来，打量起这房间里的人。

首先引起他注意的是一个穿短上衣、相貌很招人喜欢的青年。那青年站在一个已经不年轻的黑眉毛女人面前，比着手势很激烈地对她讲着什么事。旁边坐的是一个戴蓝眼镜的老人，握着一个穿囚服的年轻女子的手，一动不动地听她对他讲着什么事。

一个实科中学的男孩子，脸上带着吓得发呆的表情，目不转睛地望着老人。离他们不远的角落里坐着一对恋人：女的是一个非常年轻的姑娘，穿着很时髦的连衣裙，淡黄色短发，模样俊俏，脸上透露着青春活力；男的是一个很英俊的小伙子，眉清目秀，波浪式的头发，穿一件杜仲胶的短上衣。他们坐在角落里说着悄悄话儿，显然陶醉在爱情里了。最靠近写字台的地方坐着一个身穿黑色连衣裙的白发女人，显然是一位母亲。她睁大眼睛看着一个像是害痨病、也穿着杜仲胶短上衣的青年，想说什么话，可是因为有泪水说不出来，就说说，停停。那青年手里拿着一张纸，显然不知道他该怎么办，就带着一脸的怒气不住地折叠和揉搓那张纸。他们旁边坐着一个美貌姑娘，体形丰盈，面色红润，一双鼓鼓的眼睛，穿一件灰色连衣裙，外罩披肩。她和正在哭的妈妈坐在一起，她亲热地抚摩着妈妈的肩膀。这个姑娘处处都很美：那白白的大手，那波浪式的短发，那清秀的鼻子和嘴唇；不过她脸上最迷人的是那一双善良、真挚的鼓鼓的深褐色眼睛。聂赫留朵夫一进来，她那双美丽的眼睛就离开母亲的脸，同他的目光相遇。不过她马上又扭过头去，对母亲说起什么事。离那一双恋人不远处，坐着一个黑黑的、蓬头乱发的人，正阴沉着脸很气愤地对一个探监人说着什么事情，那个探监人没有胡子，很像一个阉割派教徒。聂赫留朵夫坐在典狱长旁边，带着很强烈的好奇心朝四周围打量着。直到一个剃光头的小小男孩子走到他跟前，才分散了他的注意力；那孩子用尖细的声音问他：

“您等谁呀？”

聂赫留朵夫对这问话感到惊异，但是等他朝男孩子看了看，看到他那一本正经的、懂事的小脸和专注而有神的眼睛，也一本正经地回答他说，在等一个熟识的女人。

“怎么，她是您的妹妹吗?”男孩子问道。

“不，不是妹妹。”聂赫留朵夫惊讶地回答说。“你跟谁在这儿?”他问男孩子。

“我跟妈妈。她是政治犯。”男孩子自豪地说。

“玛丽雅·巴甫洛芙娜，您把柯里亚领过去。”典狱长说。大概他认为聂赫留朵夫和男孩子谈话是违法的。

玛丽雅·巴甫洛芙娜就是引起聂赫留朵夫注意的那个眼睛鼓鼓的美貌姑娘。她亭亭玉立地站起来，迈着矫健有力、几乎像男子汉一般的大步走到聂赫留朵夫和男孩子跟前。

“他问您什么来着？您是什么人呀?”她问聂赫留朵夫，一面微微笑着，带着信任的神气那样坦然地看着他的眼睛，似乎无可怀疑，她过去、现在和今后对待一切人的态度都是坦率、亲切、友好的。“他什么事都想知道。”她说着，对着男孩子笑了笑，笑得那样亲切，那样甜蜜，使得男孩子和聂赫留朵夫也都情不自禁地报以微笑。

“是的，他问我来找谁。”

“玛丽雅·巴甫洛芙娜，不准和外人说话。这您是知道的。”典狱长说。

“好的，好的。”她说着，用她那白白的大手拉住一直盯着她的柯里亚的小手，回到那个害痨病青年的母亲身边。

“这孩子是谁家的?”聂赫留朵夫问典狱长。

“是一个女政治犯的孩子，是在牢里生的。”典狱长带着几分得意的口气说,似乎表示这是本监狱难能可贵之处。

“真的吗?”

“真的,不过这就要跟母亲上西伯利亚去了。”

“那么,这个姑娘呢?”

“我无法奉告。”典狱长耸着肩膀说。“哦,波戈杜霍芙斯卡娅来了。”

## 五十五

又黄又瘦、短头发、小个头儿的薇拉·波戈杜霍芙斯卡娅睁着和善的大眼睛,一摇一晃地从后门走了进来。

“哦,您来了,谢谢。”她握着聂赫留朵夫的手说。“您记得我吗? 咱们坐下来吧。”

“没想到这样见到您。”

“噢,我挺好呀! 真好,真好,好得我不想再好了。”她说着,像往常那样用她那又大又圆的和善的眼睛惊愕地望着聂赫留朵夫,并且转动着又寒碜又脏又皱的小褂领子里露出来的黄黄的、细细的、露着青筋的脖子。

聂赫留朵夫问起她怎样落到这个地步。她为了回答他的问话,很带劲儿地讲起自己的事业。她的话里夹杂着一些外来语,如宣传、解散、团体、小组、分组等。显然她完全相信这些语汇人人都知道,可是聂赫留朵夫从来没有听说过。

她不停地对他讲着,显然完全相信他很有兴趣、很乐意知道民意党的所有秘密。聂赫留朵夫却看着她那可怜巴巴的脖子,那乱蓬蓬的、稀稀的头发，惊讶不解地在想她为什么要干这些事，讲这些事。他觉得她可怜，但这种可怜完全不像农民敏绍夫那样，敏绍夫是平白无故被关在臭烘烘的牢里的。她最可怜的是她有一脑袋显而易见的糊涂思想。显然她自认为是个英雄，为了事业的成功不惜牺牲生命，其实她未必能说清楚他们的事业究竟是怎么回事，究竟怎样才算成功。

她原来想和聂赫留朵夫谈的是这样一件事：她有一个姓舒斯托娃的女伴，照她的说法，舒斯托娃甚至还不属于他们的小组，却在五个月前和她一起被捕，关在彼得保罗要塞里，只是因为在她家里搜出了别人交给她保管的书籍和文件。薇拉认为舒斯托娃被捕，在某些方面要怪自己，所以要求有很多人情关系的聂赫留朵夫想方设法让她出狱。薇拉要求聂赫留朵夫办的另一件事情是替关押在彼得保罗要塞里的古尔凯维奇斡旋，准许他同父母见面，准许他得到一些学术书籍，供他研究学术。

聂赫留朵夫答应说，等他到彼得堡以后，一定尽一切可能去办。

她讲了讲自己的经历，说她在产科专修班毕业后，就接近民意党，和他们一起活动。他们写传单，到工厂里宣传，开头一切都很顺利，可是后来有一个很出色的人物被捕，搜出了文件，就开始大逮捕。

“我也被捕了，现在就要流放了……”她讲完了自己的经历。“不过，这不算什么。我觉得好极了，自己感觉泰然自若。”她说着，凄然一笑。

聂赫留朵夫问起那个眼睛鼓鼓的姑娘。薇拉说，她是一位将军的女儿，早就参加了革命党，她被捕入狱是因为她承担了枪击宪兵的罪名。她住在一个秘密住所里，里面有一架印刷机。一天夜里发现有人来搜查，住在里面的人决定自卫。于是熄了灯，开始销毁文件。警察和宪兵冲了进来，于是一个秘密工作者开了枪，一名宪兵受了致命伤。等到审问是谁开枪的时候，她说是她开的枪，尽管她从来没拿过枪，连蜘蛛也打不死。于是就这样定下来。现在她就要去服苦役了。

“真是一个利他主义的好人呀……”薇拉称赞说。

她打算说的第三件事是关于玛丝洛娃的。监狱里什么事她都知道，也知道玛丝洛娃的事以及聂赫留朵夫对她的态度，就劝他去周旋周旋，把她转到政治犯牢房，或者至少让她到医院里去当看护。医院里现在病人特别多，很需要看护。聂赫留朵夫谢谢她出的主意，并说要尽力照她的主意去做。

## 五十六

他们的谈话是被典狱长打断的，因为典狱长站起来宣布说，探望时间到此为止，应该分手了。聂赫留朵夫和薇拉告过别，便朝门口走去，走到门口又站住，观察起眼前的情景。

“诸位，时间到了，时间到了。”典狱长一会儿站起来说，一会儿坐着说。

典狱长的要求只是使房间里的犯人和探监者特别活跃起来，可是谁也不想分手。有些人站起来，站着说起来。有些人还是坐着在说。有的开始告别，哭了起来。特别使人动情的是那个害痨病的青年和他的母亲。那个青年一个劲儿地摆弄着那张纸,他的脸上流露出越来越大的狠劲儿——这是他使足劲儿克制自己,免得受母亲情绪的感染。母亲一听说要分手,就伏在他肩膀上,痛哭起来,不住地抽搭着鼻子。聂赫留朵夫不由地注视起那个眼睛鼓鼓的姑娘,只见那姑娘站在放声痛哭的母亲面前,用安慰的口气在对母亲说着什么话。戴蓝眼镜的老头儿站着,攥着女儿的手,听她说话,不住地点着头。那一双年轻恋人站起来,手拉着手,默默地互相凝视着。

"瞧,只有他们俩是愉快的。"那个穿短上衣的青年也站在聂赫留朵夫旁边,像他一样观察着正在告别的人们,这时指着那一双恋人说。

那对情人,也就是穿杜仲胶上衣的青年和淡黄色头发的美貌姑娘,察觉到聂赫留朵夫和这个青年在看他们,就伸直了互相拉着的手臂,身子向后仰了仰,笑嘻嘻地转起圈儿。

"今天晚上他们要在这监狱里结婚,她就跟他一起上西伯利亚去。"旁边的青年说。

"他是怎么回事儿?"

"是个苦役犯。能看到他们俩快活快活也好,要不然在这里听着太难受了。"穿短上衣的青年听着害痨病青年的母亲在痛哭,就又这样说。

"诸位!请吧,请吧!不要让我采取不客气的做法。"典狱长一连重复了好几遍。"请吧,真的,请吧!"他用软软和和的、不太决绝的声音说。"这算什么呀?时间早就到啦。这样不行嘛。我这是最后一次提醒了。"他无精打采地一遍又一遍说着,时而点起他的马里兰香烟,时而又捻灭。

世界上有些道理,允许一些人害另外一些人而又不觉得自己在这方面有什么责任,然而,不论这些道理编排得多么巧妙,多么由来已久、习以为常,显然典狱长还是不能不觉得他是造成这房间里凄惨景象的罪人之一,因此他的心情显然也极其沉重。

终于,犯人们和探监的人开始分手了:有些人朝里面的门走,另一些人朝外面的门走。男人们,包括那两个穿杜仲胶上衣的、害痨病的、头发蓬乱的黑脸膛男子,都走了;玛丽雅·巴甫洛芙娜带着狱中出生的小男孩也走了。

探监的人也开始往外走。戴蓝眼镜的老人迈着沉重的步子朝外走,聂赫留朵夫也跟着他往外走。

“是啊,有些情形真叫人吃惊呀。”那个喜欢说话的青年一面同聂赫留朵夫一起下楼,一面好像接续起被打断的话头。“还多亏了上尉是个好心人,没有按规定的办法做。让大家谈一谈,心里也多少松快些。”

“难道在别的监狱里不能这样探监吗?”

“咿呀! 可没有这样的事。不光要一个一个地分开,还得隔着铁栅栏。”

聂赫留朵夫和梅顿采夫(这是喜欢说话的青年自报的姓氏)一起来到过道里,这时典狱长带着一脸疲惫的神色走到他们跟前。

“您要是想见玛丝洛娃,就请明天来吧。”他说,显然想对聂赫留朵夫表示好意。

“太好了。”聂赫留朵夫说过这话,便急急忙忙往外走。

敏绍夫无罪而受尽折腾，显然是可怕的事——可怕的倒不是肉体受折腾，而是他看到那些平白无故折腾他的人的残忍，就困惑绝望，不再相信行善和上帝。那几百个人什么罪也没有，只因为身份证上有几个字不对，就受尽凌辱和折腾，是很可怕的事；那些看守麻木不仁，天天干的是折磨同胞兄弟的事情，却以为是在干很重要的好事，也是很可怕的。不过他觉得最可怕的是，典狱长虽然年老体弱，心地善良，却必须拆散母子，拆散父女——这都是像他和他的子女一样的人。

"这是为什么呀？"聂赫留朵夫这时心中又出现了他在监狱里常常会出现的那种精神上的恶心感，几乎要变为生理上的恶心感，于是他在心中这样问道，却找不到答案。

## 五十七

第二天，聂赫留朵夫去找律师，把敏绍夫的案子对他说了说，要求他担任辩护。律师听完后，说要看一看案卷，如果事情真的像聂赫留朵夫说的那样——这种事是完全可能的——他可以担任辩护，不要任何报酬。聂赫留朵夫又顺便讲了那一百三十人因为互相推诿而被关押的事，并且问他，这事由谁负责，是谁的过错。律师沉默了一会儿，显然是想做出准确的回答。

"是谁的过错吗？谁也没有过错。"他决断地说。"您去跟检察官说，他会说，这是省长的过错，您去跟省长说，他会说，这是检察官的过错。谁都没有过错。"

"我这就去找玛斯连尼科夫，对他说说。"

“哼，这没有用。”律师微微笑着反对说，“他是一个……他不是您的亲戚或者朋友吧？……他是一个，恕我直言，是一个大笨蛋，同时又是一个狡猾的畜生。”

聂赫留朵夫想起玛斯连尼科夫说的有关这位律师的话，就没有说什么，跟他告过别，便去找玛斯连尼科夫。

聂赫留朵夫有两件事要求助于玛斯连尼科夫：一件是把玛丝洛娃转到医院去，另一件是因为身份证问题被关押的一百三十人的事。尽管向他很不尊敬的人去求情是一件很不痛快的事，这却是达到目的的唯一办法，所以必须走这条路子。

聂赫留朵夫乘马车来到玛斯连尼科夫家门前，看见台阶两边停着好几辆马车，有四轮轻便马车，有四轮弹簧马车，有四轮轿式马车。他才想起今天正好是玛斯连尼科夫夫人的接待日，玛斯连尼科夫就是请他在这一天来的。就在聂赫留朵夫的马车快到门前时，在台阶旁停着一辆轿式马车，一个帽子上戴有帽徽、身穿短披肩的仆人正扶着一位太太从台阶上往下走，正要上车。那位太太提着衣裾，浅口鞋里露出又黑又瘦小的脚踝。聂赫留朵夫在停着的一些马车当中认出了柯察金家的带篷四座马车。须发皆白、面色红润的马车夫恭敬而亲切地摘了摘帽子，向这位特别熟识的老爷致意。聂赫留朵夫还没有来得及问门房，米海尔·伊凡诺维奇（即玛斯连尼科夫）何在，他本人就出现在铺地毯的楼梯上，他在送一位十分重要的客人，这样的客人他已经不是送到楼梯平台上，而是一直送到楼下。这位十分重要的军界贵客一边下楼，一边用法语说起本市为孤儿院举办的摸彩会，并且发表意见说，这对于太太小姐们是一件极好的事：“她们又可以开开心，又可以募到钱。”

“让她们开开心，享享上帝的福吧……哦，聂赫留朵夫，您好！怎么好久没见到您呀？”他向聂赫留朵夫打招呼说。“您去拜会女主人吧。柯察金家的人也来了。还有纳丁•布克斯海夫登。全城的美人儿都在这儿了。”他一面说，一面微微耸着穿军服的肩膀凑过去，让身穿镶金绦制服的跟班给他穿军大衣。“再见吧，好兄弟！”他又握了握玛斯连尼科夫的手。

“哦，咱们上楼吧，我多么高兴呀！”玛斯连尼科夫很兴奋地说着，挽住聂赫留朵夫的胳膊，别看他那样肥胖，还是带着聂赫留朵夫很快地往上走去。

玛斯连尼科夫心情特别兴奋和欢喜，原因是那位显要人物对他表示了关注。原来玛斯连尼科夫就在接近皇室的近卫军团供职，同皇亲国戚交往应该早已习以为常，可是，看样子，不断的交往只是越来越增强他的卑贱本性，所以每一次这样的关注都会使玛斯连尼科夫欣喜若狂，他像一只温顺的小狗在主人抚摩它、拍打它、搔它的耳朵时那样。小狗就摇尾巴，蜷腿儿，扭来摆去，贴起耳朵，像发疯似的转起圈儿。玛斯连尼科夫这时候正是恨不得要这样。他不管聂赫留朵夫那严肃的脸色，也不听他说什么，硬把他往客厅里拉，简直使人无法谢绝，聂赫留朵夫只好跟着他走。

“有事等一会儿再说。你有什么吩咐，我一切照办。”玛斯连尼科夫一面说，一面拉着聂赫留朵夫穿过大厅。“快去通报**将军夫人**，就说聂赫留朵夫公爵驾到。”他一面走，一面对仆人说。那仆人就小跑着抢到他们前头，赶去通报。“你有事只要吩咐一声就行。不过你一定要看看我的太太。上次我没有带你去，就已经挨过一顿骂了。”

等他们走进客厅，仆人已经通报过了，所以自称为将军夫人的副省长夫人安娜·伊格纳济耶芙娜已经在沙发旁包围着她的女帽和脑袋丛中满面春风地向聂赫留朵夫鞠躬了。客厅另一头有一张桌子，有几位女士坐在那里喝茶，旁边站着几个男子，有军人，也有文官。男男女女叽叽喳喳的说话声一刻也不停。

“到底来了！您怎么不愿意跟我们来往啦？我们有什么地方得罪您啦？”

她用这样的话迎接来客，是想表示她和聂赫留朵夫的关系非常亲密，虽然这样的亲密关系从来不曾有过。

“你们认识吗？认识吗？这位是别里娅芙斯卡娅太太，这位是米海尔·伊凡诺维奇·契尔诺夫。请坐近点儿。”

“米西，请到我们桌上来。茶会给您端过来的……还有您……”她对正在和米西说话的那个军官说，显然是忘记了他的名字，“请到这儿来。公爵，您用茶吗？”

“我才不这样看呢，我才不这样看呢，她就是不爱他嘛。”一个女人的声音说。

“她爱的是肉馅包子。”

“老是说无聊的笑话。”另一个头戴高高的女帽，浑身的绸缎、黄金、宝石闪闪发光的太太说。

“好极了，这种维夫饼干，而且这样酥。再端一些过来。”

“怎么，您很快就要动身吗？”

“今天是最后一天了。因此我们就来了。”

“这样美的春光，现在去乡下真是好极了！”

米西头戴女帽，身上那深颜色条纹连衣裙裹在细细的腰肢上，连一条皱褶也没有，好像她就是穿着这衣服生下来的，显得十分标致。她一看到聂赫留朵夫，脸就红了。

“我还以为您已经走了呢。”她对他说。

“差一点走了，”聂赫留朵夫说，“因为有事耽搁了。我到这儿来也是有事。”

“您去看看妈妈吧。她很想见见您。”她说着，感觉到自己在说谎，并且觉得他也明白这一点，她的脸就更红了。

“恐怕没有工夫了。”聂赫留朵夫忧郁地回答说，竭力装作没有发觉她红了脸。

米西很生气地皱起眉头，耸了耸肩膀，便转身向着一个潇洒英俊的军官，那军官从她手里接过空茶杯，军刀在圈椅上碰了几下，就雄赳赳地把茶杯送到另一张桌上。

“您也应该为孤儿院捐一些钱呀。”

“我没有说不捐呀，不过我想把我的慷慨大方全部留着，拿到摸彩会上去。到时候我可以好好地露一手。”

“哼，到时候瞧吧！”接着是明显做作的笑声。

这个接待日十分热闹，安娜·伊格纳济耶芙娜兴高采烈。

“我家米卡告诉我，您在忙监狱里的事。这一点我很理解。”她对聂赫留朵夫说。米卡就是她的胖丈夫玛斯连尼科夫。“米卡也许有别的缺点，可是您也知道，他的心肠有多么好呀。那些不幸的囚犯就好比是他的孩子。他就是这样看待他们的。他的心是那样好……”

她停住了，因为她找不到字眼儿足以形容她那个下命令抽打犯人的丈夫的好心，就马上微微笑着转过脸去，招呼一个走进来的满脸皱纹、扎着紫色花结的老太婆。

聂赫留朵夫为了不失礼，说了几句照例应该说的话，并且也照例说得毫无内容，然后便站起来，走到玛斯连尼科夫跟前。

“那么，请问，你可以听我说说吗？”

“哦，是的。好，有什么事呀？咱们上这儿来吧。”

他们走进小小的日本式书房，在窗前坐下来。

## 五十八

“嗯，请吧，我听候吩咐。想抽烟吗？不过，等一等，咱们别把这儿弄脏了。”玛斯连尼科夫说着，拿过一个烟灰缸。“怎么样？”

“我找你有两件事。”

“原来是这样。”

玛斯连尼科夫的脸色变得阴沉而灰暗了。原来像一条狗在主人搔耳朵时那种兴奋神情已经消失得无影无踪。可以听到客厅里的说话声。一个女人的声音说：“我绝对不相信，绝对不相信。”客厅另一头有一个男人的声音在讲着一件什么事情，反复提到“伏伦卓娃伯爵夫人和维克多•阿普拉克辛。”从另外一个方向传来的只是一片闹哄哄的说话声和笑声。玛斯连尼科夫倾听着客厅里的情形，一面在听聂赫留朵夫说话。

“我说的还是那个女人的事。”聂赫留朵夫说。

“哦，你是说那个冤枉的女人。我知道，知道。”

“我想求你把她调到医院去做什么事情。有人告诉我，这是可以办到的。”

玛斯连尼科夫紧紧闭起嘴，沉思起来。

“未必办得到，”他说，“不过，我去商量商量，明天打电报告诉你。”

“有人告诉我，医院里病人很多，很需要有人帮忙。”

“是吗，是吗？好吧，反正不管怎样，我会给你回话的。”

“那就请你费神了。”聂赫留朵夫说。

客厅里响起一阵哄堂大笑，而且不是做作的笑。

“这都是维克多，”玛斯连尼科夫笑着说，“等他上了劲儿，俏皮得要命。”

“还有，”聂赫留朵夫说，“现在监狱里关着一百三十个人，只是因为他们的身份证过了期。已经把他们关了一个多月了。”

于是他说了说他们被关押的原因。

“这事你是怎么知道的？”玛斯连尼科夫问道，并且他的脸上忽然流露出不安和不满的神气。

“我去看一个被告，那些人在走廊里把我围住，要求我……”

“你看的是哪一个被告？”

“是一个农民，无罪而受到控告，我已经请人为他辩护。不过，我说的不是这件事。难道那些人什么罪也没有，只因为身份证过期就坐牢……”

“这是检察官的事。”玛斯连尼科夫很恼火地打断聂赫留朵夫的话说。“这就是所说的：审判又快又公正。副检察官有责任视察监狱，调查犯人被关押是否合法。可是他们什么事也不干，只知道玩牌。”

“那你就毫无办法了吗?”聂赫留朵夫想起律师说过省长会推给检察官,就沉下脸问道。

“不,我去办。我去查一查,马上就查。”

“那她就更糟了。这是个苦命女人呀。”客厅里有一个女人声音说,显然说话的女人对她所说的事没有多大兴趣。

“那就更好,我把这个也拿走。”客厅另一头有一个男子用开玩笑的声音说,有一个女子也嘻嘻哈哈地笑了,显然是不让他把东西拿走。

“不行,不行,说什么也不行。”女人的声音说。

“就这样吧,这些事我都去办,”玛斯连尼科夫又说了一遍,一面用戴绿松石戒指的白手把香烟捻灭,“现在咱们到太太们那儿去吧。”

“对了,还有这样一件事,”聂赫留朵夫没有进客厅,在门口站下来说,“我听说,昨天监狱里有人受了体罚。这是真的吗?”

玛斯连尼科夫脸红了。

“哎呀,你问这事吗?你听着,老弟,真不能让你到监狱里去,你什么事都要管。走吧,走吧,安娜在叫我们了。”他说着,挽住聂赫留朵夫的胳膊,又露出十分激动的样子,就像刚才那位重要人物关注之后那样,不过现在已经不是高兴得激动,而是惶惶不安了。

聂赫留朵夫从他的胳膊里抽出自己的胳膊,没有向任何人告别,什么也没有说,就带着阴沉的脸色穿过客厅和大厅,经过一个个连忙站起来的仆人面前,来到前厅里,又来到大街上。

“他怎么啦?你什么事得罪他了?”安娜向丈夫问道。

“这是法国人作风。”有人说。

“这算什么法国人作风,这是祖鲁人[1]作风。”

“噢,不过他一向就是这样的。”

有人起来告辞,有人刚刚来到,叽叽喳喳的谈话照常进行着。大家抓住聂赫留朵夫这件事作为今天谈话的好话题。

聂赫留朵夫在走访玛斯连尼科夫之后的第二天,就收到他的来信。他在一张带官衔和火漆印的光滑厚信纸上用刚劲潇洒的字体写道,已写信给医生谈及调玛丝洛娃去医院一事,大概他的要求可以实现。信的末尾写的是“热爱你的老同事”,在署名“玛斯连尼科夫”末尾是一笔极其花哨的粗大刚劲的花笔道。

“浑蛋!”聂赫留朵夫忍不住骂道,尤其因为他从“同事”这个词儿里感觉到玛斯连尼科夫对他有一种屈尊俯就的意味,就是说,尽管他担任着在道德上最肮脏、最无耻的职务,还自以为是个了不起的人物,现在自称为他的同事,如果不是想满足一下他的自尊心,那就是想表示自己并不因为地位显赫而目中无人。

## 五十九

有一种极其常见、极其普遍的宿命论点,认为每一个人都有自己的一成不变的本性,认为人有善良的,有凶恶的,有聪明的,有愚蠢的,有热情如火的,有冷若冰霜的,等等。其实,人往往不是这样的。我们说一个人,可以说他善良的时候多于凶恶的时候,聪明的时候多于愚蠢的时候,热情如火的时候多于冷若冰霜

①南非的一个民族。

的时候,或者正好相反。如果我们说一个人是善良的或者聪明的,说另一个人是凶恶的或者愚蠢的,那就不对了。然而我们总是这样把人分类。这是不合实情的。人好比河流:所有河里的水都一样,到处的水都一样,可是每一条河都是有的地方狭窄,有的地方宽阔,有的地方湍急,有的地方平缓,有的地方清澈,有的地方浑浊,有的地方冰凉,有的地方温暖。人也是这样。每一个人身上都具有各种各样人的本性的胚芽,有时表现出这一种本性,有时表现出那一种本性;有时变得面目全非,其实还是原来那个人。在有些人身上,这种变化往往特别急剧。聂赫留朵夫便属于这类人。他发生这样的变化,有时出于生理方面的原因,有时出于精神方面的原因。现在他就发生了这样的变化。

他在法庭巧遇和第一次探望卡秋莎之后,心中出现了一种新生后的胜利感和欢乐感,如今那种感觉已经完全消失,在最近一次见面之后上述感觉已经换成了一种恐惧感以至对她的厌恶感。他决定不再离开她,只要她愿意,他也不改变同她结婚的决心;然而他却觉得这是一种负担和痛苦。

他在走访玛斯连尼科夫的第二天,又到监狱里去看她。

典狱长准许他们见面,但不在办公室,也不在律师事务室,而是在女监探望室。典狱长尽管心地宽厚,但这一次对待聂赫留朵夫比上一次冷淡了。显然,聂赫留朵夫同玛斯连尼科夫谈话的结果是下了一道指示,要对此人探监多加提防。

“见面是可以的,”典狱长说,“不过,要是给钱的话,请照我的要求办……至于把她调到医院去,像上面指示的那样,是可以的,医生也同意了。只是她自己不愿意,她说:‘要我去给那些讨厌的家伙倒尿盆,我才不稀罕呢……'您瞧,公爵,这号儿人就是这样的。"他补充说。

聂赫留朵夫什么也没有回答,就要求让他去见她。典狱长叫来一名看守,聂赫留朵夫就跟着看守走进空空的女监探望室。

玛丝洛娃已经在里面,这时静静地、很不好意思地从铁栅栏后面走了出来。她走到聂赫留朵夫跟前,眼睛不看他,小声说:

"请原谅我,德米特里·伊凡诺维奇,前天我说了些不好的话。"

"不是我原谅不原谅您……"聂赫留朵夫本想说下去,可是没有说。

"不过,您还是不要管我的事吧。"她又说,并且使劲斜睨了他一眼,于是聂赫留朵夫又在她的眼睛里看到紧张和愤恨的神情。

"究竟为什么叫我不要管您的事?"

"就该这样。"

"为什么就该这样?"

她又看了他一眼,他觉得那目光也是愤恨的。

"嗯,就是这样嘛。"她说。"您不要管我的事吧,这是我真心实意对您说的。我受不了。您再也不要这样了。"她哆嗦着嘴唇说,接着沉默了一会儿。"这是真心话。我宁可上吊。"

聂赫留朵夫觉得,她这样断然拒绝,说明她痛恨他,恼怒他,不肯原谅他,但其中也有另外的东西,也就是好的、很重要的因素。她这样在完全心平气和的状态下再一次表示拒绝,立即消除了聂赫留朵夫心中的种种疑虑,使他回到了原来那种严肃、振奋和深受感动的状态。

“卡秋莎，我原来怎么说，现在还是怎么说，”他特别郑重地说，“我请求你和我结婚。如果你不愿意，我就像原先那样，你在哪儿，我就在哪儿，你被发配到哪儿，我就跟到哪儿，直到你愿意。”

“那就是您的事了，我不想再说什么了。”她说着，嘴唇又哆嗦起来。

他也没有作声，觉得说不下去了。

“我现在要到乡下去，然后上彼得堡去，”他终于鼓起劲儿说，“我要为您的事，为咱们的事，去想想办法，但愿上帝保佑，撤销原判。”

“就是不撤销，也是一样。就是不为这事，那我为别的事也得受罪……”她说。他看出她用了很大的劲儿才憋住眼泪。“哦，怎么样，您看到敏绍夫吗?”她为了掩饰自己的激动，忽然问道。“他们没有罪，不是吗?”

“我看，是的。”

“那个老奶奶真是好得不得了。”她说。

他把从敏绍夫那里了解到的情况一五一十地对她说了说，就问她是否还需要什么，她回答说什么也不需要。

他们又沉默了一会儿。

“哦，还有去医院的事，”她忽然用她那斜视的眼睛看了他一眼，说，“如果您要我去，我就去，酒我也不再喝了……”

聂赫留朵夫默默地看了看她的眼睛。她的眼睛在微笑。

“这太好了。”他只能说出这样一句，便和她告别了。

“是的，是的，她完全变成另外一个人了。”聂赫留朵夫想道。因为这时原来的种种疑虑已经消失，心中产生了一种全新的、从来不曾有过的感觉,那就是相信爱情具有无坚不摧的力量。

玛丝洛娃在这次见面之后,回到臭烘烘的牢房,脱下囚服,坐到自己的床铺上,两手放在膝盖上。这时牢房里只有几个人:弗拉基米尔省的害痨病的女人和她的吃奶孩子,敏绍娃老婆子,看道口的女人和两个孩子。诵经士的女儿昨天诊断有精神病,已经进了医院。其余几个女人都洗衣服去了。老婆子躺在床上睡觉;孩子们在走廊里,牢房门开着。弗拉基米尔省的女人抱着孩子,看道口女人用灵活的手指头编织着袜子,同时走到玛丝洛娃跟前。

"嗯,怎么样,见面了吗?"她们问道。

玛丝洛娃没有回答,坐在高高的床铺上,晃悠着两条够不到地板的腿。

"哭哭啼啼干什么?"看道口女人说。"可不要灰心丧气。哎,卡秋莎! 好啦!"她一面说,一面敏捷地活动着手指头。

玛丝洛娃没有回答。

"她们都洗衣服去了。听说,今天施舍的东西有一大堆。都说,送来好多东西。"弗拉基米尔省的女人说。

"小菲尼亚!"看道口女人朝着门口叫道,"这淘气鬼不知跑到哪儿去了。"

她抽出一根针,插进线团和袜子里,走出门去。

这时走廊里响起一阵脚步声和女人的说话声,同牢房的几个女人光脚穿着大棉鞋走了进来,每人拿着一个白面包,有的还拿着两个。菲道霞立即走到玛丝洛娃跟前。

“怎么,是不是有什么事不如意?”菲道霞用她那明亮的蓝眼睛亲热地看着玛丝洛娃,问道。“这是给咱们当点心吃的。”她说着,把白面包放到搁板上。

“怎么,是不是他变了卦,不想跟你结婚了?”科拉布列娃问道。

“不是,他没有变卦,可是我不愿意。”玛丝洛娃说,“我就是这样说的。”

“瞧你这傻瓜!”科拉布列娃用粗喉咙大嗓门儿说。

“那有什么,既然不能住在一起,结婚又有什么意思?”菲道霞说。

“你丈夫不是也要跟你一块儿走吗?”看道口女人说。

“那有什么,我们是结过婚的嘛。”菲道霞说,“可是他们,既然不能住在一起,又何必结婚?”

“真是傻瓜!何必结婚吗?他要是娶了她,她就有花不完的钱了。”

“他说:不管把你发配到哪儿,我都跟着你去。”玛丝洛娃说。“他想去就去,不想去就不去。我可是不求他。现在他要上彼得堡去想办法。那儿的大官全是他的亲戚,”她继续说,“不过我还是不依仗他。”

“那当然啦!”科拉布列娃忽然表示同意了,一面翻着自己的袋子,显然是在想着别的事。“怎么样,咱们来喝点儿酒吧?”

“我不喝了,”玛丝洛娃回答说,“你们喝吧。”

# 第二部

## 一

再过两个星期,参政院有可能审理玛丝洛娃的案子,聂赫留朵夫打算到那时候赶到彼得堡去,如果在参政院败诉,就依照写状子的律师的主意,向皇上告御状。照律师的估计,上诉可能毫无结果,对此必须有所准备,因为上诉的理由很不充分。要是这样的话,有玛丝洛娃在内的一批苦役犯可能就在六月初出发,聂赫留朵夫是下定决心要跟着玛丝洛娃到西伯利亚去的,那就必须做好准备,所以现在必须到乡下去,把乡下的事情料理料理。

聂赫留朵夫首先乘火车上最近的库兹明,那是一个黑土地的大庄园,他的主要收入就是从这儿来的。他在童年和少年时期都生活在这个庄园里,成年后又在那儿住过两次,还有一次奉母亲之命带着一个德籍管家上那儿去,同他一起检查庄园经营情形,所以他早就熟悉庄园的情况以及农民和账房的关系,也就是和地主的关系。农民和地主的关系,说得斯文一些,是一种十足的依附关系，说得干脆些，是农民受账房奴役。这不是像一八六一年废止的那种明显的奴役，即若干人受一个东家的奴役，而是一切无地或少地的农民共同受奴役，总的说，主要是受更大的地主们的奴役，有时也例外地受到生活在农民中间的一些地主的奴役。聂赫留朵夫知道这一点，而且也不可能不知道，因为庄园的经营就是建立在这种奴役的基础上，而他协助检查的就是这种经营体制。不过，聂赫留朵夫不光是知道这一点，他还知道这是不合理的，是残酷的，而且他从学生时代就明白了这个道理，那时候他就信奉亨利·乔治的学说，热心进行宣扬，并且身体力行，把父亲留下的土地分给农民，认为在当今时代拥有土地和五十年前拥有农奴一样，都是罪恶。不错，自从他在军中服务，养成每年挥霍两万卢布的习惯之后，所有这一类学说对他的生活已经不再有什么约束力，已经忘得一干二净，他不但从来不问自己对待财产持什么态度，从来不问母亲给他的钱是从哪里来的，而且竭力不去想这种事。不过，母亲一死，他继承遗产，就不能不经管自己的产业，也就是要经管土地，这样一来，如何对待土地私有制的问题就又出现在他的面前。要是在一个月前，他可以对自己说，改变现行制度他无能为力，庄园也不是他在经管，这样他远离庄园而花着从庄园汇来的钱，多少还能心安理得。现在他可是下定了决心，尽管他就要上西伯利亚去，尽管同监狱方面还要有一些复杂而艰难的交道，而这都需要花钱，他还是不能再维持现状，而是要克制自己的私心，改变现状。因此他决定自己不再经营土地，而是以不高的代价租给农民去耕种，使农民有可能在一般情况下不再依附于地主。聂赫留朵夫不止一次拿地主和农奴主的情况进行比较,认为地主不雇工耕种而把土地租给农民,相当于农奴主把农奴的徭役制改为代役租制。这样并未解决问题,但这是向问题的解决迈出了一步:这是从凶狠的压榨形式过渡到不太凶狠的压榨形式。他就决定这样做。

聂赫留朵夫来到库兹明已是中午时候。他在生活各方面力求简朴,事先连电报也没有打,这时就在火车站雇了一辆两匹马的四轮马车。车夫是个年轻小伙子,身穿土布长褂,长长的腰身下面打褶的地方束着一根皮带。他照赶车人习惯侧歪着身子坐在驭座上。他很乐意和坐车的老爷说话,因为他们一说话,那匹瘸腿的、衰老无力的白辕马和那匹害气肿病的干瘦的拉套的马就可以一步一步慢走,这样的马总是希望慢走的。

车夫说起库兹明庄园的总管,他不知道车上坐的就是庄园的主人。聂赫留朵夫有意不告诉他。

"那个德国佬好阔气呀!"这个在城里住过而且看过一些小说的车夫说。他半侧身对着乘客,一会儿抓住长长的鞭柄的上头,一会儿抓住鞭柄的下头,并且显然是想炫耀自己的学识。"他添置了一辆三匹草黄马的大马车,带着太太一出门,那股神气劲儿谁也比不上!"他接着说,"冬天过圣诞节,他那老大的屋里还有圣诞树,我送客人上他那儿去过;还有电灯火哩。全省再也找不到第二家!捞的钱呀,可是老鼻子了! 他怎么不捞呀,他掌着大权嘛! 听说他买了一份好地产。"

聂赫留朵夫心想,不论那个德国人怎样经管他的庄园,怎样从中捞钱,对他都无所谓。可是这个长腰身的车夫说的话却使他感到不快。他欣赏着明媚的春光,看着那有时把太阳遮住的有点发乌的浓云，看着春播作物地上到处都有庄稼人在翻耕燕麦地，看着一片翠绿的原野和原野上空飞翔着的百灵鸟，看着那除了迟发的橡树以外已经是一片新绿的树林，看着那草地上的羊群和马群，看着田野上到处都有人在耕地的景象，看着看着，他有时会想起，他有一样不愉快的事情，等他问起自己：究竟是什么事儿？他才想起来，就是车夫说的那个德国人在库兹明庄园作威作福的事。

聂赫留朵夫来到库兹明庄园，着手料理事情以后，这种感觉就消失了。

聂赫留朵夫查过账目，同管家谈了话。管家直言不讳地告诉他，农民地少，而且被地主的土地所包围，地主可以得到很多便宜。这样，聂赫留朵夫就更加坚定地要实现自己的打算，不再自己经营，而把全部土地分给农民。通过查账以及同管家谈话，他知道情况还是和过去一样，三分之二的好耕地是由自己的雇工用改良农具耕种，其余三分之一土地是雇农民耕种，每俄亩付工钱五卢布，也就是说，农民为了这五个卢布，要把每俄亩土地犁三遍，耙三遍，播种，然后收割，打捆或者压实，送到打谷场上，这些活儿如果雇廉价的零工来做，每俄亩至少要花十卢布。农民如果有什么需要，和账房打交道，都要按最贵的价钱，干活儿抵钱。到草地上割草，到树林里打柴，买土豆藤子，都要以干活儿做代价，因此几乎所有的农民都欠账房的债。这样，边远的土地雇农民耕种，每亩所得比起相当于地价百分之五的地租收入要多四倍。

这些事聂赫留朵夫以前也知道，但是他现在却像是听到新鲜事一样，而且惊讶不已，他和一切处在他的地位的人怎么会看不到这种种情况多么不正常。总管提出种种理由，说如果把土地交给农民，所有的农具就成了废物，连原价四分之一的钱都卖不到，而且农民会把土地糟蹋掉，像这样交出土地，聂赫留朵夫损失太大，但这种种理由只是使聂赫留朵夫更加相信，他把土地交给农民，使自己失去大部分收入，正是一件好事。他决定这一次就把这事办好。至于收获和出售已经种下去的庄稼，出售农具和不必要的房屋，这类事可以在他走后让总管去办。现在他就请总管召集库兹明庄园土地所包围着的三个村子的农民第二天来开会，向他们说明自己的来意，并且商定出租土地的租金。

聂赫留朵夫想到自己坚决抵制了总管的种种理由，甘心为农民做牺牲，感到很愉快。他怀着这样的心情走出账房，一面考虑着要办的事情，一面在房子周围信步走走，来到花圃边，花圃如今已经荒芜了，总管房前却新辟了一个花圃，来到生满蒲公英的网球场上，又来到菩提树丛中的小径上，以前他常常在这儿走走，吸吸雪茄，三年前美貌的基里莫娃到母亲这里来做客，还在这儿跟他调过情。等他大致上想好了明天要对农民们说的话，就又去找总管，同他一面喝茶，一面商量了如何清理全部地产的问题，直到在这方面完全放了心，这才走进这座大房子里为他准备的一个房间，这房间平时是接待客人用的。

这房间不大，但十分干净，墙上挂着威尼斯风景画，两个窗子中间有一面镜子，有一张很干净的弹簧床，一张小桌，桌上有一个盛水的玻璃瓶，有火柴和灭烛家什。镜子旁边的大桌子上放着他那打开的皮箱，可以看到他的化妆用品盒和随身带的几本书：一本是研究刑法的俄文书，还有一本德文书和一本英文书，都是同样内容的。他想在这次下乡的空闲时间里读读这几本书，可是今天没有时间了，他要睡觉了，明天可以早点起床梳洗，和农民们好好谈一谈。

房间的角落里放着一张老式的红木雕花圈椅。聂赫留朵夫记得这圈椅是在母亲卧室里的。一看到这圈椅，心中忽然出现了一股完全意想不到的感情。他忽然留恋起这年久失修的房子，留恋起那荒芜的花园、那快要砍光的树林，留恋起那些畜栏、马厩、农具棚、机器和牛马，这一切虽然不是他置办的，但他知道创立和维持这样大的家业是极不容易的。以前他觉得丢开这一切是极容易的，现在却不仅留恋起这一切，也留恋起土地，留恋起那一半的收入，那收入可能是他目前十分需要的。于是马上就有一些想法出来迎合他，根据这些想法得出的结论是，把土地交给农民、毁掉自己的产业是不明智的和不应该的。

“我不应该占有土地。不占有土地，也就不必维持这整个家业。再说，我现在就要上西伯利亚去了，所以不论房子，不论庄园，都用不着了。”他心里有一个声音说。“这话倒也不错，”他心里另一个声音说，“可是，第一，你不会在西伯利亚待一辈子。你要是结婚，就会有孩子。你接收的是一座完好的庄园，就应该完好地传下去。你要对土地负责。把土地交出去，把一切都弄得精光，这很容易，可是创家立业那是很难的。顶要紧的是，你要好好考虑考虑你的生活，考虑好今后怎么办，根据这一点来处理自己的财产。你的决心是否坚定不移？还有，你这样做是真的出于良心，还是做给人家看看，借此炫耀自己？”聂赫留朵夫这样自己问自己，而且他不能不承认，别人如有什么议论，也会影响他的决心。他想的愈多,出现的问题就愈来愈多,也愈来愈难解决。为了摆脱这些想法,他进了干净的被窝,打算睡觉,为的是到明天用清醒的头脑好好地想想现在他怎么也想不出头绪的这些问题。可是他很久都睡不着。青蛙的呱呱声伴随着新鲜空气和月光涌进敞着的窗子,蛙声中夹杂着夜莺的鸣声和啼声,有几只夜莺在远处的花园里,有一只就在窗前盛开的丁香花丛中。聂赫留朵夫听着蛙声和夜莺鸣声,想起了典狱长女儿的琴声。想起典狱长,就想起了玛丝洛娃,想起她在说“您不要管我的事”的时候,她的嘴唇哆嗦着,就像蛙鸣时那样。然后是德籍总管下去捉青蛙。不能让他下去,可是他不但下去了,而且变成了玛丝洛娃,而且责备起他来:“我是苦役犯,您是公爵。”“不,我不能后退。”聂赫留朵夫想道,并且苏醒过来,又自己问自己:“我这样做,究竟是好还是不好?我不知道,而且反正对我无所谓。反正无所谓。不过应该睡了。”于是他也顺着总管和玛丝洛娃下去的路往下滑,然后一切都没有了。

## 二

第二天,聂赫留朵夫早晨九点钟醒来。前来伺候老爷的年轻的账房管事一听见他动了,就给他拿来皮鞋,皮鞋锃亮,从来没有这样亮过,又端来一杯清凉的矿泉水,并且报告说,农民们已经来了一些了。聂赫留朵夫很快下了床,头脑清醒了。昨天他对交出土地和丢掉家业感到惋惜的心情已经无影无踪了。现在他想起那种心情就觉得奇怪。现在他想到他就要干的事,就觉得高兴,而且不由得感到自豪。从这房间的窗口望去,便可以看到长满蒲公英的网球场,农民们便是依照总管的吩咐在那里集合的。青蛙从昨天晚上就叫个不停,不是没有来由的。今天是阴雨天。一早就下起暖和和的毛毛雨,没有一丝风,树叶上、树枝上、青草上都挂满了水珠儿。扑进窗来的除了绿树青草的芳香,还有久旱逢雨的泥土气息。聂赫留朵夫在穿衣服的时候,几次向窗外张望,看农民怎样在网球场上集合。他们陆续来到,见了面互相脱帽行礼,拄着拐杖,站成一个圆圈。总管是一个浑身是肉、身强力壮的年轻人,穿一件绿色竖领和大纽扣的短上衣,他走来对聂赫留朵夫说,人都到齐了,不过可以让他们等一会儿,聂赫留朵夫可以先喝点咖啡或者红茶,这两样都已经准备好了。

“不用,我还是先去见他们好些。”聂赫留朵夫说。一想到就要和农民们谈话,竟完全出乎自己意外地感到胆怯和羞臊起来。

他是去实现农民们的愿望,这愿望是他们不敢想象会实现的,那就是以便宜的地租把地分给他们,也就是说,他是去向他们施恩行善,可是他却觉得有些羞愧。等到聂赫留朵夫来到集合好的农民面前,农民纷纷脱下帽子,露出一个个黄发的、鬈发的、秃顶的、白发的脑袋,他竟发起窘来,窘得老半天不能说话。小雨还在蒙蒙地下着,小小的雨珠儿挂在农民们的头发上、胡子上和衣服绒毛上。农民们望着老爷,等他开口说话,可是他却窘得什么话也说不出来。这种尴尬的沉默局面是由沉着镇定、自信心很强、自以为很了解俄国农民、说得一口漂亮的俄语的德籍总管打破的。这个身强力壮、吃得又白又胖的人,也和聂赫留朵夫一样,和干瘦的脸上到处是皱纹、衣服底下凸着尖尖的肩胛骨的农民们在一起,形成强烈的对照。

“现在公爵想给你们做一桩好事,要把土地交给你们,不过你们不配。”总管说。

“我们怎么不配,瓦西里·卡尔雷奇,难道我们没有给你干过活儿?我们多亏了先夫人,愿她在天堂康宁,也多亏公爵少爷没有丢开我们。”一个喜欢饶舌的红头发农民说。

“我就是为这事召集你们来的,你们如果愿意的话,我就把全部土地都交给你们。”聂赫留朵夫说。

农民们都没有作声,就好像是不懂或者不相信他的话。

“把土地交给我们,这是什么意思?”一个穿紧腰长外衣的中年农民问道。

“就是租给你们,让你们出不高的租金自己耕种。”

“这是求之不得的事。”一个老汉说。

“不过租金要出得起才成。”另一个老汉说。

“土地哪有不要的!”

“种地是我们干惯了的事儿,我们就是靠土地吃饭的!”

“这样您也省心些,只管收收钱就行了,要不然麻烦事儿才多哩!”有的人说。

“麻烦事儿是你们弄出来的,”德籍总管说,“要是你们好好干活儿,又能守规矩的话……”

“这我们可办不到,瓦西里·卡尔雷奇。”一个瘦瘦的尖鼻子老汉说。“你问我为什么把马放到庄稼地里,谁又存心放过?我一天到晚抡镰刀,一天长得就跟一年一样,到夜里免不了打个瞌睡,可是马就跑到你的燕麦地里,你就恨不得把我的皮剥掉。”

“你们能守规矩就好了。”

“守规矩,你说得倒轻巧,可是我们没法子呀。”一个黑头发、满脸胡子的高个子中年农民反驳说。

“我对你们说过嘛,叫你们竖栅栏。”

“你给我们木材。”后面有一个外表很寒碜的矮小汉子插嘴说。“我去年夏天就想竖栅栏,可是你把我关进牢里,喂了三个月虱子。哼,这就叫竖栅栏。”

“他说的这是怎么一回事儿?”聂赫留朵夫向总管问道。

“村子里的头一号贼。”总管用德语说。“年年都在树林里逮到你。你要学会尊重别人的财产。”总管对那人说。

“难道我们不尊重你吗?”有一个老汉说。“我们没法子不尊重你,因为我们都在你的手心里;你要我们怎样就怎样。”

“得啦,老哥,谁也不会欺负你们;你们不欺负别人就行了。”

“当然啦,不欺负!不欺负!去年夏天你打我一顿耳光,打了就打了。跟有钱人没法讲道理,这是明摆着的。”

“那你要守规矩嘛。”

显然这是在进行一场舌战,参战的双方都不十分清楚他们为的是什么,说的是什么。不过可以看得很清楚的是,一方满腔愤恨,只是因为害怕,极力控制着;另一方仗恃自己的优越地位和权势。聂赫留朵夫听着,心里很难受,就竭力使大家回过来谈正事:商定租金和付款期限。

“土地的事究竟怎么办?你们愿意不愿意?要是把全部土地交给你们,你们出什么价钱?”

“土地是您的,由您要价钱。”

聂赫留朵夫说了个价钱。尽管他说的价钱比起附近一带的地租低得多，农民们还是照例还起价钱，说价钱高了。聂赫留朵夫原以为他说的价钱大家会高高兴兴地接受，可是却没看到丝毫满意的表情。聂赫留朵夫只是从一件事看出来，他说的价钱对他们是有利的，那就是在谈到由谁来承租土地，也就是讨论由大家共同来承租，还是各自结伙来承租的时候，发生了激烈的争论，一些人要把劳动力弱的和交租有困难的人排挤在外，被排挤的人却争着要参加承租。最后还是多亏了总管，才商定了价钱和付款期限。农民们这才闹闹哄哄地议论着朝坡下走，朝村子里走去，聂赫留朵夫也和总管一起上账房去拟订契约。

一切都按照他所希望的和预期的安排好了：农民得到了土地，付的租金比起附近一带的地租要低三成；他在土地方面的收入几乎减少了一半，但这对他还是绰绰有余的，何况他卖掉树林，出售农具，都有一笔进款。似乎一切都很好，可是聂赫留朵夫总是觉得有些羞愧。他看出来，尽管有些农民对他说了一些感激的话，农民们并不满足，而是希望得到更多的好处。结果是，他损失了很多，却没有满足农民们的期望。

第二天，就签订了家常契约。聂赫留朵夫在几个推选出来的老汉护送下，怀着事情没有办完的不愉快心情，坐上总管的三驾马车，也就是从车站来时马车夫说的那辆很阔气的马车，同那些带着令人不解和不满意神气的庄稼人告过别，便朝车站奔去。聂赫留朵夫自己觉得很不满意。为什么不满意，他也不知道，可是他一直感到闷闷不乐，有些羞愧。

## 三

聂赫留朵夫离了库兹明，就乘车前往两位姑妈让他继承的庄园，也就是他认识卡秋莎的地方。他打算像在库兹明那样处理这个庄园的土地。此外，还想尽可能打听一下有关卡秋莎的事以及她和他的孩子的情况：那孩子是不是真的死了？是怎么死的？他来到巴诺沃正是早晨。他坐的马车一进院子，首先使他吃惊的是所有的房舍，特别是正房，显露出的荒废和败破景象。当年的绿色铁皮屋顶，因为多年没有油漆，已经锈得发了红，有几块铁皮向上翘着，看样子是暴风雨掀起来的。正房四周钉的护墙板，有些地方已被人撬走；凡是能拔掉生锈的钉子、容易撬掉的木板都撬走了。两个门廊，前门廊和他记得特别清楚的后门廊，都已经腐朽倒塌，只剩下横梁；有几扇窗子没有玻璃，钉了木板；不论管家住的厢房，不论厨房、马厩，都已破旧，灰不溜秋的。只有花园不仅没有衰败，而且花木更加茂盛，更加葱茏了，现在正是百花似锦的时候。在围墙外面就可以看见盛开的樱桃花、李花和苹果花，宛如一朵朵白云。做篱笆的丁香花也开了，还像十四年前一样，那一年聂赫留朵夫就是和十八岁的卡秋莎在这丁香花丛中玩捉人游戏[①]，跌了一跤，被荨麻刺破手的。索菲娅姑妈在房前栽的一株落叶松，当年小得像一根橛子，如今已长成大树，可以做材了，枝条上披满像绒毛一样柔软的黄绿色松针。河水在河道里奔流

①此处有差错。那一年卡秋莎是十六岁，这时是二十七岁，应为十一年前。

着，在磨坊的下坡处发出哗哗的响声。对岸的草地上，农民牧放的各种牲口织成色彩斑斓的图画。管家是一个没有毕业的神学校学生，他笑嘻嘻地在院子里迎接聂赫留朵夫，又笑嘻嘻地请他到账房去，然后又笑嘻嘻地到屏风后面去了，他这种笑似乎预示将会有什么特别的事儿。在屏风后面有悄悄的说话声，说了一会儿，就不说了。马车夫拿到酒钱，便赶着车出了院子，马铃叮叮当当响过一阵子之后，便鸦雀无声了。又过了一阵子，有一个穿绣花小褂、耳朵上装饰着小绒球的姑娘光着脚从窗前跑过，在姑娘后面又跑过一个男子汉，他那厚底靴子上的铁钉在坚硬的小道上发出叮叮的响声。

聂赫留朵夫在窗前坐下来，朝花园里望着，闻着。清爽的春风携带着新翻耕土地的泥土气息吹进双扉小窗里来，吹拂着他汗津津的额头上的头发，轻轻吹动着到处是小刀印子的窗台上放的一些信纸。洗衣妇女们在河上噼里啪啦地捣衣服，捣衣声此起彼落，飘荡在阳光灿烂的、被拦成水泊的河面上。磨坊那边传来均匀的流水下泻声音。一只苍蝇惊恐而响亮地嗡嗡叫着，从他耳边飞过。

聂赫留朵夫忽然想起来，很久以前，当他还很年轻、很纯洁的时候，他在这儿就是这样在均匀的磨坊流水声中听到妇女们的捣衣声，春风也是这样吹拂着他汗津津的额头上的头发，轻轻吹动着到处是小刀印子的窗台上放的一些信纸，有一只苍蝇也是这样惊恐地从耳边飞过，于是他不但想起当年他还是十八岁小伙子的情景，而且觉得自己还像当年一样，朝气勃勃，纯洁无瑕，胸怀远大，可是同时，犹如梦里一样，他知道这一切已经逝去了，于是他感到无比惆怅。

“您什么时候用饭?”管家笑嘻嘻地问道。

“随您的便,我不饿。我要到村子里走走。”

“您是不是到房子里看看,房子里面我收拾得好好的。请您看看吧,如果房子的外观……”

“不,以后再看吧,现在,请您告诉我,你们这儿可有一个女人叫玛特廖娜·哈林娜?”

他问的是卡秋莎的姨妈。

“当然有啦,就在村子里,我简直拿她没办法。她一直在卖私酒。我知道,训过她,也骂过她,可是写状子告她,又于心不忍:一个老婆子嘛,还有孙子孙女要养活。”管家说这话时依然带着那样的笑容,表示他很想讨东家喜欢,表示他相信聂赫留朵夫看待一切事情也跟他一样。

“她住在哪儿? 我想上她家去看看。”

“住在村子头上,从村边数第三家。左边是一座砖瓦房,砖瓦房过去就是她的草屋了。最好还是我陪您去。”管家高高兴兴地笑着说。

“不用,谢谢您啦,我能找得到,倒是请您通知一下农民们,让他们都来一下,我要和他们谈谈土地的事。”聂赫留朵夫说。他打算也像在库兹明那样,在这儿跟农民们把土地的事处理处理,如果可能的话,就在今天晚上办好。

## 四

聂赫留朵夫出了大门，在踩得很结实的小路上遇到那个耳朵上装饰着小绒球的穿着花围裙的农家姑娘，那姑娘飞快地倒换着两只粗大的光脚丫，在长满车前草和独行菜的牧场上跑着。她是在往回跑，那只左胳膊在胸前很快地晃悠着，右胳膊把一只红红的公鸡紧紧搂在肚子上。那公鸡轻轻抖动着红红的鸡冠，似乎很镇定，只是不住地转悠着眼珠子，一只黑黑的腿时而伸直，时而蜷起，爪子紧紧抓住姑娘的围裙。等姑娘渐渐来到老爷面前，先是放慢脚步，快跑变成慢走，等来到跟前，便站了下来，把头发往后一甩，向他鞠了一个躬，等他走过去，她才抱着公鸡往前走。聂赫留朵夫在下坡朝水井边走的时候，又遇到一个弯腰驼背、身穿肮脏粗布褂、挑着一担沉甸甸的水桶的老婆子。老婆子小心翼翼地把水桶放下来，也像姑娘那样把头发向后一甩，向他鞠了一个躬。

过了水井，就是村子了。这是一个晴热的日子，上午十点钟就热得闷人了，渐渐聚拢的云片偶尔把太阳遮住。整条街上弥漫着浓烈刺鼻而又不太难闻的牲口粪气味，这气味一部分是几辆顺着光溜溜的道路上坡的大车送来的，但主要的还是来自家家翻晒的牲口粪。聂赫留朵夫就是从各家敞开的大门前经过。几个赶着大车上坡的汉子，光着脚，穿着溅满粪汁的裤子和小褂，回头看着这个头戴灰色礼帽、缎帽箍在阳光下闪闪发亮的又高又胖的老爷，看着他在村子里往坡上走，每隔一步就用铿亮的银头曲节手杖在地上点一点。有些从田野上回来的庄稼人，颠颠晃晃地坐在空车的驭座上，摘下帽子，惊愕地注视着这个走在他们的街上的很不平常的人。妇女们纷纷走到大门外或者台阶上，朝他指指点点，目送他走过。

聂赫留朵夫经过第四家大门口的时候，有一辆大车吱嘎吱嘎地从大门里出来，把他挡住。大车上装着干粪块，堆得高高的，上面铺一张供人坐的芦席。一个五六岁的男孩子跟在大车后面，高高兴兴地等着坐车。一个穿树皮鞋的年轻汉子跨着大步赶大车出门。一匹长腿的青马驹很快地出了大门，可是一看到聂赫留朵夫，吓了一跳，身子贴到大车上，用腿蹬着车轮，一下子蹦到已经拉着沉甸甸的大车出了门的母马前面，那母马也受了惊，轻轻嘶叫着。后面还有一匹马，由一个瘦瘦的、精神矍铄的老汉牵着，老汉也光着脚，穿着条纹布裤和肮脏的长褂子，脊梁上鼓着尖尖的骶骨。

等到几匹马上了撒满灰灰的、就像烧过的粪块的平坦大路，那老汉又回到大门口，并且向聂赫留朵夫鞠了一个躬。

"你是我们两位小姐的侄儿吧？"

"是的，我是她们的侄儿。"

"欢迎您来。怎么，是来看看我们吧？"老汉很有兴致地说起话来。

"是的，是的。怎么样，你们过得好吗？"聂赫留朵夫不知该说什么才好，就这样问道。

"我们过的是什么日子啊！我们的日子糟透了！"爱说话的老汉就像感到高兴似的用唱歌般的拖长声音说。

"为什么会这样糟呀？"聂赫留朵夫一面往大门里走，一面问。

“这算什么日子呀？简直糟透了。”老汉一面说，一面跟着聂赫留朵夫往铲掉了干粪的干净地方走。

聂赫留朵夫跟着他来到敞棚底下。

“这不是，我家大大小小十二口人。”老汉指着两个女人又说道。两个女人手握大木叉，站在没有出清的粪堆里，满头大汗，头巾滑落在一边，裙子掖在腰里，露出来的光腿肚子上有半截溅满了粪汁。“哪个月都得买进六普特的粮食，钱又从哪儿来呀？”

“自己收的粮食还不够吃吗？”

“自己收的哩？！”老汉带着冷笑说。“我的地只能养活三口人，今年总共收了八垛庄稼，还吃不到圣诞节。”

“那你们怎么办呢？”

“我们就凑合呗；这不是，把一个孩子打发出去做长工，又向您府上借了点儿钱。还不到大斋节就用光了，可是税还没有缴呢。”

“要缴多少税？”

“我这一户每四个月要缴十七卢布。唉，天呀，这日子，自己也不知道该怎样对付。”

“可以到你家屋里去看看吗？”聂赫留朵夫说着，就从院子里往前走，从铲干净了的地方朝着还没有铲而且刚刚用木叉翻过的气味很浓的棕黄色牲口粪走去。

“当然可以，请吧。”老汉说着，便快步朝前走去，那光脚丫趾缝里不住地冒着粪水，他赶到聂赫留朵夫前头，给他开了屋门。

那两个女人理好头巾，放下裙子下摆，带着好奇而害怕的神情看着这个衣冠整洁、袖口钉着金纽扣的老爷走进他们家。

从屋里跑出两个穿粗布褂的小姑娘。聂赫留朵夫弯下腰，摘下帽子，走进过道，接着走进又脏又窄小、弥漫着食物酸味、放着两架织布机的屋子。小屋里有一个老婆子站在炉灶边，卷着袖子，露着两条黑黑的、干瘦的胳膊。

“这不是，东家来看我们了。”老汉说。

“好呀，请多关照。”老婆子一面放开卷起的衣袖，一面说。

“我想看看你们的日子过得怎样。”聂赫留朵夫说。

“我们的日子就是这样，这不是，您也看到啦。房子眼看就要倒塌，说不定会压死人。可老头子还说这房子挺好。我们就是这样过，这就是我们的天下。”很利落的老婆子神经质地颤动着脑袋说。“我这就要做饭了。要给干活儿的人喂饱肚子。”

“你们吃些什么呀？”

“吃什么吗？我们吃得好极了。第一道菜是面包加克瓦斯，第二道菜是克瓦斯加面包。”老婆子龇着蛀掉了一半的牙齿说。

“不，别开玩笑，还是让我看看你们今天吃些什么。”

“吃什么吗？”老汉笑着说。“我们的膳食不算讲究。老婆子，你就让他看看吧。”

老婆子摇了摇头。

“想看看我们庄稼人的伙食吗？我看你呀，老爷，真是喜欢寻根问底。什么事都想知道。我说过嘛，面包加克瓦斯，还有菜汤，这羊角芹是昨天娘儿们挖来的。这就是菜汤，除了这，还有土豆。”

“再没有别的了吗？”

“还能有什么呢，再就是加点儿牛奶。”老婆子笑着并且望着门口说。

门开着,过道里挤满了人。一些男孩、女孩和怀抱婴儿的娘儿们挤在门口,看着这个考察庄稼人伙食的古怪的老爷。老婆子显然因为自己有本事应酬老爷感到很得意。

“是啊,老爷,我们的日子糟透了,糟透了,还有什么说的呀。”老汉说。“你们跑来干什么!”他朝着站在门口的人嚷道。

“好,再见吧。”聂赫留朵夫说。他觉得又不自在又羞愧,至于为什么,他却不知道。

“多谢您来看我们。”老汉说。

过道里的人互相挤了挤,让他走过去。于是他来到街上,顺着大街往上走去。两个光脚男孩子跟着他从过道里走出来:一个大些,穿一件又脏又旧的白褂子,另一个穿一件窄小的、褪了色的粉红褂子。聂赫留朵夫回头朝他们看了看。

“你现在上哪儿去?”穿白褂子的男孩问。

“去看看玛特廖娜·哈林娜。”他说。“你们知道吗?”

穿粉红小褂的小男孩不知为什么笑了起来,大些的男孩却一本正经地反问道:

“哪一个玛特廖娜?是那个老的吗?”

“是的,是老的。”

“噢——噢,”他拉长声音说,“那就是谢苗尼哈,她在村边上。我们领你去。走,菲吉卡,咱们领他去。”

“那么,马呢?”

“没事儿。”

菲吉卡同意了。于是他们三个一起朝村子的上头走去。

## 五

聂赫留朵夫觉得跟两个孩子在一起,比起跟大人在一起心里松快,于是他就在路上跟两个孩子聊起来。穿粉红小褂的小男孩不再笑了,并且也像那个大些的孩子一样又机灵又懂事地说起话来。

“喂,你们这儿数谁家最穷?”聂赫留朵夫问道。

“谁家穷吗?米海尔家很穷,谢苗·玛卡罗夫家也穷,还有玛尔法也穷得要命。”

“还有阿尼霞哩,她家更穷。她家连牛都没有,她家的人还要饭呢。”小菲吉卡说。

“她家没有牛,可是她家总共才三口人,玛尔法家有五口呢。”大孩子反驳说。

“可阿尼霞总是寡妇呀。”穿粉红小褂的孩子还是说阿尼霞最穷。

“你说阿尼霞是寡妇,玛尔法也跟寡妇一样嘛,”大孩子又说,“丈夫不在家,就跟寡妇一样。”

“她丈夫在哪儿?”聂赫留朵夫问道。

“在监狱里喂虱子呢。”大孩子运用了一句通用的话。

“去年夏天他在东家树林里砍了两棵小桦树,就把他送去坐了牢。”穿粉红小褂的小男孩抢着说。“到现在已经坐了五个多月了,他老婆在要饭,家里还有三个孩子和一个可怜的老奶奶。”他很认真地说。

“她住在哪儿?”聂赫留朵夫问。

“这就是她家。”小男孩指着一座房子说。那房子前面有一个淡黄头发的小小的孩子,就站在聂赫留朵夫走的小路上,那一双罗圈腿站都站不稳,身子不住地摇晃。

“瓦西卡,这淘气鬼,跑到哪儿去啦?”一个身穿灰土色的像沾满炉灰似的肮脏小褂的娘儿们从小屋里跑了出来,大声叫道。她带着一脸恐惧神色抢到聂赫留朵夫前面,一把抱起孩子就跑进屋里,好像很害怕聂赫留朵夫会算计她的孩子。

这就是刚才说的那个女人,就是她的丈夫因为砍了聂赫留朵夫的树林里的小桦树坐了牢。

“嗯,玛特廖娜呢,她穷吗?”等他们快要来到玛特廖娜的小屋前,聂赫留朵夫问道。

“她怎么穷呀:她卖酒嘛。”穿粉红小褂的小男孩很果断地回答说。

聂赫留朵夫来到玛特廖娜的小屋跟前,把两个孩子打发走,自己走进过道,又走进屋子里。玛特廖娜老婆子的小屋只有六俄尺长,要是一个高大的人睡到炉子后面的床上,就不能伸直身子。聂赫留朵夫心想:“卡秋莎就是在这张床上生孩子,后来又在这儿生病的。”整个小屋几乎被一架织布机占满了。聂赫留朵夫在矮矮的门框上碰了一下头,走进小屋的时候,老婆子和她的大孙女刚刚调理过织布机。另外两个孙子跟着老爷飞跑进屋里,双手抓住门框,在门口站住。

“你找谁?”老婆子因织布机出了毛病,情绪很坏,气嘟嘟地问道。此外,因为她卖酒是秘密的,所以她一向怕生人。

“我是东家。我想和您谈谈。”

老婆子凝神望着他，有一会儿没有作声，后来忽然一下子换了另一张脸。

“哎呀，我的好人哪，我真糊涂，认不出来了，我还以为是什么过路人呢。”她装出很亲热的口气说，“哎呀，我的好老爷呀……”

“我想跟您谈谈，最好不要有外人在场。”聂赫留朵夫望着敞开的门说。门口站着两个孩子，孩子背后还站着一个抱娃娃的瘦瘦的娘儿们，那娃娃戴着碎布缝成的小圆帽，因为有病，脸色煞白，虽然病弱不堪，却还一直在笑着。

“有什么好看的，看我不揍你们，把拐杖给我拿来！”老婆子对站在门口的孩子喝道。“把门带上，快点儿!”

两个孩子走开了，抱娃娃的娘儿们把门带上。

“我正在寻思呢：这是谁来了？原来是老爷，我的金子，我的看不够的美男子呀!”老婆子说，“你怎么到这儿来啦，也不嫌脏。哎呀，你可是钻石一样的人呀！到这儿坐，老爷，就坐在这柜子上吧。”她一面说，一面用围裙擦一个坐柜。“我还以为是哪个鬼来了呢，原来是老爷驾到，是我的好东家，我的恩人，我的衣食父母。你要原谅我这个老糊涂，我眼瞎了。”

聂赫留朵夫坐下来。老婆子站在他面前，右手托住腮，左手托住右胳膊的尖尖的肘部，用唱歌一样的声音说起来：

“老爷，你也见老了；当年你可是像一棵鲜嫩的龙芽草，可如今成什么样子了！恐怕也是太操心了。”

“我是来打听一件事：你还记得卡秋莎·玛丝洛娃吗？”

“就是叶卡捷琳娜吧？怎么不记得，她是我的外甥女嘛……

怎么不记得,我为她流过多少眼泪,多少眼泪呀。那事儿我全知道。我的爷,谁没有做过对不起上帝、对不起皇上的事?年轻人嘛,再加上喝了咖啡红茶什么的,就叫魔鬼迷住了,魔鬼可厉害哩。有什么办法呢?你又不是丢开她不管,你还赏了她很多钱:一下子就给了一百卢布。可是她怎么样呀?一点也没有头脑。她要是听我的话,是可以好好过下去的。虽说她是我的外甥女,可是我要直说:这是个不成器的姑娘。后来我给她找了一个挺好的地方,可是她不好好干,骂起东家。难道我们这等人可以骂老爷?这么一来,人家就把她辞了。后来又到一个林务官家里,本来也可以过下去的,可她又不干了。"

"我想问问那孩子。她是在你家生的吧?那孩子哪儿去了?"

"我的爷呀,当时我可是为那孩子想得很周到。她当时病得厉害,我料想她起不了床。于是我照规矩给孩子行了洗礼,又把他送进育婴堂。我心想,当娘的快要死了,何必让小宝贝受折腾呢。换了别人,就会把孩子放着不管,不给吃的,由他去死;可是我想:怎么办呢,还是多操操心,送到育婴堂吧。还有几个钱,就找人送去了。"

"有登记号码吗?"

"号码是有的,可是孩子当时就死了。她说,一送到,孩子就死了。"

"她是谁?"

"就是斯科罗德村那个女人。她专干这种事儿。她叫玛拉尼雅,现在已经死了。那是个精明女人,可有办法哩!人家把孩子送给她,她就收下来,放在家里,喂着。她喂着,为的是多凑几个送去。等凑到三四个,她马上就送。她想的办法才妙哩:做了一个大摇篮,好像是双层的,上下两层都装孩子。还做了把手呢。这样可以装四个孩子,让孩子脚对着脚,脑袋在两头,免得碰着,这样一次就能送四个。她把奶嘴塞到孩子嘴里,小宝贝们就不哭不闹了。"

"嗯,那么后来呢?"

"噢,后来她就这样把叶卡捷琳娜的孩子送走了。哦,好像她还在家里把孩子养了两个礼拜。那孩子在她家里就生了病。"

"孩子长得好看吗?"聂赫留朵夫问道。

"好看极了,再也找不到更好看的了。跟你一模一样。"老婆子挤挤眼睛,补充了一句。

"那孩子为什么那样虚弱?恐怕是喂得很差吧?"

"哪儿谈得上喂!不过做做样子罢了。还用说吗,又不是自己的孩子。只要活着送到就行了。她说,刚把他送到莫斯科,他就断气了。她连证明都带回来了,一切手续齐全。真是一个精明女人呀。"

这就是聂赫留朵夫打听到的自己的孩子的下落。

## 六

聂赫留朵夫又在小屋门框和过道门框上各碰了一次头,才走了出来。穿白褂的、穿烟灰色褂的、穿粉红色褂的孩子都在外面等着他。另外又有几个孩子加入了他们这一伙。还有几个抱小孩的娘儿们也在等着,其中就有那个瘦瘦的女人,轻飘飘地抱着那毫无血色的、头戴碎布小圆帽的娃娃。那娃娃的一张老头子般的小脸还在很奇怪地笑着,那使劲扭着的大拇指不住地哆嗦着。聂赫留朵夫知道,这是一种痛苦的笑。他就问,这女人是谁。

“这就是我对你说的阿尼霞。”那个大些的孩子说。

聂赫留朵夫就转身招呼阿尼霞。

“你日子过得怎样?”他问道,“靠什么过日子?”

“过得怎样吗? 天天要饭。”阿尼霞说着就哭了起来。

像老头子一样的娃娃满脸都是笑,扭动着像蚯蚓一样的细腿。

聂赫留朵夫掏出钱夹子,给了这女人十个卢布。他还没走两步,另一个抱小孩的女人就追了上来,接着又过来一个老婆子,然后又过来一个女人,都说了说自己的穷苦,向他求助。聂赫留朵夫把钱夹子里所有的六十卢布的零钱全散发给她们,这才带着十分难受的心情回到家里,也就是回到管家的厢房。管家笑嘻嘻地把他迎住,告诉他,农民们将在今天傍晚集合。聂赫留朵夫向他道过谢,却不进房间,顺着撒满白色苹果花瓣、青草萋萋的小路朝花园里走去,思索着他刚才看到的种种情景。

本来厢房四周围静悄悄的,可是过了一会儿,聂赫留朵夫听见管家的厢房里有两个女人很气愤地争着说话的声音,偶尔能在女人的说话声中听到笑嘻嘻的管家那平静的声音。聂赫留朵夫留神听了听。

“我已经够受了,你干吗还要逼我往死路上走?”一个很气愤的女人声音说。

“我家的牛刚刚跑进去嘛。”另一个声音说,“我说,把牛给我吧。何必折腾牲口,让孩子没有奶吃。”

“要么罚款,要么做工抵偿。”管家很平静地回答说。

聂赫留朵夫走出花园,来到台阶跟前。台阶旁边站着两个披头散发的娘儿们,其中有一个显然怀了孕。管家站在台阶上,两手插在帆布大衣口袋里。两个娘儿们一看见东家,就不作声了,调整起从头上脱落的头巾,管家从口袋里抽出手来,笑了起来。

事情是这样的:据管家说,庄稼人常常故意把自己的小牛以至奶牛放到东家的草场上。现在就是这两个娘儿们家的奶牛在草场上被逮住,赶进来了。管家要两个娘儿们为每头牛出罚金三十戈比,或者干两天活儿抵偿。两个娘儿们却一再地说:第一,一,她们的牛只是进去一下子;第二,她们没有钱;第三,就算她们要做活儿抵偿,也要求马上放还两头牛,因为牛在太阳底下晒了大半天,没有吃过草料,正在可怜巴巴地哞哞叫着呢。

“我告诫过你们多少次了,”笑嘻嘻的管家一面说,一面回头看着聂赫留朵夫,好像请他做证似的,“你们要是赶着牲口回去吃饭,一定要把牲口看好。”

“我刚刚跑去看我的孩子,牲口就走掉了。”

“你既然在看牛,就别离开。”

“那叫谁去喂孩子呢?你又不能给孩子喂奶。”

“要是真的把草场弄得不成样子,牲口胡乱糟蹋,倒也没有说的,可是牲口刚刚跑进去呀。”另一个娘儿们说。

“整个草场糟蹋得不成样子。”管家对聂赫留朵夫说,“要是不处罚,以后一点干草都收不到。”

“哎呀,别胡乱说吧。”怀孕的女人叫道,“我的牲口从来没有被逮住过。”

“哼,现在就逮住了,要么罚款,要么干活儿抵偿。”

“好,干活儿就干活儿,你快把牛放了,别让牛饿死!”她气愤地叫道,“就这样我已经日日夜夜不得休息了。婆婆有病,丈夫光知道灌酒。里里外外都是我一个人,已经够受了。你还要罚我干活儿。”

聂赫留朵夫叫管家把牛放了,自己又走到花园里继续思索,不过现在已经没有什么可思索的了。现在他觉得一切都明明白白,甚至惊讶不已:像这样明明白白的事怎么许多人看不到,他自己怎么也很久没有看到。

“民不聊生,老百姓过惯了这种难以生存的日子,在他们之中已经形成适应艰难生存的生活方式。儿童病弱不堪,妇女们干着力不胜任的活儿,所有的人,尤其是老年人,没有吃的。而且,老百姓落入这种状况的又是那样普遍,以至于自己都看不到这种状况之可怕,也不抱怨。所以我们就认为这种状况是很自然的,认为就应该这样。”他现在看得明明白白,老百姓贫困的主要原因就是他们赖以生存的土地被地主霸占了,这原因是老百姓意识到并且经常提出来的。同时他也看得清清楚楚,儿童和老年人病弱不堪是因为没有牛奶吃,而所以没有牛奶,是因为没有土地来放牲口,也收不到粮食和干草。他看得清清楚楚,老百姓受苦受难的原因,起码是最主要的原因,就是他们赖以生存的土地不在他们手里,而在那些享有土地所有权、靠老百姓血汗过日子的人手里。老百姓极其需要土地,人没有土地就会饿死,土地就靠这些贫困已极的人耕种,打的粮食却卖到国外去,地主就可以买礼帽、手杖、马车、铜器等等。现在他认为这是很清楚的事,就好比把马关在栅栏里,等马吃完脚底下的草,再不让马有可能到有草的土地上去吃草,马就会消瘦,会饿死,这是明摆着的……这是很可怕的,无论如何不能这样,也不应该这样了。应当想方设法消除这种事,至少自己不能参与这种事。"我一定要想出办法。"他一面在近处桦树丛中的小道上来来回回地走着,一面想道,"各种学术团体、政府机关和报纸都在讨论老百姓贫困的原因以及改善老百姓生活的办法,就是没有讨论唯一可靠的、一定能够改善老百姓生活的办法,那就是不再霸占他们所需要的土地。"于是他清楚地想起亨利·乔治的基本论点和自己对这种理论的叹服,想到自己居然会忘得一干二净,感到十分惊愕。"土地不能成为私有物,不能成为买卖物品,就像水,像空气,像阳光一样。人人都同样有权享有土地和土地为人类提供的财富。"现在他才明白了,为什么想起自己在库兹明的做法就感到羞愧。他是在自己欺骗自己。明知自己无权占有土地,却认定自己有这种权利,他送给农民的只是他内心深处知道无权享用的收益的一部分。现在他决不能做这种事,一定要改变他在库兹明的做法。于是他在自己头脑里拟定了一个方案,就是把土地交给农民,收取地租,但是承认租金是交租农民的财产,目的是为了让农民拿出这些钱,用于交税和公益事业。这不是单一税,但这是在现行制度下可能实行的最接近单一税的办法。而最主要的,是他放弃了土地所有权。

等他回到房里,管家特别高兴地请他吃饭,说担心他的夫人在戴绒球的姑娘帮助下做的菜没有掌握好火候。

桌上铺了一方粗糙的桌布,还有一块绣花手巾是当餐巾用的。桌上摆了一只断了耳的撒克逊古瓷汤钵，盛着土豆鸡汤——这是那只时而伸伸这只、时而伸伸那只黑腿的公鸡，如今已被杀掉，甚至切成碎块，许多地方还带着毛。吃过汤以后，下一道菜还是那只公鸡，带着烤焦的鸡毛，还有加了很多油和糖的奶渣饼。尽管这一切都不怎么可口，聂赫留朵夫还是毫不在意地吃着，没有留意他吃的是什么，因为他一心在思考着他的想法，就是这一想法一下子解除了他从村子里带回来的苦恼。

戴绒球的胆怯的姑娘每次上菜，管家的妻子都要在门口张望，然而管家却因为妻子的手艺得意扬扬，笑得越来越开心了。

饭后，聂赫留朵夫好不容易让管家坐下来。为了检查自己的想法是否对头，同时也想对别人说说自己想得入迷的问题，便对他说了说自己把土地交给农民的方案，并且征求他的意见。管家笑嘻嘻地装着样子，似乎这事他早就想过，现在听到这话很高兴，可是实际上他根本没有听懂，这显然不是因为聂赫留朵夫没有说清楚，而是因为，实行这一方案，就是聂赫留朵夫为别人的利益放弃自己的利益，而在管家头脑里却有一个根深蒂固的观念，那就是人人都巴不得损人利己，所以听到聂赫留朵夫说要把土地的收益作为农民的公积金，他就以为有些话没有听懂。

"我懂了。就是说，您可以得到这种公积金的利息，是吧？"管家满面春风地说。

"绝对不是。您要明白，土地不能成为任何个人的私有物品。"

"这话很对！"

"所以土地所提供的一切，都是属于大家的。"

“那么，这样一来，您不就没有收入了吗?”管家收敛起笑容，问道。“我就是不要嘛。”管家深深地叹了一口气，后来又笑起来。现在他明白了。他明白了，聂赫留朵夫是一个不太正常的人，于是他马上就在聂赫留朵夫放弃土地的方案中开始寻找对自己有利的可能性，一心想把这方案理解为他可以利用所交出土地的方案。

等他明白了这也不可能时，他就难受起来，对方案没有兴趣了，只是为了迎合东家，还在笑着。聂赫留朵夫看出管家不理解他，就让管家走了，自己就在到处是小刀印子和墨水痕迹的桌旁坐下来，把自己的方案写成文字。

太阳已经落到刚刚长出新叶的菩提树后面，蚊子成群成群地飞进房里来，叮着聂赫留朵夫。他写完方案的同时，听到村子里传来的牲口叫声、吱吱嘎嘎的开门声、来开会的农民们的说话声，聂赫留朵夫便对管家说，不必叫农民到账房里来，他自己要上村子里去，到农民们集合的院子里去。聂赫留朵夫把管家端来的一杯茶匆匆喝完，便朝村子里走去。

## 七

村长的院子里熙熙攘攘，人声鼎沸，可是聂赫留朵夫一到，立即鸦雀无声，农民们就像在库兹明那样，一个个都脱下帽子。这地方的农民比库兹明的农民寒碜得多。姑娘和娘们儿耳朵上都戴着绒球，男子汉几乎都穿树皮鞋、土布褂和土布长衣。有些还光着脚，只穿一件小褂，就像是刚刚干完活儿回来。

聂赫留朵夫镇定了一下，就开口说话，一开口就向农民们宣布了自己要把土地全部交给农民的打算。农民都没有作声，脸上的表情也没有什么变化。

“因为我认为，”聂赫留朵夫红着脸说，“不种地的人不应该占有土地，我认为人人都有权使用土地。”

“这是明摆着的事嘛。这话说到节骨眼儿上啦。”有几个农民附和说。

聂赫留朵夫接着说，土地的收益应该由大家分享，所以他建议他们把土地接收下来，付出一定的价钱，价钱由他们来定，这笔钱作为公积金，以后归他们自己享用。这时还能听到一些称赞和表示同意的话，可是农民们那一张张板着的面孔却板得越来越紧了，原来看着东家的一双双眼睛都垂了下去，仿佛大家都看穿了他的诡计，谁也不愿上当，但又不愿说出来使他难堪。

聂赫留朵夫说得非常明白，农民们也都是善于听话的人，可是他们没有听懂他的话。他们所以没有听懂，其原因和管家老半天没有听懂是一样的。他们也坚定不移地相信，维护自己的利益是每个人的本性。地主嘛，他们通过祖祖辈辈的经验早就了解了，地主总是想方设法从农民身上捞好处。所以，如果地主把他们召集起来，提出什么新办法，那显然是想用什么更狡猾的办法来欺骗他们。

“怎么样，使用土地的价钱你们想定多少？”聂赫留朵夫问道。

“怎么由我们来定啊？我们可不能定。地是您的，由您做主。”人群中有人回答说。

“不，这些钱将来都是你们自己用，用在村社的事情上。”

“这我们不能定。村社是一回事,这又是一回事。”

“你们要明白,”跟着聂赫留朵夫来到这里的管家想把事情解释清楚,就笑着说,“公爵把土地交给你们,要你们出一些钱,可这些钱还是你们的,算是你们的资金,交给村社。”

“我们可是太明白了。”一个没有牙的老汉没有抬眼睛,气嘟嘟地说,“这有点儿像银行,光是叫我们到时候出钱。我们不愿意这样,因为我们本来已经够受了,这样一来,我们就全完了。”

“这一套用不着。我们还是照老办法好些。”有的人很不满意地、甚至很不客气地说。

等到聂赫留朵夫提出要立契约,他要在上面签字,他们也得签字的时候,农民们反对得更加激烈了。

“签什么字?我们原来怎么干活儿,以后还是怎么干活儿。来这一套干什么?我们都是大老粗。”

“我们不同意,因为这种事儿没见过。以前怎样,今后还怎样吧。只要不出种子就好啦。”有的人说。

所谓不出种子,就是说,按现行规矩,在对分制的土地上种庄稼,种子应由农民出。现在他们要求种子由地主出。

“这么说,你们不肯,不想要土地啦?”聂赫留朵夫对一个年纪不大、满面笑容的光脚农民说。这人穿着破旧的长衣,弯着的左胳膊把破帽子举得特别直,就像当兵的听到口令摘下帽子,把帽子举着。

“是,老爷。”这个显然还没有摆脱军营魔力的农民说。

“这么说,你们的土地够用啦?”聂赫留朵夫说。

“不,老爷。”这个老兵装着愉快的神气回答说,一面很带劲儿地在面前举着破帽子,好像是要送给随便哪一个愿意戴的人。

“嗯,你们还是把我对你们说的话好好想一想吧。”感到惊讶的聂赫留朵夫说过这话,又把他的想法说了一遍。

“我们没什么好想的:我们怎么说,就怎么办。”那个阴沉着脸的没有牙的老汉气嘟嘟地说。

“我明天还在这儿待一天。你们要是改变主意,就派人来和我说说。”

农民们没有答话。

聂赫留朵夫就这样没得到任何结果,便转身朝账房走去。

“公爵,容我向您奉告几句,”等到聂赫留朵夫和管家回到家里,管家说,“您跟他们是不会谈拢的,他们都顽固得要命。一开起会来,就抱定他们那一套不放,谁也别想说服他们。就因为他们什么事都害怕。其实这些庄稼人,比如不赞成您的主意的那个白头发的和黑头发的,都是很精明的庄稼人。他们有时到账房里来,要是请他们坐下来喝杯茶的话,”管家笑嘻嘻地说,“一谈起来,无所不知,无所不晓,活像一位大臣,什么事都说得头头是道。可是开起会来就变成另外一个人,咬定一点,就是不松口……”

“那么,能不能找几个最通晓情理的农民到这儿来,”聂赫留朵夫说,“我详细地和他们说说。”

“这可以。”笑嘻嘻的管家说。

“那就这样吧,请您明天找他们来。”

“这都好办,明天就把他们找来。”管家说着,更高兴地笑了笑。

“哼,他可是真鬼!”一个满脸乱蓬蓬的胡子的黑汉子摇摇晃晃地骑着一匹肥马,对旁边另一个骑在马上的汉子这样说。那汉子又老又瘦,穿得很破旧,马腿上的铁绊索叮当响着。

这两个汉子是在大路上放马吃夜草,有时也偷偷地放到地主的树林里去。

“他说什么白送土地,只要签个字就行。他们愚弄咱们这班人还不够吗!休想,老兄,办不到,如今我们也明白了。”他说到这里,便呼唤起一匹离群的周岁小马驹,“小驹子,小驹子!”他叫着,勒住马,回头一看,小马驹却不在后面,而是往旁边草场上去了。

“瞧这狗杂种,闯到东家草场上去了。”一脸乱蓬蓬的胡子的黑黑的汉子听到离群的小马驹在到处是露水、飘散着沼泽清香的草场上奔跑,踩得酸模嚓嚓直响,就这样说。

“你听见吗,草场上的草都长起来了,等有空要叫娘儿们到对分制地里去锄草,”穿得很破旧的瘦汉子说,“要不然以后庄稼都没法收割了。”

“他说,签字吧。”满脸乱蓬蓬的胡子的汉子继续评论东家的话。“一签了字,他就会活活把你吞掉。”

“这话一点不假。”年老的汉子说。

他们再也没有说什么。只能听到马蹄敲打硬邦邦的路面的嘚嘚声。

## 八

聂赫留朵夫回到家里，发现账房里已经收拾得好好的供他过夜。有一张高高的床铺，铺着鸭绒褥子，放着两个枕头，还有一条绗得密密麻麻的厚得叠都叠不起来的双人大红绸被，显然是管家妻子的嫁妆。管家请聂赫留朵夫吃中午剩的饭菜，聂赫留朵夫谢绝了。管家为膳食和起居条件不好表示过歉意之后，便走开了，房里就剩下聂赫留朵夫一个人。

聂赫留朵夫遭到农民拒绝，丝毫不觉得难堪。相反，尽管库兹明的农民接受他的建议并且再三表示感谢，这里的农民倒对他表示不信任，甚至表示出敌意，他心里却又平静又高兴。账房里又闷又不洁净。聂赫留朵夫走到院子里，想到花园里去，可是他想起那个夜晚，想起侍女房间的窗户、后面的台阶，就觉得重游被犯罪的往事玷污过的旧地是不愉快的。他又在台阶上坐下来，吸着弥漫在温暖空气中的桦树嫩叶的浓烈香气，很久都在望着夜色苍茫的花园，倾听着磨坊流水声、夜莺啼声和台阶跟前花木丛中一只鸟的单调叫声。管家窗子里的灯光熄灭了。东方，板棚后面，迸射出初升月亮的光芒，空中的闪电越来越明亮地照耀着百花盛开、郁郁葱葱的花园和破旧的房屋，远方响起雷声，天空有三分之一布满了乌云。夜莺和其他一些鸟都不作声了。在磨坊的哗哗流水声中响起鹅的嘎嘎叫声，过了一阵子，早醒的公鸡在村子里和管家院子里啼叫起来，在闷热的雷雨之夜公鸡总是要提早鸣叫的。有一句俗话：公鸡叫得早，夜晚不烦恼。在这个夜晚，聂赫留朵夫就不只是不烦恼了。这在他是一个欢乐而幸福的夜晚。他的脑海里浮现出那个幸福的夏天的种种情景,他在这里度夏天的时候还是一个纯洁无瑕的少年,现在他就觉得自己不但和那时候一样,也和在平生一切美好的时刻中一样。他不但想起,而且觉得自己依然是当年十四岁时的样子,那时候他向上帝祷告,祈求上帝为他指点什么是真理,那时候像个小孩子一样扑在母亲膝头上哭着和她告别,向她保证要做一个善良的人,永远不使她伤心。他感觉自己还像当年和尼科连卡·伊尔捷涅夫在一起时那样,当年他们共下决心:互相支持,一生为善,尽心竭力使所有的人都幸福。

这时他想起他在库兹明受到物欲的诱惑,竟留恋起房子、树林、家业和土地,于是这时就问自己:现在是不是留恋?这时他甚至觉得他会那样留恋是很奇怪的。他想起今天见到的种种情景:那带着几个孩子的失去丈夫的女人,她丈夫就是因为砍了他聂赫留朵夫树林里的小树坐了牢;那非常糟糕的玛特廖娜,她居然认为或者至少在说,地位低下的女人就应当给东家做情妇;想起她对待孩子们的态度、她们把孩子们送往育婴堂的方法;想起那个头戴小圆帽、样子像老头、因为吃不饱而病弱不堪的一直在笑的可怜的孩子;想起那个因为劳累过度没有看好饥饿的奶牛而被迫为他干活儿的瘦弱的怀孕女人。于是他马上想起监狱、剃了一半的脑袋、牢房、令人恶心的气味、镣铐,以及与此同时存在的自己和所有京城贵族的穷奢极欲的生活。这一切是明明白白,无可怀疑的。

一轮几乎圆了的明月从板棚后面升上来,院子里铺满一道道黑影，破旧房屋的铁皮房顶闪闪发光。

沉默了一阵子的夜莺，似乎不愿意辜负明月的情意，又在花园里鸣叫几声，歌唱起来。

聂赫留朵夫想起他在库兹明怎样考虑自己今后的日子，考虑今后做什么和怎样做的问题。他想起自己怎样被这样的问题困住，怎么也解决不了，因为他在每一个问题上都有那么多的顾虑。现在他再向自己提出这些问题，却发现这些问题简单得使他吃惊。所以变得简单，是因为他现在不考虑自己今后会怎样，甚至对此丝毫不感兴趣，而只是考虑他应该怎么办。说也奇怪，需要为自己怎样，他怎么也想不出个头绪，需要为别人做些什么，他倒清清楚楚。现在他清楚地知道，应当把土地交给农民，因为霸占土地是很坏的事。他清楚地知道，不能把卡秋莎抛开不管，应该帮助她，应该尽一切可能补偿他对她犯下的罪过。他清楚地知道，必须研究、分析、弄清和理解审判和刑罚方面的种种情况，因为他觉得他看出别人没有看出的其中一些问题。这一切会有什么结果，他不知道，但他清楚地知道，不论第一件事，第二件事，还是第三件事，他都非做不可。他高兴的就是有了这种坚定的信念。

乌云已经涌了上来，现在看到的已不是远方的闪电，而是照得整个院子、破旧房屋和残缺台阶明晃晃的近处闪电，雷声也来到头顶上。鸟儿都不作声了，树叶却飒飒响起来，风也吹到聂赫留朵夫坐的台阶上，吹拂着他的头发。一颗接一颗的雨点落下来，敲打着牛蒡叶子和铁皮房顶，整个空中一下子被照得雪亮；一切都静下来，聂赫留朵夫还没有数到三，就听到头顶上霹雳一声巨响,沉雷在天空隆隆滚过。

聂赫留朵夫走进房里。

“是啊,是啊,”他想道,“我们生活中出现的事情,一切事情,这些事情的全部意义,我不理解,也不可能理解。比如,我为什么有两个姑妈?为什么尼科连卡·伊尔捷涅夫死了,我却活着?为什么有一个卡秋莎?为什么我会神魂颠倒?为什么会发生那场战争?为什么后来我过起放荡生活?要理解这一切,理解主安排的一切事情,我做不到。可是履行铭记在我良心上的主的意志,却是我能做到的,这一点我毫无疑问知道。在我这样做的时候,也毫无疑问心里是坦然的。”

小雨已变成倾盆大雨。雨水从房顶上流下来,哗哗地流进木桶。闪电不再那样频频地照亮院子和房屋了。聂赫留朵夫回到屋里,脱掉衣服,上了床,免不了担心有臭虫咬,因为他看到又破又脏的糊墙纸,就怀疑有臭虫。

“是啊,应该感到自己不是东家,而是仆人。”他想道,并且因为有这种想法感到高兴。

他的担心不是多余的。他刚刚熄灯,臭虫就纷纷爬到他身上,咬起来。

“交出土地,上西伯利亚去,必然又有跳蚤、臭虫,又肮脏……哼,那算什么,既然应该忍受这些,那我也能受得了。”可是,尽管他有这样的志愿,他还是受不了这个罪。于是他坐到打开的窗口,欣赏着渐渐散去的乌云和重新露面的明月。

## 九

聂赫留朵夫到凌晨时候才睡着，因此第二天醒得很迟。

中午时候，七个被推选出来的庄稼人应管家之约来到苹果园里苹果树下。这里有管家安置的一张小桌和几条长凳，都是把木桩打进地里钉成的。他们劝说了老半天，农民们才戴起帽子，在长凳上坐下来。那个老兵今天包了干净的裹脚布，穿着干净的树皮鞋，他特别固执地把破帽子举在胸前，端端正正，就像参加葬礼时那样。其中有一个宽肩膀的老汉，留着像米开朗琪罗[①]的摩西那样的拳曲花白大胡子，那晒成棕色的光秃的前额周围都是密密的拳曲的白发。直到这个令人肃然起敬的老汉戴起他的大帽子，掩了掩崭新的土布外衣，走到长凳跟前坐下来，其余的人才照着他的样子做了。

等大家都落了座，聂赫留朵夫才在他们对面坐下来，臂肘支在桌子上，面前放一张纸，纸上写的是他的方案的要点，他就开始说明他的方案。

不知是因为今天农民少些，还是因为他想着的不是自己，而是一心想把事情办好，总之这一回他心里一点不感到慌乱。他不由得主要对着那个留着拳曲的花白大胡子的宽肩膀老汉说起来，看他赞成还是反对。然而聂赫留朵夫对他估计错了。这位令人肃然起敬的老汉虽然有时也带着赞成的神气点点他那很有风度

①米开朗琪罗（1475—1564），意大利画家、雕塑家、建筑师和诗人。《摩西》是他的著名雕塑。

的、带有族长气派的头，或者在别人反对的时候也皱着眉头摇摇头，可是显然他费很大的劲儿才能听懂聂赫留朵夫说的话，而且是等到别的农民用本地话把同样的话重说一遍，他才听懂的。倒是坐在族长气派的老汉旁边的一个小老头儿听起聂赫留朵夫的话灵敏得多。这小老头儿瞎一只眼睛，几乎没有胡子，身穿打过补丁的黄色土布外衣，脚上的一双旧皮靴已经磨歪了后跟。聂赫留朵夫后来听说他是一个砌炉匠。这人不住地动着眉毛，聚精会神地听着，聂赫留朵夫讲过的话，他马上用自己的话转述一遍。有一个白胡子的两眼炯炯有神的矮墩墩的老汉也领会得很快，一有机会就插一两句笑话和俏皮话，讥诮聂赫留朵夫说的话，显然是借此卖弄小聪明。那个老兵如果不是当兵当得头脑成了木头，如果不是因为习惯了毫无意义的士兵用语而失去了分辨力，看样子本来也是可以听懂的。对这事态度最认真的是一个穿着干净的土布衣和新树皮鞋、说话瓮声瓮气、留着山羊胡子的长鼻子高个子老汉。这人完全听懂了，只是在必要的时候才说话。其余的两个老汉，一个就是昨天在集会上大声叫喊坚决反对聂赫留朵夫一切意见的那个没有牙的老汉，另一个老汉高个子，白头发，瘸腿，面貌和善，枯瘦的双脚裹着雪白的包脚布，穿着桦树皮鞋，这两个老汉虽然也很用心地听着，却几乎没有开过口。

聂赫留朵夫首先说明自己对土地所有制的看法。

“依我看，”他说，“土地既不能卖，也不能买，因为如果可以卖的话，那些有钱的人就可以把土地全买到手里，那就可以凭着土地使用权向没有土地的人任意剥夺。在土地上站一站，也要收钱。”他又引用斯宾塞的说法，补充一句。

“只有一个办法,就是把翅膀捆起来,也就飞不成了。”白胡子老汉笑眯眯地说。

“这话对。”说话瓮声瓮气的长鼻子老汉说。

“是。”那个老兵说。

“有一个娘儿们给奶牛割了一点儿草,就被抓去坐了牢。”面貌和善的瘸腿老汉说。

“自己的地在五俄里以外,租地又租不起,付了租钱,就捞不回本钱,”没有牙的气嘟嘟的老汉补充说,“想把我们怎样就怎样,还不如劳役制呢。”

“我也和你们想的一样,”聂赫留朵夫说,“我认为霸占土地是罪过。所以我就是想把土地交出去。”

“好的,这也是好事。”留着摩西式拳曲大胡子的老汉说。显然他以为聂赫留朵夫是想把土地租出去。

“我就是为这事来的。我不想再霸占土地了。现在就是要好好考虑考虑,这土地怎样分法。”

“你把土地交给庄稼人,就行了嘛。”没牙的气嘟嘟的老汉说。

聂赫留朵夫觉得这话里有怀疑他的诚意的味道,起初觉得很尴尬。可是他马上镇定下来,就利用这句插话,把他要说的话全说出来。

“我是很乐意交出来的,”他说,“可是交给谁,又怎样交呢?交给哪些庄稼人呢?为什么交给你们村社而不交给杰明村社呢?”(那是邻近的一个村子,份地很少。)

大家都没有作声,只有那个老兵说:

“是。”

"嗯,那么,"聂赫留朵夫说,"请你们告诉我,假如皇上说,把地主的土地都拿出来,分给农民……"

"真有这事儿吗?"没有牙的老汉问道。

"没有,皇上什么也没有说。只不过是我这样说:假如皇上说,把地主的土地拿出来交给农民,那你们会怎么办?"

"怎么办吗?把所有的土地按人口平分,不论庄稼人,不论老爷,都一样。"那个砌炉匠忽上忽下地迅速抖动着眉毛说。

"要不然怎么办?还是按人口平分。"面貌和善、裹着白色包脚布的瘸腿老汉也说。

大家都赞成这个主张,认为这是令人满意的办法。

"究竟怎样按人口分呢?"聂赫留朵夫问。"地主家的仆人也有份吗?"

"那可不行。"那个老兵在脸上极力装出欢欣鼓舞的神气说。

但是通情达理的高个子老汉不赞成他的意见。

"既然要分,那就是平分给所有的人。"他想了想,瓮声瓮气地回答说。

"那不行,"聂赫留朵夫已经事先准备好反驳的话,这时便说出来,"如果所有的人都平分,那样的话,那些不干活儿、不种地的人,那些老爷、差役、厨师、官吏、文书、所有的城里人,都可以得到一份,就可以卖给有钱的人。土地就又集中到财主手里。那些靠自己的一份地过活的人,又要增加人口,就要把土地分出去。财主们又可以把缺地的人抓在手里。"

"是。"老兵连忙附和说。

"不准出卖土地,谁有地只能自己种。"砌炉匠气嘟嘟地打断老兵的话说。

聂赫留朵夫对这一点反驳说,谁在为自己种地,谁在为别人种地,那没办法监督。

这时通情达理的高个子老汉提出一个办法,就是大家以合作社的方式来耕种。

“谁种地谁就能分到收成,谁不种地就什么也分不到。”他用果断的粗喉咙大嗓门儿说。

对于这种共产主义的方案,聂赫留朵夫也准备好了意见,于是他反驳说,要想这样的话,必须大家都有犁,大家的马也都要一样,谁也不能比谁差,或者必须使所有的一切,不论是马、犁、脱粒机,一切经营设施,都是公共的,而要做到这一点,就必须得到所有的人同意。

“我们老百姓一辈子都不会同意。”气嘟嘟的老汉说。

“那就有打不完的架啦,”眼睛笑眯眯的白胡子老汉说,“娘儿们准会彼此把眼珠子挖出来。”

“再说,土地有肥有瘦,怎么分呢?”聂赫留朵夫说。“凭什么有些人就分得黑土地,另一些人就分得黏土地和砂地呢?”

“那就把所有的地都划成小块块儿,让大家都分得均匀。”砌炉匠说。

聂赫留朵夫对这一点反驳说,现在说的是在一个村分地,要是各省都分地,那怎么办?要是无代价地把土地交给农民,那凭什么有些人分到好地,有些人分到坏地?大家都想要好地嘛。

“是。”那个老兵说。

其余的人都没有作声。

“因此这事可不像看起来那么简单，”聂赫留朵夫说，“这事也不光是我们在考虑，很多人都在考虑。有一个美国人，叫乔治，他就想出来一个办法。我赞成他的办法。”

“你是东家嘛，你要怎么分就怎么分。谁又能把你怎么样？一切由你嘛。”那个气嘟嘟的老汉说。

这次打岔使聂赫留朵夫感到很尴尬，但他又高兴的是，他发现对这次打岔不满的不只是他一个人。

“别急，谢苗大叔，让他把话说完嘛。”通情达理的老汉用他那深沉的粗嗓门儿说。

聂赫留朵夫听到这话有了劲头儿，就向他们说起亨利·乔治的单一税方案。

“土地不是任何个人的，是上帝的。”他开头这样说。

“这话很对。一点不错。”好几个人附和说。

“所有的土地都是大家的。人人都同样有使用土地的权利。可是土地有好有坏。人人都想要好地。究竟怎样才能做到公平呢？那就这样，那些得到好地的人就按地价付钱给那些没有得到土地的人。”聂赫留朵夫自问自答说。“可是，因为很难分清究竟谁该付钱给谁，因为还需要筹集一些钱做公积金，那就这么办，让得到土地的人按地价付钱给村社供各种各样的用项。这样大家就平等了。你想要土地，好地就多出钱，坏地就少出钱。你不要土地，就不出钱，公用的钱由要地的人替你出。”

“这才对。”砌炉匠抖动着眉毛说。“谁的地好，谁就多出钱。”

“这个乔治倒是挺有头脑。”留着拳曲大胡子的仪表堂堂的老汉说。

“可是，出钱要出得起才行。”高个子老汉显然已经预见到下一步的问题，就瓮声瓮气地说。

“价钱是要定得合适，不能太贵，也不能太便宜……要是太贵，大家付不起，就会落；要是太便宜，大家会互相买卖，做起土地生意。我在这里就是想把这件事办好。”

“这样才对，这样合理。没说的，这样不错。”农民们纷纷说。

“真是好脑袋瓜儿。”宽肩膀、拳曲大胡子的老汉又说一遍。“好一个乔治！想的法子多好呀！”

“那么，如果我想要地，那怎么办？”管家笑嘻嘻地说。

“要是有没种的地，您就拿去种吧。”聂赫留朵夫说。

“你要地干什么？你就这样已经吃得够饱了。”眼睛笑眯眯的老汉说。

这次的会议到此就结束了。

聂赫留朵夫又把自己的意见说了一遍，但不要求现在就答复，而且劝他们再去和大家说说，然后来给他答复。

老汉们说，一定去再和大家说说，给他答复。他们告过别，便怀着十分兴奋的心情走了。大路上很久都回荡着他们那越来越远的大嗓门儿的说话声。而且他们的说话声一直嗡嗡地响到深夜，并且顺着河面从村子里传过来。

第二天庄稼人都没有干活儿，都在讨论东家的建议。全村分成了两派：一派认为东家的建议是有益的，没有危险；另一派认为其中有鬼，但弄不清究竟是怎么回事儿，因此特别害怕。可是，到第三天，大家就都同意所提的条件，前来向聂赫留朵夫说明全村的决定了。有一个老婆子解释东家的行为说，东家是在考虑自己的灵魂了，这样做就是为了拯救灵魂，这种解释得到老头子们的认可，因而打消担心受骗的种种顾虑，对于赞同这项建议有一定影响。聂赫留朵夫在巴诺沃期间施舍了很多钱，对这种解释起了证实的作用。其实，聂赫留朵夫在这里施舍很多钱，是因为他第一次看到农民的生活贫穷和困苦到如此程度，他看到这样贫困心中十分震动，尽管他知道施舍不解决问题，还是不能不把钱散发出去，而他现在收到的钱是特别多的，因为收到了去年出售库兹明的树林的钱，又收到出售农具的定金。

附近一带的人听说这位东家有求必应，就一群一群地前来向他求助，其中主要是妇女。他简直不知道该怎样应付他们，不知道按什么标准来周济，该给谁，给多少。他觉得，他既然有很多钱，就不能不给那些前来求助的显然都是很穷苦的人。不过，像这样谁要就给谁，却是没有意义的。摆脱这种局面的唯一办法就是一走了事。于是他抓紧时间准备离开此地。

在巴诺沃的最后一天，聂赫留朵夫到正房里清理留在这里的东西。在清理时，他在姑妈那架配着狮头铜环的红木旧衣柜底下一个抽屉里找到很多信件，里面夹着一张合拍的照片，上面是索菲娅姑妈、玛丽娅姑妈、大学时代的他和卡秋莎，卡秋莎是那样纯洁、娇艳、美丽、生气勃勃。在这房里所有的东西中，聂赫留朵夫只拿了信件和这张照片。其余的一切他都留给了磨坊主，磨坊主已经通过笑嘻嘻的管家的中介，以十分之一的代价买下正房和全部家具，准备拆掉正房连同家具一起运走。

聂赫留朵夫现在想起他在库兹明对失去家产的那种留恋不舍的心情，就感到奇怪，不知道为什么自己会有那种心情。他现在体验到的是一种无穷尽的摆脱羁绊的喜悦感，还有一种新鲜感，就像一个旅行者发现新大陆时那样的心情。

## 十

聂赫留朵夫这次进城，城市使他感到惊讶，使他感到奇怪，感到和以前不一样了。他是在华灯初上的黄昏时候从火车站回到自己的住所的。各个房间里都弥漫着卫生球气味，阿格拉菲娜和柯尔尼都疲惫不堪，一肚子怨气，甚至为收拾衣物吵了嘴，衣物的用处似乎也只在于挂起来晒一晒，然后收藏起来。聂赫留朵夫的房间没有被占用，但没有收拾好，许多箱子挡道，进出都很困难，所以聂赫留朵夫现在回来，显然妨碍了由于奇怪的惯性在这个住所里进行着的事情。聂赫留朵夫以前也参与过这类事情，但是他在农村看到种种贫困景象之后，就觉得这种事情显然十分荒唐，使人反感了。所以他决定第二天就搬到旅馆去住，如果阿格拉菲娜认为需要收拾东西的话，就让她去收拾，等他的姐姐来最后料理房里所有的东西。

聂赫留朵夫第二天早晨就离开这所房子，在离监狱不远处随便找了一家简陋、肮脏的带家具的公寓，要了两个房间，吩咐仆人把他从家里挑出来的一些东西搬到这里来，自己就去找律师。

外面非常冷。雷雨之后，出现了常有的春寒。北风凛冽，寒气刺骨，聂赫留朵夫穿着薄大衣冻得瑟瑟发抖，就一再地加快步子,想让身上暖和暖和。

他的脑海里还都是一些乡下人:妇女、儿童、老人,以及他好像第一次见到的他们的贫困和劳累,尤其是那个乱蹬着没有腿肚的细腿的一直在笑的小老头般的孩子。他不由得拿农村的情形同城里的情形相比。他在经过肉铺、鱼铺、成衣铺的时候,看到那么多衣帽整洁、肥头胖脑的老板那种饱得要打嗝的神气,十分吃惊,就像第一次看到似的,因为像这样的人乡下一个也没有。这些人显然坚定不移地相信,他们千方百计欺骗不识货的人,不是什么坏事,而是非常有益的事。那些背上钉纽扣的大屁股私人马车夫,那些头戴饰丝绦制帽的看门人,那些系围裙的鬈发侍女,特别是那些伸开手脚靠在自己的马车上、用鄙夷而轻佻的目光打量着过往行人的、后脑勺剃得光光的、神气活现的出租马车车夫,都表现出吃得太饱的神气。聂赫留朵夫现在不由得看出这些人正是失去土地的乡下人,正因为没有土地才到城里来的。这些人当中有一部分善于利用城市的条件,跻身于上等人之间,因此洋洋得意;另外一部分人在城里却过得连乡下都不如,比在乡下更可怜。聂赫留朵夫在一个地下室窗口看到几个鞋匠,他觉得他们就是这样可怜的人;那些又黄又瘦、披头散发、用细细的光胳膊在冒着肥皂水蒸气的窗口熨衣服的洗衣女工也是这样可怜的人。聂赫留朵夫遇见的两个系着围裙、光脚穿着破鞋、从头到脚沾满油漆的油漆匠也是这样的人。他们把袖子卷到胳膊肘以上,又黑又细的胳膊露出青筋,手提油漆桶,不住地互相骂着。脸上露出疲惫和愤恨的神色。那摇摇晃晃地坐在大板车上、黑乎乎的脸上沾满灰土的运货马车夫也是这样的脸色。那些衣服褴褛、面孔浮肿、带着孩子站在街头要饭的男男女女也是这样的脸色。聂赫留朵夫路过一家小饭馆，从窗口看到里面有些人也是这样的脸色。那里面摆了几张肮脏的小桌，上面放着酒瓶和茶具，穿白褂子的堂倌摇摇晃晃地来回跑着，桌旁坐的一些人脸色通红，满头大汗，又嚷又唱，脸上一副呆滞的神气。有一个人坐在窗口，扬起眉毛，噘起嘴巴，朝前望着，好像在聚精会神回想什么事情。

"他们都聚集在这儿干什么？"聂赫留朵夫这样想道，一面不由自主地吸着冷风送来的灰尘和到处弥漫着的新鲜油漆的刺鼻气味。

在一条街上，有一辆运载铁器的大车和他走齐了，大车走在石子路上，那上面的铁器轰轰隆隆地响着，震得他的耳朵和脑袋都痛起来。他加快步子，想赶到大车前面去，这时他却在铁器的隆隆声中听到有人唤他的名字。他站了下来，就看到前面不远处一辆轻便马车上坐着一位军官，一张油光光的脸，两撇上翘的小胡子亮闪闪的，正在很亲热地向他招手，露出一嘴雪白的牙齿。

"聂赫留朵夫！是你吗？"

聂赫留朵夫一时间十分高兴。

"啊！申包克！"他不由地很快活地说，可是他马上就明白了，这没有什么值得高兴的。

这就是当年去过姑妈家的申包克。聂赫留朵夫已经很久没见到他了，可是听到过他的情形，听说他尽管一身是债，离了原来的团却还在骑兵部队，不知凭什么本事一直还待在有钱人的圈子里。他那踌躇满志的样子证明了这一点。

"这一下子碰到你，真是太好了！要不然我在城里可是一个熟人也没有。啊，老兄，你也见老了。”申包克一面下马车，一面舒展着肩膀说。“我凭你走路的样子就认出你来了。喂，咱们一块儿去吃饭，怎么样？你们这儿哪一家馆子好？”

“我不知道是否来得及。”聂赫留朵夫一心想着怎样才能摆脱这个朋友而又不得罪他，就这样回答说。“你在这儿干什么？”他问道。

“有事啊，老兄。监护方面的事。我现在当监护人。照管萨玛诺夫的家业。你可知道，他是个大财主。他没什么本事。可是有五万四千俄亩土地呢。”他带着特别得意的口气说，就好像这些土地都是他一手置办的。“家业完全荒废了。土地全部交给了农民。他们一个钱也不交，欠款八万多卢布。我一年的工夫就改变了局面，让东家的收入增加了百分之七十。怎么样？”他得意地问。

聂赫留朵夫想起来，他听人说过，这个申包克正是因为自己的家产挥霍光了，还欠了一屁股债，才通过某种特殊的关系担任了一个挥霍成性的老财主的产业监护人，显然他现在就是靠做监护过活。

“怎样才能摆脱他而又不得罪他呢？”聂赫留朵夫心里想着，一面望着他那油光光的胖脸和涂了发蜡的小胡子，听着他亲亲热热地数说哪一家饭馆好，吹嘘他做监护多么有办法。

“喂，咱们究竟上哪一家去吃饭？”

“我没工夫呀。”聂赫留朵夫看着表说。

“那就这样吧，今天晚上赛马，你去不去？”

“不，我不去。”

“你去吧。我自己的马已经没有了。可是我赌格里沙的马。你记得吗？他有几匹好马。你就去吧，咱们一块儿吃晚饭。”

“吃晚饭也不行呀。”聂赫留朵夫笑着说。

“咦，究竟是怎么回事儿呀？你现在上哪儿去？你要是愿意，我这马车送你去。”

“我去找律师。过了这个街口就到。”聂赫留朵夫说。

“哦，对了，你是在忙监狱里的事儿吧？你给坐牢的人说起情来啦，是吗？柯察金家的人对我说了。”申包克笑着说。“他们已经走了。到底是怎么一回事儿？你说说吧！”

“是的，是的，这都是真的，”聂赫留朵夫回答说，“可是怎么能在大街上说呀！”

“是吗，是吗，你一向就是个怪人嘛。那你去看赛马吗？”

“不去，我不能去，也不想去。请你不要生气。”

“瞧你说的，生什么气！你现在住在哪儿？”申包克问过这话，他的脸色忽然变得严肃起来，两只眼睛停住不转，眉毛扬了起来。他显然是想回忆一件什么事。聂赫留朵夫看到他脸上有一种呆滞的表情，就跟他在小饭馆窗口看到的那个扬起眉毛、噘着嘴的人的表情一模一样。

“天气好冷啊！是吗？”

“是的，是的。”

“买的东西在车上吧？”他转身问马车夫。

“好啦，那就再见吧。遇见你真是高兴，真高兴。”申包克说过这话，紧紧握了握聂赫留朵夫的手，便跳上马车，把一只戴白鹿皮手套的大手举在油光光的脸前面挥了挥，熟练地龇着雪白的牙齿笑了笑。

“难道我以前也是这样吗？”聂赫留朵夫一面继续朝律师家走去，一面想着，“是的，虽然不完全是这样，可是很想成为这样的人，并且打算就这样过一辈子。”

## 十一

律师没有按照次序，立即接见了聂赫留朵夫，并且立即就谈起敏绍夫母子一案，他已经看过案卷，对于他们毫无根据地遭到控告感到愤慨。

“这案子真令人气愤。”他说，“很可能，火是房主自己放的，为的是要捞一笔保险费。不过，问题在于敏绍夫母子的罪行没有得到证实。一点罪证也没有。这是因为侦查官特别卖劲，副检察官过分粗心。这个案子只要不是在县里，而是在这里审理，我担保能赢，而且我不要任何报酬。好，再谈谈另一宗案子。菲道霞·比留科娃的御状已经写好。您要是上彼得堡去，就随身带着，亲自递上去，再找人求求情。要不然上面不过向司法部查问一下，司法部再敷衍塞责地回答一下，好把事情了结，也就是不管，这样就毫无结果了。所以您要想方设法把案子弄到最高层。”

“弄到皇上手里吗？”聂赫留朵夫问道。

律师笑起来。

“那是最最高、高到顶的一级。我说的最高层指的是上诉委员会的秘书长或者委员长。那么，没有别的事了吧？”

“不，还有一些教派教徒给我写了一封信。”聂赫留朵夫说着，从口袋里掏出一封信。“如果他们写的都是实情，这可真是一件怪事。我今天一定要想办法见见他们，了解一下这是怎么一回事儿。”

“我看，您变成漏斗或者瓶口了，监狱里的冤案都要从您这儿流出来啦。”律师笑着说。“冤案可是太多了，您管不了。”

“不，这可是一件怪事呀。”聂赫留朵夫说过这话，便把这宗案子的实情简要地说了说。有一个村子里的人聚在一起读《福音书》，有一个当官的来把他们赶散了。下一个礼拜天他们又聚在一起，当官的就派了警察，写了公文，把他们送交法院。法院侦查官审问了他们，副检察官写了起诉书，高等法院批准起诉，就把他们送交法庭受审。副检察官对他们起诉，桌上放着物证——《福音书》，于是他们被判处流放。“这事真是骇人听闻。”聂赫留朵夫说。“难道真有这种事儿？”

“您究竟觉得哪一方面奇怪？”

“这事儿处处都奇怪，比如，警察奉命办事，我是理解的，可是写起诉书的是副检察官，他总是有知识的人呀。”

“我们总是以为检察官和一切司法人员是一种新人、自由派的人，这就错了。他们就算原来是这样的人，可是现在完全不同了。这是一些官僚，关心的只是每个月的二十号[①]。他们领薪水，盼望薪水多一点儿，他们的全部准则就在于此。他们要控告谁就控告谁，要审讯谁就审讯谁，要判谁的罪就判谁的罪。”

“一个人因为同别人一起读《福音书》，就要被判处流放，难道有这样的法律吗？”

---

①帝俄官府发薪的日子。

“只要能证明他们在读《福音书》的时候敢于不按规定向别人讲解《福音书》,因而违反教会的阐释,就不仅可以流放到不太远的地方,而且可以被送去服苦役。当众诋毁东正教,按照刑法第一百九十六条,可以判处终身流放。”

“这不可能嘛。”

“我对您说的是实话。我总是对那些法官老爷说,”律师继续说下去,“我看到他们就不能不感恩戴德,因为我没有坐牢,您没有坐牢,我们大家都没有坐牢,那就是多亏他们手下留情。至于要褫夺我们每个人的特权,流放到不太远的地方,那是再容易不过的事了。”

“可是,如果这样,如果一切听凭检察官和那些能够应用法律也能够不应用法律的人为所欲为,那还要法院干什么?”

律师快活得哈哈大笑起来。

“瞧您提出什么问题来啦！嘿,老兄,这可是哲学呀。好的,这问题也可以谈谈。您礼拜六来吧。您可以在我家里见到一些学者、文学家和画家。到时候咱们就可以谈谈一般化问题了。”律师说。其中“一般化问题”几个字他是带着讽刺口吻说的。“您跟我妻子是认识的。您来吧。”

“好的,我想法子来。”聂赫留朵夫回答过,立刻感觉到自己说的是假话。如果他真要想法子的话,那只是想法子不来律师家参与晚间聚会,不跟聚集在他家里的学者、文学家和画家打交道。

刚才聂赫留朵夫说到,司法人员既然可以随意应用法律或者不应用法律,还要法院干什么,律师竟报之以哈哈大笑,还有律师说到“哲学”和“一般化问题”这些词儿竟用那样的口气,这一切向聂赫留朵夫表明,他和律师,大概也和律师的朋友,看待事物的角度有多么不同,而且,尽管他现在已经和申包克之类的旧友有了相当的距离,他觉得自己和律师以及律师圈子里的人的距离还要大得多。

## 十二

这儿离监狱很远,时间又不早了,所以聂赫留朵夫就叫了一辆马车,朝监狱奔去。马车夫是个中年人,一副聪明而和善的面容,来到一条街上,他向聂赫留朵夫转过身来,指了指一幢正在兴建的楼房。

“瞧,这楼房盖得好大呀。”他说。就好像他也是盖这幢大楼的发起人之一,因此感到十分得意。

确实,这楼房盖得很大,而且式样复杂而别致。正在兴建的大楼四周围着牢固的脚手架,脚手架是用粗大的松木打了铁襻子搭成的,还有一道板墙把大楼和街道隔开。身上溅满石炭的工人们像蚂蚁一样在脚手架上来来回回走着:有的在砌墙,有的在劈砖头,有的把沉甸甸的砖斗和泥灰桶提上去,又把空斗和空桶放下来。

一个胖胖的、穿得很讲究的先生,大概是建筑师,站在脚手架旁边,朝上面一个地方指着,在对一个弗拉基米尔的包工头说话,包工头毕恭毕敬地听着。满载的大车和空车进出大门都要从建筑师和包工头身边经过。

“这些干活儿的人也和那些迫使他们干活儿的人一样,都认为这是天经地义的;就在他们的怀孕的妻子在家里干着力不胜任的活儿,头戴碎布帽的孩子们在快要饿死之前像小老头一样笑着、乱蹬着小腿的时候,他们还是认为应该为一个无聊和无用的人、一个掠夺他们、使他们破产的人建造这样一幢无聊和无用的大楼。"聂赫留朵夫望着这幢楼房,心里想着。

"是的,造这样的楼房真是岂有此理!"他把心里想的说出声来。

"怎么是岂有此理呢?"马车夫很不高兴地反驳说,"多亏了造楼房,老百姓才有活儿干呢,可不能说岂有此理。"

"要知道,这是无益的活儿呀。"

"既然是在盖房子,那么,这活儿就是有益的,"马车夫反驳说,"老百姓就有饭吃了。"

聂赫留朵夫不说话了,尤其是因为车子隆隆响着,说话非常困难。在离监狱不远处,马车从石子路上了平坦大路,说起话来就不那么费劲儿了,马车夫就又和聂赫留朵夫说起话来。

"今年拥进城里来的老百姓真是多得不得了呀。"他在驭座上转过身来,用手指着迎面走来的一伙背着锯子、斧子、小皮袄和口袋的乡下的干活儿的人,对聂赫留朵夫说。

"难道比往年多吗?"聂赫留朵夫问。

"多得没法比!今年到处都挤满了人,真够呛。老板们拿人当刨花似的,扔来扔去。到处的人都满满的。"

"怎么会这样呢?"

"人太多了嘛。没地方去。"

"到底为什么会这样多呢?为什么他们不在乡下待了呢?"

“在乡下没活儿干。没有土地嘛。”

聂赫留朵夫这时体验到有伤痛的人常有的那种感觉。感觉别人总是故意碰他痛的地方，而所以有这种感觉，只是因为碰到痛的地方最容易感觉到。

“难道到处都是这样吗？”他在心里想道。于是他就问马车夫，他们村子里有多少土地，他自己有多少土地，他为什么待在城里。

“先生，在我们那儿，每一个人头只有一亩地。我们家有三口人的地。”马车夫很有兴致地说起来，“我家里有父亲，一个弟弟，还有一个弟弟当兵去了。他们在种地。可是没有多少地好种。所以我那个在家的弟弟也想到莫斯科来。”

“不能租点儿地来种吗？”

“如今到哪儿去租呀？原来的东家都把家产挥霍光了。一些商人把所有的地都抓到手里。休想从他们手里租到土地，他们都自己雇人种。我们那儿叫一个法国人霸占了，他把老东家的地全买下了。就是不出租，谁也没办法。”

“是一个什么样的法国人？”

“一个姓杜法尔的法国人，也许您听说过。他在一家大戏院里给演员做假发。那是个好生意，所以他发了财。他把我们女东家的地产全买下了。现在我们就在他手里了。他想拿我们怎么样，就怎么样。幸亏他本人还不错。可他那个俄国老婆却是一条碰不得的恶狗。她搜刮老百姓，可厉害呢。好啦，监狱到了。您在哪儿下，在大门口吗？我看，恐怕不让进去。”

## 十三

聂赫留朵夫一想到今天他见到玛丝洛娃，不知她是什么心情，想到不论在她身上，不论在监狱里这群人身上，都还有他不解的秘密，他就要面临这种秘密，不禁提心吊胆，战战兢兢，他就怀着这样的心情在大门口按了按铃，又向出来开门的一名看守问了问玛丝洛娃。那看守去问了一下，就告诉他，她在医院里。聂赫留朵夫就上医院去。医院看门的是一个很和善的小老头，立刻放他进去，问清他要找什么人之后，又领着他朝儿科病房走去。

一位浑身石炭酸气味的年轻医生，迎着聂赫留朵夫走出来，在走廊里厉声问他有什么事。这位医生总是想方设法宽待犯人，因此常常和监狱当局以至主任医师发生不愉快的冲突。他担心聂赫留朵夫对他提出什么违章要求，此外还想表示他对任何人都不做破例的事，就装出一副怒气冲冲的样子。

"这儿没有女人，这是儿科病房。"他说。

"我知道，不过这儿有一个从监狱调来的女看护。"

"是的，这儿有两个。您究竟有什么事？"

"其中一个叫玛丝洛娃的，我跟她熟识，"聂赫留朵夫说，"我要见见她。我就要到彼得堡去为她的案子上诉。想把这东西交给她。这只是一张照片。"聂赫留朵夫说着，从口袋里掏出一个信封。

"好的，这可以。"年轻医生换成和善的口气说，接着就转身吩咐一个系白围裙的老婆子把女看护玛丝洛娃叫来。"您要不要到候诊室里去坐坐?”

“谢谢您了。”聂赫留朵夫说过这话,就趁医生对他的态度好转,问起医院里对玛丝洛娃是否满意。

“还好,如果考虑到她以前的生活条件,应该说她干得不错。”医生说,“这不是,她来了。”

从一个门里走出那个当看护的老婆子,后面跟着玛丝洛娃。她在条纹连衣裙上面系一条白围裙,头上一块三角头巾把头发蒙着。她一看见聂赫留朵夫,脸唰地红了,好像没拿定主意似的站了下来,可是过了一会儿,就皱起眉头,垂下眼睛,踏着走廊里的长地毯快步朝他走来。她走到聂赫留朵夫跟前以后,不想和他握手,可是后来还是伸出手来,而且脸也更红了。自从那次他们谈话,她因为自己发脾气道过歉以后,聂赫留朵夫还没有见过她,现在他料想她还和那时候一样。可是今天她完全换了一个人,脸上的表情很不一样了:拘谨,羞涩,而且聂赫留朵夫觉得,还有一种对他不怀好感的神气。他对她说的话跟刚才对医生说的一样,说要上彼得堡去,并且把他从巴诺沃带来的装在信封里的照片交给了她。

“这是我在巴诺沃找到的,一张很早的照片,也许您会喜欢的。您收着吧。”

她扬起黑黑的眉毛,带着惊讶的神气用她那斜视的眼睛看了看他,仿佛在问这是为什么,然后一声不响地把信封接过去,掖到围裙里。

“我在那儿见到您的姨妈了。”聂赫留朵夫说。

“您见到啦?”她平淡地说。

“您在这儿还好吗?”聂赫留朵夫问道。

“还好,不错。”她说。

“活儿不怎么累吧?”

“不,还好。不过我还没有做惯。”

“我很替您高兴。总比那儿好些。”

“‘那儿’是指哪儿?”她说,并且脸上顿时泛起红晕。

“那儿,是说在监狱里。”聂赫留朵夫急忙回答说。

“有什么好的?”她问。

“我想,这儿的人好些。不像那儿的人。”

“那儿好人多得很。”她说。

“敏绍夫母子的事我找过人了,希望他们能得到释放。”聂赫留朵夫说。

“那算上帝有眼了,这可是一个挺好的老奶奶呀。”她再一次表示她对老婆子的看法说,并且微微笑了笑。

“我今天就上彼得堡去。您的案子很快就会受理。我希望能撤销原判。”

“撤销也罢,不撤销也罢,反正现在都一样了。”她说。

“你说‘现在’,这为什么?”

“没什么。”她说着,用探问的目光匆匆地看了看他的脸。

聂赫留朵夫认为她这话和这种目光的含意是,她想知道他是否坚持自己的主意,还是听从了她表示拒绝的话,改变了主意。

“我不知道为什么您觉得都一样。”他说,“可是在我来说,您无罪释放也好,不释放也好,确实都一样。不论情况如何,我都要照我说过的去做。”他毅然决然地说。

她抬起头来，那双斜视的黑眼睛像是凝视着他的脸，又像是没有看他，她整个脸上闪着喜悦的光彩。可是她说的话和她的眼睛说的话完全不同。

“您用不着说这种话。”她说。

“我说这话，是要您知道。”

“这话已经说过了，不必再说了。”她好不容易憋住笑说。

病房里有叫喊的声音。又听到孩子的哭声。

“好像在叫我呢。”她很不放心地回过头去看了看，说。

“好的，那就再见吧。”他说。

她装作没有看见他伸出来的手，没有跟他握手就转过身去，竭力掩盖自己的得意神气，顺着走廊里的长地毯快步走去。

“她是怎么啦？她是怎么想的？她是什么心情？她是想考验考验我，还是真的不能原谅我？她是没法把她的想法和心情全说出来，还是不愿说？她是消了气，还是心里有气？”聂赫留朵夫这样自己问自己，却怎么也无法回答自己。只有一点他是知道的，那就是她变了，而且她的心灵正在发生重大的变化，这种变化不仅使他和她联结起来，而且使他和促成这种变化的上帝联结起来。这种联结使他心情十分兴奋，深受感动。

玛丝洛娃回到设有八张儿童病床的病室，遵照护士的吩咐开始铺床。因为在铺床单的时候身子弯得太厉害，脚底下一滑，差点儿跌倒。有一个快要康复的、脖子上缠着绷带的男孩子看着她笑了起来，玛丝洛娃再也憋不住，往床上一坐，哈哈大笑起来，笑得又响又有感染力，惹得几个孩子都哈哈大笑，护士很生气地对她喝道：

“笑什么？你以为还是在原来那儿呀！快去打饭。”

玛丝洛娃不笑了，拿起家什就去打饭，可是她和那个缠着绷带、因病痛不能笑的男孩对看了一眼，又扑哧一声笑出来。这一天里，没有别人的时候，她有好几次把照片从信封里抽出一部分，欣赏一会儿。只是到傍晚下班以后，等她一个人来到她和另一个看护合住的房间里，她才从信封里把照片完全抽出来，一动不动地、亲亲热热地、仔仔细细地对着他和她的脸、两位姑妈的脸、他们的衣服、阳台的台阶以及做背景的花木丛看了老半天，看着这张褪了色、发了黄的照片，特别是看着自己，看着自己那额上一圈圈鬈发的年轻美丽的脸，怎么也看不够。她看得出了神，等那个同屋的看护走进来，她都没有发觉。

“这是什么？是他给你的吗？”胖胖的、心地善良的看护俯下身来看着照片说，“怎么，这就是你吗？”

“不是我又是谁？”玛丝洛娃笑盈盈地看着同屋看护的脸说。

“这是谁？就是他吗？这是他妈妈吗？”

“是他的姑妈。难道你认不出我来？”玛丝洛娃问。

“哪儿认得出来？我一辈子也认不出来。模样儿全变了。我看，从那时候到现在有十来年了！”

“不是十来年，是一辈子。”玛丝洛娃说。她的快活劲儿一下子不见了。一张脸阴沉下来，两道眉毛之间出现了一条很深的皱纹。

“那有什么，那里面的生活一定是很轻松的呀。”

“哼，轻松，”玛丝洛娃闭上眼睛，摇着头说，“比服苦役还不如呢。”

“怎么会这样呀?”

“就这样呗。从晚上八点到早晨四点。天天这样。”

“那为什么不丢开呢?”

“倒是很想丢开,可是不行啊。还说这些干什么!”玛丝洛娃说着,霍地站起来,把照片扔到抽屉里,好不容易憋住恼恨的眼泪,跑到走廊里,砰的一声把门带上。刚才她看着照片,觉得自己还是照片上那种样子,想象着她那时候多么幸福,现在要是和他在一起又会是多么幸福。同屋看护的话使她想起她现在的处境,想起她在那里面过的日子,使她想起那种日子之真正可怕,那种日子之可怕那时她只是模模糊糊感觉到,却是不愿意认真思索的。现在她才真切地想起那些可怕的夜晚,尤其是谢肉节的夜晚,那天夜里她在等待答应为她赎身的大学生。她想起那时她穿着洒了不少酒的袒胸红绸连衣裙,蓬乱的头发上系着大红蝴蝶结,疲惫不堪,浑身无力,喝得昏头涨脑,快到两点钟才把客人送走后,在跳舞的间歇时候她坐到一个精瘦的、脸上有小脓疱的为小提琴伴奏的女钢琴师身旁,向她诉说起自己过的痛苦日子,那个女钢琴师说她的境况也很糟,很想改变自己的境况;这时克拉拉也走过来,于是她们三个一下子就打定主意丢开这种日子。她们以为这个夜晚已经应付过去,就想走散了,却忽然听到有几个喝醉的客人在前厅里嚷嚷起来。小提琴手又拉起前奏曲,女钢琴手使足劲儿弹起一支欢畅的俄罗斯乐曲,为卡德里尔舞第一段舞步型伴奏。这时一个满头大汗、喷着酒气、打着饱嗝、穿燕尾服、扎白领带的矮小男子过来搂住她的腰,跳到第二段,又把燕尾服脱掉;另外一个留大胡子的胖子,也穿着燕尾服(他们是从一个舞会上来的),搂住克拉拉的腰。于是他们又转圈儿,又扭,又嚷,又喝酒,闹哄了很久……就这样一年,两年,三年过去了。人的模样儿怎么不变呢!而这一切的根源就是他。往日对他的怨恨一下子又涌上她的心头,她很想把他痛骂一顿,斥责一顿。可惜今天她错过了机会,没有再一次对他说她知道他是什么样的人,说她再也不会上他的当,不让他像以前在肉体上利用她那样在精神上利用她,决不让他把她变成表示自己仁义的物品。她又可怜自己,又觉得责备他也无益于事,因此心里十分难受,为了消除这种难受心情,她又想喝酒。要是此刻她在监狱里,她就会不守诺言,喝起酒来。在这里除了找医士是弄不到酒的,可是她怕那个医士,因为他老是纠缠她。她很厌恶跟男人有什么关系。她在走廊里的长凳上坐了一阵子,就回到屋里,也没有回答同屋看护的问话,哀伤起自己苦难的身世,哭了很久。

## 十四

聂赫留朵夫有三件事要到彼得堡去办:向参政院提出上诉,要求重新审理玛丝洛娃一案;把菲道霞·比留科娃的案子提交上诉委员会;受薇拉·波戈杜霍芙斯卡娅之托到宪兵司令部或者第三厅去要求释放舒斯托娃,并且要求让一位母亲和关在要塞里的儿子见面,这也是薇拉给他写信提出来的。他把这两件事合并起来看作第三件。还有就是因为诵读和讲解《福音书》而被流放高加索、远离家人的教派信徒的案子。他与其说是答应了他们,不如说自己对自己做了保证,一定要尽一切可能把这案子弄个水落石出。

聂赫留朵夫自从上次拜访过玛斯连尼科夫之后，特别是去乡下一趟之后，不仅认识到，而且切身感觉到，他一直生活于其中的那个圈子里的人多么可憎可恶，在那个圈子里，千百万人为供应少数人舒适和享乐而受的苦难，被千方百计地掩盖着，以至于其中的人看不到、也不可能看到这些苦难，因而也看不到自己那种生活的残酷性与罪恶性。聂赫留朵夫现在跟那个圈子里的人交往，就不能不感到不自在，不能不感到内疚了。不过，他还是要到那个圈子里去，以往的生活习惯还有吸引力，还有一些亲戚和朋友关系，然而主要的还是为了要办理他现在唯一关心的事：为了解救玛丝洛娃和他想解救的一切受难者，他不能不求助于那个圈子里的人，尽管那些人不仅无法使他尊敬，而且常常引起他的愤慨和蔑视。

聂赫留朵夫来到彼得堡，住在姨妈查尔斯卡娅伯爵夫人家里。他的姨父做过大臣。这样他一下子就进入他十分反感的贵族社会的核心。这使他很不愉快，可是又不能不这样。要是不住姨妈家而住旅馆，那就会得罪姨妈。而姨妈交游甚广，可能对他奔走操办各种案件会有极大的帮助。

“你猜，我听到人家怎样说到你啦？真是怪事呀。”他一进门，伯爵夫人一面让他喝咖啡，就一面对他说道。“你简直成了霍华德[①]啦！你帮助罪犯，察访监狱，平反冤案。”

“没有呀，我连想都没想过。”

---

①约翰·霍华德（1726—1790），英国慈善家，曾为改良监狱制度进行活动。

“这有什么,这是好事嘛。不过,听说这里面还有什么风流韵事哩。那你就说说吧。”

聂赫留朵夫就把他和玛丝洛娃的关系一五一十地说了一遍。

“我记得,记得,可怜的艾伦[1]对我说过,当年你住在那两个老婆子家里的时候,她们好像要你跟她们的养女结婚(伯爵夫人一向瞧不起聂赫留朵夫的两位姑妈)……你说的就是她吗?她现在还漂亮吗?”

这位姨妈卡捷琳娜·伊凡诺芙娜今年六十岁,是一个健康、愉快、精力充沛、爱说话的女人。她个头儿很高,也很胖,嘴唇上有黑黑的汗毛。聂赫留朵夫很喜欢她,从小就常常受到她的活泼愉快的感染。

“不,姨妈,那都是过去的事了。现在我只想帮助她,因为第一,她被冤枉判了刑,我在这方面是有责任的,再说,她所以落到这种境地,我也有责任。我觉得我应该为她尽我的一切力量。”

“可是我怎么听说你想和她结婚呀?”

“是的,我想是想过,可是她不愿意。”

伯爵夫人拧起眉头,垂下眼珠,惊讶地、一声不响地看了看外甥。忽然她的脸色变了,脸上出现了高兴的神情。

“啊,她比你聪明。哎呀,你有多么傻呀!你真想和她结婚吗?”

“当然。”

“她干过那种事儿,你还要同她结婚吗?”

“那就更要这样了。因为一切都是我造成的。”

①聂赫留朵夫的母亲。

“咦，你真是个呆子，”姨妈憋住笑说，“十足的呆子，不过，我喜欢你，就因为你是这样一个十足的呆子。”她反复说着，显然她特别喜欢“呆子”这个词儿，她认为这个词儿准确地表达了外甥的智力状态和精神状态。“你可知道，这事说来也真凑巧，”她继续说，“阿林办了一个很了不起的抹大拉[1]收容所。我去过一回。她们真叫人恶心。我回来后把浑身上下都洗了一遍。不过阿林办这种事是全心全意的。咱们就把她，把你那个女人交给她吧。要是说，谁能改造人，那就数阿林了。”

“可是她被判了服苦役呀。我来就是要想想办法撤销原判。这是我要求您的第一件事。”

“原来如此呀！她这案子究竟归哪儿管？”

“归参政院。”

“参政院？对了，我那个挺好的表弟廖沃什卡就在参政院。哦，不过他是在蠢货司，也就是在贵族铨叙司里。嗯，真正管事的我一个也不认识。天知道那都是一些什么人，要么是德国佬，姓盖的，姓费的，姓德的，什么怪姓都有，要么就是什么伊凡诺夫啦，谢苗诺夫啦，尼基丁啦，再不然就是什么伊凡年科啦，西蒙年科啦，尼基年科啦，花样百出。那都是另外一伙儿的人。好吧，反正我要对老头子说说的。他认识他们。他什么人都认识。我就对他说说。不过你要把事情对他说清楚，要知道我说的话他可是从来就听不懂。不管我说什么，他都说是一点也不懂。这是他事先认定了的。大家都懂，就是他不懂。”

这时一个穿长筒袜的仆人用一只银托盘托着送来一封信。

---

①原指《新约·路加福音》中从良的妓女。

“这正是阿林来的信。这一下子你就可以听听基泽维特的讲话了。”

“基泽维特是什么人?”

“基泽维特吗?今天晚上你来吧。你就知道他是什么人了。他讲起话来呀,就连最顽固的罪犯也会跪下来,痛哭流涕,下决心悔改。”

不论这事多么奇怪,不论这和伯爵夫人的性格多么不相称,她却狂热地信奉一种学说,这种学说认为基督教的实质就在于相信赎罪。她常去参加聚会,听人宣讲当时很流行的这种学说,有时还把信徒召集到家里来。尽管这种学说不仅否定一切宗教仪式和圣像,而且也否定圣礼,可是伯爵夫人的各个房间里都挂着圣像,甚至床头也有圣像,而且教会所要求的一切,她都照样去做,不认为这有什么矛盾。

“哦,你那个抹大拉能听他讲讲就好了;她准会改邪归正。”伯爵夫人说。“你今天晚上一定要待在家里。你就可以听到了。这是一个很了不起的人。”

“我对这种事不感兴趣,姨妈。”

“可是我告诉你,这很有意思。你一定要来。哦,你说说,还有什么事要我给你办?一股脑儿说出来吧。”

“还有一件要塞里的事。”

“要塞里吗?好的,我可以给你写一封信,你到那儿去找克里格斯穆特男爵。那是一个很值得尊敬的人。哦,你也认识他嘛。他是你父亲的同事。他迷上了招魂术。不过,这也没关系。他是个好人。你要上那儿去办什么事?”

"去要求他们准许一位母亲跟关在那里的儿子见见面。不过我听说这种事不归克里格斯穆特管，是归切尔维扬斯基管。"

"切尔维扬斯基我可不喜欢，不过这是玛丽艾特的丈夫。可以托托她。她会给我办的。她挺招人喜欢。"

"还要为一个女人求求情。她坐了几个月牢，可是谁也不知道为什么。"

"哼，不会的，她自己一定知道为什么。他们都清清楚楚知道。他们那些剃光头的罪犯，都是罪有应得。"

"我们不知道他们是否罪有应得。可他们是在受苦受难。您是基督徒，信奉《福音书》，可是像这样没有怜悯心……"

"这可是一点不相干。《福音书》是《福音书》，可恶的还是可恶。比如，我最讨厌那些虚无主义者，尤其是那些剪短头发的女虚无主义者，如果我装作喜欢她们，那就不好了。"

"您究竟为什么讨厌她们？"

"有了三月一日的事[①]，还需要问为什么吗？"

"她们可不是个个都参与三月一日事件的。"

"那都是一样，她们干什么要管闲事。那不是女人家的事嘛。"

"那么，就说玛丽艾特吧，您却认为她可以过问一些事。"聂赫留朵夫说。

"玛丽艾特吗？玛丽艾特是玛丽艾特。可是有那么一个哈尔秋普金娜，天知道她是什么人，倒是想教训起大家来了。"

"不是教训，只是想帮助老百姓。"

---

①指一八八一年三月一日民意党刺杀沙皇亚历山大二世事件。

“没有她们,别人也知道应该帮助谁,不应该帮助谁。”

“可是要知道,老百姓穷得很呀。我就是刚从乡下来的。庄稼人干活干得筋疲力尽,还吃不饱肚子,为的是让我们过穷奢极侈的生活,这难道应该吗?”聂赫留朵夫想到姨妈的好心肠,就不由得想把心里话对她全说出来。

“那你想怎么样,是不是要我也去干活儿不吃饭呢?”

“不,我不是想要您不吃饭,”聂赫留朵夫不由得笑着说,”“我只是希望咱们大家都干活儿,大家都有饭吃。”

姨妈又拧起眉头,垂下眼珠,带着好奇的神气盯着他。

“我的好孩子,你不会有好结果的。”她说。

这时有一位肩宽胸阔的高大将军走进房里来。这就是查尔斯卡娅伯爵夫人的丈夫,退休的大臣。

“啊,德米特里,你好呀。”他说着,凑过刮得光光的脸让聂赫留朵夫吻了吻。“你什么时候来的?”

他又一声不响地吻了吻妻子的额头。

“嘿,他这人可真是少有,”伯爵夫人对丈夫说。“他叫我到河边洗衣服,光吃土豆过日子呢。他是个十足的傻瓜,不过他求你给他办点儿事,你还是给他办一下吧。他是个十足的呆子。”她更正说。“你是不是听到,都说卡敏斯卡娅的状况很不好,大家都担心她难活下去,”她对丈夫说,“你最好去看看她。”

“是啊,这太可怕了。”丈夫说。

“好吧,你们去谈谈,我要写信了。”

聂赫留朵夫刚刚走进客厅旁边的一个房间,她又把他叫回来。“要给玛丽艾特写信吗?”

"请您写吧，姨妈。"

"那我就留一块空白，你把那个剪短头发女人的事写上去。她会叫丈夫去办。他一定会办。你别以为我心狠。你所保护的那些女人都很可恶，但我不希望她们遭殃。愿上帝保佑她们！你去吧。不过晚上一定要待在家里。可以听听基泽维特讲的话。我们还要祈祷。只要你不反对，这会对你有很大的好处。我知道，艾伦和你们一家人在这方面都很落后。那就再见吧。"

## 十五

伊凡·米海洛维奇伯爵是退休的大臣，是一个有坚定的信念的人。

这位伯爵从青年时代就有的信念是，如同鸟儿生来就吃昆虫、披羽毛、在空中飞翔一样，他生来就是要吃名厨师烹调的山珍海味，就是要穿最舒适华贵的衣服，要坐最舒适、最轻快的马车，因此这一切都要给他准备得好好的。此外，这位伯爵还认为，他从国库里领到的各种各样的钱越多，能获得越多的勋章，包括钻石勋章，越是经常同皇亲国戚见面和交谈，那就越好。其他一切和这些基本信条相比，伯爵认为那都是微不足道，毫无意思的。其他一切可以这样，也可以完全与此相反。四十年来，他在彼得堡就遵照这一信念生活和行事，四十年一满他就当上了大臣。

这位伯爵借以取得高位的主要本事是，第一，他能看懂写成的公文和法规，还能草拟公文，虽然写得不通顺，但可以使人看懂，而且不至于犯拼写错误；第二，他的外表格外体面，而且在必要的时候，不仅可以摆出傲慢的神气，还可以摆出高不可攀、威风凛凛的样子，在另一种场合，又可以卑躬屈膝达到肉麻和下贱的地步；第三，不论在个人道德还是在公务活动方面，他都没有任何通用的原则和准绳，因此在需要的时候，他可以一概同意，在另一种场合，他可以一概不同意。他在这样做的时候，只是尽量保持自己的气派，不让人看出明显的自相矛盾，至于他的行为本身合不合道德，他的行为对俄罗斯帝国以至全世界带来极大的益处还是极大的害处，他是丝毫不放在心上的。

等他当了大臣，不仅所有依靠他的人（依靠他的人和亲信是很多的），而且所有的外人以至他本人都深信，他是一个非常贤明的治国之才。然而等到过了一些时候，他毫无建树，毫无政绩，等到一些跟他一样也能看懂和起草公文、外表体面而毫无原则的官僚依照生存竞争的法则把他排挤出去，他也只好退职以后，大家才看明白了，他不仅不是一个特别贤明和深谋远虑的人才，而且是一个鼠目寸光、不学无术而又十分自负的人，其见解未必赶得上最庸俗的保守派报纸社论的水平。事实证明，他和那些不学无术而又十分自负、把他排挤出来的官僚们没有什么不同，这一点他自己也明白，然而这丝毫也没有动摇他的信念，他依然深信应该每年从国库领取许多钱，每年都应该得到新的装饰品来装饰他那讲究的服装。这种信念极其顽强，所以谁也不能拒绝他这种要求。所以他每年都要领取几万卢布，一部分算是养老金，一部分算是酬劳费，因为他在最高国家机关里挂了个名，又担任各种各样委员会的主席。此外，他每年都要得到他十分看重的新的权利，可以把新的丝绦钉在肩膀上或长裤上，把新的绶带和珐琅质星章佩戴在礼服上。因此,这位伯爵就有很广阔的交往。

伯爵就像以前听办公室主任报告公务那样,听着聂赫留朵夫的话。他听完以后,就说要为聂赫留朵夫写两封信,一封是给上诉司参政官沃尔夫的。

“大家对他有各种各样的议论,但不管怎样,他是一个十分正派的人。”他说。“他很感激我,一定会尽力去办。”

公爵写的另一封信是给上诉委员会一个有影响的人物的。他对聂赫留朵夫说的菲道霞·比留科娃一案很感兴趣。聂赫留朵夫说想写封信给皇后,他就说,这事确实很动人,等有机会,可以在那里面说说这件事。但是他不能保证。上诉还是按正常步骤进行吧。如果有机会,他想,如果召他去参加星期四的宫内恳谈会,他也许要谈一谈。

聂赫留朵夫拿到伯爵的两封信和姨妈写给玛丽艾特的信,立刻就前往这几个地方。

他先去找玛丽艾特。他认识她的时候,她还是一个并不富裕的贵族家庭的少女。听说她嫁给了一个飞黄腾达的人。聂赫留朵夫听说过那人的一些劣迹,主要是听说他对成百上千的政治犯心狠手辣,折磨政治犯是他的专长。于是聂赫留朵夫又像往常一样,心里觉得难受得不得了,因为他为了帮助被压迫的人,必须来到压迫者一边,向他们求情,要求他们多多少少,哪怕在对待某几个人方面,约制一下他们习以为常、大概也不以为意的残酷行为,而这就好像承认他们的行为是合法的了。在这类情况下,他心中总是感到很矛盾,很不满意自己,而且动摇不定,不知道该不该去求情,但最后总是决定去求情。要知道,这是因为,他去找玛丽艾特和她的丈夫虽然是很不舒服的、可耻的和不愉快的，可是只有这样，关在单身牢房里那个不幸的、正受折腾的女人才能得到释放，她和她的亲人才能不再痛苦。在这种情况下，他觉得向这些人求情是虚伪的，因为虽然这些人把他看作自己人，可是他已经不把他们看作自己人了，除此以外，他一到这些人当中就觉得自己进入了习惯的旧轨道，不由得受到这个圈子里的玩世不恭和不讲道德的风气的影响。他在姨妈家里就已经有这样的感觉了。今天早晨他同她谈到一些最严肃的问题时，就用了戏谑的语调。

总之，久违的彼得堡使他感受到的是那种常有的刺激肉体、麻痹精神的气氛：一切都是那样清洁、舒适、方便，主要的则是，人们在道德方面没有什么要求，过日子就特别轻松。

漂漂亮亮、干干净净、彬彬有礼的马车夫为他赶着车从一个个漂漂亮亮、干干净净、彬彬有礼的警察身边经过，穿过一条条漂漂亮亮、冲洗得干干净净的马路，擦过一座座漂漂亮亮、干干净净的楼房，来到玛丽艾特住的河滨那座楼房门前。

大门口停着一辆马车，套着两匹戴眼罩的英国马。一个英国人模样的马车夫坐在驭座上，一张脸有一半是络腮胡子，身穿号衣，手执马鞭，露出一副高傲的神气。

一个穿着极其整洁的制服的门房开了通往前厅的门，前厅里站着一个仆役，穿着更加干净的号衣，号衣上镶有丝绦，络腮胡子梳理得极有气派。还有一个值班的勤务兵，又新又干净的制服上佩着一把军刀。

“将军不会客。将军夫人也不会客。夫人要出门。”

聂赫留朵夫递过伯爵夫人的信，又掏出自己的名片，然后走到一张小桌前，上面放着来宾留言簿，他就写道，来访未晤，甚为遗憾。这时仆役走到楼梯口，门房就走到大门口，喝道："车来！"勤务兵就挺直身子立正站定，两手贴在裤缝上，用眼睛迎送迈着快得跟她的气派不相称的步子从楼上下来的瘦瘦的、个头儿不高的太太。

玛丽艾特头戴一顶插羽毛的大帽子，身穿黑色连衣裙，外披黑色斗篷，手上戴着崭新的黑手套，脸上蒙着面纱。

她一看见聂赫留朵夫，就撩起面纱，露出一张娇艳的脸和一双明亮的眼睛，用询问的目光看了看他。

"哦，德米特里·伊凡诺维奇公爵！"她用愉快而好听的声音说。"我差点儿认不出来了……"

"怎么，您还记得我的名字吗？"

"那还用说，当初我跟妹妹还爱上了您哩。"她用法语说。"不过，您的模样儿可是变多了。哎呀，真对不起，我要出门了。要不，咱们还是回去吧。"她说着，犹犹豫豫地站下来。

她看了看墙上的挂钟。

"不，不行。我要上卡敏斯卡娅家去参加祭祷。她可是伤心极了。"

"卡敏斯卡娅这是怎么啦？"

"难道您没有听说？……她的儿子在决斗中被打死了。他跟波津决斗。是一个独生子呀。真是可怕。做母亲的伤心极了。"

"是的，我听说了。"

"不，我还是去吧，您明天来，要不今天晚上来。"她说过这话，便迈着轻盈的步子朝大门口走去。

“今天晚上我不能来，”他说着，跟她一起来到台阶上，“我找您有一件事。”他说着，眼睛看着拉车来到台阶前的两匹枣红马。

“什么事呀？”

“这是我姨妈为这事写的一封信。”聂赫留朵夫说着，递给她一个带有很大的花体字母的狭长信封。“您看了信就明白了。”

“我知道：伯爵夫人以为在公事上我能左右我丈夫。她想错了。我什么也不能，而且也不愿意过问。不过，当然啦，为了伯爵夫人和您，我可以做一次破例的事。究竟什么事呀？”她说着，用一只戴黑手套的小手在口袋里摸索了一会儿，却什么也没有摸索到。

“有一个姑娘被关在要塞里了，可是她有病，而且没有参与过什么事情。”

“她姓什么？”

“舒斯托娃。丽季娅·舒斯托娃。信上写着。”

“嗯，好吧，我就试试看。”她说着，轻盈地上了有软和和的弹簧座的、油漆挡泥板在阳光下闪闪发亮的四轮马车，打开阳伞。仆役坐到驭座上，做了个手势，要车夫赶车。马车动了，可是这时候她用阳伞捅了捅车夫的脊背，于是那两匹漂亮的薄皮英国马就被马嚼子勒得缩起漂亮的头，停了下来，不住地倒换着细细的腿。

“您要来呀，不过，没有事儿也来呀。”她说着，嫣然一笑，这种笑的魅力她是很清楚的。然后她就像演完戏放下幕布似的，把面纱放了下来。“好，咱们走吧。”她又用阳伞捅了捅车夫。

聂赫留朵夫举起帽子。那两匹纯种的枣红马打着响鼻，用马掌嘚嘚地敲打着路面，马车很快地奔驰起来，那崭新的橡胶轮胎只是有时在道路不平处轻轻跳动几下。

## 十六

聂赫留朵夫想到他和玛丽艾特相对的笑，摇了摇头，表示对自己不满。

“一转眼就要掉进那种生活里去了。”他想道。这时他感到内心矛盾和困惑，在他不得不去巴结他不尊敬的人的时候，总是有这种感觉的。聂赫留朵夫为了不走回头路，考虑好先到哪里，后到哪里，于是就先去参政院。他由人领着走进办公室。他在这富丽堂皇的大房间里看到许多特别彬彬有礼、穿戴分外整洁的官员。

那些官员告诉聂赫留朵夫，玛丝洛娃的上诉书已经收到，并已交给参政官沃尔夫审查和呈报。聂赫留朵夫姨父的信也正是写给沃尔夫的。

“参政院本星期有一次会，玛丝洛娃的案子未必能在这次会上审理。不过如果请求一下，可能有希望也安排在本星期三。”一位官员说。

聂赫留朵夫在参政院办公室等待答复的时候，又听到他们谈决斗，听到他们详详细细地描述卡敏斯基少爷被打死的经过。正是在这儿他第一次听到这桩轰动整个彼得堡的事件的详情。事情是这样的：几个军官在饭馆里吃牡蛎，照例喝了很多酒。有一个军官对卡敏斯基所在的那个团说了几句不中听的话，卡敏斯基说他是造谣。那个军官打了卡敏斯基。到第二天就决斗，卡敏斯基肚子上中了一枪,过了两个小时就死了。凶手和两个副手都被捕了,可是据说,虽然已经关起来,过两个星期就会放出来的。

聂赫留朵夫出了参政院办公室,就前往上诉委员会去找该委员会中有权有势的官员沃罗比约夫男爵。沃罗比约夫男爵住的是一座富丽堂皇的官邸。门房和仆役都板着面孔对聂赫留朵夫说,除了会客日,要见男爵是不可能的,今天他在皇上那儿,明天还要去汇报。聂赫留朵夫把信留下,就去找参政官沃尔夫。

沃尔夫刚刚吃过早饭,于是他一面照常吸着烟和在房里来回踱步以帮助消化,一面接见了聂赫留朵夫。沃尔夫确实是一个十分正派的人。他认为正派是最高标准,他就根据这一标准看待其他一切人,而且他也不能不看重这一品德,因为多亏了这一品德,他才飞黄腾达,获得了朝思暮想的官位,也就是说,通过婚姻他获得一笔财产,使他每年有一万八千卢布的收入,又靠自己的努力谋得参政官的职位。他认为自己不仅是一个十分正派的人,而且是一个侠士般正直的人。他所谓的正直,就是不在暗地里接受私人的贿赂。至于他向国库里要各种各样的出差费、车马费、房租,不论政府要求他怎样,他都奴隶般地照办,这一切他都不认为是不正直。当年他在波兰王国担任一个省的省长的时候,成百上千无辜的人因为热爱自己的民族和祖祖辈辈的宗教而遭受迫害,倾家荡产,流放,坐牢,那都是他干的事,他却不仅不认为是不正直,而且认为那是高尚、英勇、爱国主义的丰功伟绩。他霸占热爱他的妻子和姨妹的财产,同样不认为是不正直。相反,他认为这是对家庭生活的合理安排。

他的家庭包括他那没有个性的妻子和姨妹。他把姨妹的地产卖了，把钱存在自己名下，因而把她的财产也抓在手里。还有一个温顺、胆怯、相貌平平的女儿。女儿过着孤独、沉闷的生活，近来为了消愁解闷，信奉了福音教派，常常参加阿林家和查尔斯卡娅伯爵夫人家的聚会。

沃尔夫的儿子原本是个善良的孩子，十五岁就长了胡子，而且从那时起就喝酒，放荡，一直到二十岁被撵出家门，因为他没有读完任何一个学校，经常在一伙不三不四的人当中鬼混，欠了债，败坏了父亲的名声。父亲有一次替儿子还了二百三十卢布的债，另一次又还了六百卢布的债，但是向儿子声明，这是最后一次，如果他不改邪归正，就要把他撵出家门，并且断绝父子关系。儿子不仅没有悔改，而且又欠下一千卢布的债，还十分放肆地对父亲说，他在家里本来就过得很不痛快。于是沃尔夫就向儿子宣布，他愿意到哪儿去就到哪儿去，他不是他的儿子了。从那时起，沃尔夫就做出没有儿子的样子，家里人谁也不敢在他面前说起儿子，沃尔夫也深信他已经妥善地安排了自己的家庭生活。

沃尔夫脸上带着亲切和几分讪笑的神气：这是他的风度，是自以为比大多数人有教养的不自觉的流露。他停止在书房里踱步，站了下来，和聂赫留朵夫寒暄几句，便把信看了一遍。

“请坐吧，不过对不起，如果您不介意，我要走一走。”他说着，把双手插到上衣口袋里，迈着又轻又从容的步子，在格调古雅的大书房里沿着对角线踱起来。“很高兴同您认识，当然，我也很高兴为查尔斯基伯爵效劳。”他一面说，一面吐着芳香的青烟，小心翼翼地从嘴里取下雪茄，免得烟灰落下来。

“我只要求尽快审理这个案子，因为如果被告非去西伯利亚不可的话，那还是早点儿去好。”聂赫留朵夫说。

“对，对，我知道，那就可以搭下诺夫哥罗德的头几班轮船。”沃尔夫带着体恤下情的笑容说。只要别人一开口，他总是事先就知道别人的意思。“被告姓什么？”

“玛丝洛娃……”

沃尔夫走到写字台前，看了看放在公文夹上的一份公文。

“是的，是的，玛丝洛娃。好的，我去向同事们要求一下。我们就在星期三审理这个案子。”

“我就这样打电报通知律师，行吗？”

“您还请了律师？这又何必？不过，要是您愿意，那也没什么。”

“上诉的理由也许不够充分，”聂赫留朵夫说，“不过我想，从案卷上也可以看出来，这样的判决是出于误会。”

“是的，是的，这很可能，不过参政院不能根据实质来审查案子。”沃尔夫看着烟灰，板着脸说，“参政院只能审查运用法律和解释法律是否得当。”

“我觉得，这是一件很特殊的事。”

“我知道，知道。所有的事都是特殊的。我们一定会照章办事的。就这样吧。”烟灰还没有掉下来，但已经裂开一道缝，眼看要掉下来了。“哦，您很少来彼得堡吧？”沃尔夫说着，把雪茄竖起来，免得烟灰掉下来。烟灰还是摇摇欲坠，于是沃尔夫小心翼翼地把烟灰朝烟灰缸转移过去，烟灰一下子就掉进了烟灰缸里。“啊，卡敏斯基的事多么可怕呀！”他说，“是一个很好的年轻人呀。又是独生子。特别是做母亲的遇到这种事。”他几乎是逐字逐句地重复说着这时候全彼得堡的人都在说的一些关于卡敏斯基的话。

沃尔夫还谈到查尔斯卡娅伯爵夫人,谈到她迷恋起新的宗教流派。沃尔夫对新的宗教流派不褒也不贬,不过,他既然是有教养的,自然认为这显然是多余的。他按了按铃。

聂赫留朵夫起身告辞。

“如果您方便的话,请来吃饭吧。”沃尔夫说着,伸过手来,“就星期三吧。那时候我就可以给您明确的答复了。”

天色已晚,聂赫留朵夫就坐上马车回家去,也就是回姨妈家去。

## 十七

查尔斯卡娅伯爵夫人家七点半开饭。上菜用膳的办法很新鲜,聂赫留朵夫还没有见过。菜摆到桌上,仆役们就马上走开,这样吃饭的人就自己动手用膳。男人们不让女士们从事额外活动,以免把身子累坏,拿出强有力的男子汉气概,英勇地承担起给自己和女士们分菜、斟酒的重担。吃完一道菜,伯爵夫人就按一按桌上的电铃,仆役就轻悄悄地走进来,很麻利地把家什收走,另换上一套,并且上另一道菜。菜很精致,酒也很名贵。一位法国厨师和两名穿白衣的下手在灯火通明的大厨房里忙活着。吃饭的有六个人:伯爵和伯爵夫人,他们的儿子——一个愁眉苦脸、胳膊肘支在桌上的近卫军军官,聂赫留朵夫,法国女朗诵师和从乡下来的伯爵家的总管。

这里也谈起决斗。议论起皇上对这事的态度。大家都知道皇上很为死者的母亲伤心，于是大家都为死者的母亲伤心。但是因为也知道，虽然皇上深表痛心，但又不愿严惩身穿光荣的军服的凶手，所以大家也就宽恕了身穿光荣的军服的凶手。只有伯爵夫人敢想敢说，对凶手表示谴责。

“谁要是喝酒胡闹，把好端端的年轻人打死，我无论如何也不会原谅。”伯爵夫人说。

“这话我就不懂了。”伯爵说。

“我知道，我说的话你总是不懂。”伯爵夫人说着，朝聂赫留朵夫转过身来，“大家都懂，就是老头子不懂。我是说，我很怜惜当母亲的，也不愿意让一个人杀了人还洋洋得意。”

一直没有说话的儿子这时为凶手辩护起来，反对母亲的意见，很不礼貌地对她说，一个军官不能不这样做，要不然同事们会一齐指责他，叫他在团里混不下去。聂赫留朵夫听着，没有插嘴。他当过军官，对查尔斯基少爷的说法虽不加认可，但他是可以理解的。不过他却情不自禁地拿杀人的军官跟他在监狱里见到的那个犯人相比，那是一个漂亮小伙子，因为在殴斗中打死人被判服苦役。两个人都是因醉酒打死人。那一个是庄稼人，一时性起打死人，就被迫离开妻子、家人、亲友，戴上镣铐，剃半边头，去服苦役；这个军官却坐在漂亮的禁闭室里，吃着好饭，喝着好酒，看着书，而且过一两天就会得到释放，又可以像原来那样生活下去，只不过是变成了一个特别受人青睐的人物。

他把心里想的都说了出来。伯爵夫人开头本来同意外甥的话，可是后来却不作声了。其他的人也是这样。聂赫留朵夫这才感觉出来，他说这话就好比是做了一件有失体统的事。

晚上，吃过饭以后，在大厅里就像听讲演那样特意摆了一排排雕花高背椅，一张桌子旁边放着一把圈椅和一个茶几，茶几上放着玻璃水瓶，是为讲道人准备的。不久一些人就纷纷来到。外国人基泽维特要在这里讲道。

大门口停着一辆辆华贵的马车。在陈设华贵的大厅里坐着一个个女士，身裹绸缎、丝绒、花边，头戴假发，腰身勒得细细的，衬得高高的。女士们中间还坐着一些男人，有军人，有文官，还有五个普通老百姓：两个扫院子的，一个小铺掌柜，一个仆人，一个马车夫。

基泽维特是一个花白头发的强壮的人，说的是英语，有一个戴夹鼻眼镜的瘦瘦的年轻姑娘很流利地翻译着。

他说的是，我们的罪孽是极其深重的，为此将受到的惩罚是极其重大的，是无法逃脱的，所以我们不能坐等受惩罚。

“亲爱的兄弟姊妹们！只要我们想想自己，想想自己的一生，想想我们所做的事，想想我们是怎样生活的，怎样触怒仁慈的上帝，怎样使基督受难，我们就会明白，我们不可能得到宽恕，没有出路，不可能得救，我们都注定了要灭亡。灭亡是可怕的，我们会万劫不复。”他用哆哆嗦嗦的哭腔说。“怎样才能得救哇？兄弟们，怎样才能脱离可怕的火海呀？烈火已经包围了房子，没有出路了。”

他沉默了一会儿，真的眼泪顺着两腮扑簌簌往下流。七八年来，每次他宣讲这篇得意之作，一讲到这个地方，就会准确无误地感到喉咙抽搐，鼻子发酸，泪水就从眼睛里流出来。这眼泪一出来,他自己更加感动了。大厅里响起一片哭声。伯爵夫人坐在一个拼花面子茶几旁,两手支着头,肥胖的肩膀不住地哆嗦着。马车夫惊恐地看着这个德国人,好像他赶着车,车杠就要撞到德国人身上,德国人却不让开。多数人坐的姿势都和伯爵夫人一样。沃尔夫的女儿很像父亲,身穿时新的连衣裙,双手捂住脸,跪在地上。

讲道人忽然绽开脸,脸上摆出演员借以表现欢喜的那种酷似真笑的笑容,并且用温柔甜蜜的声音说起来:

“不过,有救了。这种拯救是轻松的,愉快的。这种拯救就是上帝的独生子为我们受苦受难,为我们流了血。他的苦难、他的鲜血拯救了我们。兄弟姊妹们,”他又用哭腔说起来,“我们来感谢上帝吧,上帝为了替人类赎罪献出了他的独生子。他的血是神圣的……”

聂赫留朵夫觉得恶心得不得了,就轻悄悄地站起来,皱着眉头,忍着羞愧难受的哼哧声,踮着脚走出来,朝自己房里走去。

## 十八

第二天,聂赫留朵夫刚刚穿好衣服,准备下楼,一名仆役就给他送来莫斯科律师的名片。律师是为自己的一些事情来的,而且如果参政院很快就能审理玛丝洛娃的案子的话,他也可以出庭。聂赫留朵夫发出的电报,在路上同他交错了。聂赫留朵夫告诉他玛丝洛娃的案子什么时候审理,由哪几个参政官审理,他笑了笑。

“这正好,三种类型的参政官都有了。”他说。“沃尔夫是一个地道的彼得堡官僚，斯科沃罗德尼科夫是一个学究式的法学家，贝是一个讲求实际的法学家，因此最能实事求是。”律师说，“希望多半就在他身上。哦，上诉委员会那边的事进行得怎么样？”

“噢，今天我要去见沃罗比约夫男爵，昨天没能见到他。”

“您可知道，沃罗比约夫的男爵是怎么来的吗？”律师听到聂赫留朵夫说出这个地道的俄国姓氏又连着说出这个外来爵位时用的是喜剧口吻，就接着说，“这个爵位是沙皇保罗一世因为什么事赐给他祖父的。他祖父好像是一个仆役头儿。不知怎地博得了皇上的欢心。那就封他个男爵吧，谁也不能违抗御旨。这样就出了一个沃罗比约夫男爵。因此他就神气活现。其实是一个大痞子。”

“我就是要去找他。”聂赫留朵夫说。

“嗯，那也好，咱们就一块儿去吧。您就坐我的车子。”

出门之前，已经是在前厅里，一名仆人迎着聂赫留朵夫，把玛丽艾特的来信交给他。

“为了使您满意，我完全破例为您庇护的人向丈夫求情。那人不久即可获释。丈夫已给要塞司令官写了信。那您就没有事也来吧。我等着您。玛。”

“这算什么呀？”聂赫留朵夫对律师说，“这真是太可怕了！一个女人本来什么罪也没有，他们竟在单人牢房里把她关了七个月，而为了把她释放，却只需要说一句话。”

“一向就是这样嘛。不过，至少您要办的事办成了。”

“是的，不过，办成是办成，我感到痛心。这么看来，那里面究竟是怎么一回事儿呀？他们究竟为什么把她关起来呀？”

“唉，这种事最好还是不要细问。咱们上车吧。”律师说。这时他们已经来到台阶上，律师雇的那辆漂亮四轮轿式马车也来到台阶前。“您不是要去找沃罗比约夫男爵吗？”

律师对车夫说过到什么地方去，几匹好马很快地就拉着聂赫留朵夫来到男爵的官邸大门前。男爵在家。进门第一个房间里有一位年轻官员，身穿文官制服，脖子格外长，喉结突出，走路的脚步特别轻，另外还有两位太太。

“贵姓？”大喉结的年轻官员特别轻快而潇洒地从两位太太那边走到聂赫留朵夫跟前，问道。

聂赫留朵夫说了说自己的姓名。

“男爵说起过您。请稍候。”

年轻官员走进一个掩着门的房间，从里面领出一位身穿丧服、满面泪痕的太太。这位太太正在抻展她那乱成一团的面纱来掩盖泪痕。

“请吧。”年轻官员轻盈地走到书房门口，推开门，自己在门口站住，对聂赫留朵夫说。

聂赫留朵夫走进书房，见到的是一个敦实的中等身材的人，这人身穿礼服，头发剪得很短，坐在大写字台后面的圈椅上，带着愉快的神气朝前望着。那张和颜悦色的脸在白胡子的衬托下，红得特别显眼，一见聂赫留朵夫，就堆起亲切的微笑。

“看到您我很高兴。我跟令堂是老相识、老朋友。您小时候，我见过您，后来您当了军官，我也见过。来，请坐吧，您说说，有什么事我能为您效劳。是的，是的，”在聂赫留朵夫说起菲道霞的事的时候，他摇着他那剪短发的白头说，“说吧，说吧，我都懂了；

是的，是的，这事确实很感动人。怎么样，您已经提出上诉了吗？”

“上诉书我准备好了，”聂赫留朵夫说着，从口袋里掏出上诉书，“但我想求求您，希望对这个案子多加关照。”

“您做的是大好事。我一定亲自向上奏明。”男爵说着，在他那快活的脸上堆了一个完全不像的怜悯表情。“非常感动人。显然，她还是一个孩子，丈夫待她很粗暴，她就讨厌他，可是后来过了一阵子，他们就好起来了……是的，我要向上奏明。”

“查尔斯基伯爵说，他想去求求皇后呢。”

聂赫留朵夫这话还没有说完，男爵的脸色就变了。

“不过，您把上诉书交到办公室去吧，我可以尽力而为。”他对聂赫留朵夫说。

这时候，显然在卖弄自己的走路风度的年轻官员走进房里来。

“那位太太要求再说几句话。”

“好，叫她来吧。唉，老弟，在这儿要看到多少眼泪呀。要是能擦干所有人的眼泪就好啦！也只能尽力而为呀。”

那位太太走了进来。

“我忘了求求您，别让他把女儿卖掉，要不然他可是什么事都干得出来……”

“我说过嘛，我会办的。”

“男爵，看在上帝分上，您救救我这个做母亲的吧。”

她抓住他的手，吻了起来。

“一切都能办到。”

那位太太一出门，聂赫留朵夫就起身告辞。

“我们一定尽力而为。我们要和司法部接洽一下。他们会答复我们的，我们就可以尽力来办了。”

聂赫留朵夫走出书房，来到办公室。就像在参政院那样，他在这很有气派的办公室里又见到一些很有气派的官员，衣着整洁，彬彬有礼，说话又清楚又严谨，从服装到谈吐都非常得体。

“他们这些人怎么这样多呀，真是多得不得了呀。他们吃得多么肥，他们的衣衫和手多么干净，他们的靴子又擦得多么亮，这一切又靠的是谁呀？别说跟囚犯相比，就是跟乡下人相比，他们这些人有多么舒服呀。”聂赫留朵夫又情不自禁地想道。

## 十九

掌握彼得堡所有囚犯命运的是一位德国男爵出身、一生战功赫赫、但据说已经昏聩的老将军。他得过许多勋章，但平时一概不戴，只是在上衣扣眼里挂一枚白色十字章。他在高加索军中时，得到了他特别引以为荣的这枚勋章。那时他率领剪短头发、身穿军服、手握步枪加刺刀的俄罗斯庄稼人屠杀了一千多名保卫自由、家园和亲人的人[①]。后来他率军驻波兰，又驱使俄罗斯庄稼人犯下种种罪行[②]，因此又获得勋章和军服上的新装饰。后来还到过一些别的地方。如今他已是一个龙钟的老人，却得到他眼下担任的职位，并为此得到好房子、薪俸和荣耀。他严格执行上面

①十九世纪上半叶高加索山区少数民族多次起义反抗沙皇统治，遭到残酷镇压。

②波兰当时是帝俄属地。一八三〇年波兰人民起义，遭到残酷镇压。

的指示,而且特别看重的就是执行指示,认为上面的指示具有特别的意义。他认为,世界上的一切都可以改变,唯独上面的指示不能改变。他的职责就是把男女政治犯关在特别囚室和单人牢房里,要关得这些人有一半在十年内死掉,还有一部分精神失常,一部分得肺痨病而气息奄奄,一部分自杀:有的绝食,有的用玻璃割破血管,有的上吊,有的自焚。

这一切老将军都知道,这一切都发生在他的眼前,但所有这类事都不能触动他的良心,就像雷击和发大水之类的天灾所造成的苦难不能触动他的良心一样。这一切都是执行上面指示的结果,而这些指示都是以皇上的名义发布的。这些指示必然要执行,因此考虑这些指示的后果是完全无益的。老将军也不允许自己考虑这些事,认为军人的爱国天职就是不考虑,免得在执行这些在他心目中极端重要的职责时手软。

老将军依照职务的要求,每星期要巡视一次所有的监牢,问问囚犯们是否有什么要求。囚犯们向他提出各种各样的要求。他平静地、不动声色地听他们说,可是从来没有办过一条,因为所有的要求都是不符合法律规定的。

聂赫留朵夫坐车来到老将军寓所的时候,塔楼自鸣钟那精致的钟琴正奏着《光荣归于上帝》的乐曲,然后敲了两下。聂赫留朵夫听着这钟声,不由地想起他在十二月党人的笔记中看到的,这种每小时响一次的优美乐曲是怎样激荡着那些终身监禁的人的心。聂赫留朵夫坐的马车来到大门口的时候,老将军正坐在幽暗的会客室里一张嵌花小桌旁,和一个年轻人在一张纸上转动一只小碟。那年轻人是个画家,是他的一个手下人的弟弟。画家那润滑而细弱的手指头嵌在老将军那干硬、打皱、骨节僵化的手指头当中,这两只合在一起的手按着一只倒扣着的茶碟在纸上转来转去,纸上写着全部字母。这只茶碟是在回答将军提出的问题:人死后灵魂怎样才能互相认识?

一名充当近侍的勤务兵拿着聂赫留朵夫的名片进来的时候,贞德[1]的灵魂正通过茶碟说话。贞德的灵魂已经通过一个个字母说出"他们相互认识"几个词儿,并且已经记了下来。勤务兵进来的时候,茶碟又拼出"是因为"这样的词儿,就停在这儿,来来回回滑动起来。茶碟所以来回滑动,是因为依将军的意见,接下去的字母应当拼成"清除",就是说,依他的意见,贞德一定要说,人的灵魂相互认识,是因为清除了一切尘世俗念或者诸如此类的念头,因此接下去应该是可以拼成"清除"的字母;画家则认为,接下去应该是可以拼成"灵魂"的字母,他认为贞德的灵魂要说,灵魂相互认识是因为灵魂的缥缈的躯体能够发光。老将军阴沉地拧起又浓又白的眉毛,目不转睛地盯着两只手,把茶碟往他希望的地方推,想象着这是茶碟自己在移动。脸色苍白的年轻画家把稀稀的头发撩到耳朵后面,一双无神的蓝眼睛望着会客室里的幽暗处,神经质地嚅动着嘴巴,把茶碟往另一处推。将军因为自己的事情被打断,皱了皱眉头,沉默了一会儿,便接过名片,戴起夹鼻眼镜,那宽阔的腰部痛得使他哼哧了一声,这才站直他那高大的身躯,一面揉着发麻的手指。

①贞德(1412—1431),法国女英雄。

“请到书房里去。”

“大人，请允许我一个人得出个结果来，”画家站起来说，“我觉得招来的灵魂还在。”

“好，您就得出个结果吧。”老将军果断而郑重地说过这话，便迈开两条僵直的腿，跨着硬邦邦的、均匀的大步朝书房走去。“欢迎，欢迎。”将军用粗大嗓门儿对聂赫留朵夫说着亲热的话，并且向他指了指书桌边的圈椅。“您来彼得堡很久了吗？”

聂赫留朵夫说，来这里不久。

“您的母亲，公爵夫人，身体好吗？”

“母亲已经过世了。”

“对不起，实在遗憾。我儿子对我说，他遇见过您。”

他的儿子也像父亲一样，在官场春风得意。军事学院一毕业，就进了侦缉局，并且觉得在那里面干那些事情是莫大的光荣。他的事情就是领导暗探。

“是啊，我跟您父亲共过事。我们是老朋友，老同事。怎么样，您担任职务吧？”

“没有，没有担任什么职务。”

将军带着不以为然的神气低下头去。

“我有事要拜托您，将军。”聂赫留朵夫说。

“很……高……兴。什么事我能效劳呀？”

“如果我的要求不当，那就请您原谅。不过我不能不转达这个要求。”

“什么事呀？”

“您这儿关着一个姓古尔凯维奇的人。他母亲要求和他见见面,或者至少能把一些书转交给他。”

将军面对聂赫留朵夫提出的问题,既没有表示丝毫的高兴,也没有表示丝毫的不高兴,只是歪着头,眯缝着眼睛,仿佛在考虑。其实他一点也没有考虑,甚至对聂赫留朵夫提出的问题毫无兴趣,因为他很清楚,他可以依照法令回答他的。他不过是在休息养神,什么也不想。

“您要知道,这事不能由我说了算。”他休息了一会儿,就说道。“关于探监,有御批的规定,凡是规定中准许的,都能准许。至于书籍,我们这里有图书室,凡是准许看的,都可以给他们看。”

“是的,不过他需要的是学术性的书籍:他想研究学术。”

“您别相信这一套。”将军沉默了一会儿。“这不是要研究什么学术。这不过是不安分罢了。”

“不过,他们的日子是难捱的,总得想法子打发时间呀。”聂赫留朵夫说。

“他们老是在诉苦,”将军说,“其实我们是了解他们这班人的。”他说到他们干脆就像说的是低等的特殊人种。“这里面把他们安排得很舒服,这在监禁人的地方是少见的。”将军继续说。

他就像要证实自己的话似的,详详细细地说起为囚犯提供的舒服条件,就好像本机构的宗旨便是为囚犯提供舒适的居留地。

“以前确实相当艰苦,不过现在他们在这里过得好极了。他们吃三道菜,天天有肉吃:不是牛排就是肉饼。每逢礼拜天还要加一道菜,就是甜食。天呀,要是每一个俄国人都能吃到这样的饭食就好啦。”

将军像一切老年人一样，显然说到了背熟了的地方，就把重复了多次的话再说一遍，以证明囚犯们贪得无厌，忘恩负义。

“他们有书看，有宗教方面的书，也有旧杂志。我们有许多很不错的书。只是他们很少看。开头他们似乎还感兴趣，可是后来新书有一半书页一直没有裁开，旧书也没有人翻过。我们还做过试验，”将军带着一点儿类似笑的表情说，“特意夹了一些纸片。纸片一直在书里动也没有动。而且，这里也不禁止他们写字，”将军继续说，“又发石板，又发石笔，所以他们要怎么写就怎么写。还可以擦了再写。可是他们也不写。真的，他们都会很快就安下心来的。他们不过是开头焦急不安，可是过一阵子甚至会发胖，就变得十分安定了。”将军说，却丝毫没想到他的话里有很可怕的内容。

聂赫留朵夫听着他那沙哑苍老的声音，看着他那发僵的肢体，那白眉毛下面暗淡无神的眼睛，那耷拉在军服领子上的刮得光光的苍老的腮帮子，看着那枚白十字章，知道那是此人引以为荣的，那是他因为杀人特别多、特别残酷得来的，心里就明白了，反驳他或者说穿他的话的含意，都是无用的。不过他还是镇定了一下之后，又问起另一宗案子，问起被捕的舒斯托娃，说今天他得到信息，已有指示要放她了。

“舒斯托娃？舒斯托娃……我没法记住所有人的姓名。因为他们简直太多了。”他显然是责怪他们多得过了量。他按了按铃，吩咐把文牍员叫来。

将军趁文牍员还没有到，劝说起聂赫留朵夫担任点儿差事，说凡是正直高尚的人，并且暗指自己也在此列，都是皇上……“和祖国”特别需要的。他加上“和祖国”,显然是为了说得更动听。

“我这样老了,可我还是尽我的力气担任职务。”

文牍员是一个干瘦而结实的人,一双聪明的眼睛滴溜溜直转悠。他前来报告说,舒斯托娃关在一个加强了守卫的特别地方,还没有收到和她有关的公文。

“只要公文一到,我们当天就把她释放。我们不会留他们的,我们并不特别珍重他们的光顾。”将军说着,又试着堆了一个俏皮的笑,结果只是使一张老脸更难看了。

聂赫留朵夫站起身来,竭力克制自己,免得流露出他对这个可怕的老人又憎恶又怜悯的复杂心情。老人则认为,对于老同事的这个轻浮和显然不走正路的儿子也不必过分严厉,可是也不能不开导开导他。

“再见吧,亲爱的,请别见怪,我这是爱护您才说的。不要跟关在我们这里的人打交道。没有一个是无罪的。这都是一些道德败坏的人。我们可是了解他们了。”他用不容怀疑的口气说。而他对这一点确实也不怀疑,倒不是因为事实就是这样,而是因为,如果事实不是这样,那他就得承认自己不是一个可敬的英雄,不配过优越的生活,就得承认自己是一个坏蛋,以前出卖过良心,到了老年还在继续出卖良心。“您最好还是担任一个职务。”他继续说。“皇上需要正直的人……祖国也需要。”他又这样加了一句。“是啊,要是我和大家都像您这样不担任什么职务的话,那又怎么办呀?还有谁呢?我们天天议论国事,可是我们又不愿意帮政府的忙。”

聂赫留朵夫深深地叹了一口气,低低地鞠了一躬,握了握恩意隆隆地向他伸过来的瘦骨嶙嶙的大手，就走了出来。

将军带着不以为然的神气摇了摇头，揉着腰又朝会客室里走去。这时画家已经记下贞德的灵魂做出的答复，正在那里等候他呢。将军戴起夹鼻眼镜，看到的是："他们相互认识是因为灵魂的缥缈的躯体能够发光。"

"啊，"将军闭上眼睛，用赞许的口气说，"可是，如果大家的光都是一样的，那又怎样认得出来呢？"他说着，又把手指头跟画家的手指头交叉在一起，在小桌旁坐下来。

这时聂赫留朵夫坐的马车出了大门。

"在这儿真无聊呀，老爷，"马车夫对聂赫留朵夫说，"我本来想不等您来就走掉的。"

"是的，是很无聊。"聂赫留朵夫表示赞同说，一面张大胸膛呼吸着，带着轻松下来的心情凝望着天空有如轻烟的浮云，望着涅瓦河上木船和轮船荡起的波光粼粼的涟漪。

## 二十

第二天，玛丝洛娃的案子要开庭审理，于是聂赫留朵夫就上了马车直奔参政院。他的马车来到参政院那很有气派的大门口，恰好遇到法纳林律师的马车。这时大门口已经停着好几辆马车了。他们顺着华丽而宽敞的楼梯上了二楼。熟悉一切通路的律师便朝左边一道门走去，门上刻着制定诉讼条例的年代。法纳林在第一个长方形房间里脱去大衣，从看门人口里打听到参政官已经到齐，最后一个也刚刚走过去，就穿着燕尾服，白白的前胸上扎着白领带，带着愉快而有信心的神气走进第二个房间。在这第二个房间里，右边放着一个大橱，再过去是一张桌子，左边是一道旋转楼梯。这时候有一个身穿文官制服的很文雅的官员正从楼梯上往下走，腋下夹着一个皮包。房间里有一个族长模样的小老头很引人注目。小老头身穿短上衣和灰色长裤，一头长长的白发，有两名听差毕恭毕敬地站在他的身旁。

白发小老头进入充更衣室的大橱，关上橱门。这时法纳林看到一个同行，一个和他一样穿燕尾服、系白领带的律师，立刻就兴致勃勃地同他攀谈起来。聂赫留朵夫就打量起这个房间里的人。旁听的人有十五六个，其中有两位太太，一个年轻的，戴着夹鼻眼镜，另一个已经白了头发。今天要审理一件报纸诽谤案，因此列席的旁听者比平时多，主要是新闻界人士。

一个脸色红润、相貌英俊、身穿漂亮制服的法警警官手里拿着一张纸走到法纳林跟前，问他是承办哪一宗案子的，听说是办玛丝洛娃的案子后，就在纸上记了记，便走开了。这时候大橱的门开了，族长模样的小老头儿从里面走了出来，但穿的已经不是短上衣，而是镶丝绦的制服，胸前挂满亮闪闪的勋章，模样儿活像一只大鸟了。

小老头穿起这身可笑的服装，显然自己也觉得不好意思，于是他迈着比平时要快的步子急急忙忙走进了入口处对面的一扇门里。

“这就是贝，是一个非常可敬的人。”法纳林对聂赫留朵夫说过这话，又介绍他和自己的同行认识，然后说了说即将审理的这件案子，他认为这案子是很有趣的。

这案子很快就开审了。于是聂赫留朵夫和旁听者一起从左边走进法庭。他们这些人,还有法纳林,都走到栅栏后面的旁听席上。只有那个彼得堡的律师走到栅栏前面的斜面写字台旁。

参政院的法庭比地方法院的法庭小些,陈设也简单些,唯一不同的是,参政官面前的桌子上铺的不是绿呢子,而是镶金绦的大红丝绒。不过那些行使审判职能之地常有的象征物,如镜子、圣像、皇帝肖像,这里也样样具备。警官也是那样隆重地宣布:"开庭了。"大家也都是那样站起来,身穿制服的参政官们也都是那样走进来,也都是那样坐到高背椅上,也都是那样把胳膊肘支在桌子上,竭力摆出泰然自若的姿态。

参政官一共是四位。首席参政官尼基丁是一个脸型狭长、不留胡子、银灰色眼睛的人;沃尔夫意味深长地闭紧嘴唇,正在用白白的小手翻阅案卷;再就是斯科沃罗德尼科夫,是一个肥胖、粗大、满脸麻子的人,是个学究式的法学家;第四位是贝,也就是那个族长模样的小老头,是最后一个走进来的。和参政官们一起出场的有书记长和副检察官。副检察官是一个中等身材、没留胡子的干瘦的年轻人,脸色黑黑的,一双黑眼睛带着忧郁的神气。尽管他穿着一身不同往常的制服,尽管已经阔别了六七年,可是聂赫留朵夫一眼就认出他是大学时代最要好的朋友之一。

"副检察官是谢列宁吧?"聂赫留朵夫向律师问道。

"是的,怎么啦?"

"我和他很熟识,这是一个极好的人……"

"也是一个很好的副检察官,很能干。哦,您倒是应该托托他呀。"法纳林说。

“他不论在什么情况下都是本着良心办事的。”聂赫留朵夫说，一面回想着他与谢列宁的亲密关系和友情，回想着谢列宁那种种可爱的品质，他的纯洁、诚实和真正的正派。

“不过现在也来不及了。”法纳林小声说过这话，就全神贯注地倾听已经开始的案情报告。

现在开审的案子是根据对高等法院审判的上诉进行的，上诉原因是高等法院没有改变地方法院的判决。

聂赫留朵夫倾听起来，并且竭力想弄清眼前审理的这件案子的实质，可是，就像在地方法庭上那样，难以理解的原因主要在于讲的不是本来应该成为要点的事情，而是一些纯属次要的情节。这件案子是报纸上一篇文章引起的，文章中揭露了一家股份公司董事长的欺诈行为。问题的关键似乎应该是，该股份公司的董事长是否真的盗窃股东们的资金，怎样才能制止他盗窃。可是这一点却根本没有谈到。谈的只是报纸发行人有没有权利刊登小品文，刊登小品文是犯了什么罪，是诬蔑还是诽谤，是诬蔑中有诽谤，还是诽谤中有诬蔑。还谈到某个总署的一些条款和决定，那是普通人很难听懂的。

聂赫留朵夫所理解的只有一点，那就是报告案情的沃尔夫尽管昨天郑重其事地对他说，参政院不可能审查案件的实质，然而在报告本案案情时却显然有意偏袒一方，以利于撤销高等法院的判决。谢列宁则一反他素有的稳重作风，用出人意料的激烈言词发表了相反的意见。一向稳重的谢列宁一下子激烈得使聂赫留朵夫吃惊，是有原因的，那就是他知道那家股份公司的董事长本来就是一个手脚不干净的人，而且又在无意中听说，沃尔夫几乎就在开庭的前夕还参加过这个商人的豪华宴会。现在沃尔夫报告案情，虽然十分谨慎，但却明显地偏袒一方，于是谢列宁火了，就用对于一件普通案子来说过于冲动的腔调发表了自己的意见。他的话显然使沃尔夫感到受了侮辱：沃尔夫红了脸，身子不住地哆嗦着，一声不响地做了个惊愕的姿态，便带着威严而又受到冒犯的神气同其他几位参政官一起朝议事室走去。

“您这位先生是承办哪一件案子的？”参政官们一走开，警官又向法纳林问道。

“我已经对您说过了嘛，我是来办玛丝洛娃的案子。”法纳林说。

“您是说过。这案子今天要审理。不过……”

“究竟怎么样？”

“请您注意，这案子不进行公开辩论了，所以在宣布过判决之后，参政官先生们未必会再出来了。不过我可以去通报……”

“这究竟是怎么一回事儿？”

“我去通报，去通报。”警官又在纸上记了记。

参政官们果然打算在宣布过诽谤案的判决之后，就不再走出议事室，一面喝茶吸烟，一面把其他几件案子审完，其中也包括玛丝洛娃一案。

## 二十一

参政官们刚刚在议事室的桌子旁边坐定，沃尔夫就很起劲地摆起必须撤销本案原判的种种理由。

首席参政官一向是个不怀好意的人，今天心绪尤其恶劣。他在审案时听着案情报告，已经拟定了自己的意见，所以此刻他坐在这里，没有听沃尔夫的发言，而是一心在想着自己的心思。他想的是昨天他写在回忆录上的那件事，就是有一个他巴望已久的要职，没有委派给他，却给了维梁诺夫。首席参政官尼基丁真心实意地相信，他对于任职期间有过交往的形形色色一二等文官所做的评论，将成为十分重要的历史文献。昨天他就写了一章，猛烈抨击几个一二等文官，因为他们阻挠他，照他的说法是，阻挠他拯救俄国，使俄国摆脱目前执政者所造成的濒临覆灭的局面，而实际上只是因为他们阻挠他领取比现在更多的薪俸罢了。此刻他想的是，怎样使子孙后代对此类事有个全新的理解。

“是的，当然啦。”他回答沃尔夫对他的问话说，其实他没有听沃尔夫说的是什么。

贝却是皱着眉头在听沃尔夫的发言，一面在面前一张纸上画着花环。他是一个道道地地的自由派。严格遵循六十年代的传统[①]，即使有时偏离严格的公正立场，那也是为了维护自由派。所以在目前这种情形下，贝主张驳回上诉，除了因为提出控诉的股份公司商人是一个不干净的人以外，还因为控告办报人犯诽谤罪就是压制新闻自由。等沃尔夫说完了，贝撂下没有画好的花环，皱着眉头（他之所以皱眉头，是因为这样简单的道理还不得不进行说明）用温和悦耳的语调简单扼要而又凿凿有据地说明上诉是无理的，说完就低下白发苍苍的头，继续画他的花环。

坐在沃尔夫对面的斯科沃罗德尼科夫，一个劲儿地用粗粗的

①十九世纪六十年代，是俄国资产阶级自由派兴盛时期。

手指头把上嘴胡和下巴胡往嘴里塞，等贝一说完，他也停止嚼胡子，用又响又刺耳的嗓门儿说，尽管股份公司董事长是个大坏蛋，假如有法律根据的话，他还是主张撤销原判的，可是现在没有这样的法律根据，所以他同意伊凡·谢苗诺维奇（贝）的意见。他说完，十分高兴，因为他把沃尔夫挖苦了一通。首席参政官表示同意斯科沃罗德尼科夫的意见，于是这宗案子被否决了。

沃尔夫很不高兴，尤其是因为他那种见不得人的偏袒用心似乎被揭穿了。于是他装出心平气和的样子，打开下一本由他报告的玛丝洛娃的案卷，专心致志地翻看起来。参政官们这时按了按铃，叫人送茶来，并且谈起了一件事情，这件事和卡敏斯基决斗一样，轰动了整个彼得堡。

这是一个司长的案件。此人遭到揭发检举，犯的是刑法第九九五条所列罪行。

“多么下流！”贝十分厌恶地说。

“这究竟有什么不好？我可以在我们的文献中找出一个德国作家的方案给你们看看。他直截了当地提出来，这种事情不算犯罪，可以让男人同男人结婚。”斯科沃罗德尼科夫说着，带着咝咝的声音有滋有味地吸着夹在指根的皱皱巴巴的香烟，并且哈哈大笑起来。

“这不可能。”贝说。

“我可以拿给您看。”斯科沃罗德尼科夫说，并且说出那本书的全名，甚至说出出版年月和地点。

“据说，已经任命他到西伯利亚一个城市去当省长了。”尼基丁说。

“太好了。主教会举着十字架欢迎他的。需要有一个同样的主教。我倒是可以给他们推荐一个这样的主教。”斯科沃罗德尼科夫说过，便把烟蒂丢进茶碟里，又拼命把上嘴胡和下巴胡往嘴里塞，嚼起胡子。

这时警官走进来报告说，聂赫留朵夫和律师希望在审理玛丝洛娃的案子时能够出席。

“哦，这件案子吗，”沃尔夫说，“倒是一件真正的风流韵事呢。”于是他把他所知道的聂赫留朵夫和玛丝洛娃的关系说了一遍。

参政官们谈了谈这件事，抽过烟，喝过茶之后，就回到法庭，宣布对上一个案子的判决，然后就开始审理玛丝洛娃的案子。

沃尔夫用尖细的嗓门儿详细报告了玛丝洛娃要求撤销原判的申诉，又是不完全公允，带有明显的希望撤销法庭原判的意味。

“您有什么补充吗？”首席参政官问法纳林。

法纳林站起来，挺起他那白白的、宽宽的胸膛，用极其生动而准确的辞语逐条说明法庭有六处背离法律的准确含意，此外，他还斗胆简要地说了说本案的实质和原判的极其不公正。法纳林简短而有力的发言的口气中仿佛带有歉意，就好像他在道歉，因为他所提出的主张，诸位参政官凭他们的洞察力和精深的法律知识一定看得比他更明白，理解得更透彻，他之所以这样做，只是因为他承担的责任要求他这样。有了法纳林这一番话，似乎再没有丝毫疑问，参政院准会撤销原判。法纳林发言完毕以后，得意地笑了笑。聂赫留朵夫看着自己的律师，看到这样的笑容，便认定这官司准赢了。但是他看了看参政官们之后，才看出来，笑的和得意的只有法纳林一个人。参政官们和副检察官没有笑，也没有得意神气，倒是流露着不耐烦的神气，仿佛在说：“你们这班人的话我们听够了，这全是一些废话。”直到律师发言完毕，不再白白地耽误他们的时间了，他们才明显地露出满意的神气。律师发言一结束，首席参政官就请副检察官发言。谢列宁的发言很简短，然而很清楚、很明确。他认为上诉的理由很不充分，主张维持原判。在这之后参政官们都站起来，去开会商议。在议事室里大家意见分歧。沃尔夫主张撤销原判。贝了解事情的原委之后，也很激烈地主张撤销原判，并且照自己正确理解到的，很生动地向同事们描述了法庭的情景和陪审人员发生误会的经过。尼基丁像往常一样主张严格办事，主张严格遵循诉讼程序，反对撤销原判。整个案件就取决于斯科沃罗德尼科夫的意见了。他的意见也是驳回上诉，主要是因为聂赫留朵夫出于道德上的要求决定同这个姑娘结婚，他认为这是极端可恶的。

斯科沃罗德尼科夫是个唯物主义者、达尔文主义者，认为抽象道德的任何一种表现，或者更坏一点，宗教的任何一种表现，不仅是一种可鄙的精神错乱，而且其本身就是一种侮辱。这个妓女惹出来的这场麻烦，还有为她辩护的名律师以及聂赫留朵夫本人都来到参政院，他认为这都是极端可恶的。他只管把胡子往嘴里塞，装出一副这样的脸相，装得非常自然，就好像他一点也不了解案情，只知道上诉理由不够充分，所以同意首席参政官驳回上诉的意见。

就这样驳回了上诉。

## 二十二

“真是可怕！”聂赫留朵夫一面同收拾好皮包的律师往接待室里走，一面说，“这样清楚不过的案子，他们却在形式上挑鼻子挑眼儿，把上诉驳回。太可怕了！”

“案子是在原来的法庭上弄糟的呀。”律师说。

“连谢列宁也主张驳回上诉。可怕，真可怕！”聂赫留朵夫又说，“现在怎么办呢？”

“那咱们就告御状吧。趁您在这里，您就自己递上去。我给您写状子。”

这时身穿制服、佩戴星章的矮小的沃尔夫来到接待室，走到聂赫留朵夫跟前。

“有什么办法呢，亲爱的公爵。没有充分的理由呀。”他耸着窄窄的肩膀，闭着眼睛说。接着就走开了。

沃尔夫走过以后，谢列宁也来了。他已经从参政官嘴里听说他的老友聂赫留朵夫在这里。

“真没想到在这儿遇见你。”他说着，来到聂赫留朵夫跟前，嘴唇在笑着，眼睛却依然流露着忧郁的神气，“我竟不知道你上彼得堡来了。”

“我也不知道你当上了检察官……”

“副检察官。”谢列宁纠正说。“你怎么到参政院来了？”他带着忧郁而灰心的神气看着老朋友，问道。“我后来听说你在彼得堡。可是你怎么到这儿来了？”

“我到这儿来，是希望求得公正，拯救一个无辜判刑的女人。”

“什么样的女人？”

“就是刚才审过的那件案子。”

“哦，玛丝洛娃的案子，”谢列宁想起来，就说，“上诉理由极不充分呀。”

“问题不在于上诉理由，而在于那个女人没有犯罪，却被判了刑。”

谢列宁叹了一口气。

“这很可能，不过……”

“这不是可能，而是千真万确……”

“你怎么知道？”

“因为我是陪审人员。我知道我们在什么地方犯了错误。”

谢列宁沉思起来。

“当时就应该声明呀。”他说。

“我声明过了。”

“应该记录在案。附在上诉书里送上来就好了……”

谢列宁一向忙于公务，很少出入上流社会，显然对聂赫留朵夫的风流韵事毫无所闻。聂赫留朵夫觉察到这一点，决定不谈他和玛丝洛娃的关系。

“是啊，不过就是这样，也可以明显看出来，原判是很荒谬的。”他说。

“参政院没有权利说这种话。假如参政院竟然根据自己对原判是否公正的看法来撤销法庭判决，那么，姑且不说参政院会失去任何立足点，姑且不说这样会有破坏正义而不是维护正义的危险，”谢列宁一面回想刚才的案子，一面说，“即使不说这一点，至少陪审人员的认定会丧失其全部意义。”

“我只知道一点，那女人是完全没有罪的，受惩罚是不应当的，可是拯救她的最后一线希望现在也丧失了。最高机构竟批准了完全非法的事。”

“参政院不是批准，因为没有审查，也不能审查案件本身。”谢列宁眯缝着眼睛说。“你想必住在姨妈家里吧，”他又说，显然是想改变话题，“我昨天听她说你在这里。伯爵夫人昨天约我跟你一起参加集会，听一个外国人讲道。”谢列宁用嘴唇笑着说。

“是的，我听过，可是我恶心得走掉了。”聂赫留朵夫很生气地说。他恼的是谢列宁岔开了话题。

“哎，为什么要恶心得走掉？这不过是宗教感情的一种表现，虽然有点儿偏颇，有点儿教派气味。”谢列宁说。

“这简直是荒谬绝伦。”聂赫留朵夫说。

“哎，不是的。不过在这方面倒有一点很奇怪，那就是我们对我们教会的教义知道得太少，因而往往把一些基本的教条当作什么新发现。”谢列宁似乎急不可待地向这位老朋友发表他以前不曾有过的新见解。

聂赫留朵夫带着惊愕的心情留神对谢列宁看了看。谢列宁没有垂下眼睛，那一双眼睛里流露出来的不光是忧郁的神气，而且有不友好的意味。

“怎么，难道你相信教会的教义？”聂赫留朵夫问。

“当然相信啦。”谢列宁呆呆地、对直地望着聂赫留朵夫的眼睛，回答说。

聂赫留朵夫叹了一口气。

“奇怪。”他说。

“咱们还是以后再谈吧。”谢列宁说。“我就来。”他这是对那个恭恭敬敬地走到他跟前的警官说的。“一定要好好叙一叙，”他叹着气说，“不过你经常在家吗？我晚上七点钟吃饭以前总是在家里。我住在纳杰日津大街。”他说了说门牌号码。“好几年没见了呀。”他补充一句，就要走了，一面又光是用嘴唇笑着。

“要是抽得出工夫，我去看你。”聂赫留朵夫说。在短短的交谈之后，他感觉到，当年他很喜欢、很亲近的谢列宁这个人变了，如果不是冤家对头的话，那也是格格不入的、很疏远的和难以理解的了。

## 二十三

谢列宁上大学的时候，聂赫留朵夫就认识他了。他是一个善良的公子，讲义气的朋友，而且就他的年龄来说，是上流社会里一个很有教养的人。待人接物极有分寸，总是斯斯文文，风度翩翩，同时又异常忠厚、诚恳。他不是特别用功而学习十分出色，也没有丝毫书呆子气，所写的论文几次得到金质奖章。

他不仅在口头上，而且在实际行动上把为众人效力作为自己青春年华的生活目标。他认为这种效力没有别的方式，只能是在政府机关任职，因此他一毕业，就对他能够贡献力量的一切事情做了一次系统的分析，断定在主管立法的某大臣办公厅二处任职最为有益，就进了那个机关。然而，尽管他兢兢业业，勤勤恳恳，要他做的事他都做了，可是他并不觉得这样做就满足了他想做一个有益的人的要求，也不觉得他做的是应该做的事情。因为他和庸俗而爱面子的顶头上司经常发生冲突，这种不满心情就更强烈了，于是他离开二处，来到参政院。在参政院他觉得好一点儿，不过那种不满意的感觉还是跟定了他。

他时时刻刻感觉到，一切都与他所期望的和应有的情形完全不同。他在这参政院任职期间，他的亲戚们为他谋得少年侍从的职称[①]，于是他只好穿上绣花制服，戴上白麻布胸衬，坐上四轮轿式马车去向各种各样的人道谢，因为他们抬举他当上了奴才。他花尽心思，对于当这种奴才怎么也找不到合理的解释。他就觉得这比在机关任职更“不对头”，可是，从一方面说，他不能拒绝这一任命，免得让亲戚们伤心，因为他们相信这是为他做了一件值得高兴的大好事，从另一方面说，这一任命也迎合了他天性中的低劣品质，所以当他在镜子里看到自己身穿绣金绦制服的时候，当他因为这一任命受到一些人尊敬的时候，他又感到洋洋得意。

他在婚姻方面也遇到了类似的情形。别人为他说合的一门亲事，以上流社会的眼光看来，是极为美满的。而他之所以结婚，主要是因为，如果不结婚，就会得罪和伤害希望亲事成功的新娘和说合这门亲事的一些人，同时也因为，娶得这样一个年轻、貌美、出身名门的姑娘，迎合了他的虚荣心，使他感到得意。可是，这门亲事很快就显露出比在机关任职和宫廷挂差更加“不对头”。妻子生过第一个孩子后，就不愿再生孩子，过起交际场上的豪华生活，他不管愿意不愿意都要参加。她并不特别美，对丈夫

---

①少年侍从是帝俄宫廷的一种低级职称，不是职务。

也是忠实的，可是，姑且不说她这种生活严重地妨害着丈夫的生活，就连她自己除了消耗大量精力，换得过分疲劳以外，什么也得不到，尽管如此，她还是千方百计要过这种生活。她相信就应该这样，所有的亲戚朋友都支持她这种信念，他做过改变这种生活的种种尝试，可是一碰到她这种信念，就像碰到石头墙上一样，碰得粉碎。

他们有一个女孩，披着长长的金黄色鬈发，光着两条腿，做父亲的一点不觉得这是自己的孩子，尤其因为她不是按照他所希望的培养的。夫妻之间出现了常有的那种互不理解，甚至也不愿意相互理解，于是开始了不言不语的暗斗，虽然瞒着外人，虽然为了体面尽量克制，但他觉得在家里生活越来越痛苦了。这样一来，家庭生活就显得比在机关任职和在宫廷挂名更加“不对头”了。

不过，最“不对头”的却是他对宗教的态度。他也和同时代同一圈子里所有的人一样，随着智力的增长毫不费力地挣脱了他从小就受到的宗教迷信的桎梏，连他自己也不知道他是什么时候挣脱出来的。他是一个正直而诚实的人，在他少年时期、大学生时代以及和聂赫留朵夫接近的时候，就毫不讳言他已经摆脱了官方宗教迷信的束缚。可是，随着年岁的增长和职位的高升，尤其是反动保守势力当时在社会上抬头，这种精神上的自由越来越妨碍他了。且不说在家庭方面，尤其是父亲死后做安魂礼拜的事，且不说母亲要他持斋，社会上有些意见也要求他这样做，就说在机关里，也不得不无休无止地参加祈祷、供奉、谢恩等礼拜仪式，难得有哪一天不接触宗教仪式，躲也躲不掉。面对这种种礼拜仪式，必须在二者中选择其一：要么假装信仰他不信仰的东西（凭他那诚实的本性,这是无论如何办不到的),要么承认这些宗教仪式都是虚伪的,重新安排自己的生活,好使自己不必参与自己认为虚伪的事情。然而为了要做到这件似乎无关紧要的事,却需要付出很大的代价:除了要同四周围一切人经常进行斗争以外,还必须改变自己的地位,放弃公职,他也就不能为众人做有益的事了,因为他自以为担任公职已经做了一些有益的事,还指望将来做得更多。为了要做到这一点,还必须坚信自己是正确的。他的确也坚信自己是正确的,就像当代一切受过教育的人一样,只要多少懂得一些历史,知道一切宗教的起源,知道基督教的起源和分裂,就不能不相信这种合理的想法是正确的。他不承认教会的教义是真理,他知道他这种看法也是正确的。

然而在现实条件的压力下,他这个诚实的人却说起小小的虚伪话,那就是,他对自己说,为了证实不合理的事之不合理,首先必须研究这种不合理的事。这是一种小小的虚伪,可是这小小的虚伪把他引进了大大的虚伪中,如今已不能自拔。

他是在东正教的影响下出生和成长的,周围的人都要他信东正教,他不承认这个教就无法继续从事自认为有益于众人的活动,所以等他向自己提出东正教是否正确的问题时,事先已经有了答案。所以为了弄清这个问题,他不读伏尔泰、叔本华、斯宾塞、孔德[①]的著作,却读起黑格尔的哲学著作和维奈、霍米雅科夫[②]

---

①伏尔泰是十八世纪法国启蒙思想家,叔本华是十九世纪德国哲学家,斯宾塞是十九世纪英国社会学家,孔德是十九世纪法国哲学家,都在不同程度上批判过基督教。

②黑格尔是十九世纪德国哲学家,维奈是十九世纪瑞士神学家,霍米雅科夫是十九世纪俄国斯拉夫派理论家,都从不同角度出发肯定基督教义。

的宗教论著，自然，他也就在这些著作里找到了他所需要的东西：一种类似宽慰话和宗教教义辩护词的东西。他在这种教义熏陶下长大，可是他的理性早已把这种教义否定了。然而，没有宗教信仰，整个生活就充满烦恼，只要承认教义，一切烦恼立即烟消云散。于是他学会了种种流行的诡辩，例如个人的智慧不能认识真理，只有人类智慧的汇合才能发现真理；认识真理的唯一途径是启示，而启示就寓于教义之中，等等。从此，他也就心安理得地参加祈祷、安魂礼拜、弥撒，持斋，对着圣像画十字，而不感到是在做假，也就能继续在机关任职，而在机关任职就能觉得自己在做有益的事，他在没有欢乐的家庭生活中也可以由此得到安慰。他以为他是在信教，可是同时，他比在任何其他方面都真切地意识到，他这种信教一点也“不对头”。

就因为这样，他的眼睛总是带着忧郁的神气。就因为这样，他一看见当年他认识的聂赫留朵夫，就想起当年他还没有染上这些虚伪习气时是什么样子；尤其是在他急不可待地向聂赫留朵夫暗示了自己的宗教观之后，他比任何时候都深切地感觉到这一切“不对头”，于是他更是忧郁得不得了。聂赫留朵夫见到这个老朋友，开头的一阵高兴过去之后，也出现了同样的感觉。

就因为这样，他们两人虽然彼此许诺还要见面，却都没有找机会相见，在聂赫留朵夫这次来彼得堡期间，他们就再也没有见面。

## 二十四

聂赫留朵夫和律师走出参政院,顺着人行道走去。律师让他的马车跟在后面,就给聂赫留朵夫讲起参政官们说的那个司长的事,讲到他怎样被揭发,讲到依法应该判处苦役,却不但没有判处苦役,反而把他派到西伯利亚当省长去了。律师讲完这事的全部经过及其丑恶内幕,还特别津津有味地讲了一件侵吞捐款的事,捐款是兴建纪念碑的,却被各种各样身居高位的人侵吞了,所以纪念碑就一直不能完工,就是今天早晨他们从那儿经过时看到的;又讲了某某人的情妇在证券交易所发了几百万横财;又讲了某人卖老婆,被某人买了去;然后又讲起一些政府高级官员怎样营私舞弊,干着各种各样的犯罪勾当,却没有坐牢,而是照旧在各个机关坐着主管人的交椅。他所知道的这类事是讲也讲不完的,他讲起来非常得意,因为这些事十分清楚地表明,他这个律师捞钱的手段,同彼得堡高级官员捞钱的手段相比,是完全正当和清白的。因此,当聂赫留朵夫不等听完他讲的高级官员犯罪的最后一个故事,就向他告辞,雇马车回滨河街姨妈家时,他感到十分惊愕。

聂赫留朵夫非常忧愁。他所以忧愁,主要是因为,参政院驳回上诉,无辜的玛丝洛娃就肯定要遭受不应有的苦难,还因为驳回上诉,他要实现与她同命运的决心就更困难了。他听了律师兴致勃勃地讲的那些骇人听闻的为非作歹的故事,更加忧愁了,此外,他还一直回想着当年那个可爱、坦率、高尚的谢列宁现在流露出来的冷淡、不友好、疏远的眼神。

聂赫留朵夫回到家里，看门人带着一点儿不屑的神气交给他一张纸条，说是一个女人在门房里写的。原来这是舒斯托娃的母亲写的。她写的是，她是来向营救女儿的恩人道谢的，此外，还恳请他光临瓦西里岛五马路某号。她还写道，薇拉·波戈杜霍芙斯卡娅特别希望他去。还请他不要担心，她们不会说许多感激的话让他听了心烦，她们是不会说感激之类话的，只不过很想见见他。如果方便的话，是不是明天早晨就来。

另外还有一封信，是聂赫留朵夫的老同事、宫廷侍从武官包加狄廖夫写来的。聂赫留朵夫准备把自己替教派信徒写的状子交给他，请他亲手递给皇上。包加狄廖夫用刚劲有力的大字写道，他一定照他许诺的，把状子亲自交到皇上手里，不过他想起一个主意：聂赫留朵夫先去拜访一下那个可以左右这件案子的人，托他一下，是否更好。

聂赫留朵夫几天来在彼得堡见闻了许多之后，灰心绝望，觉得什么事也办不成了。他在莫斯科拟定的计划，他觉得有点儿像是少年人的梦想，人要是怀着这样的梦想进入社会，必然会失望。不过既然现在已经来到彼得堡，他还是认为应该按原来的打算来办，于是决定明天先去找找包加狄廖夫之后，就按照他的意见去拜访那个能左右教派信徒一案的人。

这时候，他把为教派信徒写的状子从皮包里取出来，想重看一遍，不料伯爵夫人的一名仆人敲了敲门，走了进来，请他上楼去喝茶。

聂赫留朵夫说，马上就来，于是把状子放进皮包里，就上姨妈那儿去。上楼的时候,他无意中从窗子里朝街上望了一下,却看到了玛丽艾特那一双枣红马,忽然一下子就高兴起来,不由得想笑。

玛丽艾特头戴女帽,身上穿的已经不是黑色连衣裙,而是一件很花哨的浅色连衣裙,手里拿着茶杯坐在伯爵夫人的圈椅旁边,娇声细气地说着话儿,一面忽闪着她那一双笑盈盈的美丽的眼睛。聂赫留朵夫进门的时候,玛丽艾特刚刚说过一句很可笑的话,一句很不雅的笑话——这是聂赫留朵夫从笑声中听出来的,——所以满嘴汗毛的和善的伯爵夫人笑得呵呵直叫,那肥胖的身子直打哆嗦,玛丽艾特却带着特别轻佻的神气,微微撇着带笑的嘴,偏着她那张洋溢着青春气息的喜洋洋的脸,不出声地看着同她说话的女主人。

聂赫留朵夫凭几个字就听出来,她们说的是当时彼得堡的第二号新闻,也就是西伯利亚新省长的趣事,玛丽艾特正是在这方面说了一句十分好笑的话,所以伯爵夫人很久都止不住笑。

"你要叫我笑死了。"她咳嗽了一阵之后,说道。

聂赫留朵夫打过招呼,就挨着她们坐下来。他刚刚想指责玛丽艾特轻浮,她就察觉了他脸上的严肃和有点儿不满的神情,她马上也改变了整个脸上的表情,甚至也改变了情绪,为的是讨他喜欢。自从她见到他之后,她就想讨他喜欢了。她一下子就变得严肃起来,流露出一副不满意自己的生活、正在寻找什么、追求什么的神气,这倒不是装出来的,而是确实产生了这样一种心情,虽然她说不出这是怎么一回事儿,但这和聂赫留朵夫此时此刻的心情是完全一样的。

她问他的事办得怎样了。他说了说上诉在参政院被驳回的情形和他遇见谢列宁的情形。

“啊！多么纯洁的一个人呀！真是一个十全十美的无畏骑士。一个纯洁的人。”两位太太一齐用起了上流社会形容谢列宁的这个常用的形容语。

“他的妻子怎么样？”聂赫留朵夫问道。

“她吗？哼，不过我不想说她。反正她不了解他。怎么，难道他也主张驳回上诉吗？”她带着真诚的同情问道。“这太可怕了，我多么为她难过呀！”她又叹着气说。

聂赫留朵夫皱起眉头，为了改变话题，就谈起关在要塞里、经她说情被放出来的舒斯托娃。他谢过她在丈夫面前说了情，就想说一说，这个女人和她的一家受折腾，只是因为没有人过问，这种事想起来都非常可怕，可是她不让他说下去，自己先表示了她的愤慨。

“您不必对我说。”她说道，“我丈夫一对我说，她是可以放的，我听到这种说法就吃了一惊。既然她没有罪，凭什么要关她呢？”她说出了聂赫留朵夫想说的话：“真是可恶，可恶！”

伯爵夫人看到玛丽艾特向外甥卖弄风情，觉得非常开心。

“你听我说，”等他们两个都不说了，她就说，“明天晚上你上阿林家去，基泽维特要在她那儿讲道。你也去吧。”她对玛丽艾特说。

“他注意到你了，”她对外甥说；“我把你说的话都对他说了，他说，这都是好苗头，你一定会来到基督身边的。你一定要去。玛丽艾特，你对他说说，让他去。你自己也去。”

“我吗，伯爵夫人，第一，我没有任何权利替公爵拿主意，”玛丽艾特一面说，一面看着聂赫留朵夫，并且用这种目光沟通心意，好在对待伯爵夫人的话和对待福音派的根本态度上取得完全的一致，“第二，您也知道，我不太喜欢......”

“你总是喜欢唱反调，自有一套。”

“怎么是自有一套？我就像一个最普通的乡下女人那样信教。”她笑着说。“第三，”她继续说，“我明天要去看法国戏......”

“哎呀！你看过那个……哦，她叫什么名字来着？”伯爵夫人说。

玛丽艾特说了说那个著名的法国女演员的名字。

“你一定要去看一看，真演得好极了。”

“那我究竟先去看谁好呢，我的姨妈，先看女演员，还是先看传教士？”聂赫留朵夫笑着说。

“请你别抓我的话把儿。”

“我想，最好还是先看传教士，然后再看法国女演员，要不然就毫无兴致听讲道了。”聂赫留朵夫说。

“不，最好还是先看法国戏，然后再去忏悔。”玛丽艾特说。

“得了，你们别拿我取笑。传教是传教，看戏是看戏。要拯救自己的灵魂，一点也用不着把脸拉成几尺长，一个劲儿地哭鼻子。只要信教，心里就畅快了。”

“您呀，我的姨妈，传起教来比任何一个传教士都好哩。”

“您听我说，”玛丽艾特沉思了一下，就说，“您明天到我的包厢里来吧。”

“我怕我不能去……”

一名仆人前来通报说有客人来访,打断了他们的谈话。来者是伯爵夫人主持的一个慈善团体的秘书。

“哦,这位先生十分乏味。我还是到那边去接待他吧。过一会儿我就来。您给他倒点儿茶,玛丽艾特。”伯爵夫人说过,便一摇一晃地快步朝客厅里走去。

玛丽艾特脱下手套,露出嫩生生、光溜溜的手,无名指上还戴着戒指。

“您要茶吗?”她说着,拿起酒精炉上的银茶壶,很奇怪地翘着小手指头。

她的脸色变得严肃而忧郁了。

“人家的意见我是很看重的,可是人家却把我和我所处的地位混为一谈,我想起来总是难过得不得了。”

她说到最后几个字时,仿佛要哭出来。她这几句话,如果分析起来,并无什么意义,或者没有什么特殊的意义,可是聂赫留朵夫却觉得这话异常深沉、异常真挚、异常善良。这是因为这个年轻、美貌、衣着华丽的女子在说这番话时还配合着那一双水汪汪的眼睛送来的一阵阵秋波,就把他迷住了。

聂赫留朵夫一声不响地看着她,一双眼睛再也离不开她的脸。

“您以为我不了解您,不了解您的种种想法。其实您做的事谁都知道。这是公开的秘密。我很赞赏您的做法,也很钦佩您。”

“说实在的,这没有什么值得赞赏的,我做得还太少。”

“反正是这样。我理解您的感情,也理解她的……哦,好,好,我不谈这事吧。”她察觉他脸上有不愉快的神气,就把话收住。

“不过我还理解，您看到监狱里的种种苦难、种种可怕景象之后，”玛丽艾特因为一心想把他迷住，并且凭着女性的敏感猜出他看重和珍视的是什么，就这样说，“您就想援助那些受苦受难的人，那些人在受人折腾，因为无人过问，因为有人非常残忍，那些人被折腾得死去活来，死去活来……我理解，可以为救人献出生命，换成我，我也愿意。不过各人有各人的命运呀……”

“您难道对自己的命运还不满意吗？”

“我吗？”她问道，就好像她感到十分惊愕，想不到有人会问起这事。“我应该满意，所以也就满意了。不过，我心里好像有一条虫子要醒了……”

“是不应该让它再睡了，应该相信它的呼声。”聂赫留朵夫说。因为他已经完全陷入了她的迷魂阵。

后来聂赫留朵夫多次很羞惭地想起他和她的谈话；多次想起她那些算不上虚伪而只是迎合他的心理的话，以及她听他讲起监狱里的惨状和农村的贫困景象时那副动情和关切的脸相。

等到伯爵夫人回来，他们已经谈得非常投机了，仿佛不仅是老朋友，而且是特别知心的朋友，仿佛四周围的人都不了解他们，只有他们是互相了解的。

他们谈的是当权者的无道、囚犯们的苦难、老百姓的贫困，然而实际上，他们那互相望着的眼睛却在谈话声中不停地传送着情意：“你爱我吗？”……“我爱你。”性爱采取最意想不到的、最光彩的形式使他们互相吸引住了。

她临走时对他说，她永远愿意尽她的力量为他效劳，并且请他明天晚上一定要上戏院去，哪怕待一会儿也好，她说还有一件要紧的事要和他谈谈。

"唉,要不然我什么时候又能再见到您呀?"她叹了一口气,又说。于是她小心翼翼地把手套往戴满戒指的手上套。"您就说您来吧。"

聂赫留朵夫答应了。

这天晚上,聂赫留朵夫一个人待在他的房间里,上了床,熄了蜡烛,可是好久睡不着。他想起玛丝洛娃,想起参政院的裁决,想起他还是下决心跟她走,想起他放弃土地所有权,想着想着,突然间,就好像出现了这些问题的答案似的,他眼前出现了玛丽艾特的脸以及她在说"我什么时候又能再见到您呀?"时的目光和叹息声,还有她的笑容,是那样真切,他好像真的看到了,于是他也笑了笑。"我上西伯利亚去,这种做法好不好呢?我放弃自己的财产,这种做法又好不好呢?"他问起自己。

在这个明亮的彼得堡之夜里,皎洁的月光从窗帘缝隙里泻进来,可是他对这些问题的回答却是模糊不清的。他的头脑里乱成了一团。他唤醒以前的心境,想起以前的那些想法,可是这些想法已经没有以前那样的说服力了。

"万一这一切都是我瞎想的,我无法这样生活下去,那就要后悔自己不该做好事了。"他对自己说。他因为无法回答这些问题,心里出现了很久都不曾有过的苦恼感和绝望感。他因为无法弄清这些问题,睡着了也是很难受的,就像以前输了一大笔钱的时候那样。

## 二十五

聂赫留朵夫第二天早晨醒来,第一个感觉就是他昨天做了一件很卑鄙的事。

他开始回想:没干什么卑鄙的事,也没有什么坏行为,不过有一些想法,一些很坏的想法,也就是认为他现在的一切打算,例如和卡秋莎结婚,把土地交给农民,都是不切实际的空想,这一切他不能再坚持下去了,这一切都是矫揉造作,极不正常,还是应该像以前那样生活下去。

没有坏行为,但是却有比坏行为坏得多的东西,那就是产生坏行为的坏思想。坏行为可以不再重犯,可以忏悔,坏思想却会不断地产生坏行为。

一种坏行为只能为其他一些坏行为引路;坏思想却能拖着人顺着这条路不住地往下滑。

聂赫留朵夫早晨回顾了昨天那些想法,觉得他居然相信那些想法,哪怕只有一刹那,都是很奇怪的。不论他打算做的事多么不习惯,多么困难,可是他知道,这是他现在唯一能过的生活。不论回到以前的日子多么习惯,多么轻松,他知道,那就是毁灭。现在他觉得,昨天受的诱惑就好比一个人睡够了,尽管不想再睡,可是还想躺一会儿,在被窝里赖一会儿,虽然知道该起身了,有一件重大的、值得高兴的事正等着他去做。

这是他在彼得堡的最后一天,他一早就上瓦西里岛去看舒斯托娃。

舒斯托娃的家在二楼。聂赫留朵夫依照管院子人的指点，从后门进去，登上又直又陡的楼梯，径直走进闷热的厨房，厨房里有一股很浓的食物气味。一个上了年纪的女人系着围裙，挽着袖子，戴着眼镜，站在炉边，不停地在一口热气腾腾的锅里搅动着。

"您找谁？"她从眼镜上方望着来客，板着脸问道。

聂赫留朵夫还没有报出姓名，她的脸上就出现了又惊又喜的神气。

"哎呀，是公爵！"她一面用围裙擦着手，叫了起来。"哎呀，您怎么走后楼梯呀？您是我家恩人呀！我就是她的母亲。他们本来是要把我家姑娘毁掉的呀。是您救了我们呀。"她说着，抓住聂赫留朵夫的手，拼命吻起来。"我昨天到您那儿去过。是我妹妹特意要我去的。她就在这儿。您跟我来，往这儿来，这儿来。"舒斯托娃的母亲一面说，一面领着聂赫留朵夫穿过一道窄窄的小门和一条黑乎乎的过道，一路上时而理理掖起的衣裙，时而理理头发。"我妹妹科尔尼洛娃，您想必也听说过吧。"她在门口站下来，小声说，"她也卷入了政治事件。可是一个绝顶聪明的女人呀。"

舒斯托娃的母亲推开走廊的门，把聂赫留朵夫领进一个小小的房间。房间里有一张桌子，旁边一张小小的长沙发上坐着一位姑娘，个头儿不高，身体丰满，穿一件条纹布女褂，一头淡黄色的鬈发围着一张很苍白的圆脸，脸型很像母亲。她对面的圈椅里坐着一个青年男子，腰弯得低低的，穿着绣花领的俄式衬衣，留着黑黑的小胡子。他们两个显然谈得入了神，直到聂赫留朵夫进了门，才回头看了看。

"丽达，聂赫留朵夫公爵来了，就是他……"

脸色苍白的姑娘腾地站起来，一面撩着从耳朵后面披散下来的一绺头发，用一双灰色的大眼睛盯着来客。

“那么，您就是薇拉·波戈杜霍芙斯卡娅托我营救的那个危险女人啦？”聂赫留朵夫一面笑着说，一面伸出手来。

“是的，就是我。”丽达说着，露出一排很好看的牙齿，像孩子般纯真地笑了笑。“是我姨妈很想见见您。姨妈！”她用温柔悦耳的声音朝门口喊了一声。

“薇拉因为您被捕可难过了。”聂赫留朵夫说。

“这儿坐，要不还是这儿坐好些。”丽达指着那张软软和和的破圈椅说。那个青年男子刚刚站起来。“这是我表哥扎哈罗夫。”她发觉聂赫留朵夫打量青年男子的目光，就说道。

那青年男子也像丽达一样，很纯真地微笑着，和客人打招呼，等聂赫留朵夫在他的位子上坐下来，他就从窗口搬过一张椅子，挨着坐下。从另一个门里又进来一个十五六岁的浅黄头发的中学生，一声不响地坐到窗台上。

“薇拉·波戈杜霍芙斯卡娅是我姨妈的好朋友，可是我几乎不认识她。”丽达说。

这时从隔壁房间里进来一个女人，生有一张好看的、聪明的脸，身穿白色短上衣，腰束皮带。

“您好，您到这儿来，真是太感谢了。”她挨着丽达在长沙发上一坐下来，就开口说。“哦，薇拉怎么样？您见到她吗？她那种情况经受得了吗？”

“她没有诉苦，”聂赫留朵夫说，“她说她自己感觉泰然自若。”

“哎呀，好一个薇拉，我能了解她。”姨妈笑着摇摇头说。“应该了解她。她是一个了不起的人。一切为了别人,丝毫不为自己。”

“是的,她一点也不为自己要求什么,只是为您的外甥女操心。她说,您的外甥女是平白无故被捕的,她主要是因为这事难受。”

“就是这样,”姨妈说,“这事太可怕了！实际上她是替我受这场罪。”

“根本不是的,姨妈!”丽达说。“即使您没有托我,我也会保管那些文件。”

“对不起,这事我可是比你更清楚。”姨妈说。“您听我说,”她对聂赫留朵夫说,“事情是这样的:有人要我暂时保管一些文件,我因为没有住处,就把文件送到她这儿。当天夜里她这儿就遭到搜查,把文件和她一起带走了,一直把她关到现在,他们还要她说出那些文件是谁交给她的。”

“我可是一直没有说。”丽达很快地说,一面下意识地撩着一绺并不碍事的头发。

“我又没有说你说了嘛。”姨妈辩白说。

“至于他们抓了米丁,那也绝不是我供出来的。”丽达红着脸,惶惶不安地向周围打量着说。

“这事你就不要再说了嘛,丽达。”母亲说。

“为什么不说,我就是想说说呢。”丽达说,已经不是笑着说了,而是红着脸,也不再撩头发了,而是把一绺头发在手指上缠来缠去,不住地四下打量着。

“昨天你说起这事儿,不是很不痛快吗?”

“没什么……你别管我,妈妈。我没有招,只是一直不作声。

他两次审问我,问到姨妈,问到米丁,我什么也没有说,并且告诉他,我是什么也不会说的。于是那个人……那个彼得罗夫……"

"彼得罗夫是个暗探,是宪兵,是一个大坏蛋。"姨妈插嘴给聂赫留朵夫解释外甥女的话。

"于是他,"丽达又激动又急促地继续说下去,"他就劝起我来。他说:'不论您对我说什么,都不会对谁有害处,而且相反……如果您说出来,倒是能解救一些无罪的人,也许有些人我们是不应该关的。'就这样,我还是说,我不说。于是他就说:'那好吧,你不说就不说,不过等我说出来,您别否认就行了。'于是他就说起一些名字,也说到米丁。"

"你不要说了嘛。"姨妈说。

"哎,姨妈,您别打岔……"她依然在拉扯着那一绺头发,四下里打量着。"真想不到,第二天我忽然听说米丁被捕了,是有人敲墙告诉我的。我就想,是我把他出卖了。所以我就难受得不得了,真是难受得不得了,差点儿发了疯。"

"已经弄清楚了,他被捕跟你毫不相干。"姨妈说。

"可是当时我不知道呀。我还以为是我出卖的哩。我走来走去,从这边墙根走到那边墙根,就是不能不想。我想:是我出卖的呀。我躺到铺上,连头蒙上,却听见有人对着我的耳朵说:你出卖,出卖了米丁,米丁是你出卖的。我知道这是幻觉,可是又没法不听。想睡又睡不着,想不去想,也没法不想。那真是可怕呀!"丽达越说越激动,扯着一绺头发在手指头上缠了又松开,不住地四下里打量着。

"丽达,你别难过。"母亲捅捅她的肩膀说。

可是丽达再也控制不住自己。

“这种事可怕，就因为……”她又想说点什么，可是不等说出来，就哇的一声哭起来，一下子从沙发上跳起来，衣服在圈椅上挂了一下，就从房间里跑了出去。母亲也跟了出去。

“把那些坏蛋统统绞死。”坐在窗台上的中学生说。

“你说什么？”母亲问。

“我没说什么……我是随便说说。”中学生回答过，便抓起桌上的一支纸烟，吸起烟来。

## 二十六

“是啊，对于年轻人来说，单独监禁太可怕了。”丽达的姨妈摇着头说过这话，也抽起烟来。

“我看，对谁都是很可怕的。”聂赫留朵夫说。

“不然，不是所有的人都觉得可怕。”姨妈回答说。“据我所知，对于真正的革命家来说，这是一种休息，一种安宁。地下工作者总是日日夜夜提心吊胆，缺吃少穿，担心自己，担心别人，担心事业，等到一旦被捕，就没事了，什么责任都不必负了，只管坐下来休息休息好啦。有人对我说，被捕的时候甚至还感到高兴哩。不过，对于无辜的年轻人——像丽达这样无辜的年轻人总是首先被捕——对于这些人来说，第一次打击是很可怕的。这倒不是因为失去了自由，受到粗暴的对待，吃食太坏，空气龌龊，总之，不管条件多么坏，都算不了什么。即使条件再坏上两倍，那也容易忍受，而经受不住的是初次被捕时受到的精神打击。”

“难道您也有这样的经历吗？”

“我吗？我坐过两次牢。”姨妈又伤感又愉快地笑着说。“我第一次被捕，是无缘无故被捕的，”她说，“那时我二十二岁，有了一个孩子，而且又怀了孕。不论我失去自由，离开孩子，离开丈夫，当时有多么痛苦，可是相比之下，这都不算什么，最痛苦的是当我感觉到我不再是人，而是成了什么东西的时候。我想和女儿告告别，可是他们叫我走，叫我上马车。我问他们把我带到哪儿去，他们说，到了地方就知道。我问我犯了什么罪，他们不回答我。受过审问之后，他们脱光了我的衣服，给我穿上编号的囚衣，把我押进拱顶走廊，开了门，把我推进去，锁上门，他们就走了，只剩下一个带枪的哨兵，一声不响地来来回回走着，偶尔朝我的房门缝儿里瞅一瞅，这时候我难受极了。我记得，当时最使我震惊的是，一个宪兵军官在审问我的时候，请我抽烟。这么看，他知道人是爱抽烟的，这么看，他也知道人是爱自由和光明的，知道母亲爱孩子和孩子爱母亲的。那么他们为什么毫不留情地让我和我热爱的一切分开，拿我当野兽似的锁了起来？遭遇这种事情不会不留下痕迹。如果一个人本来相信上帝和人，相信人与人相亲相爱的话，遭遇过这种事以后就不会再相信了。我就是从那时候不再相信人，才产生了恨的。”她说完了，笑了笑。

丽达的母亲从丽达出去的那扇门里走进来，说丽达很伤心，不出来了。

“为什么要毁掉这样年轻的生命？”姨妈说。“我真是特别难过，因为这是我无意中造成的。”

“但愿上帝保佑，她去呼吸呼吸乡下空气，精神会好起来，”母亲说,“我们就要把她送到她父亲那儿去了。”

“是啊,要不是您,她就完了,”姨妈对聂赫留朵夫说,“真感谢您。不过,我要见您,却为的是请您把一封信转给薇拉。”她说着,从口袋里掏出一封信。“信没有封口,您可以看看,可以撕掉或者转交,总之,您认为怎样合适就怎样办。”她说,“信里没有任何有损名誉的话。”

聂赫留朵夫接过信,答应转交,就起身告辞,走了出来。

他没有看信,就把信封上,决定转交给薇拉。

## 二十七

聂赫留朵夫留在彼得堡要办的最后一件事,是教派信徒的案子。他就是打算通过同团老同事、宫廷侍从武官包加狄廖夫把这一案子的上诉状递交皇上的。这天早晨他来到包加狄廖夫家,碰上他还在家,虽然一吃过早饭就要出门了。包加狄廖夫是一个身材不高的敦实汉子,具有非凡的体力,能够把马蹄铁扭弯,为人善良,诚实,直爽,甚至有自由主义思想。他尽管有这样一些品性,却是一个接近皇室的人,热爱皇上和皇亲,而且他还有一种惊人的本事,那就是他生活在最高层的圈子里,却只看到其中好的一面,并且也不参与任何坏事和不清白的事。他从来不指责任何人和任何措施,要么不说话,要么用喊叫般的超出常规的洪大声音说出他想说的话,而且往往配合着同样洪大的笑声。他这不是运用什么手腕,而是天性如此。

“哦,你来了,太好了。你要不要吃些早点?那你就坐下吧。

煎牛排好极了。我开头和煞尾总要吃点实在的东西。哈，哈，哈！那你就喝点儿酒吧。”他指着一瓶红葡萄酒叫道，“我正在想着你的事呢。状子我一定递上去。交到皇上手里，这是肯定的。不过我想起来，你是否还是先去找找托波罗夫。”

一提到托波罗夫，聂赫留朵夫就皱起眉头。

“这种事由他说了算。反正他们是要征求他的意见的。也许他就能满足你的要求。”

“既然你这样说，那我就去吧。”

“那太好了。哦，彼得堡怎么样，你有什么印象？”包加狄廖夫叫道，“说说吧，好吗？”

“我觉得就像是中了催眠术。”聂赫留朵夫说。

“中了催眠术？”包加狄廖夫把他的话重复了一遍，并且放声哈哈大笑起来。“你不想吃，那就算了。”他用餐巾擦了擦胡子。“那你就去吗？嗯？他要是不肯办，你就交给我，我明天就递上去。”他叫喊过了，便从饭桌旁站起来，画了一个老大的十字，显然这是无意识的，就像刚才他擦胡子一样，然后就佩起军刀。“现在咱们再见吧，我该走了。”

“咱们一块儿出去吧。”聂赫留朵夫说着，很高兴地握了握包加狄廖夫那结实有力的大手，并且像往常见到健壮、浑然无心、生气勃勃的东西那样，怀着愉快的印象在大门口同他分手。

聂赫留朵夫虽然估计自己去一趟不会有什么好结果，他还是依照包加狄廖夫的劝告前去拜访托波罗夫，也就是那个能左右教派信徒案子的人。

托波罗夫所担任的职务，就其使命来说，本身就存在矛盾，只有麻木不仁和丧失道德感的人才看不出来。托波罗夫就具备这两种看不出矛盾的性能。他担任的职务所包含的矛盾就在于:这种职务的使命是运用一切可能的手段,包括使用暴力,来支持和保护教会,然而,按照教会本身所下的定义来说,教会是上帝亲自建立的,不论地狱之门,不论什么样的人类力量,都不能动摇教会。这个什么都不能动摇的上帝的机构,却要由托波罗夫及其同僚所主持的人类机构来支持和保护。托波罗夫看不出,也许是不愿意看到这种矛盾,所以他一本正经,时时刻刻担心会有哪一个天主教教士、耶稣教牧师或者教派信徒来破坏地狱之门都无可奈何的教会。托波罗夫也像一切缺乏起码的宗教感情和平等博爱思想的人一样,认为老百姓是一种跟他完全不同的生物,他没有信仰也能过得很好,老百姓没有信仰就是不行。他自己在灵魂深处什么也不信,并且认为这样又舒服又愉快,可是他很担心老百姓也进入这样的精神状态,所以,如他说的,他认为他的神圣使命就是要把老百姓从这种精神状态中拯救出来。

有一本食谱上说,龙虾就喜欢活活被煮死,他也认为老百姓就喜欢做迷信的人,不过食谱里用的是转义[①],他想的和说的都是其本义。

他对待他所保护的宗教,就像养鸡人对待鸡吃的臭鱼烂虾:臭鱼烂虾使人恶心,可是鸡喜欢吃,那就应该用臭鱼烂虾喂鸡。

当然,所有那些伊维利亚的、喀山的、斯摩棱斯克的神像,都是愚昧崇拜的偶像,不过老百姓既然喜欢这一套,相信这一套,那就应该维护这种迷信。托波罗夫就是这样想的,却不考虑,他所

①本义是:活煮的龙虾味道鲜美,人喜欢吃。

认为的老百姓喜欢迷信，也只是因为过去总是有，现在仍然有像他托波罗夫这样一些惨无人道的人，这些人自己有了知识，却不把知识运用到应该用的地方，不是帮助老百姓脱离浑浑噩噩的愚昧状态，而是想方设法，把老百姓禁锢在愚昧状态之中。

聂赫留朵夫走进托波罗夫的接待室的时候，他正在办公室里和一个女修道院院长谈话。这位女院长是一个很活跃的贵族妇女，在西部被迫改信东正教的合并派教徒中间传播和维护东正教。

一个负有特殊使命在接待室值班的官员问聂赫留朵夫有什么事，听到聂赫留朵夫说想把教派信徒的状子交给皇上，就问是否可以让他先看一看状子。聂赫留朵夫把状子交给他，他就拿着状子进了办公室。女修道院长头戴修女帽，蒙着轻轻飘动的面纱，拖着黑色长裙，雪白的、手指甲干干净净的双手交叉在胸前，手里拿着茶晶念珠，走出办公室，朝大门口走去。还一直没有人来请聂赫留朵夫进办公室。托波罗夫在看状子，不住地摇头。他看着写得又清楚又恳切的状子，感到愕然不快。

“万一这状子到了皇上手里，就会惹出一些不愉快的问题，引起误解。”他看完状子，就想道。他把状子放到桌上，按了按铃，吩咐请聂赫留朵夫进来。

他记得这些教派信徒的案子，他已经收到过他们的状子。案情是这样的：这些脱离东正教的基督徒多次受到告诫，后来就把他们送交法庭，法庭却判定无罪释放；于是主教和省长就决定以他们结婚不合法为由，把丈夫、妻子和孩子拆散，流放到不同的地方。那些做丈夫和做妻子的就要求不要把他们拆散。托波罗夫想起了当时这案子第一次落到他手里时的情形。他一时拿不定主意，不知道该不该制止这种事情。不过，肯定原来的措施，也就是把那些农民家庭的老老少少流放到不同的地方去，是一点害处也没有的；如果让他们留在原地，那就会对其他居民产生很坏的影响，使他们也脱离东正教。再说，这事也表现了主教热心教务。因此他就让这案子按原来的办法办下去。

现在却出现了聂赫留朵夫这样一个辩护人，这人在彼得堡是有多方面关系的，这宗案子就有可能提到皇上面前，成为一宗暴行案件，或者刊登到外国报纸上，所以他立即做出了一个出人意外的决定。

“您好。”他带着忙于公务的神气，一面起立迎接聂赫留朵夫，一面问好，接着就谈起正题。

“这个案子我知道。我一看到这一些名字，就想起这件不幸的事。”他说着，就拿起状子，给聂赫留朵夫看。“这事您提醒了我，真是太感谢了。这是省当局热心教务过了头……”聂赫留朵夫没有作声，毫无好感地看着那张苍白的脸扮成的一动不动的假面具。“我这就发指示取消这种做法，把那些人送回原地。”

“那么，这状子我就不用往上递了？”聂赫留朵夫说。

“完全不必。这事**我**答应您了。”他把“我”字说得特别重，显然充分自信，**他的诚意**、**他的话**就是最好的保证。“哦，最好我现在就写个手谕吧。有劳您坐一会儿。”

他走到写字台边，写了起来。聂赫留朵夫没有坐，朝下看着他那窄小的秃顶，看着那一只握笔疾书的露着老粗的青筋的手，感到十分惊讶，不知道这个显然对一切都漠不关心的人为什么做起这种事，而且做得这样上心。究竟为什么呀？……

“就请您带去吧，”托波罗夫一面封口，一面说，“您去通知您那些当事人吧。”他又补充一句，还撇了撇嘴，做了一个笑的表情。

“这些人究竟因为什么遭这场折腾呀？”聂赫留朵夫一面接信，一面问道。

托波罗夫抬起头来，笑了笑，就好像聂赫留朵夫问得他很开心。

“这一点我没法跟您说。我只能说的是，最重要的是我们要维护老百姓的利益，所以，对宗教问题过分热心，总不及眼下流行的对宗教问题过分淡漠那样可怕和有害。”

“可是怎么能以宗教的名义来破坏最基本的行善要求，拆散家庭呢？……”

托波罗夫依然带着宽宏大量的表情笑着，显然他认为聂赫留朵夫说得很可爱。不论聂赫留朵夫说什么，托波罗夫都认为是可爱的和片面的，因为他自以为是站在广阔的国家立场上看问题的。

“从个人的观点来看，也许是这样，”他说，“不过从国家的观点来看，就有些不同了。对不起，恕我少陪了。”托波罗夫说着，弯了弯腰，伸过手来。

聂赫留朵夫握了握他的手，就一声不响地匆匆走了出来，很后悔同他握手。

“老百姓的利益哩，”聂赫留朵夫在心里重复着托波罗夫的话，“不过是你的利益，是你的利益罢了。”他一面从托波罗夫的官邸往外走，一面想着。

他逐个儿回想了这些维护正义、保护宗教和教育人民的机构照顾过的一些人：因贩卖私酒被监禁的农妇、因偷窃被监禁的小伙子、因流浪街头而被监禁的流浪汉、被指控纵火的纵火犯、因侵吞公款被监禁的银行家，还有不幸的丽达，她被关押只是因为要从她身上得到必要的情报，还有因为反对东正教而受害的教派信徒，还有因为希望制订宪法而被监禁的古尔凯维奇——于是聂赫留朵夫头脑里清清楚楚地出现了一种想法：所有这些人被抓、被关押或者流放，完全不是因为他们破坏了正义或者干了什么违法的事，而只是因为他们妨碍那些官僚和财主们占有他们从老百姓身上搜刮来的财富。

不论是贩卖私酒的农妇，不论是在城里浪荡的小偷、保存文件的丽达、破坏迷信的教派信徒、希望制订宪法的古尔凯维奇，都碍他们的事。所以聂赫留朵夫就完全明白了，所有那些官僚，从他的姨父、那些参政官和托波罗夫，直到坐在各部办公室里的那些衣冠楚楚、道貌岸然的先生们，都丝毫不担心无罪的人遭殃，他们操心的只是如何清除一切危险分子。

所以，不仅不遵守为了不冤枉一个好人宁可放过十个坏人的律条，相反，他们为了清除一个真正的危险分子，宁可除掉十个没有危险的人，就好比为了挖掉一点烂肉，不惜挖掉好肉。

这样解释所见所闻，聂赫留朵夫觉得又简单又明了，但正因为又简单又明了，聂赫留朵夫想来想去，不敢肯定。对于这样复杂的现象恐怕不能做这样简单而可怕的解释吧，所有一切有关正义、善、法律、宗教、上帝等等的话不可能都是空话，不可能只是为了掩盖最无耻的贪欲和残忍吧。

## 二十八

聂赫留朵夫这天晚上本来是要走的，但他已经答应过玛丽艾特到戏院去找她，虽然他知道不应该去，可还是认为应该履行诺言，就昧着良知去了。

“我能抵挡住这种诱惑吗？”他不完全真诚地想，“那就最后一次看看吧。”

他换好礼服，来到戏院，多年不下舞台的《茶花女》正演到第二幕，那个外来的女演员正在用新的程式表现害痨病女人的垂死状态。

戏院里满座。聂赫留朵夫问玛丽艾特的包厢在哪里，马上就有人给他指了指，并且对他这个打听那个包厢的人也流露出敬意。

过道里站着一个穿号衣的仆役，就像见到熟人一样鞠了个躬，给他开了包厢的门。

对面一排排包厢里那些坐着和站在后面的人，附近一些背朝这面的人，坐在池座里的那些白头的、花白头的、秃头的、谢顶的、涂油的、鬈发的——所有的观众都聚精会神地在观看那个浓妆艳抹、一身绸缎和花边、瘦得皮包骨头的女演员扭来扭去，用不自然的腔调在念独白。在开包厢门的时候，有人嘘了一声，同时有一冷一热两股气流朝聂赫留朵夫脸上扑来。

包厢里坐着玛丽艾特和一个披着红披肩、梳着粗大发髻的陌生女人，还有两个男人：一个是玛丽艾特的丈夫，是一位英俊而魁伟的将军，鹰钩鼻子，板着脸，一副莫测高深的神气，那垫了棉花和土布胸衬的军人胸脯挺得高高的；另一个是谢了顶的浅黄头发的男子，两边很神气的络腮胡子中间露出剃得光光的一小块下巴。玛丽艾特妩媚、苗条、文雅，穿着袒胸露背的夜礼服，露出丰满、圆润、从脖子那儿斜溜下来的双肩，在脖子与肩膀相连处有一个黑痣。她立即回过头来看了看，用扇子给聂赫留朵夫指了指自己身后的一把椅子，并且朝他笑了笑，表示欢迎和感谢，而且他觉得这笑里还另有一番情意。她的丈夫就像平时做一切事情那样，很平静地朝他看了一眼，点了点头。从他的姿态，从他和妻子交换的目光中，都可以看出来，他就是这个美人的主宰和所有人。

等独白一念完，戏院里掌声雷动。玛丽艾特站起来，提着窸窣作响的绸裙，走到包厢后半边，把聂赫留朵夫向丈夫介绍了一下。将军一直用眼睛笑着，说过幸会之后，就带着平静和莫测高深的神气沉默了。

“我今天本来应该走的，可是我答应过您了呀。”聂赫留朵夫对玛丽艾特说。

“您要是不愿意来看我，那就看看这位出色的演员吧。”玛丽艾特针对他话中的含意回答说。“她在刚才这一幕戏里表演得太好了，不是吗？”她对丈夫说。

丈夫点了点头。

“这戏打动不了我，”聂赫留朵夫说，“我这些天看到的不幸事儿实在太多了，所以……”

“那您就坐下来，说说吧。”

她的丈夫留神听着，在用眼睛讥笑，而且笑得越来越厉害了。

“我去看过那个关了很久、刚刚放出来的女子。她被折腾坏了。”

“就是我对你说的那个女子。”玛丽艾特对丈夫说。

“是的，她能够得到释放，我很高兴。”他点了点头，平静地说，聂赫留朵夫觉得他那小胡子底下也露出讥笑的意味。“我要去吸烟了。”

聂赫留朵夫坐着，等着玛丽艾特和他谈原来她说要谈的**一件什么事**，可是她什么也没有谈，甚至没有想谈的意思，而是在开玩笑，谈这一出戏，她认为这出戏想必特别能打动聂赫留朵夫的心[①]。

聂赫留朵夫看出来，她根本没有什么事要和他谈，只不过是要他看看她穿上夜礼服、露出肩膀和黑痣有多么娇艳迷人。他觉得很愉快，同时又觉得厌恶。

她那娇艳的外表以前掩盖了一切，现在对于聂赫留朵夫来说，虽然还没有撕掉，可是他已经看到这外表掩盖着的是什么。他看着玛丽艾特，欣赏她的美色，但心里知道她是一个虚伪的女人，知道她和丈夫生活在一起，看着丈夫用成百上千人的眼泪换取高官厚禄，却丝毫无动于衷，知道她昨天说的都是假话，知道她是想要他爱她，至于这又是为什么，他却不知道，而且她自己也不知道。他是又迷恋，又憎恶。他有几次要走，拿起帽子，可是又留了下来。最后，等她的丈夫在他那浓密的小胡子上带着香烟气息

①《茶花女》叙述的是一个妓女的爱情故事。玛丽艾特认为这和聂赫留朵夫与玛丝洛娃的关系有相似之处。

回到包厢里，盛气凌人地看了他一眼，仿佛不认得似的，聂赫留朵夫不等包厢的门关上，就走到过道里，找到自己的大衣，走出了戏院。

他顺着涅瓦大街步行回家，无意中发现前面有一个身段很美、装束很妖艳的高高的女子在宽阔的沥青人行道上很文静地走着。从她的脸上和整个身姿上都可以看出来，她是意识到自己能够使人销魂的。凡是迎面来的人和从后面赶上去的人，都要频频地看她。聂赫留朵夫走得比她快，也情不自禁地看了看她的脸。那张脸很美，看样子是施过脂粉的。那女子睐着发亮的眼睛看了看他，朝他笑了笑。说也奇怪，聂赫留朵夫顿时就想起了玛丽艾特，因为他又产生了着迷和憎恶的感觉，就像刚才在戏院里一样。聂赫留朵夫很生自己的气，便急忙赶到她前头，拐到莫尔大街，又来到滨河大街，便在这儿来来回回踱步，惹得一名警察都诧异起来。

“当我走进包厢的时候，那个女人也是这样对我笑的，”他想道，“不论是那个女人的笑还是这个女人的笑，含意都是一样的。差别只是在于，这个女人直截了当地说：‘你需要我，就把我带走。不需要我，就走你的路。’那个女人却装模作样，仿佛她的生活情趣高尚而风雅，根本不想这种事儿，然而实质上也是这样。这个女人至少要老实些，那个女人却是虚伪的。何况，这个女人是因为穷才落到这种地步，那个女人却是在拿这种美好而可恶又可怕的情欲做戏，寻欢作乐。这个街头女郎是一杯发臭的脏水，是供那些渴得顾不上恶心的人喝的；戏院里那个女人却是一杯毒药，谁要是喝了，就会不知不觉被毒死。”聂赫留朵夫想起自己和首席贵族妻子的关系，种种可耻的往事一下子涌上心头。“人身上的兽性真是可憎，”他又想道，“不过当这种兽性以赤裸裸的形式出现的时候，你站在精神生活的高度，可以看得清，可以鄙视，所以，不论你招架得住还是招架不住，你还是本来的你；可是，当这种兽性穿起华丽的、诗意的外衣，摆出一副令人景仰的姿态时，你就会对这种兽性奉若神明，就会完全陷入其中，再也分不清好与坏。那才可怕哩。”

这种事儿现在聂赫留朵夫看得清清楚楚的了，清楚得就像他眼前的皇宫、哨兵、要塞、涅瓦河、木船、市场。

这天夜里大地上没有那种使人安静、催人入睡的黑暗，却有一种不清楚、不明朗、不自然、不知来自何处的亮光，在聂赫留朵夫心里也是这样，使他安然沉睡的那种愚昧的黑暗已经没有了。一切都清清楚楚的了。他已经很清楚，一切被认为是重要的和美好的事物，其实都是渺小的和卑劣的；他也很清楚，所有那些荣华和排场都掩盖着由来已久的、大家已经习惯了的罪行，犯这样罪行的人不仅不受惩罚，而且神气活现，想尽了美化的方法对罪行加以粉饰美化。

聂赫留朵夫很想忘掉这一切，不去看这一切，可是他已经不能不看了。虽然他看不到为他照亮这一切的光是从哪里来的，正如他看不到照亮彼得堡的光是从哪里来的一样，虽然他觉得这种光是不清楚、不明朗和不自然的，他却不能不看这种光为他照亮了的东西，于是他心里觉得又高兴又惶惶不安。

## 二十九

聂赫留朵夫回到莫斯科后,第一件事就是到监狱医院去,把参政院裁定维持法庭原判的不幸消息告诉玛丝洛娃,要她做好准备上西伯利亚去。

律师已经替他写好呈送皇上的状子,现在他就带到监狱里让玛丝洛娃签字,不过他对告御状抱的希望很小。而且说也奇怪,他现在倒是不希望这事成功。他已经做好思想准备,要到西伯利亚去,到流放犯和苦役犯当中去生活,甚至如果玛丝洛娃无罪释放,他倒是很难想象他该怎样安排他的生活和玛丝洛娃的生活。他想起美国作家梭罗[①]的话。梭罗在美国还实行奴隶制的时候说过,在奴隶制取得合法化并且得到庇护的国家里,对于一个正直的公民来说,唯一的体面地方就是监狱。聂赫留朵夫也正是这样想的,尤其是在他去过一趟彼得堡,在彼得堡见闻了种种事情之后。

"是的,在眼下的俄国,对于一个正直的人来说,唯一的体面地方就是监狱!"他想道。当他坐车来到监狱,往监狱的高墙里面走的时候,他更是切身体验到这一点。

医院看门人一认出聂赫留朵夫,马上就告诉他,玛丝洛娃已经不在他们这儿了。

"她到哪儿去了?"

"又回牢房了。"

---

①梭罗(1817—1862),美国作家和思想家,具有鲜明的反奴隶制思想。

“为什么又把她调回去了?”聂赫留朵夫问道。

“她本来就是那号儿人嘛,老爷,”看门人鄙夷地笑着说,“她和医士勾搭起来了,主任医师就打发她走了。”

聂赫留朵夫怎么也没有想到,玛丝洛娃及其精神状态和他这样相似。这个消息使他震惊。他这时心中出现的是大祸临头时的感觉。他十分痛心。他听到这个消息后的第一个感觉是羞惭。首先,他觉得自己是非常可笑的,因为他竟然高高兴兴地认为她的精神状态似乎发生了变化。现在他心想,所有她那些不愿接受他的牺牲的话,她的责备,她的眼泪,所有那一切都是一个变态女人的狡猾手段,是想尽可能更好地利用他。现在他觉得,上次探监时他在她身上看到的种种不可救药的迹象,如今表现得很清楚了。当他下意识地戴起帽子,从医院里往外走的时候,他的头脑里掠过这种种想法。

“可是现在怎么办呢?”他问自己。“我还有必要跟她拴在一起吗? 她既然干出这种事,我不是可以从此不管了吗?”他问自己。

不过他刚刚向自己提出这个问题,就立刻明白了,他认为可以丢开她不管,这样并不能惩罚他希望惩罚的她,惩罚的倒是他自己,于是他感到害怕起来。

“不行! 出了这种事,不能改变我的决心,只能增强我的决心。她的精神状态决定着她要干什么事,就让她干好啦,要和医士勾搭,就去勾搭好啦,那是她的事……我应该做的是良心要我做的事。”他自己对自己说。“我的良心是要我牺牲我的自由来赎我的罪,我已经下决心跟她结婚,哪怕是形式上的结婚,不论她被流放到哪里,我都要跟她走,这个决心还是不能改变。”他发着狠心对自己说，等他走出医院，便迈着坚定的步子朝监狱大门口走去。

他来到大门口，就要求值班看守去报告典狱长，说他希望和玛丝洛娃见面。值班看守认识聂赫留朵夫，就像见到熟人一样，告诉他一件监狱里的重大新闻：原先的上尉免职了，他的职位由另外一个严厉的长官接替。

“现在严格起来了，严得不得了。”看守说，“他现在就在这里，我这就去报告。”

典狱长果然在监狱里，很快就出来见聂赫留朵夫。新典狱长是一个瘦骨嶙峋的高个儿，颧骨突出，动作慢腾腾的，一副愁眉苦脸。

“要在规定的日子里在探监室里见面。”他这样说，眼睛也不看聂赫留朵夫。

“可是我要她在上告皇上的状子上签字。”

“您可以交给我。”

“我要亲自见见这个女犯。以前一直是让我见的。”

“以前是以前。”典狱长匆匆扫了聂赫留朵夫一眼，说。

“我有省长的许可证。”聂赫留朵夫一面说，一面掏皮夹子。

“请让我看看。”典狱长依然没有看他的眼睛，说过这话，便伸出又长又干瘦、食指上戴着金戒指的白白的手，接过聂赫留朵夫递过去的许可证，慢吞吞地看了一遍，就说：“请到办公室来吧。”

这一次在办公室里没有什么人。典狱长在办公桌边坐下来，翻阅起办公桌上的文件，显然是想在他们见面时留在这里的。聂赫留朵夫问他是否能见见政治犯波戈杜霍芙斯卡娅，他很干脆地回答说,这不行。

“政治犯不能探望。”他说过,又埋头看起文件。

聂赫留朵夫因为口袋里装着一封给波戈杜霍芙斯卡娅的信,这时就觉得自己好像一个企图犯罪的人,阴谋被揭穿和粉碎了。

等玛丝洛娃走进办公室,典狱长抬起头来,却既不看玛丝洛娃,也不看聂赫留朵夫,只是说:

“可以谈啦!”就又埋头看起文件。

玛丝洛娃的穿着像以前那样,白裙、白女褂、白头巾。她走到聂赫留朵夫跟前,看到他那冷冰冰的、恼怒的脸,她的脸就涨得通红,一只手摩弄着女褂的边儿,垂下了眼睛。聂赫留朵夫认为,她这样发窘,正说明医院看门人的话是真的。

聂赫留朵夫很想像上次那样对待她,但却不能照他想的那样把手伸给她,因为此时此刻他对她厌恶极了。

“我给您带来了一个坏消息,”他既不看她,也没有伸手给她,只是用平平的声音说,“参政院驳回了上诉。”

“我早就知道会是这样的。”她用奇怪的声音说,就好像憋得喘不上气来。

如果像往常那样,聂赫留朵夫就会问问她,她为什么说早就知道会是这样;现在他却只是看了看她。她的眼睛里汪着泪水。

但这不仅没有使他心软,反而使他对她更恼火了。

典狱长站起来,在办公室里来来回回踱了起来。

尽管聂赫留朵夫这时对玛丝洛娃十分反感,他还是认为应该向她表示一下对于参政院驳回上诉的遗憾。

“您不必灰心丧气,”他说,“告御状也许能行,我希望……”

“我不是在想这事呀……”她说着，带着十分委屈的神气用泪汪汪的斜眼睛看了看他。

“那又是什么事儿？”

“您去过医院，想必有人对您说起过我……”

“哦，那有什么，那是您的事了。”聂赫留朵夫皱起眉头冷冷地说。

他那种强烈的自尊心受辱感本来已经平息下去，可是她一提起医院，这种受辱感又重新涌了起来。“他这样一个上流社会的人，任何一个上等人家的姑娘都会认为嫁给他就是幸福，他却情愿做这样一个女人的丈夫，可是这个女人等不及，跟医士勾搭起来。”他恨恨地望着她，心里想道。

“那您就在这状子上签个字吧。”他说着，从口袋里掏出一个大信封，把状子抽出来，放在桌上。她用头巾的角儿擦了擦眼泪，在桌边坐下来，就问在哪儿写，写什么。

他告诉她写什么，在哪儿写，她就用左手捋着右手的袖子，在桌边坐定。他就站在她身后，默默地看着她那俯在桌上、因为憋着哭泣不时在颤动的脊背，于是他心里有两种感情斗争起来，一种是恶的感情，一种是善的感情，也就是自尊心受辱感和对这个受苦女人的怜惜之情，结果后者得胜了。

他不记得何者在前——是他先在心里怜惜起她来，还是先想起自己，想起自己的罪孽，想起自己干了下流事，却偏偏要责备她干这种事。反正他一下子就在同一时间里又感到自己有罪，又怜惜起她来。

她签了字，把沾了墨水的手指头在裙子上擦了擦，就站了起来，抬眼看了看他。

“不论结果怎样，不论什么样的情形，我的决心不会改变。”聂赫留朵夫说。

他一想到应该原谅她，他对她的爱怜之情就增强了，于是他很想安慰安慰她。

“我怎么说的，就怎么做。不论把您流放到哪里，我都要跟着您。”

“这可用不着。”她急忙打断他的话，并且一张脸放出光来。

“您想想看，在路上需要一些什么东西。”

“好像不需要什么。谢谢您了。”

典狱长走到他们跟前，于是聂赫留朵夫不等他说什么，就和她告别，走了出来，心里有一种从来不曾有过的无所忧虑的高兴心情、泰然自若的心情和爱一切人的心情。聂赫留朵夫意识到，不论玛丝洛娃有什么样的行为，都不能改变他对她的爱，正因为意识到这一点，他高兴，他的思想境界上升到前所未有的高度。就让她跟医士勾搭吧，那是她的事：他爱她不是为了自己，而是为了她，为了上帝。

其实，所谓玛丝洛娃跟医士勾勾搭搭，因而被逐出医院，连聂赫留朵夫都信以为真的，不过是这么一回事：玛丝洛娃依照女医士的吩咐到走廊尽头的药房里去拿一种草药，在那里碰到满脸粉刺的高个子医士乌斯季诺夫，此人早就缠得她很厌烦了，她为了摆脱他，狠狠地推了他一把，他一下子撞在药架上，有两个药瓶子从药架上掉下来，打碎了。

这时主任医师正从走廊上经过，听见打碎瓶子的声音，又看见玛丝洛娃满脸通红地跑出来，就很生气地呵斥她：

“哼，骚娘儿们，你要是在这儿跟人勾勾搭搭，我就把你打发走。怎么一回事儿？”他从眼镜上方很严厉地看着那个医士，向他问道。

医士就嘿嘿笑着为自己辩白起来。医师不等听完，就抬起头，从眼镜里正眼看起他来，然后就上病房里去了。当天他就告诉典狱长，要他另派一个帮忙的人，要庄重一些的，来接替玛丝洛娃。玛丝洛娃跟医士勾搭不过就是这么一回事儿。玛丝洛娃这次被加上跟男人勾搭的罪名而被逐出医院，感到特别难受，因为她早就厌烦了跟男人发生什么关系，自从她和聂赫留朵夫重逢之后，更是特别憎恶了。随便什么人，包括满脸粉刺的医士在内，都根据她过去和现在的身份来衡量，认为自己有权侮辱她，遭到她拒绝还感到惊讶，她一想到这种境况，就懊恼得不得了，觉得自己非常可怜，忍不住要流眼泪。这一次她出来见聂赫留朵夫，就想向他表白一下，说明他大概已经听到的事是不真实的。可是她刚刚开口，就觉得他是不会相信的，她愈表白，他愈认为他怀疑的事是真的，于是泪水一齐涌到她的嗓子眼儿里，她不说了。

玛丝洛娃仍然以为，并且一直千方百计地要自己相信，她还像第二次见面时说的那样，没有原谅他，恨他，然而她早已重新爱上他，而且爱得那样深，凡是他希望她做的，她都不由自主地去做：戒了烟酒，不再卖弄风情，而且进医院去做看护。她所以这样做，就因为她知道他希望这样。每次他提到要同她结婚，她都是断然拒绝，不肯接受他的牺牲，那也是因为她既然说过很倔强的话，就要继续说下去，但主要却是因为她知道，他跟她结婚，对他不是幸福的事。她下定决心不接受他的牺牲，然而她一想到他瞧不起她，认为她还像原来那样，看不到她精神上的变化，心里就十分难受。他现在可能认为她在医院里做了见不得人的事，这一点，比起听到最后判定她服苦役的消息更使她痛苦。

## 三十

玛丝洛娃有可能随第一批发配的犯人出发，所以聂赫留朵夫也在为动身做准备。可是他的事情简直多得不得了，他觉得不论他有多少时间，事情都办不完。现在的情形和以前完全相反。以前总是需要想出什么事情来做，而且任何事情的意义都是一样的，那就是为了他德米特里·伊凡诺维奇·聂赫留朵夫；可是，尽管生活的全部意义都集中在他聂赫留朵夫身上，所有那些事情都枯燥无味。现在所有的事情都关系到别人，而不是他聂赫留朵夫，一切也都有了趣味，很吸引人，而且这类事情简直多得不得了。

不但如此，以前办他聂赫留朵夫自己的事，心里总是感到烦恼和气愤；现在办别人的事，心情多半是愉快的。

聂赫留朵夫目前要办的事可分为三类。他就凭他一丝不苟的习惯这样分了类，并且根据这样的分类把文件分别放在三个皮包里。

第一类事情是有关玛丝洛娃和怎样帮助她的。这方面的事情现在就是为告御状奔走，取得支持，再就是为西伯利亚之行做准备。

第二类事情就是处理地产。在巴诺沃，土地已交给农民，条件是他们要缴纳地租，作为他们的公积金。但为了把这事确定下来，还必须立下契约和遗嘱，在上面签字。在库兹明，就按照他原来安排的那样办，也就是他还是要收取地租，不过还需要规定交租期限，还要确定一下，从这些钱里面收取多少作为生活费，留下多少还用到农民身上。还不知道他这次去西伯利亚需要花费多少钱，所以还不能放弃这种收入，只是减少一半。

第三类事情是帮助犯人们，因为向他求助的犯人越来越多了。

起初，他一接触到那些向他求援的犯人，就立即为他们奔走，想方设法减轻他们的痛苦；可是后来求援的人太多了，他感到不可能帮助他们每一个人，于是他不由地做起第四类事情，近来使他花费精力最多的就是这类事情。

第四类事情是弄清一个问题：他已经认识了其中一部分犯人的这座监狱，以及从彼得保罗要塞到萨哈林岛一切监禁人的地方，其中关押着成千上万莫名其妙的刑法的牺牲者，这都是所谓的刑事法庭产生的结果，那么，这种奇怪的机构究竟是怎么一回事儿？有什么存在的必要？究竟是怎么来的？

聂赫留朵夫通过他和囚犯们的亲自交往，通过他和律师、监狱牧师、典狱长的交谈，并且根据被关押的人的经历，他得出结论，认为所有的囚犯，也就是所谓罪犯，可以分成五种人。

第一种是完全无罪的人，是审判错误的受害者。例如受诬告的纵火犯敏绍夫，例如玛丝洛娃等等一些人。这一种人不是太多，一位神父估计，有百分之七左右，但这些人的境遇特别使人关切。

第二种人是在愤怒、嫉妒、酗酒等等特殊状况下做了什么事因而被判刑的。他们做的事,那些审讯他们、惩罚他们的人如果处在同样情况下,几乎是一定都要做的。聂赫留朵夫估计,这种人几乎超过全体罪犯的半数。

第三种人也是因为做了什么事被判刑的,他们认为做的是最平常的事,甚至是好事,可是那些跟他们不同的、制定法律的人却认为是犯罪。那些卖私酒的、走私的、在地主和官家大树林里割草打柴的,都属于这一种。还有打家劫舍的山民和打劫教堂的不信教的人也属于这一种。

第四种人之所以成为罪犯,只是因为他们的精神境界高于社会的一般水平。那些教派信徒就是这样,那些为争取独立而暴动的波兰人和切尔克斯人也是这样,那些政治犯,那些因为反对政府而被判刑的社会主义者和罢工者,也都是这样。聂赫留朵夫估计,这类社会的最优秀人物所占的百分比很大。

最后是第五种人,社会对他们犯的罪远远超过他们对社会犯的罪。这都是一些被抛弃的人,因为经常受到压迫和诱惑变得浑浑噩噩,就像那个偷擦脚垫的小伙子和聂赫留朵夫在监狱内外看到的其他几百个人。生活环境似乎很有步骤地引导他们不得不去做那种所谓犯罪的事情。据聂赫留朵夫观察,有许多盗贼和凶手属于这一种。近来他就接触过其中一些人。至于那些道德败坏、腐化堕落的人,新的犯罪学派称之为犯罪型,认为这些人在社会上存在便是需要刑法和惩罚的主要明证,而聂赫留朵夫在切实地了解一番之后,认为也可以把这些人列入这一种。聂赫留朵夫认为，这些所谓道德败坏型、犯罪型、非正常型，也都是社会对他们犯的罪远远超过他们对社会犯的罪，不过，并不是社会现在对他们本人犯什么罪，而是早先在以前的时代里对他们的父母和祖先犯了罪。

在这些人中间，惯贼奥霍津在这方面特别使他惊讶。奥霍津是一个妓女的私生子，在夜店里长大，活到三十岁从来没遇到过在道德方面比警察更高尚的人，从小就落到一伙惯贼当中，可是他却具有非凡的幽默才能，非常招人喜欢。他请求聂赫留朵夫帮助，同时却又嘲笑自己，嘲笑法官，嘲笑监狱，嘲笑一切律条，不但嘲笑刑法律条，而且嘲笑宗教律条。另外一个特别使他惊讶的是美男子菲道罗夫。他带领一伙人杀死了一个年老官员，把老官员家里抢劫一空。菲道罗夫是一个农民，父亲的房屋被人非法霸占了，他自己后来当了兵，在军队里因为爱上一个军官的情妇而吃尽了苦头。这是一个招人喜欢的热心肠的人，却又是个一味只想寻欢作乐的人，因为从来没见过有什么人为了什么目的而克制自己不去享乐，也从未听说过人生除了享乐还有别的什么目的。聂赫留朵夫看得很清楚，这两个人都有很丰厚的天赋，只是生长得歪斜了，变成了畸形，就像无人照管的植物往往会生长歪斜，变成畸形一样。他还见过一个流浪汉和一个女人，他们的麻木不仁并且似乎很残忍使人感到可憎，但他怎么也看不出他们就是意大利犯罪学派所说的犯罪型，只认为他们是他所厌恶的人，就像他在监狱外面看到的那些穿礼服、佩肩章和满身花边的男男女女一样。

为什么上述各种各样的人都在坐牢，另外一些和他们一样的人却自由自在，甚至那些人还要审判这些人，这是需要研究的问题，聂赫留朵夫目前做的第四类事情就是研究这个问题。

聂赫留朵夫起初想从书本上找到这一问题的答案，于是把涉及这一问题的书都买了来。他买了龙勃罗梭、嘉罗法洛、费里、李斯特、摩德斯莱、塔尔德[①]的著作，并且很用心地阅读起来。但是他愈是阅读这些书，愈是感到失望。有些人研究学问不是为了在学术方面有什么作为，例如写文章，辩论，教书，而是为了弄清直接而简单的现实问题，这些人常常遇到的情形现在聂赫留朵夫就遇到了，那就是：学术为他解答了成千的与刑法有关的繁难而深奥的问题，可是独独没有解决他要求解答的问题。他提出的问题是很简单的。他问的是：一些人可以关押、折磨、流放、鞭打和杀戮另一些人，其实他们也和他们所关押、折磨、流放、鞭打和杀戮的人完全一样，这是为什么？凭什么权利？他得到的回答是各种各样的议论：人是不是可以随心所欲？能不能通过测量头盖骨之类的方法来判断一个人是否犯罪型？遗传性在犯罪方面起什么作用？是否有天生的道德败坏？什么是道德？什么是疯狂？什么是退化？什么是气质？气候、食物、愚昧、摹仿、催眠、情欲对犯罪有什么影响？什么是社会？社会有哪些责任？等等，等等。

这些议论使聂赫留朵夫想起有一回一个放学回家的小男孩怎样回答他的问题。他问那个小男孩是否学会了拼字法。男孩回答说："学会了。""好，那你就拼拼'爪子'。""什么'爪子'，狗爪

①关于龙勃罗梭和塔尔德，请参看本书第一部第二十一章注解。嘉罗法洛（生于1852年）和费里（1856—1929），都是意大利犯罪学家龙勃罗梭的信徒。李斯特（1789—1846），德国经济学家。摩德斯莱（1935—1918），英国心理学家。

子吗?”小男孩带着一脸滑头的神气回答说。聂赫留朵夫在那些学术著作中为他的一个根本问题找到的正是这种反问式的答案。

在这些著作中有很多精辟、深刻、很有意义的见解,却就是没有回答根本的问题:一些人凭什么权利惩罚另一些人?不仅没有这样的答案,而且所有的议论都导向一点,那就是为惩罚做解释,为惩罚辩护,把惩罚的必要性看作无可辩驳的公理。聂赫留朵夫读了很多书,不过都是断断续续地读,于是就认为找不到答案只怪这样的研究太肤浅,希望以后能找到答案,所以也就不敢相信近来越来越频繁地出现在他头脑里的那个答案[①]是正确的。

## 三十一

有玛丝洛娃在内的那一批犯人,定于七月五日出发。聂赫留朵夫也准备在那一天跟她一起走。在动身的前一天,他的姐姐和姐夫来到城里,为的是和弟弟见见面。

聂赫留朵夫的姐姐娜塔丽雅·伊凡诺芙娜·拉戈仁斯卡娅,比弟弟大十岁。他在某种程度上是在她的影响下长大的。他小时候,她很爱他,后来,到了她快出嫁的时候,虽然她已经是二十五岁的姑娘,他还是十五岁的孩子,可是他们已经像同龄人一样投合了。那时候她爱上了他的亡友尼科连卡·伊尔捷涅夫。他们俩都爱尼科连卡,爱的是他和他们身上都有很好的和联系着一切人的东西。

从那时以后,他们两个都堕落了:他是因为进了军队,过起了

①指前面第二十七章结尾所提到的答案。

花天酒地的生活，她是因为嫁了人，她在肉体上爱上那个人，那人却不仅不喜欢她和弟弟当年认为最神圣最珍贵的东西，甚至不理解那是怎么一回事儿，认为她当初追求道德完善和为众人服务的志向都是一种虚荣心，是想出出风头，他可以理解，那只是为了解闷儿。

拉戈仁斯基没有名望，也没有产业，然而是一个左右逢源的官场老手。他巧妙地周旋于自由派和保守派之间，利用两派之中在当时和当前情况下能给他的生活带来好处的一派，而更主要的是，利用他能博得女人欢心的某种特殊本领，他在司法界获得相当显赫的官位。他在国外认识聂赫留朵夫一家的时候，已经不是很年轻了，他使也已经不很年轻的娜塔丽雅爱上了他，并且几乎违拗着她母亲的心意同她结了婚。母亲认为这门亲事不是门当户对的。聂赫留朵夫非常憎恨这位姐夫，尽管自己不愿意承认这一点，尽管竭力克制这种情绪。聂赫留朵夫所以厌恶他，是因为他感情庸俗，见识短浅却又自命不凡，而更主要的却是因为姐姐，姐姐竟然这样热烈地、不顾一切地在肉体上爱上这个气质低下的人，并且为了迎合他的心意，居然抛弃了她原来的一切美好向往。聂赫留朵夫每想到姐姐是这个满身是毛、秃顶发亮的自命不凡的人的妻子，心里就难受得不得了。他甚至按捺不住对他的孩子们的厌恶。每次听说她要生孩子，他就会产生一种类似伤心的心情，就好像她又从这个跟他们完全格格不入的人身上沾染了很坏的东西。

姐姐和姐夫这次来，没有带孩子。他们有两个孩子，一男一女。他们在一家上等旅馆里租了一套上等房间。姐姐立刻就坐马车到母亲原来住的房子里去，在那里没有见到弟弟，听阿格拉菲娜说弟弟已搬到一家带家具的公寓里，就又坐车去公寓。在昏暗、恶臭、白天都点着灯的走廊里，一个肮脏的茶房迎住她，告诉她，公爵不在家。

她希望到弟弟的房间里去，给他留一张字条。茶房就领她去。

她走进他的两个小小的房间，仔细打量了一番。她处处都看到她很熟悉的那种清洁和整齐，又看到陈设简朴得使她吃惊，这在他是不曾有过的。她看到写字台上放着她很熟悉的那个带青铜小狗的吸墨纸床；还有皮包、纸张、文具、几本惩治条例、一本亨利·乔治的英文书、一本塔尔德的法文书，这一切都摆得整整齐齐，也是她所熟悉的，还有她很熟悉的一把老大的弯曲象牙刀夹在塔尔德的书里。

她在写字台边坐下来，给他写了一张字条，要他务必到她那儿去，今天就去。于是她对所见的一切惊讶地摇着头，回到自己的旅馆。

现在她关心弟弟的两件事：一件是他要和卡秋莎结婚，这是她在她那个城市里听说的，因为都在议论这件事；另一件事是他把土地交给农民，这也是无人不知了，而且很多人都认为这是政治事件，危险行动。他要和卡秋莎结婚，从一方面来说，倒是使她觉得高兴的。她赞赏这种毅然决然的精神，从这一点看到他和她自己在出嫁之前那些美好岁月里的本来面目，可是同时她一想到弟弟要娶的是这样一个下贱的女人，就觉得非常可怕。后一种心情要强烈得多。所以她决定要尽一切可能说服他，劝阻他，尽管她知道这是很难的。

至于另一件事,把土地交给农民,并不使她多么操心;可是她的丈夫却为这事十分气愤,要她对弟弟施加影响。他说,这种举动是轻率、不严肃和骄傲的极端表现,如果这种举动也可以解释的话,那就只能解释为有意自我标榜,出风头,哗众取宠。

“把土地交给农民,又要农民自己交租自己用,这有什么意思?”他说。“他要是真想这样做,可以通过农民银行把土地卖给农民。这样倒还有意思。总而言之,这种举动似乎很不正常。”他说,并且已经在考虑监护的问题。他要妻子认真跟弟弟谈谈他这种奇怪的意图。

## 三十二

聂赫留朵夫一回来,发现桌上有姐姐写的字条,就立即坐车去看她。已经是黄昏时候。姐夫在另一个房间里休息,只有娜塔丽雅一个人接待弟弟。她穿着黑色紧腰绸连衣裙,胸前扎着红色花结,黑黑的头发蓬松着,梳成时髦发式。她显然着意打扮,尽可能显得比同龄的丈夫年轻些。她一看见弟弟,急忙从沙发上站起来,快步上前迎他,绸连衣裙不住地窸窣响着。他们互吻之后,便笑盈盈地相互看了看。他们就这样交换了一下目光,那目光是神秘的,是无法用言语表达的,是意味深长的,是充满真情的;随后就开始交谈,他们的言语就没有那种真情了。自从母亲去世以后,他们还没有见过面。

“你胖了,更见年轻了。”他说。

她高兴得嘴唇都起了皱褶。

“你可是瘦啦。”

“哦,姐夫怎么样?”聂赫留朵夫问。

“他在休息呢。夜里他没有睡好。”

他们有许多要说的,可是言语什么也说不出来,倒是目光说出了该说而没有说出的话。

“我到你那儿去过了。”

“是的,我知道。我从家里搬出来了。我嫌家里太大,太单调,乏味。那一切我一点儿也用不着,所以你统统拿走吧,就是那些家具……所有的东西。”

“是的,阿格拉菲娜对我说了。我去过了。太感谢你了。不过……”

这时旅馆的茶房送来了银制茶具。

茶房在摆茶具,他们暂时都没有说话。娜塔丽雅坐到茶几后面的圈椅上,一声不响地斟茶。聂赫留朵夫也没有作声。

“嗯,是啊,德米特里,我全知道。”娜塔丽雅看了看他,就很干脆地说。

“好啊,你知道了,我很高兴。”

“不过你该知道她过了多年那样的日子,你还能指望改造她吗?”娜塔丽雅说。

他挺直身子坐在小椅子上,也不用胳膊肘支撑身子,很细心地听她说话,尽可能好好地领会她的意思,好好地回答。他最近一次同玛丝洛娃见面之后,心绪很好,至今心中又高兴又宁静,对一切人都有好感。

“我不是想改造她,是想改造我自己。”他回答说。

娜塔丽雅叹了一口气。

“除了结婚以外,还有别的一些办法呀。”

“可是我想,这是最好的办法。此外,这样我就能进入另一个天地,到那里我可以成为有用的人。”

“我认为,你这样不会幸福的。”娜塔丽雅说。

“问题不在于我是否幸福。”

“当然啦,不过,如果她还有良心的话,她也不会幸福的,甚至她不会希望这样。”

“她就是不希望这样。”

“我明白,不过人生……”

“人生又怎样?”

“人生还有别的要求呀。”

“除了我们做到应该做的,再没有别的要求了。”聂赫留朵夫说,一面看着她的脸,她的脸还是很好看的,尽管眼角和嘴边布满了细细的皱纹。

“我真不懂。”她叹了一口气,说。

“好姐姐,多么可怜呀?她怎么会变得这样厉害呀?”聂赫留朵夫心里想着,想起了娜塔丽雅出嫁前的样子,对她产生了无数童年往事交织而成的亲切之情。

这时候,拉戈仁斯基像往常一样高高地昂着头,挺着宽宽的胸脯,迈着又轻又软的步子走进房里来,那眼镜、秃顶和黑胡子都闪着亮光。

“您好,您好。”他用矫揉造作的腔调说。

（尽管在婚后最初一段时间里他们尽量表示亲热，相互称“你”，但后来还是相互称“您”。）

他们互相握了握手，拉戈仁斯基就轻轻地坐到圈椅上。

“我不妨碍你们谈话吧？”

“不，我说话和做事，从来不瞒着任何人。”

聂赫留朵夫一看见这张脸，一看见那双毛茸茸的手，一听见那种盛气凌人、自以为是的口气，他的亲热的心情顿时消失了。

“是啊，我们正在谈他的打算呢。”娜塔丽雅说。“给你倒一杯吧？”她拿起茶壶，说。

“好的，麻烦你了；究竟什么打算呀？”

“打算跟一批犯人上西伯利亚去，因为其中有一个女人，我认为我对不起她。”聂赫留朵夫说。

“我听说，不光是陪她去，还有别的打算哩。”

“是的，还打算结婚，只要她愿意的话。”

“原来如此！要是您不觉得心烦的话，您给我解释一下您的理由。我不了解您的理由。”

“理由就是，这个女人……她在堕落道路上走的第一步……”聂赫留朵夫因为找不到适当的话来表达，很生自己的气。“理由就是，我犯了罪，受惩罚的却是她。”

“她既然受到惩罚，那她恐怕不会没有罪。”

“她完全没有罪。”

于是聂赫留朵夫带着不必要的激动心情把整个案子说了一遍。

“哦，这是审判长的疏忽，因此陪审人员的答复很不周到。不过，这种情形，还有参政院复审。”

“参政院已经驳回了上诉。”

“要是驳回了，那大概是没有充分的上诉理由。”拉戈仁斯基说。显然他完全赞同通行的见解，认为法庭辩论的产物就是真理。“参政院不可能深入审查案情的实质。如果法庭审判确实有错误，那就应该请皇上圣裁。”

“状子递上去了，可是没有什么成功的希望。皇家要问司法部，司法部要问参政院，参政院就把原来的裁定重述一遍，这么一来，无罪的人还是照样受惩罚。”

“第一，司法部不会去问参政院，”拉戈仁斯基带着自视甚高的笑容说，“而是向法院调阅原来的案卷，如果发现有错误，就会做出相应的结论；第二，无罪的人从来不会受到惩罚，如果有的话，那也是极其少见的例外。受惩罚的都是有罪的。”拉戈仁斯基带着十分自负的笑容不慌不忙地说。

“我的看法却与此相反，”聂赫留朵夫怀着很厌恶姐夫的心情说，“我认为，法庭判了刑的人，一多半是无罪的。”

“这话是什么意思？”

“无罪的意思就是根本没有罪。比如这个被控毒死人命的女人就没有罪；比如我现在认识一个被控杀人的农民也没有罪，他没有杀过人；比如被控纵火的母子两人也没有罪，火是房主人自己放的，他们却差点儿判了刑。”

“是的，审判方面的错误总是有的，以后还会有，这是很自然的。人类的机构不可能完美无缺。”

“再就是，有很大的一部分人也是无罪的，因为他们在某种环境里长大成人，不认为他们的行为是犯罪。”

“对不起，这可是没有道理；任何一个贼都知道偷东西不好，不应该偷东西，偷东西是不道德的。”拉戈仁斯基说，并且带着那种心安理得、自以为是、有点儿轻蔑意味的笑容，这使聂赫留朵夫特别恼火。

“不，不知道。别人对他们说：不要偷；可是他们看到和知道，工厂老板用克扣工资的办法在偷他们的劳动成果，政府和所有政府官员用收税的办法不停地在偷他们的财物。”

“这已经是无政府主义了。”拉戈仁斯基很平静地给内弟的话下了定义。

“我不知道这是什么，可我说的是事实，”聂赫留朵夫继续说下去，“他们知道，政府在偷窃他们的财物；他们知道，我们这些地主早就夺走了应该成为公共财产的土地，也就是已经把他们偷光了，可是后来，等他们从这被偷掉的土地上捡了一些树枝生炉子，我们就把他们关进牢里，还要叫他们承认他们是贼。可是他们知道，做贼的不是他们，而是偷掉了他们的土地的人，知道想方设法弥补被偷的损失，是他们对家庭应尽的责任。”

“我真不懂，即使我能懂，也不能赞同。土地不可能不是某些人的私人财产。如果您把土地分给大家，”拉戈仁斯基镇定自若地、很有信心地说起来，因为他相信聂赫留朵夫就是一个社会主义者，社会主义的宗旨就是平分土地，他相信这样平分土地是极其愚蠢的，他可以轻而易举地驳倒这种论调，“如果您今天把土地平分了，到明天土地就又会转到那些勤劳能干的人手里。”

“谁也不想平分土地，土地也不应该成为任何人的私有财产，不应该成为买卖物品或者租佃物品。”

“私有权是天赋予人类的。没有私有权，就没有耕种土地的兴趣。一旦消灭了私有权，我们就会回到野蛮状态。”拉戈仁斯基用权威的口气说。他是在重复那种维护私有财产权的老调，这种论调被认为是颠扑不破的，那就是：土地私有的欲望便是土地必须私有的标志。

“相反，只有那样土地才不会像现在这样荒废。现在地主就像狗霸住干草，不让会种地的人种地，自己又不会种。”

“您听着，德米特里·伊凡诺维奇，这完全是发疯！难道在我们这时代消灭土地私有制是可能的吗？我知道，这是您很久以来爱谈的话题。不过请允许我直言奉告……”拉戈仁斯基脸色煞白，声音也哆嗦起来，显然这问题触动了他的疼处，“我要奉劝您在着手处理这个问题之前，先好好考虑考虑。”

“您说的是我个人的事吗？”

“是的。我认为，我们这些处在一定地位上的人，必须承担与这种地位相应的责任，必须维护这样的生活条件，因为我们生来就是这样的生活条件，这是从我们的祖先继承下来的，还必须传给我们的后代。”

“我认为我的责任是……”

“请让我说完，”拉戈仁斯基不让人打断他的话，又继续说下去，“我说这话不是为我自己，也不是为我的孩子们。我的孩子们的生活是有保障的，我挣的钱足够我们过下去，而且我认为，孩子们今后也不会过穷日子，所以，我不是从个人利益出发反对您的……恕我直言，您的考虑不周的举动，我是从原则出发不能赞同的。我要劝您多考虑考虑，多读点儿书……”

“好啦，我的事您就让我自己处理吧，我自己知道该读什么书，不该读什么书。”聂赫留朵夫脸色变得煞白煞白地说，并且感觉两手冰凉，简直控制不住自己，于是就不再说话，喝起茶来。

## 三十三

“哦，孩子们怎么样？”聂赫留朵夫多少定了定心，向姐姐问道。

姐姐说起两个孩子，说孩子们留在奶奶、留在婆婆那里。因为弟弟跟丈夫不再争论了，她很高兴，就说起孩子们怎样玩旅行游戏，就像弟弟小时候那样玩两个布娃娃—— 一个黑奴，一个叫作法国女人。

“你还记得吗？”聂赫留朵夫笑着说。

“你要知道，他们也是那样玩的呀。”

不愉快的谈话结束了。娜塔丽雅放下心来，但她不愿意当着丈夫的面说只有弟弟能懂的话，于是，为了使大家都能参与说话，就说起已经流传到此地的彼得堡新闻：卡敏斯基决斗身亡之后，失去独生子的母亲是如何悲痛。

拉戈仁斯基表示，现今在决斗中杀人不算普通刑事犯罪，他很不赞成这种办法。

他这个意见遭到聂赫留朵夫的反驳，并且又就原来没有争论清楚的话题争论起来，然而两方面都没有把话完全说出来，依然各执己见，彼此都不服气。

拉戈仁斯基觉得，聂赫留朵夫对他有意见，瞧不起他的所作所为，于是他就想让聂赫留朵夫明白他的意见是完全错误的。在聂赫留朵夫这方面，姑且不谈他因为姐夫干预土地的事感到不快（他在内心深处倒是感到，姐夫、姐姐和他们的孩子们作为他的财产继承人，是有权过问的），他心中感到愤恨的是，现在聂赫留朵夫认为毫无疑问十分荒谬和罪恶的事，这个目光短浅的人却仍然信心十足、心安理得地认为是正当的和合法的。他这种自以为是的神气使聂赫留朵夫十分恼火。

"那么，法院究竟应该怎么办呢？"聂赫留朵夫问道。

"应该像对待普通杀人犯一样，判处决斗的一方服苦役。"

聂赫留朵夫两手又冰凉，他又带着火气说起来。

"噢，那又怎样呢？"他问道。

"那就伸张了正义。"

"这么说，好像法院的宗旨是伸张正义啰。"聂赫留朵夫说。

"不然又是什么呢？"

"是维护阶级利益。据我看，法院只是维护现行制度的一种行政工具，现行制度是有利于我们这个阶级的。"

"这是一种非常新鲜的见解。"拉戈仁斯基很平静地笑着说，"通常认为法院的使命与此有所不同。"

"在理论上是这样，可是在实际上，据我看到的，根本不是这样。法院的唯一目的是保持社会现状，为此就迫害和残酷地折磨那些高于一般水平并且想提高这一水平的人，即所谓政治犯，同时也迫害和残酷折磨那些低于这一水平的人，即所谓犯罪型的人。"

“首先我不能同意您说的，所谓政治犯受惩处是因为他们高于一般水平。其中多数都是社会渣滓，跟您认为低于一般水平的犯罪型同样堕落，尽管在形式上有所不同。”

“可是我认识一些人，他们的立足点比审判他们的法官不知要高多少；所有那些教派信徒就都是很有道德、很有见解的人……”

可是拉戈仁斯基有一个习惯，说话的时候不容许别人打岔，他没有听聂赫留朵夫说话，而且，尤其使人恼火的是，他在聂赫留朵夫说话的时候继续说他的话。

“我也不能同意您说的，法院的宗旨就是维护现行制度。法院有法院的宗旨：要么改造……”

“关在监狱里改造，倒是不坏。”聂赫留朵夫插嘴说。

“……要么清除道德败坏分子和那些危及社会生存的暴徒。”拉戈仁斯基很固执地接着说。

“问题就在于，既做不到这一点，也做不到那一点。这是社会没办法做到的。”

“这话怎么说？我不明白。”拉戈仁斯基很勉强地笑着问道。

“我想说的是，其实，合理的刑罚只有两种，那就是古时候施行的刑罚：体罚和死刑。但随着风气的好转，这两种刑罚用得愈来愈少了。”聂赫留朵夫说。

“现在从您嘴里听到这话，真是又新鲜又奇怪。”

“是的，把一个人痛打一顿，叫他以后不再做那种因而挨打的事，这是合理的；砍掉一个危害社会的坏分子的脑袋，也是完全合理的。这两种刑罚都有合理的意义。可是，把一个游手好闲、学了坏样而堕落的人关进牢里，放在有生活保障的和强制的闲散环境中，和一些最堕落的人在一起，这又有什么意义呢？或者为了什么事把一个人从图拉省送到伊尔库茨克省，或者从库尔斯克省送到别的什么省，用的是国库的钱，每个人要花费五百多卢布，这又有什么意义呢？”

“可是，许多人还是害怕这种公费旅行。假如没有这种旅行和监狱，您和我这会儿就不可能安安稳稳坐在这儿了。”

“那些监狱并不能保障我们的安全，因为那些人不是永远坐在那里面，也会被放出来的。正好相反，那些机构往往使那些人学得更坏，更加堕落，也就是更增加了危险性。”

“您是想说，惩罚制度必须改良。”

“无法改良。改良后的监狱的花费超过国民教育的经费，又会给老百姓增加新的负担。”

“不过，惩罚制度的缺陷无论如何不是法院本身的缺陷。”拉戈仁斯基又是不听内弟的话，继续发表自己的意见。

“这些缺陷是无法克服的。”聂赫留朵夫提高嗓门儿说。

“那又怎么办？把人杀掉？还是像一位国家要人提出的，把眼睛挖出来？”拉戈仁斯基自以为得理地笑着说。

“是的，如果这样，是很残酷的，不过是能达到目的的。可是现在的做法，既残酷，又达不到目的，而且极其愚蠢，简直使人无法理解，精神正常的人怎么会参与像刑事法庭干的那种荒谬而残酷的事情。”

“可是我就参与这种事情。”拉戈仁斯基脸色煞白地说。

“那是您的事。不过，这是我不能理解的。”

“我想,您不理解的事多着呢。”拉戈仁斯基用打哆嗦的声音说。

“我在法庭上看到,副检察官千方百计要把一个不幸的孩子判罪,那个孩子在任何一个正常的人心中只能引起同情。我还了解,另外一个检察官审讯教派信徒,认为诵读《福音书》是犯了刑事罪。而且,法院的全部活动都不过是这种毫无意义的残酷事情。”

“我要是这样想,那就不当什么差了。”拉戈仁斯基说过这话,就站了起来。

聂赫留朵夫看到姐夫眼镜底下有一种很特别的亮光。“难道是眼泪吗?”聂赫留朵夫心想。确实是的,那是自感受侮辱的眼泪。拉戈仁斯基走到窗前,掏出手帕,喉咙里咳了两声,就擦起眼镜,并且把眼镜摘下来,擦了擦眼睛。他回到沙发上,抽起雪茄,就再也没有说什么了。聂赫留朵夫觉得自己让姐夫和姐姐伤心到这种地步,心里又难受又不好意思,特别是因为他明天就要走了,以后再也见不到他们了。他怀着很尴尬的心情向他们告过别,就回家了。

“很可能我说的都是对的,至少他没有什么理由反驳我。不过不应该这样说话。如果我可以这样意气用事,这样侮辱他,使可怜的姐姐伤心,可见我改变得很少。”他想道。

## 三十四

有玛丝洛娃在内的那批犯人要在三点钟从火车站出发。所以，为了看到那批犯人从监狱里出来，并且随着他们一起去火车站，聂赫留朵夫就打算在十二点以前赶到监狱。

聂赫留朵夫收拾行李和文件时，看到自己的日记便停了下来，重新看了看一些地方，看了看日记上最近写的一段话。这么一段话是在去彼得堡之前写的："卡秋莎不希望我牺牲，而情愿牺牲自己。她胜利了，我也胜利了。她使我高兴的是她的内心变化，我觉得她的内心在变化，连我都不敢相信。我不敢相信，可是我觉得她就是在复活。"在这后面紧接着还有一段："遇到一件很痛苦又很高兴的事。听说她在医院里有不好的行为，我一下子就痛苦得不得了。真没想到我会这样痛苦。我带着厌恶和憎恨的心情跟她说话，后来忽然想起自己，想起我多次犯过我所痛恨她的那种毛病，就是现在，也还有那种念头，于是我顿时又厌恶起自己，又怜惜起她来，这样一来，我的心情就好起来。只要能经常及时地看到自己眼中的梁木[①]，我们就会和善些。"他在今天的日记里写的是："去看过娜塔丽雅，正因为对自己感到满意而很不和善，很凶，至今心情很沉重。唉，可是怎么办呢？从明天起，要过新的生活了。别了，旧生活，永远别了。真是百感交集呀，可是还想不出一个究竟。"

聂赫留朵夫第二天早晨醒来，头一个感觉就是后悔他和姐夫的争吵。

"不能就这样走掉，"他想道，"应该到他们那里去一趟，赔个不是。"

---

①见《新约全书·马太福音》第七章第三节："为什么看见你弟兄眼中有刺，却不想自己眼中有梁木呢？"

可是他一看表，就看到现在已经没有工夫了，要赶紧动身，免得赶不上那批犯人出门。聂赫留朵夫匆匆收拾好，就打发看门人和随他一起走的菲道霞的丈夫塔拉斯把行李直接送往车站，他自己出门一见马车就跳上去，朝监狱奔去。犯人的列车比聂赫留朵夫乘的客车只早开两个小时，所以聂赫留朵夫不打算再回来，就把公寓的房钱付清了。

正是闷热难堪的七月天。街上的石头、房屋的砖瓦和铁皮屋顶过了闷热的一夜之后，没有凉下来，还在向炎热的、一动不动的空气里散发着热气。没有风，即使有时起一阵风，吹来的也是充满灰尘和油漆气味的臭烘烘的热气。街上行人很少，就是那少数行人也都尽可能在房屋的阴影里走。只有晒得黑黑的穿树皮鞋的修路农民坐在街心里，用铁锤把石子往滚热的沙里砸。再就是有几名愁眉苦脸的警察，身穿没有漂白的布制服，挂着橙黄色手枪绦带，无精打采地倒换着两只脚站在街心里。还有公共马车叮叮当当地在大街上来来回回奔驰着，朝阳的一面挂着窗帘，拉车的马都戴着白色头罩，只有耳朵从布罩孔里露出来。

聂赫留朵夫来到监狱大门口，那批犯人还没有出来。在监狱里，从早晨四点钟就开始移交和接收流放的犯人，这项紧张的工作此时还在进行着。这一批流放的有六百二十三名男犯和六十四名女犯，都得按名册一一核对，还要把有病的和体弱的挑出来，交给押解人员。新来的典狱长、两个副典狱长、一个医师、一个医士、一个押解官和一个文书，都坐在院子里墙边阴凉处放的一张桌子旁边，桌上放着公文表册和办公用品。他们逐个儿喊着犯人的姓名，犯人一个接一个朝他们走来，他们逐个儿察看，问话，登记。

现在桌子已经有一半在阳光里了。已经很热了，尤其因为没有风，站在这儿的成群的犯人又不断地呼出热气，更是特别气闷。

“这是怎么回事儿呀，简直没有完啦!”押解官一面吸着烟说。押解官又高又胖，红脸膛，肩膀高耸着，胳膊很短，那遮盖着嘴巴的小胡子里不住地冒着烟气。“把人都累死了。你们这是从哪儿弄来这么多？还有很多吗？”

文书查了一下，说：

“还有二十四个男的和几个女的。”

“喂，怎么站着不动，往前走！……”押解官对那些挤在一块儿、还没有核对过的犯人喝道。

犯人们站队等候交接已有三个多钟头，而且不是在凉荫里，是在太阳底下。

这项工作在监狱里面进行着，而在监狱外面，大门口还像往常一样站着持枪的哨兵，门外停着二十来辆大车，准备装载犯人的行李和病弱的犯人，街口还站了一堆犯人的亲友，等着犯人出来再见见面，如果可能的话，再说说话儿，给流放的人带点儿什么东西。聂赫留朵夫也站在这堆人里面。

他在这儿站了一个小时左右。一个小时之后，大门里面响起了铁镣叮当声、脚步声、监管人员的吆喝声、咳嗽声和一大群人的不高的说话声。这样持续了有五六分钟，在这几分钟里有几名看守在小门里进进出出。最后响起了口令声。

大门轰隆隆地开了，铁镣的叮当声更响了，一些穿白色军服的带枪的押解兵走了出来，在大门外排成一个整齐的大圆圈儿，显然这是他们做惯了的熟练动作。等他们排好了阵式，就响起另一道口令声，于是犯人们两个一排地开始往外走，一个个剃光的脑袋上戴着薄饼一般的囚帽，背着背包，脚上拖着铁镣，一只手按着背上的背包，空着的一只手前后摆动着。最先出来的都是男苦役犯，穿着一样的灰色长裤和囚袍，背上都缝着方形的苦役犯标志。他们有年轻的、年老的，有瘦的、胖的，有红脸的、白脸的、黑脸的，有留小胡子的、大胡子的、不留胡子的，有俄罗斯人、鞑靼人、犹太人，一个个都叮当叮当地拖着铁镣往外走，很起劲地摆动着一条胳膊，仿佛准备要往很远的地方走，可是，走了十来步就停了下来，顺从地依次排成每四人一排。紧接着他们从大门里走出来的是一些穿着同样服装、也剃光了头的人，没有戴脚镣，可是每两个人手和手被手铐锁在一起。这是流放犯……他们也是那样很快地往外走，也是那样站下来，每四个人排成一排。随后走出来的是各村社判处流放的农民，然后就是妇女，也是按照同样的次序，先是女苦役犯，穿灰色囚服，系灰色头巾，接着是女流放犯，以及自愿跟随丈夫的妇女，仍然穿着形形色色的城市和乡下服装。有几个女犯抱着娃娃，用灰色囚服的衣襟裹着。

跟女犯一起走的还有一些孩子，有男孩，也有女孩。这些孩子像马群里的小马驹似的，挤在女犯中间。男犯们一声不响地站着，只是偶尔地咳嗽两声，或者简短地说一声什么。妇女当中却响着不断的说话声。聂赫留朵夫觉得，他在玛丝洛娃出来的时候好像看到她了，可是后来她消失在密密麻麻的人群当中。他看到的只是一群似乎丧失了人类特征、尤其是女性特征的带着孩子和背包的生物,排到了男人后面。

尽管在监狱里面已经清点过所有的人犯,押解人员又依照原来的名单清点起来。这次清点持续了很长时间,尤其因为有些犯人动来动去,换了地方,这就影响了押解人员清点。押解人员又骂又推那些顺从然而愤恨地蠕动着的犯人们,一再地重新清点着。等到全部重新清点完毕,押解官发出一道口令,于是人群里骚动起来。那些病弱的男人、女人和孩子们争先恐后地朝大车拥去,先把背包放到车上,然后就往车上爬。爬到车上坐下来的有怀抱啼哭的婴儿的妇女,有快快活活争抢座位的孩子,有无精打采、愁眉苦脸的男犯。

有几个男犯脱下帽子,走到押解官面前,向他恳求起来。聂赫留朵夫后来才知道,他们是要求坐车。聂赫留朵夫看到,押解官一声不响,对恳求的人看也不看,只顾吸烟,后来突然朝着一个犯人抡起短短的胳膊,那犯人料着要挨打,慌忙缩起剃得光光的头,跑了开去。

"我叫你尝尝当贵族老爷的滋味,叫你一辈子也忘不了! 你给我老老实实地走!"押解官喝道。

押解官只准许一个戴脚镣的摇摇晃晃的瘦长老头子坐到大车上去。聂赫留朵夫看着这个老头子脱下薄饼似的帽子,画了个十字,向大车走去,可是他因为有脚镣怎么也抬不起那衰老无力的老腿,爬了老半天都爬不上去,后来有一个已经上了车的女人拉了他一把,才把他拉上车。

等到所有的大车都装上了背包,获准坐车的人都坐到背包上，押解官摘下军帽，用手帕擦了擦额头、秃顶和红红的粗脖子，又画了一个十字。

“全体犯人，开步走！”他高声喊道。

士兵们的枪叮叮当当响了起来，犯人们脱下帽子，有些人用左手画起十字，送行的人大声喊着话，犯人们也大声喊着回答，女人当中有人号哭起来，于是这批犯人就在穿白军服士兵的包围下动身了，一双双带铁镣的脚蹬起一股股灰尘。最前面是士兵，士兵后面是戴脚镣的犯人，四人一排，然后是流放犯，然后是村社流放的农民，两个两个铐在一起，然后是妇女。再后面就是装运行李和病号的大车，其中有一辆车上高高地坐着一个裹头巾的女人，不住地尖叫和号哭着。

## 三十五

队伍很长，前头的人已经看不见了，后面装运行李和病号的大车才刚刚起动。等车辆一起动，聂赫留朵夫就坐上一直在等着他的马车，吩咐马车夫赶到犯人前面去，为的是要看看在男犯中有没有熟识的人，并且要在女犯中找到玛丝洛娃，问问她是否收到送给她的东西。这时已经非常炎热了。没有风，上千只脚蹬起的灰尘一直飘浮在街心里走着的犯人们头上。犯人们快步走着，聂赫留朵夫的马车套的不是快马，只能慢慢地往犯人们的前面赶。一排又一排模样奇怪而可怕的陌生的生物，迈动着上千只穿着一样鞋袜的脚，合着脚步的节拍摆动着空着的手，好像在给自己鼓劲儿。他们人数这样多，模样这样单调，又是处在这样特别而奇怪的条件下，以至于聂赫留朵夫觉得，似乎这不是人，而是一些特别的、可怕的生物。直到他在苦役犯当中认出杀人犯菲道罗夫，在流放犯当中认出幽默的奥霍津和一个曾经向他求助的流浪汉，他这种印象才消失了。几乎所有的犯人都扭过头来，瞟着这辆往他们前面赶的轻便马车和坐在车上不住地打量着他们的先生。菲道罗夫朝上昂了昂头，表示他认出了聂赫留朵夫；奥霍津挤了挤眼睛。不过两个人都没有点头，认为这是不允许的。等到跟女犯们走齐了，聂赫留朵夫立刻就认出玛丝洛娃。她在女犯的第二排里。靠边走的是一个红脸膛、黑眼睛、短腿的、很难看的女犯，囚袍下摆掖在腰里，这就是俊姐儿。再过去是一个孕妇，很吃力地拖着两腿走着，第三个便是玛丝洛娃。她背着背包，朝正前方望着。脸上带着镇静而刚毅的神气。她这一排的第四人是一个年轻美貌的女子，穿着短短的囚袍，头巾扎的是农妇式样，这就是菲道霞。聂赫留朵夫下了马车，走到女犯队伍跟前，想问问玛丝洛娃是否收到东西，问问她身体怎样，可是在队伍这边走着的一名押队军士一发现有人走近队伍，立即就跑了过来。

“不行，先生，不能接近犯人队伍。”他一边往前走，一边喊叫着。

这名军士来到跟前，认出了聂赫留朵夫(监狱里的人都已经认识聂赫留朵夫了)，行了一个军礼，就在聂赫留朵夫身边站下来，说：

“现在不行。在火车站是可以的，在这儿是不允许的。不要掉队，快走!”他对犯人吆喝道。接着就抖擞精神，也不顾炎热，迈动穿着漂亮新皮靴的脚，快步跑到自己的位置上。

聂赫留朵夫回到人行道上，吩咐马车夫赶着马车跟在他后面，他就随同犯人队伍往前走。队伍不论经过哪里，到处都引起人注意，注意之中夹杂着同情和恐惧。坐在马车里的人都从车窗里探出头来，目送着犯人，直到看不见为止。步行的人都站了下来，又惊讶又恐怖地看着这骇人的景象。有些人走上前去，施舍一些钱。押解兵把钱收下。有些人像中了魔法似的，跟着队伍往前走，不过走一阵子就站下来，只是摇着头，目送犯人队伍。有些人相互呼唤着，从家里跑出来，有些人从窗口探出身来，都一声不响地、呆呆地望着这支可怕的队伍。在一个十字路口，这支队伍拦住了一辆很阔气的马车。马车驭座上坐着一个油光满面、臀部肥厚、背后有两排纽扣的车夫，马车后座上坐的是一对夫妻：妻子又瘦又苍白，戴一顶浅色女帽，打着一把很花哨的阳伞；丈夫戴一顶高礼帽，穿一件很讲究的浅色大衣。前边面对他们坐的是他们的孩子：女孩打扮得漂漂亮亮，十分娇艳，像一朵鲜花，披散着一头淡黄色头发，也打着一把很花哨的小阳伞；男孩子有八岁，脖子又细又长，锁骨尖尖的，戴一顶水手帽，拖着长长的飘带。丈夫很生气地在责怪车夫，怪他没有及时抢在拦住他们的队伍前面过去，妻子则厌恶地眯起眼睛，皱起眉头，把绸阳伞贴在脸上，遮挡着阳光和灰尘。大屁股车夫听着主人的无理责怪，很生气地皱起眉头，因为是主人自己吩咐他走这条街的。他很吃力地勒着那几匹油光发亮、笼头和脖子底下汗水淋淋、一个劲儿要往前冲的大青马。

一名警察一心一意想为阔气马车的主儿效劳，想把犯人拦住，让马车过去，可是他感觉到这支队伍里有一种阴森的庄严气氛，即使为了这样的阔老爷，这种气氛也是不能打破的。这名警察只是把手举到帽檐上行了个礼，以示他对阔气的尊敬，并且严厉地看着犯人们，似乎表示决不允许他们侵犯马车上坐的阔人。所以这辆马车不得不等到整个队伍走完了，直到最后一辆装着行李和女犯的大车轰隆轰隆地过去，才重新起动。这时坐在最后一辆大车上号哭的那个女犯，本来已经安静下来的，一看到这辆阔气的马车，又号哭和尖叫起来。只是这时候马车夫才轻轻抖动了一下缰绳，于是几匹大青马才嘚嘚地敲击着马路，拉着轻轻颤动的胶轮马车朝别墅奔去，丈夫，妻子，女孩和脖子细长、锁骨尖尖的男孩要上那里去消夏。

不论丈夫和妻子都没有向女孩和男孩解释他们看到的是什么，所以两个孩子只好自己解答这种景象的内涵。

女孩琢磨了一番父亲和母亲的表情，便这样解答问题：这是一些跟她的父母和亲友完全不同的人，这是一些坏人，所以就应该像这样对待他们。因此小姑娘只是觉得害怕，直到完全看不见那些人了，她才高兴起来。

不过，眼睛眨也不眨、眼珠动也不动地望着犯人队伍的，脖子细长的男孩子对问题的解答却与此不同。他凭着直接来自上帝的意识，坚定无疑地知道，这些人也是人，跟他自己一样，跟所有的人一样，所以这是有人做了欺压这些人的坏事，做了不应该做的事；于是他怜悯起他们，他害怕这些戴镣铐、剃光头的人，也害怕那些给他们戴镣铐、剃光头的人。因此小男孩的嘴咕嘟得越来越大，他费了很大的劲儿才没有哭出来，因为他认为在这种场合哭是丢脸的。

## 三十六

聂赫留朵夫也像犯人们那样快步走着。他虽然穿得很单薄，只穿一件薄大衣，可还是热得不得了。主要是因为灰尘飞扬，大街上炎热的空气一动也不动，使人闷得喘不上气来。他走了一段路，就坐上马车往前走，但是坐马车走在街心里，他觉得更要热些。他试着回想昨天他和姐夫的谈话，但此事这时候已经不像早晨那样使他动心了。此事已经被囚犯走出监狱和列队行进的景象淹没了。主要的则是热得难受。在围墙旁边的树荫里，有一个卖冰淇淋的小贩盘腿坐着，有两个实科中学学生脱掉帽子，站在小贩面前。其中一个孩子已经舔着牛角小匙，津津有味地吃起来，另一个孩子还在等着那小杯子里的黄糊糊的东西上满。

“这儿有什么地方可以喝点儿东西?”聂赫留朵夫觉得再也熬不住，想喝点儿什么提提神，就向车夫问道。

“这儿就有一家很好的饭馆。”车夫说过，就赶着马车在街口一拐，把聂赫留朵夫送到一家挂着大招牌的饭馆门前。

穿着衬衫坐在柜台里的肥胖的掌柜，穿着发了黑的白工作服、因为没有顾客都坐在桌旁的堂倌们，一齐带着好奇的神情打量着这位不常见的顾客，急忙上前伺候。聂赫留朵夫要了一瓶矿泉水，在离窗远些的地方挨着一张铺着肮脏桌布的小桌坐下来。

有两个人坐在一张大桌子旁，桌上有茶具和白色玻璃瓶。他们不住地擦着额头上的汗，和和气气地在计算着什么。其中有一个人黑黑的，谢了顶，只是后脑上有半圈黑发，跟拉戈仁斯基一样。聂赫留朵夫看到这模样，又想起昨天他和姐夫的谈话，又想在临行之前跟姐夫和姐姐再见见面。"走之前恐怕来不及了，"他想道，"最好还是写封信吧。"于是他要来了信纸、信封和邮票，一面喝着直冒泡儿的清凉的矿泉水，一面考虑该写些什么。但是各种各样的想法纷纷扬扬，信怎么也写不好。

"'亲爱的姐姐，昨天跟姐夫谈过话以后，感到很难受，我不能就这样走……'"他开头写道。"接下去写什么呢？请他原谅我昨天说的话吗？可是我说的都是心里话呀。他会以为我放弃自己的意见呢。再说，这是他干涉我的事……不行，不能这样写。"于是聂赫留朵夫又感觉心中痛恨起这个自以为是、不了解他、跟他格格不入的人，就把没有写好的信放进口袋，付了账，来到街上，坐上车去追赶那批犯人。

这时热得更厉害了。墙壁和石头好像都在冒热气。脚挨到滚烫的石子路好像在挨烙。聂赫留朵夫的光手一碰到马车的油漆挡泥板，觉得好像被烧了一下。

马有气无力地小步跑着，用马掌有节奏地敲打着落满尘土的、坎坷不平的石子马路，艰难地穿过一条条大街；马车夫一直在打着盹儿；聂赫留朵夫坐在车上，什么也没想，漠然地望着前方。在街道下坡处，一座大房子的门前，站着一堆人和一名带枪的押解兵。聂赫留朵夫叫车夫把马车停住。

"怎么一回事儿？"他问一个管院子的。

"有一个犯人出了事。"

聂赫留朵夫下了车，走到那一堆人跟前。在靠近人行道的坎坷不平的石子马路下坡处，头朝坡下脚朝上躺着一个不算年轻的犯人，宽肩膀，红胡子，红脸膛，扁鼻子，穿着灰色囚袍和囚裤。他仰面躺着，摊开两只布满黑斑的手，手心朝下。他用两只呆滞无神的充血眼睛望着天空，他那高大而强壮的胸脯均匀地抽动着，发出呼哧呼哧的声音，间隔的时间很长。他的旁边站着一个愁眉苦脸的警察、一个小贩、一个邮差、一个店员、一个打阳伞的老太婆、一个提着空篮子的光头男孩。

“坐牢把身子坐坏了，太虚弱了，又把他们带到这么毒的日头底下来。”那个店员对来到跟前的聂赫留朵夫说。他说这话显然是在责怪什么人。

“他恐怕不行了。”打阳伞的老太婆用哭腔说。

“要把他的衬衫解开。”邮差说。

警察就用哆哆嗦嗦的粗手指头很笨拙地解起那露着青筋的红脖子上的带子。他显然非常紧张和慌乱，不过他还是认为应该对群众说点什么。

“你们都围在这儿干什么？天这么热。把风都挡住了。”

“医生应该先检查检查。应该把身体虚弱的留下来。可是他们把快要死的人也带了出来。”店员说，显然有意表示自己是懂得章法的。

警察解开衬衫上的带子之后，便站直了身子，向四面扫了一眼。

“我对你们说，都走开。这不是你们的事，有什么好看的?”他说着，转过脸对着聂赫留朵夫寻求支持，可是在聂赫留朵夫的目光中没有看到支持的神气，就又看了看押解兵。

可是押解兵站在一旁，只是看着自己那磨歪了的靴后跟，丝毫没有考虑警察的尴尬处境。

“那些管事的人丝毫不关心。简直是活活折腾人,哪有这个道理?”

“犯人是犯人,总也是人呀。”人群中有人说。

“把他的头放得高一点儿,给他点儿水喝。”聂赫留朵夫说。

“已经有人去拿水了。”警察一面回答,一面托住犯人的腋下,好不容易把犯人的上身往高处拖了拖。

“干吗都围在这儿?”突然响起强硬的、官气十足的声音,于是一位穿着异常洁白而耀眼的制服和更加耀眼的高筒皮靴的警官快步来到围着犯人的这堆人跟前。“走开! 用不着站在这儿!”他还没有看清楚为什么围着一群人,就向人群吆喝道。

他来到跟前,看到奄奄一息的犯人,就点了点头表示知道了,好像早就料到是这么一回事儿,便问那名警察:

“这是怎么搞的?”

警察就报告说,有一批犯人路过,这个犯人倒在地上,押解人员吩咐把他留下来。

“那有什么大不了的? 送到分局去。叫一辆马车来。”

“一个管院子的去叫了。”警察敬了个礼,说。

店员刚刚开口,本来要说说天热的话。

“这事你管得着吗? 嗯? 走你的路吧。”警官说着,狠狠瞪了他一眼,店员也就不作声了。

“要给他喝点儿水。”聂赫留朵夫说。

警官也狠狠瞪了聂赫留朵夫一眼,不过什么也没有说。等到管院子的端来一杯水,警官就叫警察给犯人喝。警察托起犯人那耷拉着的头，试着把水往他嘴里灌，可是犯人喝不进去；水顺着胡子往外流，把上衣前襟和麻布衬衫都打湿了。

“往头上洒!”警官吩咐道。于是警察摘下那薄饼一般的帽子，往犯人那红红的鬈发和秃顶上洒了一些水。

犯人好像惊恐似的，眼睛睁得更大了，不过没有改变姿势。他的脸上流着沾了尘土的脏水，嘴里还在均匀地呼哧着，整个身子也在哆嗦着。

“这不是马车吗？就用这一辆。”警官指着聂赫留朵夫的马车，对警察说。“赶过来！喂，就是你!”

“有人了。”马车夫也不抬眼睛，阴沉地说。

“这是我雇的车，”聂赫留朵夫说，“不过你们用吧。我付钱。”他对着马车夫补充说。

“嗯，还呆着干什么?”警官喝道。“快动手!”

警察、管院子的和押解兵把奄奄一息的犯人抬起来，抬上马车，放到座位上。可是犯人自己坐不住，头往后耷拉，整个身子往下溜。

“让他平躺着!”警官吩咐说。

“不要紧，长官，我就这样能把他送到。”警察一面说，一面挨着奄奄一息的犯人在座位上坐坐稳，用强壮的右胳膊搂住他的腋下。

押解兵托起犯人那没有包脚布、只穿囚鞋的脚，放到驭座底下，把腿拉直了。

警官向周围扫了一眼，看到犯人那薄饼一般的帽子掉在马路上，就拾起来，戴到那向后耷拉着的湿漉漉的头上。

“走吧!”他吩咐道。

马车夫气嘟嘟地回头看了看,摇了摇头,便在押解兵的陪伴下,拨转马头,赶着车慢慢地朝警察分局走去。跟犯人坐在一块儿的警察不停地把那往下直溜的身子和上下左右直晃荡的脑袋往上拖。押解兵在旁边走着,管着两条腿。聂赫留朵夫跟着他们走去。

## 三十七

马车载着犯人,来到警察分局门前,经过站岗的消防队员身旁,进了警察分局的院子,在一个门口停下来。

院子里有一些消防队员,挽着袖子,一面大声说笑,一面刷洗几辆大车。

马车一停下,就有几个警察围上前来,搂住犯人腋下,抓住两条腿,把已经断了气的躯体从这辆在他们脚下吱嘎吱嘎直响的马车上抬下来。

那个送犯人来的警察跳下马车,活动了两下发麻的胳膊,摘下帽子,画了一个十字。他们把死者抬进门里,往楼上抬去。聂赫留朵夫跟着他们走去。他们把死者抬进一个不大的肮脏的房间,里面有四张床。有两张床上坐着两个穿睡衣的病人:一个歪嘴的人,脖子上扎着绷带;另一个是害肺痨病的。另外两张床空着。他们就把死者放在其中一张床上。这时有一个矮小的人,只穿着衬衫和袜子,不停地忽闪着眼睛,活动着眉毛,迈着又轻又快的步子走到抬进来的死者跟前,看了看死者,又看了看聂赫留朵夫，便高声哈哈大笑起来。这是留在急诊室里的一个疯子。

“他们想吓唬我哩。”他说，“那可是办不到，吓不倒我。”

警官和一个医士紧跟着抬死者的警察走了进来。

医士走到死者跟前，摸了摸死者那长满黑斑的黄黄的手，那手还是软的，但已经呈现出死白色，他把那手抓了一会儿，便放开了。那手便软搭搭地落到死者的肚子上。

“已经死了。”医士摇了摇头说。但显然为了履行程序，又解开死者那湿漉漉的麻布衬衫，把自己的鬈发往耳朵后面撩了撩，把耳朵贴到死者那一动不动的、黄黄的、高高的胸脯上。大家都没有作声。医士直起身来，又摇了摇头，用手指头拨了拨一只眼的眼皮，又拨了拨另一只眼的眼皮，那露出来的蓝眼睛一动也不动了。

“你们吓不倒我，吓不倒我。”那个疯子说着，一个劲儿地朝医士吐着唾沫。

“怎么样？”警官问道。

“怎么样？”医士重复了一遍。“送太平间。”

“您仔细点儿，是不是真的死了？”警官问道。

“应该看清楚了。”医士说着，不知为什么拉了拉那麻布衬衫，把死者裸露的胸脯盖住。“那我叫人去把马特维·伊凡内奇找来，让他看看。彼得罗夫，你去一下。”医士说过，便离开了死者。

“抬到太平间去吧。”警官说。“那你就到办公室来一下，签个字。”他又对那个一直没有离开犯人的押解兵说。

“是。”押解兵回答说。

那几个警察抬起死者，又朝楼下抬去。聂赫留朵夫想跟着他们走,可是那个疯子把他拦住。

“您不是他们一伙儿的,那就给我一支烟吧。”他说。

聂赫留朵夫掏出一盒烟,给了他。疯子就抖动着眉毛很快地讲起话来,说的是别人怎样用暗示法折磨他。

“要知道,他们都跟我作对,用魔法害我,折腾我……”

“对不起。”聂赫留朵夫说过,不等听完他的话,就走了出来,想看看他们把死者抬到哪里。

那几个警察抬着死者已经穿过院子,正要进地下室的门。聂赫留朵夫想走到他们那边去,可是警官把他拦住了。

“您有什么事?”

“没什么事。”聂赫留朵夫回答。

“没什么事,那就走吧。”

聂赫留朵夫听从了,便朝自己的马车走去。车夫在打盹儿。聂赫留朵夫把他唤醒,便又上了车前往火车站。

马车还没有走出一百步,他又碰到一辆大车,又是由一名带枪的押解兵押送着,车上也躺着一个犯人,显然已经死了。那犯人仰面躺在车上,剃得光光的脑袋,黑黑的下巴胡,脑袋上戴的薄饼般的帽子歪到了脸上,一直抵到鼻子,大车每颠一下,那脑袋就晃荡一下,跳动一下。赶大车的人穿着肥大的靴子,在大车旁边走着。有一个警察跟在后面。聂赫留朵夫捅了捅他的车夫的肩膀。

“他们这是干什么呀!”马车夫一面把马勒住,一面说。

聂赫留朵夫下了车,跟着大车又经过站岗的消防队员身旁,进了警察分局的院子。这时院子里的消防队员们已经把大车刷洗完了，原来他们站的地方现在站着又高又瘦的消防队长，他戴着镶蓝圈的帽子，两手插在口袋里，一丝不苟地在察看一匹浅黄色的颈部膘很厚的公马，那马由一名消防队员在他面前牵着。公马的一条前腿有点儿瘸，所以消防队长很生气地对站在旁边的一个兽医在说什么。

警官也站在这儿。他看到又拉来一个死人，就朝大车走来。

“从哪儿拉来的？”他很不以为然地摇了摇头，问道。

“从老戈尔巴朵夫街上。”警察回答说。

“是犯人吗？”消防队长问道。

“是的。”

“今天这是第二个了。”警官说。

“哼，真胡闹！而且天气也太热了。”消防队长说过这话，便转身朝着那个牵着瘸腿的浅黄色马要走的消防队员，喝道：“牵到拐角那个单马房里去！我要教训教训你这狗崽子，叫你知道不能把马弄残废了，那些马比你这浑蛋都值钱。”

这个死者也像第一个死者那样，由几个警察抬下车来，朝急诊室抬去。聂赫留朵夫就像中了魔法似的，跟着他们走去。

“您有什么事？”有一个警察问他。

他没有回答。他们抬着死者朝哪里走，他也朝哪里走。

那个疯子坐在床上，津津有味地吸着聂赫留朵夫给他的纸烟。

“哈，您回来啦！”他说着，哈哈大笑起来。他看到死人，皱起眉头。“又来了，”他说，“我都看腻了，我又不是小孩子，不是吗？”他带着询问的神气笑着，对聂赫留朵夫说。

这时聂赫留朵夫看着死者，现在再没有人遮挡着死者了。那张脸原来是用帽子盖着的，现在也完全露出来了。刚才那个犯人很丑，这个犯人却很英俊，不论面貌和身材都异常好看。这是一个正在青春华年的人。尽管那头剃了半边很难看，那不高而饱满的额头配着那黑黑的、如今已无生气的眼睛，却显得很美，那不大的鹰钩鼻子配着细细的小黑胡子，也很好看。如今已经发了青的嘴唇做出笑的姿态。那短短的下巴胡只是给脸的下半部镶了一道边儿。在剃光了的那半边头上露出不大的结实而好看的耳朵。脸上的表情又平静、又严肃、又和善。姑且不谈从这张脸上可以看出来，这个人有多么丰富的精神生活被断送，单从他的双手和上镣的脚那玲珑的骨骼与匀称的四肢那强壮的肌肉也可以看出来，这是一个多么俊美、多么强壮、多么灵敏的人类动物，就是作为动物来说，他在同类中也比那匹浅黄色公马完美得多。因为公马受了伤，消防队长那样气愤，可是这犯人被活活折腾死，不但没有谁把他当作人来怜惜，也没有谁把他当作活活折腾死的干活儿的动物来怜惜。他的死在所有的人心中挑起的唯一情绪是厌烦，因为他的尸体会腐烂，必须收拾掉，这就添了麻烦。

医师带着医士跟警察分局长一起走进急诊室。医师是一个矮墩墩的人，穿着茧绸上装和茧绸裤子，裤子很窄小，把两条粗壮的大腿裹得紧紧的。警察分局长是一个矮小的胖子，一张红红的脸像个圆球，因为他喜欢把空气吸到腮帮子里，然后再慢慢吐出来，那张脸就显得更圆了。医师挨着死者坐到床边上，也像医士那样摸摸双手，听听心脏，便站了起来，拉了拉自己的裤子。

“已经死透了。”他说。

警察分局长吸了一满嘴空气，又慢慢吐了出来。

“这是哪一个监狱里的？”他问押解兵。

押解兵回答过，又提到死者戴的脚镣。

“我叫人取下来；好在还有铁匠。”分局长说过，又鼓起腮帮子，然后一面慢慢吐着气，朝门口走去。

“怎么会这样呀？”聂赫留朵夫向医师问道。

医师从眼镜上面看了看他。

“怎么会这样吗？怎么会中暑死掉吗？是这样的，天天坐在牢里不动，整个冬天不见阳光，现在一下子来到太阳底下，而且今天又这样热，并且挤成一堆儿走路，空气不流通。这样就中暑了。”

“那为什么要带他们走呢？”

“这事儿您去问他们好了。哦，请问，您是什么人？”

“我是路过的。”

“哦……对不起，我没有闲工夫。”医师说过，便带着不耐烦的神气把裤子往下抻了抻，朝病人床前走去。

“喂，你感觉怎样？”他问那个脸色灰白、脖子上扎着绷带的歪嘴病人。

这时疯子坐在自己的床上，不再吸烟，而是朝着医师吐唾沫。

聂赫留朵夫下了楼，来到院子里，从消防队的马匹、母鸡和戴铜盔的岗哨旁边走过，出了大门，唤醒又打起盹儿的车夫，上了马车，就朝车站奔去。

## 三十八

聂赫留朵夫来到火车站,犯人们都已经坐进装有铁格子车窗的车厢里。有几个送行的人站在月台上,因为不准他们靠近车厢。押解人员今天特别忧心忡忡。从监狱到车站的路上,除了聂赫留朵夫看到的两人以外,还有三个人中暑倒地死亡:其中一人也像前面两人一样,被送到了附近的警察分局,还有两人是已经来到火车站,在这儿倒下的[①]。押解人员忧心忡忡,倒不是因为在他们的押解下死了五个本来可以活着的人。这事他们并不放在心上,他们忧虑的只是必须办理在此类情况下依照法律要求应该办的事情:把死者和死者的文件以及衣物送到有关的地方去,把他们的名字从送往下诺夫哥罗德的犯人名册中勾销,办这些事,尤其是在这样的大热天,是非常麻烦的。

押解人员正忙着办理这些事情,这些事情没办完,就不准聂赫留朵夫和其他一些有类似要求的人走近车厢。不过,聂赫留朵夫还是得到了许可,因为他给了押解的军士一点钱。那个军士准许他过去,只是要求他快点儿谈完就离开,免得让押解官看到。车厢一共有十八节,除了押解人员乘坐的那一节以外,每一节都塞满了犯人。聂赫留朵夫从一节节车厢窗口走过,留神听着车厢里面的动静。各节车厢里都有镣铐声、忙乱声、说话声,夹杂着许多无意义的下流话,但不论哪里都没有谈在路上倒下的伙伴,这

---

①八十年代初期,有一批犯人被押着从布特尔监狱到下诺夫哥罗德车站的时候,一天里就有五名犯人中暑死亡。——作者注

和聂赫留朵夫的预料大不一样。所谈的多半是有关行李、饮用水和挑选座位的话。聂赫留朵夫朝一节车厢的窗口里面望了望，看到押解兵在车厢中央的过道上给犯人卸手铐。犯人们伸着两手，一个押解兵在用钥匙开手铐上的锁，卸手铐。另一个押解兵把手铐收集在一起。聂赫留朵夫走完了所有男犯的车厢，才来到女犯车厢跟前。第二节女犯车厢里有一个女人的均匀的呻吟声，夹杂着呼喊声："哎哟哟，老天爷呀！哎哟哟，老天爷呀！"

聂赫留朵夫走过了这节车厢，便按照一名押解兵的指点，走到第三节车厢的一个窗口。聂赫留朵夫刚刚把头凑到窗口上，就有一股热气扑过来，热气中充满浓浓的人的汗酸气，并且清清楚楚地听到女人那种尖嗓门儿的说话声。所有的长凳上都坐着满头大汗、脸色通红、身穿囚服和小褂的女人，在高声说着话儿。聂赫留朵夫凑到铁格子上的脸引起她们的注意。附近的一些女人都不说话了，朝他凑过来。玛丝洛娃只穿一件小褂，没有扎头巾，坐在对面窗口。面带笑容的、白净的菲道霞坐得离这边近一点。她一认出聂赫留朵夫，就捅了捅玛丝洛娃，给她指了指这边窗口。玛丝洛娃急忙站起来，把头巾披到黑黑的头发上，带着一张有了生气的、红红的、汗津津的笑脸走到这边窗口，抓住铁格子。

"好热呀。"她高高兴兴地笑着说。

"东西收到了吗？"

"收到了，谢谢。"

"还需要什么吗？"聂赫留朵夫问。他觉得热烘烘的车厢里冒出来的热气就像从蒸汽澡堂里冒出来的。

"什么也不需要了，谢谢。"

“最好能弄点儿水喝。”菲道霞说。

“是的,最好能弄点儿水喝。”玛丝洛娃也说了一遍。

“难道你们没有水喝吗?”

“有水桶,可是水都喝光了。”

“我这就去,”聂赫留朵夫说,“我去向押解兵要。现在咱们只有到下诺夫哥罗德再见面了。”

“难道您也去吗?”玛丝洛娃仿佛不知道这事儿似的,高高兴兴地看了聂赫留朵夫一眼,说。

“我坐下一班火车走。”

玛丝洛娃什么也没有说,只是过了几秒钟之后,深深地叹了一口气。

“怎么一回事儿,老爷,听说有十二个犯人被折腾死了,是真的吗?”一个阴沉着脸的老年女犯用男人一般的粗喉咙说。

这是科拉布列娃。

“我没听说有十二个。我看见两个。”聂赫留朵夫说。

“都说有十二个。他们干出这种事,难道就没有人问吗?简直是恶魔!”

“妇女当中没有人害病吧?”聂赫留朵夫问。

“娘儿们结实些,”另外一个矮小的女犯笑着说,“不过,有一个偏偏要生孩子了。这不是,在那儿叫唤呢。”她说着,指了指旁边的车厢,刚才的呻吟声还在那里面响着。

“您刚才问,还要什么,”玛丝洛娃一面说,一面使劲控制着嘴唇,没有高兴得笑出来,“那么,能不能让这个女人留下来,要不然她可是够受。您就去找当官的说说吧。”“好,我去说。”“哦,还有,能不能让她见见她的丈夫塔拉斯?”她用眼睛瞟着笑盈盈的菲道霞,又说道。“他是跟您一块儿走的呀。”

“先生,不能和犯人说话。”有一个押解的军士说。这不是准许聂赫留朵夫过来的那个军士。

聂赫留朵夫就走开,去找押解官,为那个要生孩子的女犯和塔拉斯求情,可是很久都没有找到他,问押解士兵,他们也不回答。他们都很紧张地忙活着:有些正带着一名犯人往什么地方去,有些正跑着去为自己买吃的东西,把自己的行李往车厢里装,有些在伺候跟押解官走的太太,所以都不乐意回答聂赫留朵夫的问话。

聂赫留朵夫找到押解官,已经响过第二遍铃了。押解官一面用短短的手擦着盖住他的嘴的小胡子,一面耸着肩膀,为什么事在训斥司务长。

“您究竟有什么事?”他问聂赫留朵夫。

“你们车上有一个女人要生孩子,所以我想,应该……”

“那就让她生吧。等生出来再说。”押解官说着,朝自己的车厢走去,起劲地甩动着短短的胳膊。

这时列车长手里拿着哨子走过去;最后一遍铃声和哨子声响了,月台上送行的人群中和女犯车厢里响起一片哭声和呼喊声。聂赫留朵夫和塔拉斯一起站在月台上,看着一节节装了铁格窗的车厢和车窗里露出来的一个个剃了头发的男人脑袋从面前掠过。然后是第一节女犯车厢,可以在窗口看到一个个女人的头,有的露着头发,有的扎着头巾;然后是第二节女犯车厢,那个女人的呻吟声还在里面响着,然后是玛丝洛娃那一节车厢。她和另外一些女犯站在窗口，望着聂赫留朵夫，可怜巴巴地对他笑着。

## 三十九

还有两个钟头，聂赫留朵夫乘坐的客车才开出。聂赫留朵夫起初想在这段时间里再去姐姐那儿一趟，可是这天上午看到种种景象之后，心中很不平静，很没有精神，一坐到头等车候车室的沙发床上，就出乎意外地感到极其困倦，因此他身子朝旁边一歪，把一只手垫到腮下，立刻就睡着了。

一个身穿燕尾服、佩戴证章、肩搭餐巾的茶房把他唤醒。

“先生，先生，您是聂赫留朵夫公爵吗？有一位太太找您哩。”

聂赫留朵夫急忙爬起来，揉揉眼睛，想起他这是在哪里，想起今天上午的种种事情。

在他的脑海里的景象是：犯人的队伍，两个死者，一节节装着铁格子窗的车厢和关在车厢里的妇女，其中一个因临产无人照料而痛苦挣扎，另一个在铁格子里面可怜巴巴地朝他笑着。在现实中，他眼前的景象却完全不同：桌子上摆着酒瓶、花瓶、大烛台和餐具，动作麻利的茶房在桌子周围转悠着。在候车室那一头，食品橱前面站着一名侍者，侍者面前的柜台上放着水果盘和酒瓶，一些旅客走到柜台前，背朝着这边。

聂赫留朵夫刚刚从躺的姿势变为坐的姿势，渐渐清醒过来，就发现候车室里所有的人都带着好奇的神气望着门口发生的什么事。他也朝门口看了看，就看见一伙人抬着一把圈椅，圈椅上坐着一位太太，头上裹着薄薄的纱巾。在前面抬圈椅的那个仆役,聂赫留朵夫觉得很面熟。在后面抬的也是他熟识的一个看门人,帽子上镶着金绦。圈椅后面跟着一个很文雅的侍女,拳曲的头发,腰系围裙,手拿包袱、阳伞和装在皮套子里的一件圆圆的东西。再就是厚嘴唇、易中风型脖子、头戴旅行帽的公爵挺着胸脯跟在后面走着。再后面便是米西、米西的表哥米沙,还有聂赫留朵夫也认识的那个长脖子、大喉结、表情和心情总是很快活的外交官奥斯登。奥斯登一面走,一面对笑盈盈的米西在说一件什么事的结局,说得眉飞色舞,但显然带有开玩笑的意味。殿后的是医生,正在气嘟嘟地吸着烟。

柯察金一家要从他们家在城郊的庄园搬到公爵夫人的姐姐家去住,姐姐家的庄园就在下诺夫哥罗德的铁路线上。

抬圈椅的仆役、侍女和医生组成的队伍鱼贯进入女客候车室,引起所有在场人的好奇和尊敬。老公爵在桌旁一坐下来,立即把茶房叫来,向他点起酒菜。米西和奥斯登也在餐室里站下来,正要就座,就看到门口有一个熟识的女人,便上前去迎她。那个熟识的女人就是娜塔丽雅。娜塔丽雅在阿格拉菲娜陪伴下,一面往餐室里走,一面四处张望。她几乎同时看到了米西和弟弟。她只是对弟弟点了点头,便先走到米西跟前;但是她和米西互吻过以后,就立即转身和弟弟说话了。

“我总算找到你了。”她说。

聂赫留朵夫站起来,跟米西、米沙和奥斯登打过招呼,便站下来说话。米西对他说了说他们家在乡下的房子遭了火灾,不得不搬到姨妈家去住。奥斯登趁机讲起一个跟火灾有关的笑话。

聂赫留朵夫没有听奥斯登说笑话,转过身同姐姐说话。

“你来了，我太高兴了。”他说。

“我早就来了，”她说，“我是和阿格拉菲娜一起来的。”她指了指阿格拉菲娜。阿格拉菲娜头戴女帽，身穿披风，带着亲热而庄重的神气在远处很不好意思地朝聂赫留朵夫鞠了个躬，不愿意打扰他。“我们到处找你。”

“我在这儿睡着了呀。你来了，我多么高兴呀。”聂赫留朵夫又说了一遍。“我已经动笔给你写信了。”他说。

“真的吗？”她惊慌地说，“有什么事？”

米西和她的两位男伴发现姐弟两人谈起家事，就走开了。聂赫留朵夫就和姐姐在靠窗的沙发上挨着别人的行李、毛毯和帽盒坐下来。

“我昨天从你们那儿出来以后，本想回去赔个不是，可是不知道他会怎样。”聂赫留朵夫说。“我和姐夫谈得很不好，我心里很难过。”他说。

“我知道，”姐姐说，“我相信你不是有意的。你要知道……”

她的眼睛里涌出泪水，她用手碰了碰他的手。她这句话的意思是不明确的，但是他完全了解了，而且为这句话的涵义所感动。她的话的涵义是：她除了一心一意地爱自己的丈夫以外，还十分看重和珍视她对弟弟的情谊，他和他之间出现任何分歧，她都觉得难过和痛心。

“谢谢，谢谢你……唉，我今天见到的是一些什么事呀。”他忽然想起第二个死去的犯人，就说道，“有两个犯人被害死了。”

“怎么害死了？”

“就是害死了。这样热的天，把他们带出来。就有两个中暑死了。”

“不可能！怎么会呢？是今天吗？刚才吗？”

“是的，就是刚才。我见过他们的尸首。”

“可是为什么要害死呢？是谁害死的呢？”娜塔丽雅说。

“就是那些强行押着他们出来的人害死的。”聂赫留朵夫气忿地说。他觉得她是在用丈夫的眼光看待这种事。

“哎呀，我的上帝！”已经来到他们跟前的阿格拉菲娜说。

“是的，我们完全不理解这些不幸的人的境遇，但是应该知道他们的境遇。”聂赫留朵夫又说，一面看着老公爵，老公爵已系好餐巾，坐在放着一瓶混合酒的桌旁，这时扭过头来看着聂赫留朵夫。

“聂赫留朵夫！”他叫道，“要不要喝点儿冷饮？上路之前喝点儿冷饮再好不过了！”

聂赫留朵夫谢绝了，并且转过头来。

“那你究竟怎么办呢？”娜塔丽雅又问道。

“尽我的力量去做。我不知道该做什么，但我觉得应该做点儿什么事。凡是我能做的，一定要做到。”

“是的，是的，这我明白。不过，你跟这一家，”她用眼睛瞟着柯察金，笑着说，“就完全断了吗？”

“完全断了，而且我认为，双方都不觉得遗憾。”

“可惜。我觉得可惜。我喜欢她。不过，这事儿就算是这样吧，可是，你为什么要把自己捆上呢？”她又讷讷地说，“你为什么要跟着走呀？”

“我跟着走，那是因为应该这样。”聂赫留朵夫一本正经地、冷冷地说，似乎是不希望再谈这件事。

可是，他立即就因为对姐姐冷淡，心里感到过意不去了。“为什么不能把我所想的统统告诉她呢？”他想道。“就让阿格拉菲娜也听听好啦。”他看了看老女仆，在心里说。有阿格拉菲娜在场，倒是更使他鼓起劲儿要把自己的决定再对姐姐说一遍。

“你说的是我想跟卡秋莎结婚的事吗？你要知道，我是决定这样做，可是她很明确地断然回绝了我。”他说着，声音哆嗦起来，每谈起这件事，他的声音总是要哆嗦的。“她不希望我牺牲自己，她却情愿牺牲自己，在她来说，在她那种处境下，她这种牺牲实在太大了，所以我也不愿接受这种牺牲，如果这可以避免的话。因此我要跟她走，她到哪儿，我到哪儿，我要尽可能帮助她，减轻她的痛苦。”

娜塔丽雅什么也没有说。阿格拉菲娜用疑问的目光看着娜塔丽雅，摇着头。这时那一伙人又从女客候车室走了出来。还是那个漂亮的仆役菲利浦和看门人抬着公爵夫人。公爵夫人吩咐停下来，招了招手让聂赫留朵夫走过去之后，露出一副要人怜惜的痛苦神气，伸给他一只戴满戒指的白手，带着害怕的神气等待强有力的握手。

“*真要命呀！*”她说的是炎热的天气。“*这样的天气我真受不了*。”于是，她说了说俄国气候之可怕，又请聂赫留朵夫上他们家去玩，然后就向抬圈椅的人做了个手势。“您一定要来呀。”等抬圈椅的人已经走动了，她又转过她那长长的脸对着聂赫留朵夫，补充了一句。

聂赫留朵夫走到月台上。公爵夫人那一伙人朝右边一转，朝头等车厢走去。聂赫留朵夫却和一个搬行李的脚夫以及自背行李的塔拉斯朝左边走去。

“这就是我的同伴。”聂赫留朵夫指着塔拉斯对姐姐说。塔拉斯的事他以前已经对姐姐说过了。

“难道你要坐三等车吗?”等聂赫留朵夫在三等车厢旁边站住,而且脚夫搬着行李和塔拉斯一起上了车,娜塔丽雅问道。

“这样方便些,我和塔拉斯在一起。”他说。“哦,还有一件事,”他又说,“到目前为止,我还没有把库兹明的土地交给农民,万一我死了,那就由你的孩子们继承吧。”

“德米特里,别这样。”娜塔丽雅说。

“不过就算我把土地都交出去,还有一点可以说说,那就是,我所有其他东西都归你的孩子们,因为我未必结婚,即使结婚,也不会有孩子……所以……”

“德米特里,我求求你,别说这种话。”娜塔丽雅说,不过聂赫留朵夫看出来,她听到这话很高兴。

公爵夫人已经被抬进头等车厢。前面,头等车厢旁边只剩下一小堆人,依然站在那里望着那节车厢。其余的人都已经就座。有些迟到的乘客咚咚地踩着月台的木板急急忙忙跑着,列车员砰砰地关着一扇扇车门,请乘客就座,请送行的下车。

聂赫留朵夫走进被太阳晒得滚热的臭烘烘的车厢,随即又走到车尾的平台上。

娜塔丽雅戴着她那时尚女帽,披着披肩,跟阿格拉菲娜一起站在车厢旁边,显然想说点儿什么,但不知说什么好。甚至连“写信来呀”都不能说,因为她和弟弟早就嘲笑过离别的人这种老一套的话。刚才那短短的几句有关财产和继承的话,一下子破坏了他们之间原本建立起来的手足之情。他们现在觉得彼此疏远了。所以,等到火车开动,这时她也只能点点头,带着惆怅而亲切的脸色说:“再见了,啊,再见,德米特里!”她倒是高兴起来。可是等到这节车厢一过去,她想了想怎样把她和弟弟的谈话告诉丈夫,脸色就阴沉下来,显出心事重重的神气。

聂赫留朵夫尽管一向对姐姐怀着一片纯真无瑕的手足之情,从来也没有对她隐瞒过什么,可是现在跟她一起却觉得不痛快,别扭,也巴不得快点儿离开她。他觉得,当年跟他亲密无间的那个姐姐已不复存在,现有的只是那个跟他格格不入的、令人厌恶的、浑身是毛的、黑黑的丈夫的奴隶。他清楚地看出这一点,因为只有在他谈起她丈夫感兴趣的事,也就是是否把土地交给农民的事和继承问题的时候,她的脸才放起光来,显然特别来劲儿。这是使他很伤心的。

## 四十

三等车的火车厢被太阳晒了一整天,又装了不少人,里面热得叫人透不过气来,所以聂赫留朵夫没有进车厢,依然站在车尾平台上。可是就在这里也很气闷,直到列车从房屋群中开出去,吹起穿堂风,聂赫留朵夫才张开整个胸膛吸了一口气。“是的,是害死的。”他又把对姐姐说的话在心里说了一遍。在他的脑海里,从今天见到的种种景象之中特别真切地浮现出第二个死去的犯人那俊美的脸,以及那唇边的笑意、额头的严肃神气、剃光了的发了青的脑壳下面那不大的、轮廓分明的耳朵。“最可怕的是，他被害死了，却没有人知道是谁把他害死的。可就是害死了。他也和所有的犯人一样，是依照玛斯连尼科夫的命令被押解出来的。玛斯连尼科夫不过是发一道很普通的指示，在印好的公文纸上胡乱地、草草地签个名，当然无论如何也不会认为自己有责任。那个负责检查犯人身体的监狱医生更不会认为自己有责任。他认真履行自己的职责，已经把病弱的挑出去，绝没有料到天气热得这样厉害，也没有料到这样迟才把他们押出来，而且又是这样挤成一堆。典狱长呢？……然而典狱长只不过是执行命令，在某一天把若干名苦役犯、流放犯，若干名男的，若干名女的，打发出去。押解官也不能负责，因为他的职责是根据名册在某地接收若干犯人，然后到某地把若干犯人交出去。他照例依照命令押着一批犯人上路，怎么也没有料到，像聂赫留朵夫见过的两个那样强壮的人，竟然经不住折腾而死去。谁也没有责任，可是人却被害死了，而且归根结底就是这些对这种死没有责任的人害死的。

“所以会出现这种情形，”聂赫留朵夫想道，“是因为所有这些人，如省长、典狱长、警官、警察，都认为世界上有这样的现状，在这样的现状下，不必拿人当人。要知道，所有这些人，玛斯连尼科夫也好，典狱长也好，押解官也好，如果他们不当省长、典狱长和军官，他们会反复考虑二十次，在这样的大热天能不能打发人走，而且是像那样挤着走，即使走，也会中途休息二十次，看见有人支持不住，气喘吁吁，会把他从人群里带出来，让他到凉荫里去，给他一点儿水喝，让他休息休息，如果出了不幸的事，会表示同情。他们所以没有这样做，甚至也不让别人这样做，就是因为他们没有把人看作人，他们看到的不是他们应当对人负的责任，而是官职和官职上的要求，他们把官职和官职上的要求看得高于人与人关系的要求。问题全在这里。”聂赫留朵夫想道：“如果可以承认有什么东西比爱人之心更重要，哪怕只承认一小时，只是在某种特定的场合承认，那就没有什么害人的罪行干不出来，因为不认为自己是犯罪。”

聂赫留朵夫一心一意地思索起来，甚至都没有发现天气已经变了。太阳已经被打头的低低的云片遮住，从西方天边涌来一大片浅灰色雨云，远处田野和树林上空已经下起斜斜的骤雨。雨云送来潮湿的雨前空气。时而有闪电把雨云划破，隆隆的雷声越来越频繁地跟火车的隆隆声混在一起。雨云越来越近了，风吹着斜斜的雨点落到车尾平台上，落到聂赫留朵夫的衣服上。他走到平台的另一边，吸着潮湿的新鲜空气和久旱逢雨的土地上的庄稼味儿，望着从一旁掠过的果园、树林、发黄的黑麦地、依然碧绿的燕麦地和正在开花的深绿色土豆那一道道黑黑的垄沟。一切都好像上了漆：绿的更绿，黄的更黄，黑的更黑了。

“下吧，下吧！”聂赫留朵夫望着在好雨下露出蓬勃生机的田野、果园和菜园，高兴地说。

这场大雨下的时间不长。雨云一部分变成雨落下来，一部分飘走了，这时朝潮湿的地面上落的已经是最后一阵垂直的、密密的小雨点儿了。太阳又露了出来，一切又都泛起亮光，在东方天边上升起一道弯弯的彩虹，彩虹不高，但十分鲜艳，紫色尤其艳丽，只有一端是若断若续的。

“哦，我刚才想什么来着？”等到大自然的种种变化结束，火车进入两边高坡夹峙的一条凹沟，聂赫留朵夫自己问自己。“哦，我想的是，所有这些人，不论典狱长，押解官，所有那些当官的，大都是温厚、善良的人，所以变得十分狠毒，就是因为他们做了官。”

他想起他讲起监狱里的情形时玛斯连尼科夫那种冷漠的神气，想起典狱长的严厉、押解官的冷酷，想起押解官不准许病弱的人坐大车，不理睬临产的女犯在火车上痛苦呻吟。“这些人显然连起码的同情心都没有了，心硬得不得了，无非是因为他们做了官。他们一做了官，爱人类之情就渗不进他们心中了，就像这铺了石头的地面渗不进雨水一样。”聂赫留朵夫看着那砌了各色石头的沟坡，看到雨水没有渗进去，而是一道道地流下来，就这样想。“也许，这沟坡需要砌石头，不过，这土地本来可以像坡顶上那土地一样，生长庄稼、青草、红花、绿树，现在却寸草不生，看着这景象实在感到凄凉。人也是这样，”聂赫留朵夫想，“也许，需要有一些省长、典狱长、警察，可是看到一些人丧失了最根本的人类特性，也就是人与人之间的友爱和怜惜之心，实在觉得可怕。

“问题就在于，”聂赫留朵夫想道，“这些人承认不是准则的东西为准则，却不承认上帝亲自铭刻在人们心中的永恒的、不可改变的、时刻不能离开的准则为准则。正因为这样，我跟这些人在一起，就觉得受不了。”聂赫留朵夫想：“我简直很怕这些人。确实，这些人很可怕。比强盗都可怕。强盗还可以怜惜人，他们却不怜惜人。他们没有一丝一毫怜惜之心，就像这石头寸草不生一样。他们可怕就可怕在这里。都说，普加乔夫、拉辛[①]之类的人很

①十七世纪和十八世纪俄国农民起义的著名领袖。

可怕。这些人更要可怕一千倍。”聂赫留朵夫继续想道：“如果有人提出一个心理学问题：怎样才能使我们这时代的人，基督徒、仁慈的人、纯真的善良人，干出最可怕的兽行而不觉得自己有罪，那么答案只能有一个，就是必须保持现状，必须让这些人做省长、典狱长、军官、警察。也就是，第一，让他们相信，有一种叫作国家职务的事情，干这种事情就可以把人当作物品看待，不需要用人与人的兄弟般态度对待人；第二，让这些人凭这种国家职务结成一伙，这样他们对待人的行为不论产生什么后果，都无须任何人单独承担责任。离开这些条件，在我们这时代就不可能干出像我今天看到的那种可怕的事。问题就在于，有些人认为，在有些情况下可以不用仁爱之心对待人，其实这样的情况是没有的。对待物品可以不必用仁爱之心，砍树、做砖瓦、打铁，都用不着仁爱之心，可是对待人就不能不用仁爱之心，就像对待蜜蜂不能不小心。蜜蜂的特性就是如此。如果你对待蜜蜂不小心，那就既伤害蜜蜂，也伤害你自己。对待人也是这样。而且也不可能不这样，因为人与人之间的友爱是人类生活的基本准则。”当然，人不能像强迫自己工作那样强迫自己去爱，然而也不能由此得出结论说，对待人可以不必用仁爱之心，尤其是如果对人有所期望的话。如果你没有爱人之心，那就乖乖地坐着好啦，”聂赫留朵夫自己对自己说，“你对自己，对待物品，想怎样就怎样，只是不能这样对待人。只有在想吃东西的时候，吃东西才有益无害，同样，只有在你有爱心的时候，跟人打交道才有益无害。只要容许自己不用爱心去对待人，就像昨天对待姐夫那样，那么，像我今天见到的那种对待别人冷酷和残忍的事情就会无穷无尽，而给自己造成的痛苦，就像我这一生自己造成的痛苦，也会无穷无尽。是的，是的，就是这样。”“这太好了，太好了！”他在心里一遍又一遍地说，因为他感到双重的快乐：一是酷热过去，天气凉爽了；再就是觉得很久以来回旋在他脑际的问题完全弄清楚了。

## 四十一

聂赫留朵夫乘坐的这节车厢只上了一半旅客。这儿有仆役、手艺人、工人、屠夫、犹太人、店员、妇女、工人家属，还有一名士兵、两位太太（一位很年轻，一位已经上了年纪，裸露的胳膊上戴着手镯）。还有一位板着面孔的先生，黑黑的制帽上戴着帽徽。所有这些人都已经各就各位，定下神来，安安静静地坐着，有的在嗑葵花子，有的在吸烟，有的在很起劲儿地和邻座谈天。

塔拉斯带着很快活的神气坐在过道的右边，给聂赫留朵夫留着一个座位。他正在很起劲儿地和坐在对面的一个人说话，那人一身肌肉十分结实，穿一件敞着的粗呢褂子，聂赫留朵夫后来听说，他是一个花匠，这是要到一个地方去上工。聂赫留朵夫没有走到塔拉斯那里，就在走道上挨着一位令人肃然起敬的白胡子老汉站下来，老汉身穿土布褂，正在和一个乡下装束的年轻女人说话儿。女人旁边坐着一个六七岁的小女孩，小女孩穿着崭新的无袖长衫，淡得近乎白色的头发扎成一条小辫，坐在长椅上两脚远远够不到地面，嘴里不停地嗑着葵花子。老汉扭过头看了看聂赫留朵夫，便拉了拉摊在他一个人坐的光溜溜的长椅上的衣襟，很亲热地说：

“请坐吧。”

聂赫留朵夫道过谢，便在让出来的位子上坐下来。聂赫留朵夫一坐好，那女人又继续把打断了的话讲下去。她讲的是丈夫在城里怎样招待她。她现在是从丈夫那里回乡下去。

“在谢肉节我去过，这不是，上帝保佑，现在又去了一趟。”她说。“要是上帝保佑，到圣诞节还要去。”

“这是好事，”老汉扭头看着聂赫留朵夫说，“应该常去看看，要不然，年轻人嘛，在城里住久了，容易变坏。”

“不会的，老大爷，我那口子可不是那号儿人。他简直像个大姑娘，才不会干那些乱七八糟的事儿呢。所有的钱都寄回家，一分钱也不留下。他就喜欢这妞儿，简直喜欢得没法说。”那女人笑嘻嘻地说。

一面嗑葵花子一面听母亲说话的小女孩用文静而聪明的眼睛看了看老汉的脸和聂赫留朵夫的脸，似乎在证实母亲的话。

“他是个明白人，那就再好不过了。”老汉说。“哦，他不爱这个吗？”他用眼睛点了点坐在过道那边的一对夫妻，显然那是工厂里的工人。

那个男的拿起一瓶酒，把瓶口对着嘴，仰起头，喝了起来，女的拿着装酒瓶的袋子，盯着丈夫。

“不，我那口子不喝酒也不抽烟。”跟老汉说话的女人抓住这个机会又夸奖起丈夫。“老大爷，像他这样的人天底下少有。他就是这样的人。”她又转过身对聂赫留朵夫说。

“那就再好不过了。”一直在看着那工人喝酒的老汉又说了一遍。

那男的喝了一阵,就把酒瓶递给女的。女的接过酒瓶,笑了笑,摇了摇头,也把瓶口凑到自己嘴上。那男的发觉聂赫留朵夫和老汉都在看着他,就转过头对他们说:

“怎么啦,老爷?我们喝点儿酒又怎么样?我们干活儿的时候,谁也看不见,等我们一喝酒,都看见了。干活儿挣了钱,自己喝一点儿,也让老婆喝点儿。再没有什么了。”

“是的,是的。”聂赫留朵夫不知该怎样回答,就这样说。

“是吗,老爷?我老婆是个靠得住的女人。我很满意我老婆,因为她很心疼我。我说得对吗,玛芙拉?”

“喂,给你,拿去吧。我不想再喝了。”那女的说着,把酒瓶递给他。“你又胡扯什么呀。”她又说。

“瞧,又来啦,”那男的说,“她一会儿好好儿的,一会就吱吱呀呀叫起来,就像没上油的大车。玛芙拉,我说得对吗?”

玛芙拉一面笑着,一面带着酒意挥了挥手。

“噢,又瞎扯起来啦……”

“瞧,就是这样子,别看她好好儿的,那是不到时候,等她倔起来,你连想都不敢想的事她都能干得出……我说的是实话。老爷,您多多担待。我多喝了几口,唉,有什么办法呢……”那工人说过,便把头枕在笑盈盈的妻子的膝盖上,睡起觉来。

聂赫留朵夫跟老汉坐了一阵子。老汉对他讲了讲自己的身世。他说他是个砌炉匠,已经干了有五十三年,这一辈子砌的炉子数也数不清,现在打算休息休息,可总是忙得没有工夫。他是在城里住的,给孩子们找了地方干活儿,现在是到乡下去看看家里人。聂赫留朵夫听老汉说完,便站起来,朝塔拉斯给他留的座位走去。

“好,老爷,您请坐。我们把东西挪过来。”坐在塔拉斯对面的花匠抬头看了看聂赫留朵夫的脸,亲热地说。

“宁可挨挤,不愿受气[①]。”笑嘻嘻的塔拉斯用唱歌般的声音说着,用强壮有力的手像拈一片鹅毛似的把他那两普特重的行李拎起来,放到窗口。“地方多着哩,要不然站站也行,钻到椅子底下也行。这有多么安宁。要吵架也吵不起来!”他满面春风地说。

塔拉斯说他自己在不喝酒的时候就没有话说,一喝了酒就说起来没有完,什么话都能说出来。确实如此,塔拉斯不喝酒的时候大都是不言不语;一喝了酒就特别喜欢说话,尽管他难得喝酒,而且只是在特殊情况下才喝。在这种时候他说得又多又好,非常直率,非常真诚,尤其是非常亲切,他那和善的蓝眼睛和笑盈盈的嘴唇都流露着十分亲切的意味。

今天他就处在这样的状态。他见聂赫留朵夫来了,暂时住了口。等他把东西放好,像原来那样坐下来,把两只干活儿的手放到膝盖上,对直地看着花匠的眼睛,又继续讲下去。他是在详详细细地对这位新相识讲他妻子的事,讲她为什么被流放,他现在为什么跟着她上西伯利亚去。

聂赫留朵夫从来没听说过这事的详细经过,因此很用心地听着。他开始听的时候,已经讲到下了毒,家里人也都知道了这是菲道霞干的。

“我这是讲我的伤心事。”塔拉斯像对待好朋友一样很亲热地对聂赫留朵夫说。“碰到这样一个贴心人,就聊起来了,我也就讲

①俄罗斯谚语。

起来了。”

“是的，是的。”聂赫留朵夫说。

“哦，大哥，就这样，知道是怎么一回事儿了。我妈就拿起那块饼子，说：‘我去找警察。’我爹是个通情达理的老人家。他说：‘等一等，老婆子，这娘儿们还是个孩子，自己也不知道干的是什么，要多多担待。也许，她会明白过来的。’可是有什么用，我妈什么话也不听。她说：‘咱们要是把她留着，她会像对待蟑螂一样把咱们统统毒死。’她就去找警察。警察马上冲到我家来……马上就找见证人。”

“那么，你当时怎样呢？”花匠问。

“我呀，大哥，肚子痛得直打滚儿，一个劲儿地呕吐。五脏六腑简直要翻出来，什么话也不能说。我爹马上套好车，叫菲道霞坐上去，到了警察局，又从警察局到法官那儿。她呀，我的大哥，一开头就全部认了，见了法官，也是那样照实地一五一十全部说了。又说了怎样弄到砒霜，又说了她是怎样掺到饼子里的。法官问：‘你为什么干这种事？’她说：‘因为我很讨厌他。我宁愿上西伯利亚，也不愿跟他一块儿过。’就是说，不愿跟我一块儿过。”塔拉斯笑着说。“就是说，她完全招认了。这么着，她就进了牢。我爹就一个人回来了。可是这时候农忙时节要到了，我家的娘儿们就剩我妈一个，而且我妈身体又不大好。我们就想，怎么办呢，能不能把她保出来。我爹就去找当官的，找了一个，不成，又去找第二个。他一连这样找了五个当官的。本来不打算再去找了，可是这时候碰上一个人，是一个小官儿。那是一个天下难找的机灵家伙。他说：‘给五个卢布，我保她出来。’讲了讲价钱，讲定三个卢布。好吧,我的大哥,我就把她织的土布押出去,给了钱。他嗖嗖嗖把公文一写,"塔拉斯拖长声音,就好像说的是放枪,"一下子就写好了。我当时已经完全好了,就亲自赶着车到城里去接她。这么着,大哥,我就来到城里。把大车停在客店里,马上就拿了公文,到监狱去。问我:'你有什么事?'我就把事情说了说,说我老婆就关在你们这里面。问我:'有公文吗?'我马上就把公文递过去。那人看了看,就说:'你等一下。'我就在板凳上坐下来。太阳已经偏西了。有一个当官的走出来,问:'你是瓦尔古肖夫吗?''我就是。'他说:'好吧,交给你了。'马上把大门开了。把她带了出来,她还穿着自己的衣服,周身上下整整齐齐。'好啦,咱们走吧。''你是走来的吗?''不,我是赶着车来的。'我们就来到客店,算清了账,把马套上,把马吃剩的草铺到车上,上面再铺一块麻布。她坐上去,扎好头巾。我就赶着车走了。她没有说话,我也没有说话。快要到家了,她才说:'怎么样,妈没有事吗?'我说:'没事。''爹也没事吗?''没事。'她就说:'塔拉斯,原谅我干的蠢事吧。我自己也不知道是怎么一回事儿。'我就说:'这话不必说了,我早就原谅了。'我再也没有说什么。等我们回到家里,她马上就在我妈面前跪了下来。我妈说:'上帝会饶恕你的。'我爹打过招呼以后,就说:'过去的事就别提了。就好好儿过日子吧。眼下没有工夫说这些事,地里的庄稼要收割了。在斯科罗德那边上过肥的那块地里,托上帝的福,黑麦长得才好呢,镰刀插都插不进去,全都纠结在一起,倒在地上了。应该收割了。明天你就跟塔拉斯一块儿去割吧。'从那时候起,大哥,她就干起活儿来了。而且她干起活来那股劲儿,简直叫人吃惊。那时候我们家租了三俄亩地，托上帝的福，不论黑麦、燕麦，都长得格外好。我割，她打捆，要不然我们就一块儿割。我干活儿十分麻利，干什么都不含糊，可是她不论干什么，比我更麻利。她是个伶俐娘儿们，而且又年纪轻轻的，正在好时候。她干起活儿呀，大哥，简直命都不要，我只好管着她，不让她多干。回到家里，手指头是肿的，胳膊酸痛，应该歇歇了，可是她晚饭还没有吃，就跑进棚子里，去搓第二天要用的草绳。简直全变了！”

“怎么样，她对你也亲热起来了吧？”花匠问。

“那还用说，她跟我如胶似漆，简直就像一个人似的。我心里想什么，她都知道。我妈本来一肚子气，可是连她都说：‘咱们的菲道霞准是叫人掉了包，这简直是另外一个娘们儿了。’有一次我俩赶着两辆车去拉麦捆，我们一起坐在前面一辆车上。我就问：‘菲道霞，你怎么会想起干那种事儿呀？’她说：‘怎么想起吗，那就是不愿跟你一块儿过。我心想，宁可死，也不跟他过。’我说：‘那你现在呢？’她说：‘现在呀，你在我心坎上了。’”塔拉斯停下来，高兴地笑着，惊讶地摇了摇头。他沉默了一会儿，又接着说下去：“刚收完地里的庄稼，把大麻泡到水里，我们回到家里，一看，传票来了，要去受审呢。可是我们早就把为什么受审的事儿忘了。”

“准是恶鬼附身，”花匠说，“要不然一个人怎么会自己想起去害人呢？哦，在我们那里就有一个人……”花匠正要说下去，可是火车渐渐停下来了。

“准是到站了，”他说，“咱们去喝点儿什么吧。”

谈话中断了。于是聂赫留朵夫就跟着花匠走出车厢，来到湿漉漉的木板月台上。

## 四十二

聂赫留朵夫还没有走出车厢，就发现车站广场上停着几辆很阔气的马车，车上套着三匹或四匹肥壮的好马，马脖子上都挂着叮当作响的铃铛。等他走到雨后潮湿得发了黑的月台上，就看到头等车厢旁边站着一堆人，其中最引人注目的是一个头戴插着珍贵羽毛的帽子、身披雨披的又高又胖的太太，再就是一个高个子年轻人，两腿细长，穿着自行车服装，牵着一只又大又肥的狗，狗脖子上套着贵重的颈圈。在他们后面站着几个带雨衣、雨伞的仆人，还有一个车夫，都是来接客的。这一堆人，从胖太太到手提长衣下摆的马车夫，个个都带着自命不凡和生活富裕的标记。在这一堆人周围顿时围起了一圈好奇的、崇拜财富的人：有戴红制帽的站长，一名宪兵，一个身穿俄罗斯服装、戴着项链、夏天里火车到站时总是在场的瘦瘦的姑娘，一个电报员和几个乘客，有男也有女。

聂赫留朵夫认出那牵狗的年轻人便是上中学的柯察金少爷。胖太太就是公爵夫人的姐姐，柯察金一家就是上她的庄园里来的。身穿亮闪闪的金绦制服、脚蹬锃亮的皮靴的列车长打开车门，为了表示敬意，在菲利浦和系白围裙的脚夫用那张可以折叠的圈椅小心翼翼地抬着长脸的公爵夫人下车的时候，一直用手扶着车门。两姊妹互相寒暄过，又说起法语，说的是公爵夫人是坐轿车还是坐篷车，然后这支队伍就以手拿阳伞和帽盒的侍女殿后，朝车站门口移动。

聂赫留朵夫不愿意碰到他们，免得又一次告别，所以没走到车站出口就站了下来，等着那整个队伍走过去。公爵夫人和儿子、米西、医生、侍女在前面走出去，老公爵和姨姐在后面站了下来，聂赫留朵夫没有走到他们跟前，只听到他们谈话中的几句法语。正如常有的情形一样，其中公爵说的一句话连同他的腔调和嗓门儿不知为什么一下子就印到了聂赫留朵夫的脑海里。

“哦，他可是真正上等社会的人，是真正上等社会的。”公爵用洪亮、自信的腔调这样评论过什么人，便和姨姐一起，在毕恭毕敬的列车员和脚夫簇拥下走出车站。

就在这时候，不知从哪里来的一群脚穿树皮鞋、背着小皮袄和背包的工人从车站拐角处来到站台上。他们迈着矫健而轻快的步子走到最近的一节车厢跟前，就想上去，可是马上被列车员赶走了。工人们没有停步，又急急忙忙、你踩我我踩你地往前走，来到旁边一节车厢跟前，而且已经开始往上爬，那背包在拐角和车门上乱撞，这时另一个列车员在车站门口看见他们要上车，就厉声对他们吆喝起来。已经上了车的工人连忙下了车，又迈着矫健而轻快的步子向另一节车厢走去。那正是聂赫留朵夫坐的车厢。列车员又把他们拦住。他们就没有上，打算再往前走，可是聂赫留朵夫告诉他们，车上有位子，叫他们上去。他们听了他的话，于是聂赫留朵夫也跟着他们上了车。工人们已经想各自找位子坐下，可是那个戴帽徽的老爷和两个太太却认为他们胆敢到这节车厢里来坐是对他们的侮辱，表示坚决反对，并且撵他们出去。工人有二十人左右，有老头子，有非常年轻的，一个个的脸都黑黑的、干巴巴的，满面风尘，他们马上就又穿过车厢往前走，那背包在长椅上、板壁和车门上乱撞，显然他们觉得自己错了，显然他们准备走到地角天边，坐到别人吩咐他们坐的任何地方，哪怕坐到钉子上也行。

“你们往哪儿闯，浑蛋！就在这儿找位子坐下。”另一个迎着他们走来的列车员吆喝道。

“这事儿倒是新鲜！”说话的是那个年轻太太，自信她的一口漂亮的法语足可引起聂赫留朵夫的注意。那个戴手镯的太太却只是一个劲儿闻着，皱着眉头，说什么跟这些臭乡巴佬坐在一起有多么快活。

工人们却像逃脱了很大的危险似的，高高兴兴，放下心来，停下脚步，各自找座位，抖抖肩膀，把沉甸甸的背包从背上卸下来，塞到长椅子底下。

同塔拉斯攀谈的花匠坐的不是自己的位子，这时就回到自己的位子上，因此在塔拉斯旁边和对面就空出三个位子来。有三个工人坐到这些位子上，可是等聂赫留朵夫走到他们跟前，他们一看到他那阔气的衣着，就十分不安，急忙站起来要走，聂赫留朵夫却请他们不要动，自己就在靠过道的长椅扶手上坐下来。

其中一个五十岁左右的工人带着大惑不解甚至恐惧的神气和一个年轻工人交换了一下眼色。他们看到聂赫留朵夫没有摆出老爷的派头骂他们，把他们撵走，反而给他们让座，感到吃惊，并且十分担心。他们甚至很害怕这样一来他们会惹出什么祸事。不过，等他们看出来，这里面并没有什么圈套，聂赫留朵夫和塔拉斯说话也很随便，他们也就放下心来，叫那个半大孩子坐到背包上,请聂赫留朵夫坐到自己的位子上。那个上了年纪的工人坐在聂赫留朵夫对面,起初蜷缩着身子,拼命把穿树皮鞋的脚往后缩,免得碰到老爷,可是后来非常亲热地跟聂赫留朵夫和塔拉斯聊起来,在他希望聂赫留朵夫特别注意他的话时,还用手背拍拍他的膝盖。他讲了自己的种种情况,还讲了在泥炭田里干的活儿,他们在那里干了两个半月,现在就是带着挣的钱回家去,每人有十个卢布,因为有一部分工钱在受雇时已经提前支用了。他们的活儿,如他所说的,就是天天在没膝深的水里干的,从日出干到日落,只是在午饭时休息两小时。

“没有干惯的人,自然觉得很苦,”他说,“可是,干惯了也就觉得没什么了。就是伙食要像个样子。起初伙食很差。于是,大家都埋怨,后来伙食就好起来了,干起活儿也觉得轻快了。”

然后他讲到,二十八年来他一直在外面奔波找活儿干,他总是把挣的钱全部寄回家去,先是寄给父亲,后来给大哥,现在是交给当家的侄儿,每年挣五六十卢布,他只零花两三个卢布,买点儿烟草和火柴。

“有时候累了,也喝点儿酒,罪过。”他带着负疚的神气笑着补充说。

他还讲到,女人们怎样顶替男人在家干活儿,今天动身之前包工头怎样请他们喝了半桶白酒,又讲到他们当中有一个人死了,还有一个生了病,现在送回家去。他说的那个病人就坐在这节车厢的角落里。那还是个年纪轻轻的孩子,脸色灰白,嘴唇发青。他显然是发疟子,而且正在发作。聂赫留朵夫走到他跟前,但是那孩子看了他一眼,流露出异常紧张和痛楚的神气,聂赫留朵夫就不好问他什么,免得打扰他,只是劝老头儿给他买奎宁,还把药名写在纸上。聂赫留朵夫想给一些钱,可是老头儿说不用,他自己有钱。

“哦,我年年出门在外,这样的老爷还没有见过。不但不撵你走,还给你让座。可见老爷也有各种各样的。”他对着塔拉斯下结论说。

“是的,这是一个全新的世界,一个截然不同的新世界。”聂赫留朵夫看着这些人那干瘦而强壮的四肢,那粗糙的土布衣服,那黑黑的、亲切的、风尘仆仆的脸,感觉自己置身于这些全新的人以及他们那种真正的人类劳动生活的正当情趣和苦乐之中,不禁这样想道。

“瞧,这才是真正的上等社会。”聂赫留朵夫想起了柯察金公爵说的那句话,想起了柯察金之流那个游手好闲、穷奢极侈的世界以及他们那种低下卑微的生活情趣,不禁这样想道。

他感到非常高兴,就像旅行家发现了一个无人知道的美丽的新世界。

# 第三部

## 一

有玛丝洛娃在内的那批犯人，走了有五千俄里。在到达彼尔姆以前，玛丝洛娃坐火车、坐轮船都是和刑事犯在一起，到了彼尔姆，聂赫留朵夫才找到门路，把玛丝洛娃调到政治犯队伍里，这是也在这批犯人中的波戈杜霍芙斯卡娅给他出的主意。

在到达彼尔姆之前，玛丝洛娃不论在肉体上，不论在精神上都觉得受不了。又拥挤又肮脏，各种各样讨厌的小虫儿不停地叮咬，她在肉体上觉得受不了；在精神上受不了，是因为那些跟虫儿一样讨厌的男人也时时刻刻盯着她，虽然每到一站都换一批，但都一样地死皮赖脸，缠起来没有完。在女犯人和男犯人、男看守、押解人员之间形成了很普遍的淫乱风气，因此任何一个女犯人，尤其是年轻女犯，如果不愿意出卖色相，就得时时刻刻小心提防。经常处于这种恐惧和提防状态中，那是很难受的。因为玛丝洛娃美貌动人，大家又都知道她的身世，在这方面打她的主意的人特别多。她现在一见到男人纠缠就坚决反抗，那些男人就觉得是受了侮辱，往往恼羞成怒。她在跟菲道霞和塔拉斯接近以后，在这方面的处境有所好转。塔拉斯听说妻子常常受到纠缠，就自愿加入犯人队伍来保护她，所以他从下诺夫哥罗德起就像犯人一样跟他们一起走了。

玛丝洛娃调到政治犯队伍中以后，她在各方面的处境都有所改善。不用说，政治犯的居住和膳食条件都比较好，受到的对待也不那么粗暴，玛丝洛娃转到政治犯队伍，处境得到改善，却体现在不再有男人纠缠她了，这样就可以不必提心吊胆过日子，不再有人时时刻刻叫她想起她现在十分希望忘掉的往事。不过这次调动的主要好处还是，她认识了几个人，这几个人对她起了极好的、决定性的影响。

玛丝洛娃获准在旅站上跟政治犯同住，但她是一个健康的女犯，还是要跟刑事犯一起步行。她从托木斯克起就一直这样步行。还有两名政治犯也跟她一起步行：一个是玛丽雅·巴甫洛芙娜·谢基尼娜，也就是聂赫留朵夫探望波戈杜霍芙斯卡娅时惊讶地看到的那个眼睛鼓鼓的美貌姑娘，另一个是流放雅库茨克省的名叫西蒙松的男犯，也就是聂赫留朵夫那次探监时见到的那个黑黑的、蓬头乱发、眼睛在额头下面凹得很深的人。谢基尼娜步行，是因为把大车上的位子让给了一个怀孕的女刑事犯。西蒙松步行，是因为他认为享受阶级特权[①]是不合理的。这三个人大清早就和刑事犯一起出发，跟其他政治犯不在一起，其他政治犯要迟一点才坐大车出发。在到达大城市之前的最后一个旅站一直都

①俄国民粹派革命者大都出身于贵族，在流放中享有坐车的权利。

是这样，到了大城市，就会有新的押解官来接管这批犯人。

这是九月里一个雨雪霏霏的早晨。忽而落雪，忽而下雨，夹着阵阵冷风。这批犯人有四百名男的和五十来名女的，都已经在旅站的院子里，有一部分聚集在押解官身旁，押解官正在把两天的伙食费分发给犯人班长，还有一部分人在向那些进了旅站院子的小贩买吃食儿。数钱买东西的犯人们的说话声嗡嗡响成一片，小贩们在尖声叫卖。

玛丝洛娃和谢基尼娜都穿着靴子和小皮袄，扎着头巾，从旅站的房间里走到院子里，朝小贩们走去。小贩们都坐在北边墙脚下背风的地方，争先恐后地叫卖自己的货物：新鲜面包、馅饼、鱼、面条、麦粥、牛肝、牛肉、鸡蛋、牛奶；有个小贩还在卖一头烤小猪。

西蒙松穿着杜仲胶短上衣，脚穿羊毛袜，外套胶鞋，还用带子扎着(他是个素食主义者，也不使用动物的皮革制品)。他也在院子里等待出发。他站在台阶旁，正在笔记本上记着他刚刚出现的一种想法。他的想法就是：

“假如细菌能观察和研究人的指甲，会认为指甲是无机体。这跟我们只观察地球的外壳，便认为地球是无机体一样。这是不正确的。”

玛丝洛娃买好了鸡蛋、面包圈、鱼和新鲜白面包，正在把这些东西往袋子里装，谢基尼娜正在和小贩算账，这时候犯人们全都动了起来。大家都不说话了，纷纷排起队来。押解官走了出来，做了出发前的最后指示。

一切都像往常一样进行着：清点人数，检查镣铐是否完好，把戴铐走路的犯人每两个铐在一起。可是突然响起押解官怒冲冲的吆喝声、打人的声音和孩子的哭声。一时间所有的人都安静下来，可是随后整个人群里响起低低的埋怨声。玛丝洛娃和谢基尼娜朝喧闹的地方走去。

## 二

玛丝洛娃和谢基尼娜走到喧闹的地方，看到这样的场面：身强力壮、留着很浓的淡黄色小胡子的押解官皱着眉头，用左手揉着打犯人耳光打痛了的右手，嘴里不停地骂着不堪入耳的粗话。他面前站着一个剃了半边头的又瘦又长的男犯人，身穿短短的囚衣和更短的裤子，一只手在擦被打得流血的脸，另一只手抱着一个尖声啼哭的裹在头巾里的小女孩。

“我要教训教训你这个（不便写出的骂人话），叫你（又是骂人话）尝尝犟嘴的滋味；把孩子交给娘儿们，”押解官吆喝道，“快戴上。”

那是一个被村社判处流放的农民，妻子得了伤寒死在托木斯克，留下这个小女孩，他一路上抱着走，押解官就是要给他戴手铐。那犯人说，戴手铐不能抱孩子，这就惹火了本来就很不高兴的押解官，他便打起这个当面反抗的犯人。①

在被打的人旁边站着一名押解兵，还有一名黑色大胡子的男犯，一只手戴了手铐，阴沉地皱着眉头，一会儿看看押解官，一会儿看看抱孩子的挨打的男犯。押解官又一次下命令叫押解兵把

①这件事在德·阿·李尼约夫的《在旅站上》有描写。——作者注

小女孩抱走。犯人当中的埋怨声越来越大了。

“从托木斯克到这里，就没有叫他戴。”后排里有一个沙哑的声音说。

“又不是一只小狗，是个娃娃呀”

“叫他把小丫头往哪儿放呀？”

“这可不是法律规定的。”还有一个人说。

“这是谁说的？”押解官就像叫蛇咬了似的，跑进人群里，吆喝起来。“我要叫你看看什么是法律。谁说的？是你吗？是你吗？”

“大家都在说。因为……”一个大脸膛的矮墩墩的男犯说。

他没有来得及把话说完，押解官就抡起双手打起他的耳光。

“你们造反啦！我要叫你们尝尝造反的滋味。我把你们像狗一样统统枪毙，上级只会感谢我。把小丫头抱走！”

人群静下来。一名押解兵夺过那个拼命在啼哭的小女孩，另一名押解兵就往犯人顺从地伸出来的手上套手铐。

“抱给娘儿们。”押解官一面整理自己身上挂军刀的皮带，一面朝那个押解兵吆喝道。

小女孩的小手拼命从头巾里往外挣，不住地尖声哭叫着，小脸涨得通红。谢基尼娜从人群里走出来，走到那个押解兵跟前。

“军官先生，让我来抱这孩子吧。”

抱着小女孩的押解兵站了下来。

“你是什么人？”押解官问道。

“我是政治犯。”

显然，谢基尼娜那俊俏的脸和美丽的鼓鼓的眼睛(他在接收时已经见过她)对他起了作用。他一声不响地看了看她，仿佛在考虑什么。

“我无所谓,您想抱,就抱吧。您可怜他们倒是没事儿,可是如果他逃跑了,谁来负责?”

“他抱着孩子怎么能跑掉呀?”谢基尼娜说。

“我没工夫跟您闲扯。您想抱就抱去吧。”

“请问,交给她吗?”押解兵问道。

“交给她吧。”

“到我这儿来吧。”谢基尼娜说,并且想方设法哄着小女孩到她这儿来。

可是小女孩在押解兵怀抱里朝父亲那边探着身子,仍然在尖声哭叫着,不愿意到谢基尼娜这儿来。

“您等一等,玛丽雅·巴甫洛芙娜,她会到我这儿来的。”玛丝洛娃说着,从袋子里掏出一个面包圈。

小女孩认识玛丝洛娃,一看到她的脸和面包圈,就朝她走来。

一切都静下来。大门开了,犯人们走了出来,排好队。押解兵重新清点人数。把行李放到车上,捆扎好,让病号坐上去。玛丝洛娃抱着小女孩站到女犯队伍里,跟菲道霞在一起。一直在注视着刚才的事的西蒙松,这时大步走到押解官跟前。押解官发完了指示,这时已经准备上他的马车了。

“军官先生,您这样很不好。”西蒙松说。

“回到队伍里去,这不是您应该管的事。”

“我就是应该告诉您,我也已经告诉您了,您这样很不好。”西蒙松说着,那浓浓的眉毛下面的一双眼睛直盯着押解官的脸。

“都好了吗?全体注意,开步走。”押解官不理睬西蒙松,大声吆喝道，接着就扶住赶车士兵的肩膀，上了马车。

队伍动了，伸展开来，走上两边是沟、中间是一道道车辙的泥泞路，朝丛林中走去。

## 三

玛丝洛娃在城市里过了六年奢华、放荡、无所用心的生活，又在监狱里跟刑事犯一起过了两个月之后，如今跟政治犯在一起，尽管所处的条件是很艰苦的，可是她觉得这种生活很好。每天步行二十到三十俄里，伙食也很好，走两天还休息一天，这样她的身体也结实起来了。而且，就因为结交一批新伙伴，她发现了以前想也不曾想到的生活乐趣。现在跟她在一起的这些人，如她说的，这样好得出奇的人，以前她不仅没有见过，连想象也想象不到。

"判我刑的时候，我还哭呢，"她说，"其实我应该永生永世感谢上帝。我现在懂得的事，要是像以前那样，是一辈子也不会懂的。"

她很容易理解他们的革命动机，不用多费心思，因为她出身平民，自然很同情他们。她明白，这些人是维护老百姓反对老爷们的；她也明白，这些人本来也都是老爷，可是他们为了老百姓，不惜牺牲自己的特权、自由和生命，因此她格外敬重他们，钦佩他们。

她钦佩所有的新伙伴；不过她最钦佩的是谢基尼娜，不仅是钦佩，而且爱上了她，这是一种特别的、带有敬意和激情的爱。她感到惊讶的是，这个出身于富贵的将军之家的美丽姑娘，会说三种外语，过的日子却像一个最普通的女工，有钱的哥哥寄给她什么，她都分赠给别人，穿戴不仅十分朴素，而且很寒伧，一点也不注意打扮。她从来不卖俏，这一点特别使玛丝洛娃感到惊讶，因而对她特别佩服。玛丝洛娃看出来，谢基尼娜知道自己很美，甚至因为知道自己美很高兴，但是她不仅不因为她的外貌能吸引男人感到高兴，而且对此感到害怕，她对于恋爱简直是厌恶和恐惧。跟她在一起的男人都知道这一点，即使对她迷恋，也不敢向她表示情意，因此对待她就跟对待男伴一样。可是有一些不熟识的人却常常纠缠她，据她自己说，多亏她力气大，才摆脱了一些人的纠缠，她因为力气大特别感到自豪。“有一回，”她笑着说，“在大街上有一位先生纠缠起我来，怎么也不肯罢休，我一下子抓住他，狠狠摇晃了几下，他怕了，就跑掉了。”

她成为革命家，照她自己说的，是因为从小就厌恶贵族生活，而喜欢普通人的生活，她常常待在女仆房里、厨房里、马棚里，不愿待在客厅里，她常常因此挨骂。

“我跟厨娘和车夫们在一起，觉得很快活，跟我们那些老爷和太太们在一起，觉得很乏味。”她说，“后来，等我开始懂事了，我就看出来，我们的生活坏透了。我没有母亲了，我又不喜欢父亲，于是我在十九岁那年就离开家，跟一个女伴进工厂去当工人。”

后来她离开工厂，住到乡下去，后来又回到城里，在设有秘密印刷所的住所里被捕，判处苦役。她被判处苦役，是因为在搜查印刷所的时候有一个革命者在黑暗中开了一枪，她自动承担了开枪的罪名。这事谢基尼娜自己从来没有说过，但是玛丝洛娃从别人嘴里听说了。

玛丝洛娃自从认识她的那一天就看出来,她不论到哪里,不论在什么样的情况下,从来不想自己,不论遇到大事小事,总是一心考虑怎样帮助别人,为别人出力。她现在的同志当中有一个姓诺沃德沃罗夫的,常常开玩笑说她迷上了行善运动。这话确实不错。她的全部生活乐趣就在于寻找机会为别人出力,就像猎人寻找野物那样。而且这种运动已成为习惯,成为她的终身事业。她做这种事十分自然,以至于凡是了解她的人都觉得这不算什么,就应该这样。

玛丝洛娃刚来到他们这里面时,谢基尼娜对她是很反感,很厌恶的。玛丝洛娃觉察到这一点,不过后来也觉察到,谢基尼娜竭力克制自己,对待她特别亲切,特别和善。这样一个不平凡的人如此和蔼可亲,使玛丝洛娃深受感动,她就把整个的心都交给了她,不知不觉地接受她的观点,不由自主地处处仿效她。玛丝洛娃这种赤诚的爱感动了谢基尼娜,她也就爱起了玛丝洛娃。

这两个女人特别亲近,还因为她们对性爱都十分厌恶。一个憎恨性爱,是因为经受过性爱的摧残;另一个虽然没有这样的体验,却把性爱看成是一种不可理解的,同时又是可憎的、有辱人格的东西。

## 四

谢基尼娜的影响只是玛丝洛娃受到的一种影响。所以受到影响,是因为她爱谢基尼娜。另外一种影响是西蒙松的影响。所以受到影响，是因为西蒙松爱上了她。

一切人生活和行动，都是部分依照自己的思想，部分依照别人的思想。人在多大程度上依照自己的思想，在多大程度上依照别人的思想生活，这是人与人的主要区别之一。有些人像做智力游戏一样随意运用自己的思想，把智力当作卸去传动皮带的飞轮，让其任意转动，可是在行动上却顺从别人的思想，也就是顺从风俗、传统和法律。另一些人却认为自己的思想是自己一切行动的主要动力，几乎时时处处注意自己的智力的要求，听从这样的要求，只是偶尔顺从别人的决定，而且就连这样，也还是经过批判性的估计之后。西蒙松就是这样的人。一切事情他都用智力来检验和决定，一旦决定，就要去做。

他还在念中学的时候，就断定父亲做军需官挣来的钱是不义之财，就对父亲说，应当把这财产交给老百姓。父亲不仅不听他的，还把他痛骂一顿，他便离了家，从此不用父亲的钱。他断定，当前种种弊端所以存在，是由于老百姓没有受过教育，因此他离开大学，加入民粹派，到乡下去当教师，大胆地向学生和农民宣传他认为正确的东西，批驳他认为谬误的东西。

他被逮捕，受到审讯。

在开庭的时候，他认为法官无权审讯他，并且说出了这一点。等法官不赞同他的话，继续审讯他，他就打定主意不回答，于是，不管问什么，他一概置之不理。就把他流放到阿尔汉格尔斯克省。他在那里形成了一套宗教性的学说，指导他的一切行动。这种宗教性的学说就是，世间一切东西都是活的，没有死的东西，所有我们认为死的和无机的东西，实质上只是我们无法理解的巨大有机体的组成部分，因此，人既然是巨大有机体的小分子，其任务就是维护这一有机体及其一切有生命部分的生命。因此他认为杀生是犯罪：他反对战争，反对死刑和一切杀生行为，不仅反对杀人，也反对屠宰牲畜。在婚姻方面他也有自己的一套理论，那就是，繁殖人类只是人的低级功能，而为已经存在的活人服务才是高级功能。他从血液中存在吞噬细胞这一现象中，为这种说法找到论证。依他看，单身的人就好比吞噬细胞，其使命就是帮助有机体的病弱部分。自从他认定这样之后，就一直是这样生活的，虽然以前少年时候也曾经沉醉于女色。现在他认为自己和谢基尼娜一样，是宇宙的吞噬细胞。

他爱玛丝洛娃，并不违反这种理论，因为他的爱情是柏拉图式的，他认为这样的爱情不仅不妨碍他像吞噬细胞那样帮助弱者的活动，而且更能鼓舞他从事这种活动。

他不仅按照自己的一套解决精神问题，而且也按照自己的一套处理大部分实际问题。他对待各种各样实际事情都有自己的见解：应该工作几小时，休息几小时，怎样吃饭，怎样穿衣，怎样生炉子，怎样点灯，他都有一套章法。

尽管这样，西蒙松与人相处却异常腼腆和谦逊。然而他一旦决定做什么，那就怎么也拦不住他。

正因为是这样一个人爱上了玛丝洛娃，才对她起了决定性的影响。玛丝洛娃凭着女性的敏感很快就猜度出他爱上了她。她想到她居然能引起这样一个不平常的人的爱慕，就提高了自己在自己心目中的地位。聂赫留朵夫要和她结婚，是出于舍己为人精神，还因为过去的事；然而西蒙松爱的却是现在这个样子的她，而且爱她就是因为爱她。此外她觉得，西蒙松认为她是一个与众不同的不平常的女人，具有特别高尚的道德品质。她不太清楚他究竟认为她具有哪些高尚品质，但不管怎样，为了不让他失望，她总是想方设法身体力行地表现她能够想象到的最好品德。这样也就促使她努力做一个她所能做到的最好的人。

这事儿开头还是在监狱里，那是在探望政治犯的日子，她发现他那纯真、善良的深蓝色眼睛在隆起的额头和眉毛底下盯着她，那目光特别深沉。那时候她就发现，这人与众不同，看她的目光也与众不同，并且发现那竖立的头发和皱起的眉头所表现的严肃神情和目光中孩子般的善良与纯真在一张脸上的惊人结合。后来到了托木斯克，她调到政治犯这边来，她又看到了他。尽管他们彼此还没有说过一句话，可是从他们对视的目光中却可以看出来，他们都还记得，而且彼此都很看重。后来他们彼此也没有说过什么重要的话，可是玛丝洛娃感觉出来，有她在场，他说话总是给她听的，他是为她说的，所以尽可能说得明白易懂。尤其从西蒙松跟刑事犯一起步行那时候起，他们就接近起来了。

## 五

从下诺夫哥罗德到彼尔姆这段路上，聂赫留朵夫跟玛丝洛娃只见过两次面：一次是在下诺夫哥罗德，在犯人们就要登上一条装铁丝网的驳船的时候，还有一次是在彼尔姆的监狱办公室里。这两次见面，他都发现她不露心思，不很和善。他问她身体怎样，是否还需要什么，她回答起来支支吾吾，神情慌乱，而且他觉得还带有一种敌对的责难心情，这是以前她也表现过的。她这种阴郁情绪的出现，只是因为这时候常常受到男人的纠缠，然而却使聂赫留朵夫十分苦恼。他怕的是，她一路上处在艰苦而容易使人堕落的条件下，可能会支持不住，又重新陷入以前那种自我矛盾状态和对人生绝望的状态，那样她就会恼恨他，就会拼命抽烟和喝酒，以麻醉自己。可是他又无法帮助她，因为在上路后最初一段时间里，他一直不能和她见面。直到她调到政治犯队伍里以后，他才看出自己的担心毫无根据，不仅如此，而且每一次跟她见面他都在她身上看到更明显的内心变化，这正是他非常希望看到的。在托木斯克第一次见面的时候，她又变得像出发之前那样了。她看到他，既不皱眉头，也不局促不安，相反，倒是高高兴兴、泰然自若地迎接他，感谢他为她做的事，尤其是感谢他把她调到现在跟她在一起的这些人当中来。

在押解下长途跋涉两个月以后，她的变化也在外表上表现出来了。她瘦了，黑了，似乎也老了点儿；鬓边和嘴角出现了皱纹，她不让头发披散在额头上，而是用头巾扎了起来，不论在装束上，发型上，在对人的态度上，再也看不到以前那种卖俏的味道儿。聂赫留朵夫看到她这种已有的变化和正在进行的变化，总是感到特别高兴。

现在他对她的感情是以前从来不曾有过的。这种感情不同于那种诗意的初恋，更不同于后来那种肉欲的爱，甚至也不同于法庭审判后决心跟她结婚时那种履行责任的心情和自我欣赏的心情。这种感情是最纯真的怜惜心和同情心，也就是第一次在狱中跟她见面时他心中出现的，后来去过医院之后，他战胜了厌恶心，原谅了她那桩虚构的跟医士的事（后来他知道她是冤枉的了）的时候更强烈地出现的那种心情。这种感情也就是那种感情，只不过有一点区别，那就是，以前那种感情只是一时的，现在却是经常性的了。现在他不论想什么，做什么，他的总的心情就是这种怜惜心和同情心，这不仅是对她一个人，而是对一切人。

这种感情打开了聂赫留朵夫心灵的闸门，原来找不到出路的爱的洪流现在涌了出来，涌向他遇到的一切人。

聂赫留朵夫在这次旅行的整个时间里一直情绪昂扬，就因为这样，他不由地体谅和关心起一切人，从马车夫和押解兵直到跟他打过交道的典狱长和省长。

在这段时间里，因为玛丝洛娃调到了政治犯当中去，聂赫留朵夫有机会结识了很多政治犯，先是在叶卡捷琳堡，在这里政治犯们很自由地共同住在一个大房间里，后来又在路上认识了跟玛丝洛娃在一起的五个男的和四个女的。聂赫留朵夫跟流放的政治犯接近以后，对他们的看法完全变了。

俄国的革命运动[①]一开头，尤其是三月一日事件[②]以后，聂赫留朵夫对革命者一直不怀好感，甚至鄙视。他所以对他们反感，首先是因为他们在反对政府的斗争中运用的手段十分残酷和隐蔽，尤其是他们采用了极其残酷的暗杀手段，再就是他们都有一种自命不凡的特点。可是，进一步了解他们之后，知道他们常常无辜地遭受政府的迫害，他才明白，他们不能不这样。

尽管一般所谓刑事犯常常遭受极其无理的折磨，然而在判刑

①指俄国六七十年代的民粹派革命运动。

②指民意党一八八一年三月一日刺杀沙皇亚历山大二世事件。

之前和判刑之后对待他们还是要做出一点类似依法办事的样子;可是在对待政治犯方面,连做样子也不做,聂赫留朵夫在舒斯托娃身上看到的,以及后来在越来越多的新朋友身上看到的,都是这样。对待他们这些人就像用大网捕鱼:把落网的全部拖到岸上,然后把有用的大鱼拣出来,小的扔下不管,让小的在岸上活活干死。就这样把不仅无罪,而且显然也不可能危害政府的人成百成百地抓起来,把他们关进监狱,有时一关就是几年,他们在狱中染上肺痨,或者发了疯,或者自杀。把他们关在牢里,仅仅因为缺乏释放的理由,再就是,他们在监狱里就等于在手底下,在侦查中需要弄清什么问题,可以随时提审他们。所有这些人,甚至从政府的观点来看,往往也是无罪的,然而他们的命运却取决于宪兵队长、警官、密探、检察官、法官、省长和大臣的心意、他们的忙闲和情绪。这样的官僚有时闲得无聊或者有意立功,就大肆逮捕,然后看他们自己的心情或者上司的心情如何,把人关进监狱或者释放。至于上面当官的,也要看他们是否需要表功,或者看他们跟大臣的关系如何,来决定或者把人流放到地角天边,或者关在单人牢房里,或者判处流放、苦役、死刑,或者如果有哪个太太来求情,就把人释放。

人家像在战场上那样对待他们,自然,他们也就使用起人家对待他们的那种手段。军人总是生活在一种舆论的氛围中,这种舆论不但为他们掩盖他们的行为的犯罪性质,而且认为这些行为是英雄业绩;政治犯也是这样,他们团体的同样的舆论氛围也总是伴随着他们,因此他们认为,他们冒着丧失自由、生命和人生最宝贵的一切的危险所做的残酷事情不仅不是坏事,而且是光辉业绩。这样，聂赫留朵夫也就弄清了一种奇怪的现象，为什么一些天性极其善良的人，本来不仅不忍心伤害活物，而且不忍心看到活物痛楚的，现在却心安理得地准备去杀人，并且几乎个个都认为，在一定情况下杀人是自卫和达到全民幸福的崇高目的的手段，是合理的和正当的。他们认为他们的事业十分崇高，因而也自视甚高，那是由于政府把他们看成眼中钉、残酷地惩办他们而自然形成的。他们必须自视甚高，才能承受他们所承受的一切。

聂赫留朵夫深入了解他们之后，便看出他们并不像有些人所想的那样全都是坏蛋，也不像另外一些人所想的那样全都是英雄，而是一些普普通通的人，也和任何地方一样，他们当中有好人，有坏人，也有不好不坏的人。其中有些人成为革命者，是因为真心实意地认为自己有责任同现存的恶势力进行斗争。可是，也有一些人选择革命活动是出于个人动机和虚荣心。不过多数人参加革命却像聂赫留朵夫在战争中常常见到的，是想冒冒风险，闯闯生死关，尝尝玩命的快乐，这种心情是一般精力旺盛的青年都有的。他们区别于一般人、胜过一般人的地方是，他们之间的道德标准高于一般人当中公认的道德标准。在他们中间，不仅认为必须清心寡欲、艰苦朴素、真诚老实、大公无私，而且认为必须时时刻刻准备为共同事业牺牲一切，甚至牺牲自己的生命。因此，在这些人中间，凡是高于一般水平的人，会远远超过一般水平，成为罕见的道德高尚的典范；凡是低于一般水平的人，会大大低于一般水平，往往成为弄虚作假、装腔作势，同时又自命不凡、目空一切的人。所以聂赫留朵夫对一些新朋友不仅尊敬，而且衷心热爱，而对另外一些新朋友则依然十分冷淡。

## 六

聂赫留朵夫尤其喜欢一个姓克雷里佐夫的害肺痨病的青年。克雷里佐夫是被流放去服苦役,跟玛丝洛娃在一个队里。聂赫留朵夫在叶卡捷琳堡就跟他认识了,后来在路上又跟他见过几次面,还跟他交谈过。夏天有一回在旅站上,正是休息的日子,聂赫留朵夫跟他在一起几乎度过了一整天。克雷里佐夫跟他聊起来,对他讲了讲自己的身世,讲了讲自己怎样成为革命者。他入狱之前的经历很简单。他父亲是南方一个省里的富有地主,父亲死的时候他还很小。他是个独子,由母亲抚养他。他在中学和大学学习都不吃力,大学毕业时得到数学系第一名硕士学位。学校要他留校,并派他出国深造。可是他迟疑不决。他爱上一个姑娘,于是他就想结婚,想到地方自治会工作。他什么都想,什么都决定不下来。这时候有几个大学同学要他为公共事业捐些钱。他知道,这公共事业就是革命事业,那时候他对这种事还丝毫不感兴趣,可是出于同学的情谊,又加上爱面子,怕别人说他胆小怕事,就捐了钱。收钱的人被捕了;搜出一张纸条,从纸条上看出来,钱是克雷里佐夫捐的。他就被捕了,先是关押在警察分局,后来进了监狱。

"在我蹲的那个监狱里,"克雷里佐夫对聂赫留朵夫说(他坐在高高的板床上,胸部凹进去,胳膊肘撑在膝盖上,只是偶尔地用他那亮晶晶、火辣辣的聪明、和善、清秀的眼睛看一看聂赫留朵夫),"在那个监狱里不是特别严:我们不仅可以敲敲墙互通信息,还可以在走廊里走走,说说话儿,交换食物和烟草,到晚上还可以一同唱唱歌儿。我的嗓子是很好的。是啊。假如不是我母亲——我母亲太难受了——我在监狱里挺好的,甚至觉得挺快活,挺有意思。而且我在那儿认识了有名的彼得罗夫(他后来在要塞里用玻璃割破喉管自杀了),还认识了别的一些人。但我那时还不是革命者。我跟旁边牢房里两个人也认识了。他们都是因为携带波兰传单一案被捕,并且因为在被押往车站途中企图逃跑而受审。一个是波兰人,姓洛静斯基,另一个是犹太人,姓罗佐夫斯基。是啊。那个罗佐夫斯基还是一个孩子。他说他十七岁,可是看上去只有十五岁。瘦瘦的,小小的,一双黑眼睛亮晶晶的,十分机灵,而且跟一切犹太人一样,很有音乐才能。他还在变嗓子,可是唱得好极了。是啊。我亲眼看到把他们带出去审讯。是上午带出去的。傍晚他们回来了,说是他们被判了死刑。这是谁也没有料到的。他们的案子那么轻,只不过是企图从押解兵手里逃走,又没有伤什么人。再说,把罗佐夫斯基这样一个孩子判处死刑,也太不正常了。所以我们牢里的人都以为这不过是吓唬吓唬,以为这样的判决是不会批准的。起初大家慌张了一阵子,后来就放下心来,又像原来一样过下去。是啊。可是有一天晚上,有一名看守走到我的门口,悄悄告诉我说,来了木匠,在竖绞架呢。起初我还不懂:这是怎么回事?什么绞架不绞架的?可是老看守非常慌张,所以我看了他一眼,就明白这就是为我们的两个人准备绞架了。我想敲敲墙壁,跟我的一些伙伴们通通气,可是又怕那两个人听见。伙伴们也都没有声音。显然,都知道了。整个晚上在走廊里和各个牢房里都鸦雀无声。我们没有敲墙,也没有唱歌。十点钟左右,老看守又走到我的门口告诉我说,已经从莫斯科调来了刽子手。他说过就走开了。我就唤他,叫他回来。我忽然听见罗佐夫斯基在走廊对面他的牢房里冲我喊道:'您怎么啦?您叫他有什么事?'我就扯了几句,说他是送烟草给我的,但罗佐夫斯基好像猜到了,就问我为什么不唱歌,为什么没有敲墙壁。我不记得我对他说了些什么,反正是赶紧走开了,免得再和他说话。是啊。那天夜里真可怕呀。整夜里我都留神听着各种各样的声音。凌晨时候,我忽然听到,走廊的门开了,有人进来,人很多呢。我站到牢门的小孔旁。走廊里点着一盏灯。第一个进来的是典狱长。他是个胖子,似乎是一个自信心很强的刚毅的人。可是他的脸完全变了:又苍白,又阴沉,好像是吓的。他后面是副典狱长,皱紧眉头,带着果断的神气;再后面是卫队。他们从我的门口走过去,在旁边的牢房门前停住。我听见副典狱长用一种很奇怪的声音喊道:'洛静斯基,起来,把干净衣服穿上!'是啊。接着我听见牢房门响起来,他们朝他走去,随后我就听到洛静斯基的脚步声:他是朝走廊的那一头走去。我只能看到典狱长。他站在那儿,脸色煞白煞白的,把纽扣解开又扣上,不住地耸着肩膀。是啊。忽然他好像害怕什么似的,往旁边闪了闪。原来是洛静斯基从他身边走过,来到我的门口。这是一个漂亮小伙子,一张很好看的波兰型的脸,饱满的天庭,一头淡黄色的细密的鬈发,一双清秀的蓝眼睛。是一个风华正茂、年富力强的小伙子。他在我的牢门小孔前站下来,所以我能看得见他的整个的脸。那是一张很可怕的、消瘦的、灰白的脸。他问:'克雷里佐夫,有烟吗?'我正要拿烟给他,可是副典狱长好像怕误了时辰似的，掏出自己的烟盒递给他。他抽出一支烟，副典狱长给他划着了火柴。他抽起烟来，好像沉思起来。后来好像想起了什么似的，就开口说：'又残忍又不讲道理。我什么罪也没有呀。我……'我的眼睛一直没有离开他那白白的脖子，就看见他的喉咙哆嗦起来，他说不下去了。是啊。这时候我听见罗佐夫斯基用他那尖细的犹太人嗓门儿在走廊里嚷嚷什么。洛静斯基丢掉烟头，离开了我的门口。牢门小孔里又出现了罗佐夫斯基。那张孩子气的脸红红的，汗津津的，一双黑眼睛泪汪汪的。他也穿上了干净衬衣，裤子太肥大，两只手不住地往上提，浑身哆嗦着。他把那张可怜巴巴的脸凑到我的牢门小孔上，说：'克雷里佐夫，医生给我开了润肺汤，是吗？我不舒服，还要再喝点儿润肺汤。'谁也没有答话，于是他带着询问的神气一会儿看看我，一会儿看看典狱长。他这是想说什么，我一直不明白。是啊。忽然副典狱长沉下脸来，又用一种刺耳的尖嗓门儿叫起来：'开什么玩笑？走吧。'罗佐夫斯基显然弄不懂有什么事在等着他，好像要抢先似的顺着走廊走去，几乎跑在所有的人前头。可是后来他不肯走了，我听见他的尖叫声和哭声。响起一阵喧闹声、顿脚的声音。他在尖声叫着，哭着。后来声音渐渐远去……走廊的门砰的响了一声，就什么声音也没有了……是的。就这样把他们绞死了。都是用绳子勒死的。另外有一个看守看见了，他告诉我，洛静斯基没有反抗，罗佐夫斯基却挣扎了老半天，因此只好把他拖上绞刑台，硬把他的头塞进绳套里。是啊。那个看守是一个傻乎乎的小子。他说：'先生，我听说这种事很可怕。其实一点也不可怕。他们吊上去的时候，只是肩膀这样动了两下，'他做了一下样子，肩膀怎样抽搐着耸上去，又怎样耷拉下来，‘后来刽子手又把绳子拉了拉，就是说，让绳套勒紧些，就完了：连哆嗦也不哆嗦了。’‘一点也不可怕，’”克雷里佐夫重复了一下看守的话，本来想笑的，可是没笑出来，倒是痛哭起来了。

随后他老半天没有说话，吃力地喘着气，吞咽着涌到喉咙里的泪水。

“从那时候起，我就成了革命者。是啊。”他镇定了一下之后，说。然后又简短地讲了讲后来的经历。

他参加了民意党，甚至还当了破坏小组的头头儿，其目的是对政府使用恐怖手段，迫使政府放弃政权，让人民掌权。他怀着这个目的到处奔波，有时去彼得堡，有时去国外，有时去基辅，有时去敖德萨，到处都十分顺手。有一个人，他本来以为是完全信得过的，却把他出卖了。他被捕，受到审讯，在监狱里关了两年，判了死刑，后来改为终身服苦役。

他在狱中得了肺痨。现在，在他目前所处的条件下，显然他至多只有几个月好活了。他知道这一点，对自己的所作所为并不后悔，而且还说，如果他能有第二次生命，他还会用来做同样的事，那就是破坏这种社会制度，因为在这种制度下他所见的种种事还会发生。

聂赫留朵夫因为接近了这个人并且了解了他的身世，懂得了许多以前不懂的事。

# 七

在押解官因为一个孩子在从旅站出发时同犯人发生冲突的那一天，歇在客店里的聂赫留朵夫醒得很迟，又写了几封信，准备到省城去寄，所以他从客店动身比平常迟些，也就没有像往常那样在路上赶上犯人队伍，而是直接来到犯人过夜的村子，这时已是黄昏了。有一家客店，是一个脖子又白又格外粗的肥胖老寡妇开的，聂赫留朵夫在这里烘干了衣服，又在装饰着大量圣像和画片的干净客房里喝足了茶，便要去旅站找押解官，要求准许跟玛丝洛娃见面。

在前面的六个旅站上，尽管押解官不断更换，但一律不准聂赫留朵夫进入旅站房间，所以他已经有一个多星期没见到玛丝洛娃了。所以这样严格，是因为有一个主管监狱的要员将经过这条路线。现在那位要员已经过去，对各个旅站连看也没有看，所以聂赫留朵夫就希望今天早上接管这批犯人的押解官也像过去的一些押解官一样，准许他和犯人见面。

客店老板娘劝聂赫留朵夫坐车到村头的小旅站去，可是聂赫留朵夫情愿走着去。一个年轻茶房给他带路。这小伙子肩膀宽宽的，像个大力士，脚上穿的大皮靴刚刚擦过气味很重的松焦油。天空弥漫着浓雾，大地上黑沉沉的，那小伙子在窗内灯光照不到的地方只要走出三步，聂赫留朵夫就看不见他，只能听见他的大皮靴在又黏又深的烂泥里吧唧吧唧地响。

聂赫留朵夫跟着茶房穿过教堂前的广场，来到一条长街上，两边房屋的窗子里都亮着灯火，穿过长街，来到村边，就是漆黑一团了。不过在黑暗中很快就出现了亮光，那是旅站旁边点的一些灯笼在雾中散发出来的。那些红红的光点越来越大，越来越亮。那来回走动的哨兵的黑黑的身影、栅栏的木桩、带条纹的柱子和岗亭渐渐看得见了。哨兵看见有人走近，用很平常的声音吆喝一声："谁？"他发现来的不是自己人，顿时就变得十分严厉，坚决不准在栅栏跟前逗留。可是带路的茶房看见哨兵这样严厉，丝毫不慌张。

"哎，你这小子，脾气倒不小！"他对哨兵说。"去把你们的头儿叫出来，我们在这儿等着。"

哨兵没有答话，朝栅栏门里面喊了几声，就站了下来，目不转睛地看着宽肩膀的小伙子就着灯笼的亮光用小木片刮聂赫留朵夫的靴子上粘的泥巴。可以听见栅栏里面有男男女女嘈杂的说话声。过了三分钟光景，当啷一声，栅栏的门开了，哨兵班长身披大衣，从黑暗中来到灯光下，问有什么事。聂赫留朵夫把准备好的名片和写明有私事求见的字条交给他，请他转送押解官。班长不像哨兵那样严厉，但特别喜欢寻根问底。他一定要知道聂赫留朵夫有什么事要见押解官，他又是什么人，显然是闻到有甜头儿，不愿放过机会。聂赫留朵夫说是有一件特别的事，并说会表示感谢的，就请把字条送上去吧。班长接过字条，点点头就走了。他走后又过了一阵子，栅栏门又当啷响了，从里面走出几个女人，手里拿着篮子、篓子、牛奶壶和袋子。她们一面用西伯利亚方言大声说着话儿，一面跨过栅栏门的门槛往外走。她们都不是乡下人打扮，而是像城里人那样，穿着大衣和皮袄，裙子掖得高高的，头上扎着头巾。她们借着灯笼的亮光好奇地打量着聂赫留朵夫和带路的人。其中一个女人见到这个宽肩膀小伙子显然很高兴,马上就用西伯利亚骂人话很亲热地骂起他来。

“你这该死的树精,上这儿干什么?”她对他说。

“这不是,我送客人上这儿来。”小伙子回答说。“你送什么东西来了?”

“牛奶做的吃食儿。叫我明天早晨再送一些来。”

“他们没有叫你留下过夜吗?”小伙子问。

“胡说!烂掉你的舌头!”她笑着骂道。“咱们一块儿回村子去,你送送我们。”

带路的小伙子又对她说了两句非常好笑的话,不但逗得女人们都笑起来,连哨兵也笑起来。他就问聂赫留朵夫:

“怎么样,您一个人回去行吗?不会迷路吧?”

“行,行。”

“过了教堂,从那座两层楼房子算起,右边第二家就是。哦,把这拐棍给您。”他说着,把他拄着走路的一根一人多高的棍子交给聂赫留朵夫,便吧唧吧唧地拖着他的大皮靴,和几个女人一同消失在黑暗中。

栅栏门又响了,班长走出来,请聂赫留朵夫跟他去见押解官,这时还能听见小伙子在夜雾中说话的声音,还夹杂着女人的声音。

## 八

这个小旅站的设施也和西伯利亚沿途所有的大小旅站一样：院子四周都用尖头圆木桩围着，里面有三座平房。最大的一座装有铁格子窗，是住犯人的。另一座是押解队住的。还有一座是办公室和押解官住的。这三座房子里现在都灯火通明，这种景象，尤其是在这里，往往使人产生错觉，以为这是什么好现象，在这亮堂堂的四壁之中一定是很舒服的。每座房子的门前都点着灯笼，墙边还有五盏灯笼，给院子里照亮。班长领着聂赫留朵夫从木板上走过，来到最小的一座房子台阶前。登上三级台阶，他便让聂赫留朵夫走在前面，进入点着一盏小灯、弥漫着烟气的前室。一名士兵穿着粗布衬衫和黑色长裤，系着领带，弯着腰站在火炉边，一只脚穿着长筒黄皮靴，拿着另一只靴子用靴筒给茶炉扇风。那士兵看见聂赫留朵夫，便丢下茶炊，帮聂赫留朵夫脱下皮大衣，就走进里屋。

“他来了，长官。”

“嗯，叫他进来。”一个气嘟嘟的声音说。

“您进来吧。”那士兵说过，就又去扇茶炊。

在点着一盏吊灯的里屋里，坐着一个军官，通红的脸，长长的淡黄色上嘴胡，身上穿的奥地利式上装把胸膛和肩膀裹得紧紧的，面前铺着桌布的桌子上还摆着吃剩的饭菜和两个酒瓶。在这暖和和的里屋里，除了烟草气味，还弥漫着很浓烈的劣质香水气味。押解官看到聂赫留朵夫，欠了欠身子，带着又像讥笑又像怀疑的神气盯着这个进来的人。

“有何事见教?”他问过,却不等回答,就朝门外嚷道:“别尔诺夫!茶炊究竟什么时候生好呀?”

“这就好。”

“我这就给你两下子,叫你记住!”押解官翻了翻眼睛,喝道。

“来啦!”那士兵嚷着,端着茶炊走了进来。

聂赫留朵夫等着士兵把茶炊放好(押解官一直在用恶狠狠的小眼睛盯着士兵,好像要瞅准什么地方好打他)。等茶炊放好了,押解官就煮起茶来。然后从旅行食品箱里拿出一瓶方形玻璃瓶装的白兰地和一些夹心饼干。他把这些东西都放到桌上以后,这才又和聂赫留朵夫说话:

“那么,有什么事要我效劳呀?”

“我要求见见一名女犯。”聂赫留朵夫还没有坐下来,就说。

“是政治犯吗?这是法律不许可的。”押解官说。

“这个女人不是政治犯。”聂赫留朵夫说。

“哦,请您坐下。”押解官说。

聂赫留朵夫坐下来。

“她不是政治犯,”他又说了一遍,“不过,根据我的请求,上面的长官批准她跟政治犯一起走……”

“哦,我知道,”押解官打断他的话说,“就是那个小小的、头发黑黑的娘儿们吧?好的,这可以。您抽烟吗?”

他把一包香烟朝聂赫留朵夫推了推,郑重其事地倒了两杯茶,把一杯推到聂赫留朵夫面前。

“请。”他说。

“谢谢您。我很想见见……”

“夜长着呢。您来得及。我派人去把她给您叫来就是了。”

“能不能不把她叫出来,让我到住的地方去?”聂赫留朵夫说。

“到政治犯那儿去吗? 这是违法的。”

“让我去过好几次了。说实在的,如果怕我传递什么东西,那我通过她也可以传递呀。”

“那不行,她要被搜身的。”押解官说过,不愉快地笑起来。

“哦,那就把我搜一搜吧。”

“哦,咱们不来这一套也行。”押解官说着,拿起开了瓶塞的酒瓶,凑到聂赫留朵夫的茶杯上。“来一点好不好? 哦,那就听便。长年待在西伯利亚这种地方,能见到一个有教养的人,真是太高兴了。说真的,干我们这一行,您也知道,真是再伤心不过了。一个人要是过惯了另外一种日子,如今这样真是够受。可是人家对我们这些人还有一种看法,认为押解官都是粗人,没有教养,就是不想想,也许有人天生不是干这个的呢。”

这个押解官那通红的脸、他那香水气味、他的戒指,尤其是他那不愉快的笑,都使聂赫留朵夫十分反感。可是聂赫留朵夫今天也和整个旅行期间一样,怀着一种郑重待人和关怀人的心情,在这种心情下他不论对待任何人都不敢冒失和轻视,认为同任何人说话都必须“把心掏出来”,这是他自己给自己规定的态度。聂赫留朵夫听了押解官的话,以为他是因为参与摧残他手下的犯人感到心里难受,就郑重地对他说:

“我想,凭您的职位,是可以减轻这些人的痛苦,从中得到安慰的。”

“他们有什么痛苦？他们就是这号儿人嘛。”

“他们是什么特别的人呢？”聂赫留朵夫说，“他们和所有的人一样。其中也有无辜的。”

“自然，各种各样的人都有。自然，很可怜。别的押解官丝毫不肯放松，可我呢，能马虎的尽量马虎。宁愿我受罪，也不能让他们受罪。别的押解官一见到什么事，马上就依法处理，要不然就枪毙，可我总是下不得手。再来点茶吗？吃点儿吧。”他说着，又给他倒茶。“您要见的那个女人，究竟是个什么人？”他问。

“是一个很不幸的女人，沦落到一家妓院里，在那里被诬告毒死人命，其实她是一个很好的女人。”聂赫留朵夫说。

押解官摇了摇头。

“是啊，这种事是有的。不瞒您说，在喀山就有这样一个女人，叫艾玛。她是匈牙利人，可眼睛却是地地道道的波斯型的。”他继续说着，一想起这事就憋不住笑起来，“那风度，简直像个伯爵夫人……，’

聂赫留朵夫打断押解官的话，回到原来的话题上。

“我想，这些人只要在您的手下，您是可以使他们的状况好一些的。我相信，您这样做，会得到很大的快乐的。”聂赫留朵夫尽可能把话说得清楚易懂，就像跟外国人或孩子们说话那样。

押解官用亮闪闪的眼睛看着聂赫留朵夫，显然急不可待地等着他把话说完，好继续讲那个波斯眼睛的匈牙利女人的事，显然那女人活灵活现地出现在他的脑海里，把他的全部注意力都吸引去了。

“是的，是这样，可以说，这是不错的。”他说。“我也很可怜他们。不过我想对您说说那个艾玛的事。她为的是这么一回事儿……”

“我对这事不感兴趣，”聂赫留朵夫说，“我也不瞒您说，虽然我以前也是另外一种样子，现在我可是痛恨这种对待女人的态度。”

押解官带着惊愕的神气看了看聂赫留朵夫。

“那么，再来一点儿茶吧？”他说。

“不用，谢谢了。”

“别尔诺夫！”押解官叫道。“把这位先生带到瓦库洛夫那儿去，就说让这位先生到隔离房间里去看政治犯；可以在那儿待到点名的时候。”

## 九

聂赫留朵夫由传令兵带领着，又来到红红的灯笼火朦朦胧胧照射着的昏暗的院子里。

“上哪儿去？”一个押解兵迎面走来，向这个给聂赫留朵夫带路的传令兵问道。

“去隔离室，五号。”

“这里过不去，锁上了，要走那个门。”

“干吗锁上啦？”

“班长锁上的，他上村子里去了。”

“好吧，那就往这儿走。”

传令兵领着聂赫留朵夫朝另一个门走去，踩着木板，来到另一个台阶前。在院子里就听见里面嗡嗡的说话声和走动声,就好像一窝十分兴旺、正准备分群的蜜蜂。等聂赫留朵夫走近了,门也开了,嗡嗡声就更响了,变成了一片叫嚷声、骂声和笑声。还听见镣铐的叮当声,还闻到粪便和焦油那种难闻的、闻过多次的气味。

镣铐的叮当声和这种恶臭气味——这两种感受在聂赫留朵夫身上往往汇合成一种感觉,一种精神上的恶心感,并且渐渐变成生理上的恶心感。这两种感受汇合在一起,就会相互加强。

门廊里放着一个臭烘烘的大木桶,这就是所谓“马桶”。聂赫留朵夫一走进去,一眼便看到一个女人坐在木桶沿上。她的面前站着一个剃了半边头的男子,歪戴着薄饼般的帽子。他们正在聊着什么事情。那男犯一看到聂赫留朵夫,挤了挤一只眼睛,说:

“就连皇上也不能不准人尿尿呀。”

可是那女人把囚服下摆放下来,并且低下了头。

从门廊往里走是一条过道,过道两边的牢房门都开着。第一间牢房是住带家眷犯人的,再过去是一大间,是住单身犯人的,过道顶头是两个小间,是政治犯住的。这个旅站的房子额定住一百五十人,现在却住了四百五十人,所以十分拥挤,犯人在牢房里住不下,把过道也挤满了。有些人在地板上坐着或躺着,还有一些人进进出出,手里提着空茶壶或者装着水的茶壶。塔拉斯就在这些人当中。他赶上聂赫留朵夫,很亲热地打招呼。塔拉斯那和善的脸变得很难看了,因为他的鼻子上和眼睛底下添了好几处青紫肿块。

“你这是怎么啦?”聂赫留朵夫问。

“出了一点事儿。”塔拉斯笑着说。

“老是打架嘛。”押解兵不屑一顾地说。

“为了娘儿们，”走在他们后面的一个犯人补充说，“他和瞎子菲季卡干了一架。”

“菲道霞怎么样？”聂赫留朵夫问。

“她没什么，很好，我这就是打开水给她泡茶。”塔拉斯说过，便走进带家眷的牢房。

聂赫留朵夫朝门里面看了看。整个牢房里挤满了女人和男人，有的在床上，有的在床底下。牢房里弥漫着水蒸气，那是晾着的湿衣服散发出来的。女人的叫嚷声一刻也不停。再过去一个门便是单身犯人的牢房。这牢房里更加拥挤，连门口和门外过道上都站满了闹哄哄的一群穿着湿衣服的犯人，在分什么，也许是在算什么。押解兵向聂赫留朵夫解释说，这是犯人头儿在从伙食费中扣钱，把借的钱和用纸牌做的票子做赌注输的钱付给聚赌的头儿。一些离得近的犯人一看见押解兵和一位先生，就不作声了，很反感地打量着这两个路过的人。聂赫留朵夫在分钱的人当中发现了他认识的苦役犯菲道罗夫。菲道罗夫身边总是带着一个拧着眉毛的、白白的、好像是浮肿的、可怜巴巴的小伙子，还有一个令人厌恶的麻脸、没有鼻子的流浪汉，这人是出了名的，因为他在逃进原始森林的时候，杀了自己的同伴，吃了他的肉。流浪汉站在过道里，一个肩膀披着潮湿的囚服，带着嘲笑和蛮横的神气望着聂赫留朵夫，没有让路。聂赫留朵夫就从他身旁绕过去。

尽管聂赫留朵夫见惯了这种场面，尽管三个月来他在各种各样的场合常常看到这四百名刑事犯：在炎热的时候，在他们拖着脚镣在一团团灰尘中行进的时候，在沿途休息的时候，在旅站院子里，在暖和日子里出现公开通奸的可怕场面的时候，他都看见过，可是他每次来到他们中间，像现在这样发觉他们的目光都集中到他身上，他还是感到很不好受，感到羞愧和对不起他们。最使他感到沉重的是，不光有羞愧感和负疚感，还有克制不住的厌恶感和恐惧感。他知道，他们处在他们所处的境况下，不可能不是他们现在这个样子，可他还是压制不住对他们的厌恶心情。

"这些寄生虫，他们倒是很自在，"聂赫留朵夫已经快要走到政治犯牢房门口，听到有人说，"这些浑蛋，他们有什么；大概不会肚子疼。"另一个沙哑的声音，又补充了一句更难听的骂人话。

响起一阵不友好的、带有嘲弄意味的哄笑声。

## 十

过了单身犯人的牢房，给聂赫留朵夫带路的士兵就对他说，在点名之前来接他，说过就转身走了。那士兵刚走开，就有一个男犯提着铁镣，光着脚，快步走到聂赫留朵夫跟前，向他散发着浓重的汗酸气，悄悄地小声对他说：

"先生，您出头管一下吧。那小子完全上了圈套。人家把他灌醉。今天在交接的时候他就顶替了卡尔玛诺夫。您出头管一下吧，我们不能管，不然会被打死的。"那个男犯一面张皇四顾，一面说，说过马上就走开了。

事情是这样的：有一个姓卡尔玛诺夫的苦役犯，怂恿一个面貌跟他相似、判处终身流放的小伙子跟他互换姓名，这样，服苦役的就改为流放,小伙子就代替他去服苦役。

这件事聂赫留朵夫已经知道了,因为刚才这个犯人在一个礼拜之前就把这个骗局告诉他了。聂赫留朵夫点了点头,表示明白了,并将尽力量去做,就连头也没回,继续往前走。

聂赫留朵夫在叶卡捷琳堡就认识这个犯人了,他在那里要求聂赫留朵夫替他说情,准许他的妻子跟他去。聂赫留朵夫对他的举动感到惊讶。这是一个中等身材、三十岁左右的人,一副最普通的农民模样,因为蓄意谋财害命被判服苦役。他名叫玛卡尔·杰夫金。他犯罪犯得很奇怪。照他自己对聂赫留朵夫说的,这罪不是他玛卡尔犯的,而是**他**魔鬼犯的。他说,有一个过路人找到他爹,出两个卢布,要他爹用雪橇把他送到四十俄里以外的一个村子去。他爹就叫他把过路人送去。玛卡尔套好雪橇,穿起衣服,就跟过路人一起喝起茶来。过路人在喝茶的时候聊起来,说他是回家成亲的,还说随身带着在莫斯科挣的五百卢布。玛卡尔听了这话,就走到院子里,把一把斧子藏到雪橇草垫底下。

"连我自己也不知道为什么要带斧子。"他说道。"魔鬼对我说:'把斧子带上。'我就带上了。我们坐上去,就走。走呀,走呀,什么事儿也没有。我都把斧子忘了。快要到那个村子了,只剩下六俄里了。从小道要上大路,朝坡上爬去。我下了雪橇,跟在后面走,可是**他**小声说:'还有什么犹豫的?等上了坡,大路上到处都有人,然后就是村庄。他就带着钱走了;要干,就是现在,没有什么好等的。'我弯下腰,像是要理理雪橇上的草垫,那斧子就像是自动跳到我手里。那人回头看了看,说:'你要干什么?'我抡起斧子,就想劈下去,可他是个机灵人,一下子从雪橇上跳下来，抓住我的双手。说：‘你这坏蛋，想干什么？……’他把我推倒在雪地上，我也不还手，任他摆弄。他用腰带捆起我的手，把我扔到雪橇上。一直把我送进区警察局。把我关进监牢，又开庭审判。我们村社替我说好话，说我是个好人，从来没做过坏事。我的东家也说好话。可是没有钱请律师，”玛卡尔说，“所以就判了四年苦役。”

就是这个人现在想搭救他的同乡，虽然他知道说这些话有生命危险，他还是把犯人中的秘密告诉了聂赫留朵夫。万一人家知道这是他干的，一定会把他活活勒死。

## 十一

政治犯住的是两间小牢房，门朝着被隔开的一截过道。聂赫留朵夫一走进这一截过道，看到的第一个人就是西蒙松。西蒙松穿着短上衣，手里拿着松木劈柴，蹲在生了火的炉子跟前，炉门被热气吸着，不住地打颤。

他看见聂赫留朵夫，没有站起来，那浓眉底下的眼睛从下面朝上望着，他伸出手来。

“您来了，我很高兴，我很需要见到您。”他对直地看着聂赫留朵夫的眼睛，带着意味深长的神气说。

“究竟有什么事呀？”聂赫留朵夫问。

“等一会儿再说。现在我离不开。”

西蒙松又继续生炉子。他生炉子运用的是他的一套尽量减少热能损耗的特殊原理。

聂赫留朵夫正要进一扇门，玛丝洛娃却从另一扇门里出来。她手里拿着笤帚，弯着腰，正在把一大堆垃圾和灰土往炉子跟前扫。她穿着白褂子、长袜子，裙子下摆掖在腰里。她为了挡灰，头上包着一块白头巾，一直抵到眼眉。她一看见聂赫留朵夫，就飞红了脸，把笤帚放下，在裙子上擦了擦手，红着脸、很兴奋地直着身子站在他面前。

“您在打扫房间吗？”聂赫留朵夫说着，伸过手去。

“是的，这是我的老本行了。”她说着，笑了笑。“简直脏得没法说。我们扫了一遍，又是一遍。怎么样，那条毛毯干了吗？”她问西蒙松。

“差不多了。”西蒙松用一种很特别的、使聂赫留朵夫感到惊讶的目光看着她说。

“那好，等会儿我来拿，再把皮袄拿来烤烤。我们的人都在这里面。”她指着近处的一扇门对聂赫留朵夫说，自己却朝远些的一扇门走去。

聂赫留朵夫推开门，走进不大的牢房，有一盏小小的铁皮灯，放在低低的板床上，光线微弱。牢房里很冷，弥漫着还没有落下去的灰尘，还有潮气和烟气。铁皮灯照亮了周围的一些东西，但板床还在阴影里，墙上游动着摇摇晃晃的阴影。

在这个不大的牢房里，除了两个掌管伙食的男犯出去打开水和买食品以外，其余的人都在。聂赫留朵夫的老相识薇拉·波戈杜霍芙斯卡娅也在这儿。她更瘦了，也更黄了，穿着灰色上衣，头发剪得短短的，额头上露出青筋，一双大眼睛流露着惊惶的神气。她面对一张报纸坐着，报纸上撒了不少烟草，她正在一下一下地往纸卷里填烟草。

艾米丽雅·兰采娃也在这里。她是聂赫留朵夫最有好感的女政治犯之一。她掌管内务，给他的印象是，即使处在最艰苦的条件下，她也会显示出女性的持家本领和魅力。她坐在灯前，卷起袖子，用她那晒得黑黑的又好看又灵巧的手擦干一只只茶杯和茶碗，一一放到床上铺开的一条手巾上。兰采娃是一个不算漂亮的年轻女子，一张聪明而亲切的脸，那张脸有一个特点，就是在笑的时候就一下子变了样子，变得又快活，又神气，又迷人。她现在就用这样的笑容迎接聂赫留朵夫。

“我们还以为您回俄罗斯，不来了呢。”她说。

谢基尼娜也在这里，在远处一个幽暗的角落里，正在和那个淡黄头发的小女孩在做什么事，女孩用她那可爱的童音咿咿呀呀不停地说着什么。

“您来得太好了。您看到卡秋莎了吧？”她问聂赫留朵夫。“瞧，我们这儿来了个什么样的小客人呀。”她指了指小女孩。

克雷里佐夫也在这里。他又瘦又苍白，脚穿毡靴，盘腿坐在远处一个角落里的板床上，佝偻着身子，浑身打着哆嗦，双手插在皮袄袖筒里，用热辣辣的眼睛望着聂赫留朵夫。聂赫留朵夫正想到他跟前去，可是他看见门的右边坐着一个戴着眼镜、身穿杜仲胶上衣的淡棕色鬈发的人，那人一面在背包里翻着什么东西，一面跟俊俏的、笑盈盈的格拉别茨说着话儿。这人就是有名的革命家诺沃德沃罗夫。聂赫留朵夫连忙跟他打招呼。他所以特别急着跟他打招呼，是因为在这一批政治犯中，他唯一不喜欢的就是这个人。诺沃德沃罗夫眏了眏他那蓝眼睛，从眼睛上方看了看聂赫留朵夫,便皱起眉头,向他伸过一只瘦长的手来。

“怎么样,旅行愉快吗?”他显然带着嘲讽的口气说。

“是啊,有很多有趣的事儿。”聂赫留朵夫装作没有看出他的嘲讽,而是当作热情的表示,回答过,便朝克雷里佐夫走去。

聂赫留朵夫表面上装作毫不在意,然而在心里对诺沃德沃罗夫却远远不是毫不在意的。诺沃德沃罗夫这话,以及他那种有意说令人不快的话、做令人不快的事的用心,破坏了聂赫留朵夫本来的良好心境。他感到懊丧和郁闷起来。

“您身体怎么样?”他握着克雷里佐夫那哆哆嗦嗦的冰凉的手说。

“还好,就是身子不暖和,都湿透了。”克雷里佐夫说着,急忙把手揣到袖筒里。“这儿也冷得要命。瞧,窗子都坏了。”他指了指铁格子外面两处打坏的玻璃。“您怎么,好久没来啦?”

“不让我来呀,当官的严得很。只有今天这个还算和善。”

“哼,还和善哩!”克雷里佐夫说。“您问问玛丽雅,今天早晨他干了什么。”

谢基尼娜没有站起来,讲了讲早晨从旅站出发时因为这女孩发生的事。

“依我看,必须提出集体抗议。”薇拉用果断的口气说,同时却又迟疑又胆怯地忽而看看这个,忽而看看那个。“西蒙松提过抗议了,但这还不够。”

“还提什么抗议呀?”克雷里佐夫烦恼地皱着眉头说。显然,薇拉的不踏实、唱高调和神经质早就使他很恼火了。“您是找卡秋莎的吧?”他问聂赫留朵夫。“她一直在干活儿,打扫房间呢。我们男的这一间打扫好了,这会儿打扫女的那一间去了。就是蛇蚤扫不掉,咬得人够受。玛丽雅在那儿干什么呀?”他用头点了点谢基尼娜那个角落,问道。

“在给她的养女梳头呢。”兰采娃说。

“她不会把虱子带给咱们吧?”克雷里佐夫问道。

“不会,不会,我很仔细。她现在干干净净的了。”谢基尼娜说。“您带带她吧,”她对兰采娃说,“我去帮帮卡秋莎。还要把他的毛毯带回来。”

兰采娃抱过女孩,像母亲一样亲亲热热地把她那胖乎乎、光溜溜的胳膊放到自己胸口上,让她坐在自己膝盖上,又给了她一块糖。

谢基尼娜走了出去,她一走,那两个打开水和买食品的人就回到牢房里来了。

## 十二

进来的两个人当中有一个是个头儿不高的瘦瘦的年轻人,穿一件吊面小皮袄,脚蹬高筒皮靴。他提着两壶热气腾腾的开水,腋下夹着一块用头巾包着的面包,很轻快地走了进来。

“哎呀,我们的公爵驾到啦。”他说过,把茶壶放到茶碗中间,把面包交给玛丝洛娃[1]。“我们买了一些极好的东西。”他说着,脱掉小皮袄,从大家的头顶上扔到板床的角落里。“玛尔凯买了牛奶和鸡蛋;今天简直可以开舞会了。反正艾米丽雅总是把屋里收拾

①此处应为兰采娃。

得干干净净、漂漂亮亮的。”他笑嘻嘻地看着兰采娃说。“好，现在你就泡茶吧。”他对她说。

这人的整个外表、他的一行一动、他的声调和眼神都透露着蓬勃的朝气和愉快的气氛。进来的另一个人个头儿也不高，瘦骨嶙峋，那苍白的瘦脸上的颧骨显得很高，一双清秀的淡绿色眼睛离得很远，薄薄的嘴唇——此人恰恰相反，一副郁郁不乐、灰心丧气的样子。他穿着旧棉大衣，皮靴上套着套鞋，手里提着两个瓦罐和两只树皮篮。他把东西放到兰采娃跟前，就朝聂赫留朵夫弯了弯脖子，这样他就既点了头，眼睛仍然还在看着聂赫留朵夫。然后，又很勉强地伸过一只汗津津的手来，随后才慢腾腾地把吃的东西从篮子里拿出来，一一摆好。

这两个政治犯都出身平民：第一个是农民纳巴托夫，第二个是工人玛尔凯·康德拉季耶夫。玛尔凯参加革命活动时已经是三十五岁的中年人；纳巴托夫从十八岁就参加了。纳巴托夫因为天分过人从乡村学校进了中学，同时一直靠当家庭教师维持生活，中学毕业时得了金质奖章，但他不进大学，因为在七年级的时候就下定了决心，要到他出身的平民中间去，去教育那些被遗忘的弟兄。他就这样做了：先到一个大村子里去当文书，可是不久他就被捕了，因为他给农民朗读小册子，还在农民中间创办了一个生产消费合作社。第一次被捕，他在牢里坐了八个月，出狱后仍受到暗中监视。他出狱之后立刻就跑到另一个省的一个村子里，在那里当了教师，又进行那样的活动。他又被抓起来，这一次把他关了一年零两个月，然而他在狱里更坚定了自己的信念。

他第二次出狱后，被流放到彼尔姆省。他从那里逃跑了。他又被抓进去，关了七个月，然后流放到阿尔汉格尔斯克省。又因为拒绝向新沙皇宣誓效忠，从那里流放到雅库茨克地区。所以，他成年以后的日子有一半是在监狱和流放中度过的。所有这些经历丝毫没有使他的性情变坏，而且也没有损伤他的毅力，倒是更激发了他的斗志。他是一个活泼好动的人，胃口特别好，不论什么时候总是精神饱满、快快活活、朝气勃勃。他不论做什么，从不后悔，也不去猜想遥远的未来，而是尽自己的智慧、才干和办事能力办好当前的事情。他出了监狱，就为自己既定的目标而工作，也就是教育和团结以农民为主的干活儿的人；他进了监狱，同样朝气勃勃、脚踏实地地工作，跟外界进行联系，在现有条件下尽可能把生活安排好，不仅为自己，而且为自己的团体。他首先是团体的人。他觉得自己什么也不需要，他一无所有也可以心满意足，可是为了同志们的团体他却有很多要求，而且可以干各种各样的活儿，不论体力活儿，脑力活儿，一干起来就不停手，不吃饭，不睡觉。他是农民，爱劳动，干活儿又麻利又灵巧，自然而然能克制自己，彬彬有礼也不是有意而为，不仅能体贴别人的心情，而且能尊重别人的意见。他的老母亲还活着，是一个寡妇，不识字，满脑子迷信思想。纳巴托夫还要照顾她，在没有坐牢的时候，还常常去看她。他每次回家，总是细心地问寒问暖，帮她干活儿，并且跟他以前的伙伴，跟那些农民小伙子来往不断；跟他们一块儿吸劣等烟草卷成的狗腿烟[①]，跟他们较量拳脚，并且向他们讲解，他们大家怎样受了骗，怎样才能摆脱他们正置身其中的骗局。每当他想到或者说到革命将给老百姓带来什么好处时，总认

①俄国农民自卷的烟卷儿，形似狗腿。

为像他那样出身的老百姓将处在跟现在差不多的条件下，只是有了土地，没有老爷和官僚。他认为，革命不应当改变人民的基本生活方式。在这一点上，他和诺沃德沃罗夫及其追随者玛尔凯·康德拉季耶夫的意见不同。照他的意见，革命不应该摧毁整个大厦，只是应该把他热爱的这座壮观、坚固、宏伟的古老大厦里面的房间重新分配一下。

他在宗教方面也表现出典型的农民态度：他从来不考虑玄虚的问题，不考虑万物的起源，不考虑死后的岁月。上帝在他的心目中，如同在阿拉哥[①]的心目中一样，是他一直认为不必要的一种假设。世界是怎样创造的，是摩西说的对，还是达尔文说得对，他根本不过问。他的同志们都认为达尔文主义极端重要，可是他认为这同样是一种思想游戏，跟六天里创造世界的说法一样。

他不关心世界怎样起源的问题，正是因为在他面前总是摆着在这个世界上怎样才能生活好些的问题。他也从不考虑来世，因为在他心灵深处有一种坚定而稳固的信念，这种信念是祖祖辈辈传下来的，是庄稼人都有的，那就是，正如在动物世界和植物世界，任何东西都不会完结，而是不停地在变化，从一种形式变为另一种形式，大粪变成谷子，谷子变成鸡，蝌蚪变成青蛙，青虫变成蝴蝶，橡子变成橡树，人同样也不会消灭，只是在变化罢了。他相信这一点，所以他常常斗志昂扬甚至高高兴兴地面对死亡，坚定不移地忍受那些可能导致死亡的折磨，可是他不喜欢谈也不善于谈这种事。他喜欢工作，总是忙着干实际事情，并且常常推动同志们去干这样的实际事情。

---

①阿拉哥（1786—1853），法国物理学家，天文学家。

这批犯人中的另一个平民出身的政治犯玛尔凯·康德拉季耶夫却是另一种气质的人。他从十五岁就做工，并且开始吸烟和喝酒，为的是排遣模模糊糊的屈辱感。他第一次感受到这种屈辱，是在圣诞节的时候，那时他们这些童工被带到工厂老板娘装饰的圣诞树前，他和小伙伴们得到的礼物是只值一个戈比的小笛、一个苹果、一个金纸包的核桃和一个干无花果，可是老板的孩子们却得到一些玩具，他觉得那都是仙女送的玩意儿，后来他听说，价值在五十卢布以上。他二十岁那年，有一位著名的女革命家进他们的工厂当工人，发现玛尔凯有出众的才能，就送书和小册子给他看，和他谈话，给他讲解他所处的地位、处于这种地位的原因和改善这种处境的办法。等他清楚地认识到有可能把自己和别人从所处的被压迫状况下解放出来，他就觉得这种不合理的状况比以前更严酷、更可怕了，于是他不仅强烈地要求获得解放，而且要严惩那些建立和维护这种残酷的不合理制度的人。他听说，有知识才有这种可能，他就如饥似渴地追求知识。他不清楚，究竟怎样通过知识来实现社会主义理想，但他相信，知识既然使他懂得了他所处状况的不合理，那么知识就一定能够改变这种不合理的状况。此外，有了知识，他也就自认为比别人高明了。因此他戒绝烟酒之后，就把全部空闲时间用在读书上，等他做了仓库管理员，他的空闲时间就更多了。

女革命家教他，并且对他那种久旱逢雨般地吸收各种各样知识的出色才华感到惊异。两年时间里他学了代数、几何和他特别喜欢的历史，涉猎了所有的文学作品和评论著作，尤其是社会主义著作。

女革命家被捕，玛尔凯也一起被捕，因为在他那里搜到了禁书。把他关进监狱，后来又把他流放到沃洛戈德省。他在那里认识了诺沃德沃罗夫，又阅读了许多革命书籍，全都记得牢牢的，更加坚定了他的社会主义观点。流放期满之后，他领导了一次大罢工，罢工的结果是捣毁了工厂，打死了厂长。他又被捕，褫夺公权，再次流放。

他像反对现行的经济制度一样，反对宗教。他明白了他从小就信奉的宗教是荒谬的，就努力摆脱了宗教的束缚，起初还觉得害怕，后来就觉得非常高兴了。从此以后，他好像要为自己和祖祖辈辈受欺骗出出气，经常十分尖刻、十分辛辣地嘲笑教士和宗教教条。

他过惯了清心寡欲的日子，有一点点儿东西就心满意足。他和所有从小干惯了活儿、身强力壮的人一样，不论干什么体力活儿，又轻松，又灵巧，又可以干很多，可是他最珍惜空闲时间，为的是在监狱里和在旅站上继续学习。他目前在读马克思著作第一卷[①]，常细心地把这部书保藏在背包里，就像是无价之宝。他对所有的同志都很疏远和冷淡，只有诺沃德沃罗夫是例外，他对他特别信赖，他认为诺沃德沃罗夫对各种问题的见解都是颠扑不破的真理。

他对女人抱着无法克制的轻蔑态度，把女人看作一切正当工作的障碍。不过他很同情玛丝洛娃，对她很亲热，因为他把她看作下层阶级受上层阶级剥削的典型。也正是由于这一原因，他不喜欢聂赫留朵夫，不和他说话，不和他握手，除非聂赫留朵夫先和

①指《资本论》第一卷。俄译本出版于一八七二年。

他打招呼，他才伸过手去，让他握一握。

## 十三

炉子生好，牢房里暖和起来，茶也煮好了，倒在一个个玻璃杯和茶缸里，加上牛奶，变成白色。面包圈、新鲜的精粉面包、白面包、熟鸡蛋、牛奶、烧牛头、牛蹄髈都摆了出来。大家都凑过来，把床铺当作饭桌，又吃，又喝，又聊天。兰采娃坐在一个箱子上，给大家倒茶。除了克雷里佐夫，其余的人都在她周围。克雷里佐夫脱掉了潮湿的皮袄，用烤干的毛毯裹着身子，躺在自己的床位上，和聂赫留朵夫说着话儿。

在冷风、苦雨中跋涉一天之后，看到这里又脏又乱，花了不少力气收拾得整齐清洁之后，又吃了东西，喝了热茶，这时大家的心情再愉快、再高兴不过了。

隔壁是刑事犯的脚步声、叫嚷声和骂声，好像叫他们记着，他们周围是什么，这样也就更加强了他们的舒适感。这些人好像处在大海中的孤岛上，一时间没有感觉到自己遭受周围屈辱和痛苦浪潮的袭击，因而处在振奋和昂扬的心境中。他们无所不谈，只是不谈他们的处境，不谈等待着他们的是什么。除此之外，他们也像一般青年男女那样，尤其是他们这些人天天在一块儿，而且非在一块儿不可，他们之间也就产生了和谐的和不和谐的、各种各样错综复杂的爱情。他们几乎都在恋爱。诺沃德沃罗夫恋上了美丽而爱笑的格拉别茨。这个格拉别茨是个年纪很轻的高等女校学生，很少思考，对革命问题毫无兴趣。然而她也受到时代的影响,卷入某一事件,被判流放。她在入狱前的主要生活兴趣是博取男人的爱,后来在受审期间,在狱中,在流放中,这种兴趣依然不变。如今在流放途中,诺沃德沃罗夫爱上她,她感到安慰,她也就爱上了他。薇拉是个多情的女子,却不能唤起别人的爱慕,然而她却总是指望有相应的回报,时而爱上纳巴托夫,时而爱上诺沃德沃罗夫。克雷里佐夫对待谢基尼娜的态度也有点儿像恋爱。他爱她,就像男人爱女人那样,但是他知道她对恋爱的态度,便巧妙地掩饰自己的感情,将爱情装扮成友情和感激之情,感激她对他体贴入微的照顾。纳巴托夫和兰采娃之间发生了很复杂的爱情关系。正如谢基尼娜是个完全贞洁的处女,兰采娃也是个完全忠于丈夫的贞洁的妻子。

她在十六岁那年,还在念中学的时候,就爱上了彼得堡大学学生兰采夫。十九岁那年,她就和他结了婚,那时他还在大学里。他在上四年级的时候,卷进大学里的学潮,被驱逐出彼得堡,从此成了革命者。她放弃正在学的医学课程,跟他出走,也成了革命者。如果她不认为她的丈夫是天下最好、最聪明的人,她也不会爱上他,不爱上他,她也不会嫁给他。既然她爱上并且嫁给了她认为世界上最好、最聪明的人,自然,她也就依照世界上最好、最聪明的人的观点来理解人生和人生的目的了。他起初认为人生就是学习,她也认为人生就是这样。他成为革命者,她也就成了革命者。她能够很好地论证,现行制度不能保留,人人都有责任反对这种制度,要建立一种新的政治和经济制度,在新的制度中,一个人可以得到自由发展,等等。她觉得,她就是这样想和这样感觉的,其实她只是认为丈夫所想的一切都是真理,她所追求的只有一点，那就是跟丈夫的心完全一致，跟丈夫的心融汇在一起，只有这样她才心满意足。

离别丈夫，离别孩子，孩子由她母亲领去，她都很痛苦。可是她在离别时十分坚强，十分镇定，因为她知道自己承受这一切是为了丈夫，为了事业，这种事业无疑是正义的，因为他就在为这一事业奋斗。她的心永远和丈夫在一起，正如她以前没有爱过任何人，现在除了自己的丈夫，她也不能爱任何人。可是纳巴托夫对她的一片热诚和纯真的爱却打动了她的心，使她的心无法平静。他是一个道德高尚的刚强的人，是她丈夫的朋友，竭力像对待姐妹那样对待她，可是在他对她的态度中却常常流露出超过兄妹情谊的感情，这种感情使他们两个都害怕，不过同时这也为他们目前的艰难生活增添了色彩。

所以，在这个圈子里，完全跳出情场的，就只有谢基尼娜和玛尔凯了。

## 十四

聂赫留朵夫通常总是在大家都喝过茶，吃过晚饭，才能单独和玛丝洛娃谈谈，这一次他也指望这样的，所以他就坐在克雷里佐夫跟前，跟他聊天。他就顺便对克雷里佐夫说了说玛卡尔向他提出的要求以及玛卡尔犯罪的经过。克雷里佐夫用炯炯的目光盯着聂赫留朵夫的脸，留神听着。

“是啊，”克雷里佐夫忽然说，“我常常有一种想法：我们跟他们一起走，跟他们在一块儿，可是，‘他们’是什么人呀？他们就是我们为之奋斗的那些人。然而我们不仅不了解他们，也不想了解他们。更糟糕的是，他们还痛恨我们，认为我们是他们的敌人。这才可怕呢。”

“没有什么可怕的。”一直在听他们说话的诺沃德沃罗夫说道。“群众永远是一心一意崇拜权力的。”他用他那刺耳的嗓门儿说，“政府掌权，他们崇拜政府，仇恨我们；到明天我们掌了权，他们就会崇拜我们……”

这时隔壁突然响起一阵叫骂声、有人撞墙的声音、铁镣叮当声、尖叫声和呼喊声。有人被打，有人在叫喊：“救命啊！”

“瞧，他们这群野兽！咱们和他们有什么交道可打？”诺沃德沃罗夫心安理得地说。

“你说他们是野兽。可是刚才聂赫留朵夫就讲了一件很了不起的事。”克雷里佐夫很愤慨地说。于是他说了说玛卡尔冒生命危险救同乡的事。“这种事可不是野兽干的，而是了不起的举动。”

“真是多情善感！”诺沃德沃罗夫讽刺说。“我们很难理解这些人的心思和他们行动的动机。你认为这是舍己为人，可是也许，这是嫉妒那个苦役犯。”

“你怎么就不愿意看到别人一点好的地方呀。”谢基尼娜一下子发起火来，说道（她对任何人都称“你”）。

“没有的事是不可能看到的。”

“人家舍命救人，怎么是没有的事呢？”

“我以为，”诺沃德沃罗夫说，“如果我们想干我们的事业，那么，最要紧的条件（玛尔凯本来在灯下看书，这时放下书，留神听他的老师讲话)就是,不能胡思乱想,而是要如实地看待事物。为人民大众尽一切力量,而对人民大众不能有任何指望;人民大众是我们服务的对象,但只要他们像现在这样不争气,就不能成为我们的同志。"他像发表演说似的说了起来:"所以,在我们还没有推动他们完成发展过程以前,指望他们对我们有所帮助,纯粹是幻想。"

"什么样的发展过程?"克雷里佐夫涨红了脸,说道,"我们常说,我们要反对武断和专横,难道这不是最可怕的专横吗?"

"根本不是什么专横。"诺沃德沃罗夫镇定地回答说,"我只是说,我知道人民应该走哪条路,并且能够指出这条路。"

"可是你怎么能认定你指的路是正确的呢?难道这不就是产生过宗教裁判所[①]和大革命屠杀[②]的那种专横吗?他们也凭书本知道唯一正确的道路呀。"

"他们错了,不能证明我也错了。再说,思想家的空想与经济学的实际数据是有很大区别的。"

诺沃德沃罗夫的声音灌满整个牢房。只有他一个人在说,大家都不说话了。

"老是在争论。"等他暂时不说了,谢基尼娜说道。

"您对这事有什么看法呢?"聂赫留朵夫问谢基尼娜。

"我认为克雷里佐夫说的对,不能把我们的观点强加给人民。"

①十三世纪天主教教廷设立的机构,残酷地镇压异教徒,同时也迫害进步的思想家和科学家。

②指法国资产阶级革命时期雅各宾派实行革命恐怖手段。

“哦，那么您呢，卡秋莎？”聂赫留朵夫笑着问玛丝洛娃，却又很胆怯地等待她回答，怕她说出不对头的话。

“我认为，老百姓是受欺负的，”她满脸通红地说，“老百姓太受欺负了！”

“说得对，卡秋莎，很对，”纳巴托夫高声说，“老百姓受尽了欺负。就是要不让老百姓再受欺负。我们的全部事业就是为了这个。”

“这种有关革命任务的概念太奇怪了。”诺沃德沃罗夫说过这话，便一声不响地、气嘟嘟地抽起烟来。

“我真是没法跟他谈。”克雷里佐夫小声说过这话，也就不说了。

“不谈要好得多。”聂赫留朵夫说。

## 十五

尽管诺沃德沃罗夫受到所有革命者的很大尊敬，尽管他很有学问，也算是很聪明，聂赫留朵夫却把他列入大大低于一般水平的一类革命者，因为其道德品质低于一般水平。这人的智力——好比分子——是大的，但他对自己的估价——好比分母——却大到不可通约的地步，早就超过了他的智力。

这人精神生活的倾向，正好与西蒙松相反。像西蒙松一类的人，主要是男性气质的，其行动来自思想活动，思想活动决定其行动。诺沃德沃罗夫则属于另一类人，这类人主要是女性气质的，其思想活动部分用于达到感情所确定的目标，部分用于证明感情造成的行动的正确性。

诺沃德沃罗夫的全部革命活动,尽管他能够用各种各样令人信服的理由说得娓娓动听,可是聂赫留朵夫认为,不过是出于虚荣心,想出人头地。起初,由于他善于领会别人的思想和准确表达别人的思想,他在求学期间,在学生和教师当中,在非常看重这种才能的地方(在中学、大学、硕士学位班),都能出人头地,他也就心满意足了。可是等他领到文凭,离开学校,这种出人头地状况也就不存在了,于是,正如很不喜欢他的克雷里佐夫对聂赫留朵夫说的,他为了在新的环境里出人头地,就摇身一变,改变观点,从渐进主义的自由派,一下子变成了红色的民意党人。由于他的天性中缺乏那种促使人怀疑和犹豫的道德品质和审美本能,他很快就在革命者的圈子里获得党的领导者地位,满足了他的虚荣心。一旦选定方向,他从不怀疑,从不犹豫,所以也就相信自己从来不犯错误。他觉得一切都极其简单明了,无可怀疑。正是由于他的见解狭隘和片面,一切确实显得十分简单明了,如他说的,只是需要条理化就行了。他自命不凡,盛气凌人,别人如果不想离他远远的,就只有处处听他的。因为他是在年轻人当中进行活动,年轻人往往把他的自命不凡看成是深谋远虑和英明睿智的表现,所以大多数人都听他的,所以他在革命者的圈子里就享有很高的威望。他的活动就是准备暴动,通过暴动夺取政权,召开议会。在议会上提出由他拟定的纲领。他完全相信,这个纲领可以解决一切问题,不实施这一纲领是不行的。

同志们因为他大胆和果断很尊重他,但并不喜欢他。他也不喜欢任何人,把一切杰出的人看成是竞争的对手,如果他能做得到的话，他真想用老公猴对待小猴子的办法对待他们。他恨不得把别人的全部智慧和才能都夺过来，免得别人妨碍他施展才能。他只是对那些崇拜他的人好意相待。他现在在流放途中，就是这样对待接受他的宣传的工人玛尔凯，也是这样对待薇拉和俊俏的格拉别茨的，因为这两个女子都爱上了他。虽然他赞成有关妇女问题的原则，可是在内心深处却认为所有的妇女都是愚蠢的、卑贱的，只有他常常自作多情地爱上的一些女人是例外，比如他现在爱上的格拉别茨，在这种情况下，他才认为这样的女人是不寻常的女人，只有他才能发现她们的优点。

他觉得，两性关系的问题也像一切问题一样，非常简单明了，只要承认自由恋爱，就彻底解决了。

他曾经有一个非正式妻子，还有一个正式妻子，与后者已经脱离了关系，因为他认为他们之间没有真正的爱情。现在他打算和格拉别茨缔结新的自由婚姻。

诺沃德沃罗夫瞧不起聂赫留朵夫，认为他在对待玛丝洛娃方面"装模作样"，尤其是在思考现行制度的缺陷及其纠正办法的时候，不仅不是一字不差地照他诺沃德沃罗夫的想法想，而且竟有自己的一套，公爵老爷的一套，也就是混账的一套。聂赫留朵夫知道诺沃德沃罗夫对待他的态度，而且连自己也感到不快的是，尽管他一路上心情很好，可是对待诺沃德沃罗夫不能不以牙还牙，怎么也压制不住对这个人的厌恶心情。

## 十六

隔壁牢房里响起押解人员的说话声。大家都安静下来。一会儿,班长就带着两名士兵走了进来。这是点名了。班长用手指头点着每一个人,把人数数了数。他点到聂赫留朵夫时,和颜悦色地对他说:

“公爵,现在点过名以后就不能留在这儿了。应该走了。”

聂赫留朵夫明白这话的意思,便走到他跟前,把准备好的三卢布钞票塞到他手里。

“哦,拿您有什么办法呀!那就再坐一会儿吧。”

班长正要往外走,另外一位军士走了进来,后面跟着一个又高又瘦、留着稀稀的下巴胡、打伤了一只眼睛的男犯。

“我是来看小孩子的。”那个男犯说。

“啊,爸爸来啦。”忽然响起清脆的童音,于是一个浅黄头发的小脑袋从兰采娃身后露了出来。兰采娃和谢基尼娜、玛丝洛娃一起,正在用兰采娃拿出来的一条裙子给小女孩做衣服。

“是我,好孩子,是我。”布佐夫金亲切地说。

“她在这儿挺好。”谢基尼娜很难受地看着布佐夫金那被打伤的脸,说,“就让她留在我们这儿吧。”

“小姐给我做新褂褂儿呢,”小女孩指着兰采娃手里的针线活儿,对父亲说,“多好呀,多漂漂……亮呀。”她咿咿呀呀地说。

“愿意在我们这儿睡觉吗?”兰采娃抚摩着小女孩说。

“愿意。还有爸爸。”

兰采娃笑了起来。

“爸爸可不行。”她说。“那就让她留下吧。”她对女孩的爸爸说。

“好吧，就把她留下。”站在门口的班长说过这话，就跟那另一个军士走了出去。

押解人员一出去，纳巴托夫就走到布佐夫金跟前，拍了拍他的肩膀，说：

“怎么样，大哥，你们那儿的卡尔玛诺夫想跟人掉包，是真的吗？”

布佐夫金那和颜悦色的脸一下子阴沉下来，他的眼睛也好像蒙上了一层薄膜。

“没有听说。恐怕不会吧，”他说过这话，似乎还没有收起眼睛上的薄膜，又说：“好吧，阿克秀莎，你就跟小姐们享享福吧。”说完就急忙走出去了。

“他全知道，确实是掉包了。”纳巴托夫说。“那您怎么办呢？”

“到了城里，我就告诉当官的。他们两个人的模样我都认识。”聂赫留朵夫说。

大家都没有作声，显然是怕再引起争论。

西蒙松本来用手抱着后脑勺，躺在角落里的床铺上，一直没有说话，这时毅然决然地站起来，小心翼翼地绕过坐着的一些人，走到聂赫留朵夫跟前。.

“您现在可以听我说说吗？”

“当然可以。”聂赫留朵夫说着站起来，就要跟着他往外走。

卡秋莎朝着站起来的聂赫留朵夫看了一眼，一遇到他的目光,她就红了脸,并且好像带着困惑不解的神气摇了摇头。

“我要跟您谈谈这样一件事。”等他们一起来到过道里,西蒙松开口说。在过道里,刑事犯那嗡嗡的说话声和一阵阵的吵嚷声特别响。聂赫留朵夫皱起眉头,西蒙松却显然丝毫不在意。“我知道您和卡秋莎的关系,”他继续说下去,一面用他那和善的眼睛留神地盯着聂赫留朵夫的脸,“所以我认为必须……”他说到这里,不得不停下来,因为门口有两个声音一齐叫起来,在为什么事争吵。

“对你说嘛,你这笨蛋,这不是我的!”一个声音嚷道。

“卡死你,你这浑蛋!”另一个沙哑的声音嚷道。

这时候谢基尼娜来到过道里。

“这儿怎么能谈话呀,”她说,“你们上这儿来吧,这儿就薇拉一个人。”于是她在前面带路,把他们带到旁边一个小小的房间里,显然这原来是单人牢房,现在是划给女政治犯住的。薇拉连头蒙着躺在床铺上。

“她害偏头痛,睡着了,听不见的,我这就走!”谢基尼娜说。

“别走,你留下好啦,”西蒙松说,“我没有秘密要瞒着什么人,尤其不想瞒着你。”

“哦,那好吧。”谢基尼娜说过,整个身子就像小孩子一样扭来扭去,扭呀扭地往床铺里边坐了坐,就准备好听他们讲话,一面用她那美丽的鼓鼓的眼睛朝远处望着。

“我要谈的是,”西蒙松又重复一遍,“我知道您和卡秋莎的关系,所以我认为必须和您说说我和她的事。”

“究竟是怎么一回事儿呀?”聂赫留朵夫问道,同时心中不觉赞赏起西蒙松跟他说话的这种坦率和真诚态度。

“就是我想跟卡秋莎结婚……”

“真稀奇呀!”谢基尼娜凝神看着西蒙松说。

“……我决定向她提出这个要求,要求她做我的妻子。”西蒙松继续说。

“我又能怎样呢?这事得由她自己做主。”聂赫留朵夫说。

“是的,不过这事不经过您同意,她也不能决定。”

“为什么?”

“因为您跟她的关系问题没有明确解决之前,她不能做任何选择。”

“从我这方面来说,问题已经明确解决了。我想做的是我认为应该做的事,此外,就是想减轻她的痛苦,但我怎么也不想约束她。”

“是的,可是她不愿意接受您的牺牲。”

“根本不是什么牺牲。”

“而且我知道,她这个主意是不会改变的。”

“哦,那么跟我还有什么好谈的呀?”聂赫留朵夫说。

“在她来说,这事也需要得到您的认可。”

“我怎么能认可我不必做我应该做的事呢?有一点我是可以说的,那就是:我没有选择的自由,她是可以自由选择的。”

西蒙松沉思起来,有一会儿没有说话。

“好吧,我就这样对她说。您不要以为我是迷上她了。”他继续说,“我爱她,是因为她是一个难得碰见的极好的人,受尽了苦难。我对她毫无所求,只是非常想帮助她,减轻她的苦……”

聂赫留朵夫听到西蒙松的声音都打起哆嗦，非常惊讶。

“……减轻她的苦难，”西蒙松继续说，“她既然不愿意接受您的帮助，那就让她接受我的帮助吧。如果她同意了，那我就要求把我流放到她的监禁地点去。四年不算太长。我愿意待在她身边，也许可以减轻她的苦难……”他又激动得说不下去了。

“我又能说什么呢？”聂赫留朵夫说，“她有您这样的保护人，我很高兴……”

“这正是我需要知道的。”西蒙松继续说，“我是想知道：既然您爱她，希望她幸福，那么，您认为她跟我结婚是幸福吗？”

“肯定是的。”聂赫留朵夫断然说。

“这事全看她怎样了，我只是要这个受尽苦难的心灵松一口气。”西蒙松一面说，一面带着一种孩子般的亲热神气望着聂赫留朵夫，这个一向脸色阴沉的人会有这样的表情，那是无论如何想不到的。

西蒙松站起来，抓住聂赫留朵夫的手，把脸凑到他脸前，羞涩地笑了笑，吻了吻他。

“那我就这样告诉她。”他说过，便走了出去。

## 十七

“啊，怎么一回事儿呀？”谢基尼娜说。“他谈恋爱了，真的谈恋爱了。这可是怎么也想不到，弗拉季米尔·西蒙松谈起恋爱来了，而且爱得这样痴心，像小孩子一样。太奇怪了，说实在的，也太叫人伤心了。”她叹了一口气，下了个结论。

“可是，卡秋莎她怎样呢？您觉得她会怎样对待这事呢？”聂赫留朵夫问道。

“她吗？”谢基尼娜停了停，显然是想尽可能把问题回答得准确些。“她吗？您要知道，她过去虽然干过那种行当，可是论本性她是一个最厚道的人……而且很重感情……她爱您，爱得很纯真，只要她能为您做一件好事，哪怕像拒绝好意的事，让您不要跟她受拖累，她都是感到高兴的。她认为，跟您结婚是一种严重的堕落，比以前的一切都坏，所以她是永远不会同意的。而且，有您在，她就感到心里不安宁。”

“那怎么办呢？要我消失吗？”聂赫留朵夫说。

谢基尼娜孩子般地嫣然一笑。

“是的，要消失一部分。”

“怎么能消失一部分呀？”

“我这是说着玩儿；不过我想对您说说她的情形。她大概看出他那种狂热的爱有些荒唐(他还什么也没有对她说过)，所以她又高兴，又害怕。您知道，这种事我是不在行的，不过我觉得，在他来说，那是最普通的男人感情，尽管加了伪装。他说，这种爱情能鼓舞他的精神，说这种爱情是柏拉图式的。可是我知道，如果这是一种与众不同的爱情的话，那这种爱情的基础肯定也还是肮脏的玩意儿……就像诺沃德沃罗夫跟格拉别茨那样。”

谢基尼娜一谈到她爱谈的话题，就离开了本题。

“可是，我究竟该怎么办呀？”聂赫留朵夫问道。

“我想，您应该对她说一说。把一切都说清楚，总要好些。您就和她谈谈吧，我去把她叫来。好吗？”谢基尼娜说。

“麻烦您了。”聂赫留朵夫说过，谢基尼娜就走了出去。

等到小小的牢房里剩了聂赫留朵夫一个人，他听着薇拉那轻微的呼吸声和偶尔发出的哼哼声，听着两个房门里面一刻不停的刑事犯嗡嗡的说话声，心里出现了一种很奇怪的感情。

西蒙松对他说的事，为他解除了自愿承担的责任，这种责任他在脆弱的时刻感到是沉重的和奇怪的，然而此刻解除了这种责任，他却不但有些不愉快，而且很痛苦。在这种心情中也有这样一种成分，那就是，西蒙松一求婚，他的举动也就不是独一无二的了，他所做的牺牲的价值在自己心目中和别人的心目中也就降低了：如果这个人，这样一个好人，一个跟她毫无牵连的人，都愿意跟她结合到一起，那么他的牺牲也就不是多么了不起了。也许这里面还有平常的嫉妒心：她是爱他的，他已经很习惯了，不能容许她去爱别人。还有，这样就破坏了他既定的计划：在她服刑期间，跟她生活在一起。如果她跟西蒙松结了婚，他待在她身边就没有必要了，他就得重新考虑他的生活安排。他还没有来得及弄清自己的心情，房门开了，一阵更响的刑事犯嗡嗡的说话声冲了进来（今天他们那里出了一桩很特别的事情），接着卡秋莎走了进来。

她快步走到聂赫留朵夫跟前。

“谢基尼娜叫我来的。”她说着，在他身边站下来。

“是的，我要和您谈谈。请坐下。西蒙松跟我说过了。”

她坐下来，两手放在膝盖上，显得很平静，可是聂赫留朵夫一说到西蒙松的名字，她的脸就通红通红的了。

“他跟您说了些什么？”她问道。

“他对我说，他想和您结婚。”

她的脸一下子皱了起来,显出很痛苦的神气。她什么也没有说,只是垂下了眼睛。

“他问我是不是同意,或者有什么想法。我说,一切由您做主,由您来决定。”

“哎呀,这算什么呀？何必呢?”她说着,用那种奇怪的、总是使聂赫留朵夫特别动情的斜睨目光看了看他的眼睛。他们默默无言地对视了几秒钟。这种对视的目光对他和对她说了许多话。

“您要做个决定。”聂赫留朵夫又说。

“我有什么好决定的呢?”她说,“一切早就决定了。”

“不,您应当决定,接受不接受西蒙松的求婚。”聂赫留朵夫说。

“我这个苦役犯,算什么样的妻子呀？我又何苦把西蒙松也给搭上呢?”她皱起眉头说。

“噢,不过,要是能得到特赦呢?”聂赫留朵夫说。

“唉,您就不要管我了。我没有什么说的了。”她说过,就站起来,走了出去。

## 十八

聂赫留朵夫随着玛丝洛娃回到男牢房的时候,这里的人心情都很激动。喜欢到处走动、跟所有的人都打交道、对一切都留心观察的纳巴托夫,带回来一个使大家吃惊的消息。这消息就是:他在墙上发现了一张字条,是判了苦役的革命家彼特林写的。大家都以为彼特林早已经在卡拉河畔,却原来不久前他才一个人跟随刑事犯从这条路过去。

他在字条上写的是：

“八月十七日，我一个人跟随刑事犯出发。涅维罗夫本来跟我在一起，可是他在喀山疯人院里上吊了。我身体、精神都很好，希望一切都好。”

大家都在议论彼特林的境况和涅维罗夫自杀的原因。克雷里佐夫却一声不响，显出聚精会神的样子，两只炯炯有神的眼睛一动不动地朝前望着。

“我丈夫对我说过，涅维罗夫在彼得保罗要塞时就常常看见幽灵。”兰采娃说。

“是啊，他是个诗人，幻想家，这样的人蹲单人牢房是受不了的。”诺沃德沃罗夫说，“我蹲单人牢房的时候，就不是听凭头脑胡思乱想，而是把时间安排得有条有理。这样总能很好地熬过去。”

“有什么难熬的？我蹲牢房，还常常是很高兴呢。”纳巴托夫用很振奋的腔调说，显然是想驱散阴郁的气氛，“原来什么都怕，怕自己被捕，怕牵连别人，怕事业被破坏，一旦坐了牢，就什么责任也没有了，可以松口气了。只管坐着，抽抽烟好啦。”

“你很了解他吗？”谢基尼娜很不安地打量着克雷里佐夫那张顿时变了样子的瘦瘦的脸，问道。

“幻想家涅维罗夫吗？”克雷里佐夫忽然说起来，一面呼哧呼哧喘着粗气，就好像叫嚷了很久或者唱歌唱了很久。“涅维罗夫是这样一个人，如我们的门房说的，这样的人天底下少有……是的……这是一个水晶般的人，浑身都是透明的。是的……他不但不会撒谎,连装假都不会。不仅是脸皮薄,而且就好像全身的皮都剥去了似的,每一根神经都是露着的。是的……是一个天性复杂而丰厚的人,可不是那种……唉,还说什么呀!……”他沉默了一会儿。“咱们老是争论,怎样才好,”他愤恨地皱着眉头说,“是先教育人民,再改变生活方式呢,还是先改变生活方式,再教育人民,还有就是争论怎样进行斗争:是进行和平宣传,还是采用恐怖手段?是啊,咱们老是争论。可是他们就不争论,他们知道自己该怎么办,根本不管死人不死人,不止死几十人、几百人,而且都是多么好的人!而是相反,他们就是要好人都死掉。是啊,赫尔岑就说过,十二月党人的活动被取缔了,整个的水平也就降低了。怎么不降低呀!后来,连赫尔岑及其同辈人的活动也被取缔了。现在轮到涅维罗夫这些人了……”

“人是消灭不光的。”纳巴托夫用振奋的声调说,“总有人留下来传种。”

“不,如果我们对**他们**手软,就不会有人留下来。”克雷里佐夫不让人打岔,就提高了嗓门儿说。“给我一支烟。”

“阿纳托里,你抽烟可不好呀,”谢基尼娜说,“请你别抽吧。”

“哎,你别管我。”他气嘟嘟地说,并且抽起烟来,可是马上就咳嗽起来;难受得好像要呕吐出来。他吐了两口痰,又继续说下去:“咱们的做法不对头,是的,就是不对头。不应该光是议论,而是大家应该团结起来……去消灭他们。是的。”

“不过他们也都是人呀。”聂赫留朵夫说。

“不,他们不是人,他们能干得出他们干的那种事,就不是人……哦,听说有人发明了炸弹和飞艇。是啊,但愿能坐着飞艇飞上天,向他们扔炸弹,把他们像臭虫一样统统消灭掉……是啊,因为……”他正要说下去,可是一张脸忽然憋得通红,更厉害地咳嗽起来,嘴里吐出血来。

纳巴托夫跑出去取雪。谢基尼娜拿来缬草酊给他喝,可是他闭起眼睛,伸出又瘦又苍白的手把她推开,又吃力又急促地喘着。等到雪和冷水使他多少镇定下来,便让他躺下睡了。聂赫留朵夫就向大家告辞,跟着那个早就来接他、已经等了很久的军士走了出去。

刑事犯们这时都安静下来,大多数已经睡了。尽管牢房里面的床上和床底下都睡了人,各处通道上也睡了人,但还是容纳不下所有的人,所以有一部分人就睡在过道的地板上,头枕着背包,身上盖着潮湿的囚服。

牢房里面和过道上响着打鼾声、哼哼声、梦呓声。到处都可以看到盖着囚服、挤成一堆一堆的人的身体。只有在单身刑事犯牢房里有几个人没有睡,他们在角落里围坐在一个蜡烛头跟前,一看见士兵走过,就把蜡烛头熄了。还有一个老头子坐在过道里的吊灯底下,光着身子在衬衫上逮虱子。政治犯牢房里那种污染了的空气,跟这里又臭又闷的空气相比,就显得清新多了。那盏冒黑烟的油灯似乎是在雾中,在这里呼吸都很困难。要想从过道上走过,而不踩到或者绊到睡着的人,必须先在前面看好一个空地方,让一只脚落下去之后,再找下一步落脚的地方。有三个人显然在过道里也没有找到地方,就睡在门廊里,紧靠着臭烘烘的便桶,便桶的缝儿里还渗着粪水。其中有一个疯疯傻傻的老头子,是聂赫留朵夫在路上常常看到的。还有一个十来岁的男孩子；他躺在两个男犯中间，一只手托着腮，头枕在一个男犯的腿上。

聂赫留朵夫一走出大门，就站了下来，张开胸膛，用劲呼吸寒冷的空气，这样呼吸了老半天。

## 十九

外面是满天的繁星。聂赫留朵夫沿着已经上了冻、只是有些地方还有烂泥的道路回到客店里，敲了敲黑乎乎的窗户，宽肩膀的茶房光着脚给他开了门，他进了门廊。从门廊右首一间没有窗户的小屋里传来马车夫响亮的鼾声。前面院子里有很多马匹咀嚼燕麦的声音。左边有一道门，便是通向干净的上房的。在干净的上房里，弥漫着野蒿味和汗酸味，屏风里面，不知是什么人的强壮的肺部发出均匀的、呼哧呼哧的鼾声，圣像前面还点着一盏红玻璃罩油灯。聂赫留朵夫脱了衣服，把方格毛毯铺到漆布沙发上，放上皮枕头，躺下来，一一回想起这一天的所见所闻。在聂赫留朵夫这一天所见的种种景象之中，他觉得最可怕的是那个男孩头枕着男犯的腿、睡在便桶渗出的粪水中的情景。

尽管这天晚上他跟西蒙松和卡秋莎的谈话出乎意外，而且也很重要，可是他没有再想这件事。因为他和这件事的关系太复杂，还不知怎样对待才好，所以干脆不去想。可是这样他就更加真切地想起了那些不幸的人在恶浊的空气中喘息、在臭烘烘的便桶渗出的粪水中睡觉的情景，尤其是那个一脸天真相的孩子枕着男犯的腿睡觉的情景怎么也离不开他的脑际。

知道远处什么地方有一些人在折腾另一些人，而使其受到各种各样的腐蚀、非人的凌辱和苦难，这是一回事；三个月来时时刻刻看到一些人腐蚀和折磨另一些人，那就完全是另一回事儿了。聂赫留朵夫现在就有这样的体会。在这三个月里，他不止一次问自己："究竟是我疯了，所以才看到别人看不到的事，还是那些人疯了，所以才做出我看到的那些事？"可是那些人（而且他们的人数是那样多）干着那些使他非常吃惊和害怕的事，那样心安理得，相信那不仅是应该的，而且相信他们做的是非常重要和有益的事，那就很难说他们是疯子；他也不能认为自己是疯子，因为他觉得自己的头脑十分清楚。所以，他经常感到困惑莫解。

聂赫留朵夫这三个月的所见，使他产生这样的看法：通过法院和行政机构从自由生活的人当中挑选出来的是一些最性急、最激进、最觉醒、最有才华、最刚强而不如别人狡猾和谨慎的人，这些人跟监外那些人相比，绝不是罪过更大或者对社会的危害更大，首先，把他们关进监狱，让他们流放，服苦役，让他们成年累月无所事事，不操心衣食，脱离自然、家庭、劳动，也就是完全处于人类的自然生活和精神生活环境之外。这是其一。第二，这些人在这些机构中遭受各种各样不应有的凌辱，如戴镣铐，剃半边头，穿囚服，这样就使他们失去那种有毛病的人想好好过日子的主要动力，也就是不再管别人的看法，失去羞耻心和人的尊严感。第三，他们经常生命危险，因为监禁的地方经常流行传染病，还有体弱生病，受折腾，至于中暑、水淹、火灾，就更不用说了，经常处在这样的境况中，就连最善良、最有道德的人，出于自卫的心理，也会干出残忍可怕的事情，并且也原谅别人干这类事情。第四，这些人被迫跟那些在现实中（尤其是在这些机构中）变得特别败坏的淫棍、凶手、歹徒天天打交道，那些特别败坏的人对这些还没有通过某种方式完全败坏的人的影响，无异于酵母掺进面团。最后，第五，所有这些受影响的人受的影响，都是通过最有说服力的方式，也就是通过他们本身遭受种种非人的待遇，通过虐待儿童、妇女、老人，通过树条子或皮鞭毒打，通过奖励那些捕杀逃犯的人，通过拆散夫妻和促使有夫之妇与有妇之夫私通的做法，通过枪毙和绞刑，总之，通过最有说服力的方式得到启示：各种各样的暴行、残酷行为和兽行，只要对政府是有利的，就不但不会被禁止，并且会得到政府的许可，而这一切如果施之于那些丧失自由的、贫穷的和不幸的人，就更是准许的了。

这似乎都是一些精心发明的机构，为的是制造严重到极点、在其他环境中不可能这样严重的腐化和罪恶，然后把这种严重的腐化和罪恶大规模地散布到全民中去。"就好像布置过一种任务：要用最好、最有效的方法尽可能多腐蚀一些人。"聂赫留朵夫留心观察监狱里和旅站上的情形，不禁这样想道。年年都有成千上万的人遭到最严重的腐蚀，等到他们完全败坏了，就把他们放出来，让他们把他们在监狱里学到的败坏行径传播到全民中去。

在秋明、叶卡捷琳堡和托木斯克等地的监狱里，在各个旅站上，聂赫留朵夫看到，这个仿佛由社会本身提出的目标正在顺利地实现。有一些非常朴实的、普普通通的人，本来是具有俄国的社会道德、农民道德和基督教道德准则的，却放弃了这些观念，而接受了新的、监狱中流行的观念，这观念主要就是，对人的任何凌辱、暴行以至杀害，只要是有利的，就是可以容许的。蹲过监狱的人都切实领会到,根据他们的切身体验来看,那些教会的大师和道德大师所宣扬的尊重人和同情人的道德信条,在实际生活中已经被废弃了,所以他们也就不必遵循了。聂赫留朵夫在他所认识的犯人身上都看到这一点,菲道罗夫、玛卡尔都是这样,连塔拉斯也是这样,塔拉斯和犯人一起走了两个月之后,他的许多看法就变得那样不合乎道德,使聂赫留朵夫感到吃惊。聂赫留朵夫在路上听说,有些亡命徒在逃往原始森林的时候,怂恿同伴跟他一起跑,然后把同伴杀死,吃同伴的肉。他就亲眼看到过一个人,被控犯了这种罪,而且也自己招认了的。最可怕的是,这类吃人的事并非绝无仅有,而是经常发生。

只有在这类机构培养的恶习的特别熏陶下,一个俄罗斯人才会落到亡命徒这种状态,这种亡命徒超越了尼采的最新学说,认为什么事都可以做,什么都不受限制,而且把这种主张传播开去,先是在犯人中,然后是全民中。

按照书本上写的,这一切种种的唯一解释是,为了制止犯罪,威慑警戒,改造罪犯,依法惩处。然而在事实上,不论这种作用,不论那种作用,连影子也见不到。不是制止犯罪,而只是推广犯罪。不是威慑警戒,而是鼓励犯罪,其中有许多人,像一些亡命徒那样,是自愿入狱的。不是改造罪犯,而是有系统地传播恶行。至于惩处的必要,并不因为政府的惩办而逐渐缩小,反而在本来没有这种必要的人民中培养着这种必要。

"那么他们究竟为什么要这样做呀?"聂赫留朵夫一再这样问自己,却总是找不到答案。

最使他感到惊讶不解的是,这一切不是出于偶然,不是出于误解，不是一次两次，而是长期这样，几百年以来都是这样，区别只是以前削鼻子、割耳朵，后来打烙印、关囚笼，现在是戴镣铐，运送犯人不再用大车，而是火车和轮船。

有一些当官的对他说，所以会出现那些使他愤慨的事，是由于关押和流放地点的设备不完善，一旦建成新式监狱，这一切就会得到改善。这种论调不能使聂赫留朵夫满意。因为他觉得，所以会发生那些使他愤慨的事，不是由于关押地点的设备没有完善。他读过有关改良监狱的书，塔尔德在书中提出装电铃、用电刑，这种改良的暴力更使他愤慨。

使聂赫留朵夫愤慨的，主要是有些人坐在法院里和政府各部里，拿着从人民头上搜刮来的大量薪金，为的是他们可以对照着由同样一些官僚出于同样动机写成的本本儿，把违犯他们写成的法律的人的行为纳入条款，并根据这些条款把一些人送到他们再也看不到的地方，把这些人交给那些残忍粗野的典狱长、看守和押解士兵，让他们成千成万地在精神上和肉体上死亡。

聂赫留朵夫对监狱里和旅站上的情形进一步了解之后，就看出来，在犯人中间日益发展的恶习，如酗酒、赌博、残暴行为以及囚犯们所干的一切犯罪的事情，乃至人吃人的事，都不是偶然现象，也不像那些麻木不仁的学者为迎合政府心意而解释的那样，是什么退化、犯罪型、畸形发展的表现，而是一些人可以惩治另外一些人这种谬论所造成的必然结果。聂赫留朵夫看出来，人吃人的事不是开端于原始森林里，而是开端于政府各部、各委、各司，只是在原始森林里完成而已；比如，他的姐夫，以及所有的法官和其他官吏，从警官到大臣，都丝毫不关心他们天天说的正义和人民利益,他们需要的只是卢布,而所以发给他们卢布,就因为他们在做产生这种道德败坏和苦难的事情。这是十分明显的。

“难道这一切种种都是由于偶然性的错误吗?怎样才能想出个办法,使所有的官吏得到保证,只要他们不干现在干的事情,照样发薪金,甚至还发奖金?”聂赫留朵夫想道。他想到这里,公鸡已经叫过二遍了,尽管他身子一动,跳蚤就像喷泉一样在他身子周围乱蹿,他还是酣沉沉地睡着了。

## 二十

等聂赫留朵夫醒来,所有的马车早就上路了。女老板喝足了茶,一面用手绢擦着汗津津的粗脖子,走进来说,旅站上有个士兵送来一封信。信是谢基尼娜写的。她写道,克雷里佐夫这次发病比大家原来想的更要严重。“我们曾经想让他留下并且我们也留下来陪他,可是没有得到准许,所以我们只好带他走,可是又非常害怕。请您到城里设法疏通一下,如果能让他留下来,最好也能让我们留下人陪他。如果因为这事需要我嫁给他,那我自然也愿意。”

聂赫留朵夫打发茶房到驿站去叫马车,自己就连忙收拾行李。他还没有喝完第二杯茶,就有一辆三马驾的驿车响着铃铛,车轮在上了冻的泥地上隆隆响着,就像在石子路上那样,朝大门口驶来。聂赫留朵夫和粗脖子的女老板算清了账,就匆匆忙忙出了门,在马车的软垫上一坐下,就吩咐车夫尽可能赶得快些,希望能赶上那批犯人。过了一处牧场的大门没有多远,他的马车就真的赶上了拉着行李和病号在上了冻、开始打滑的路上隆隆行进的大车。押解官不在，他的马车跑到前头去了。士兵们显然都喝了不少酒，在乐呵呵地胡乱扯着，在后面或者在道路两边走着。车辆很多。前面的一些大车上很拥挤，每辆车上坐六个病弱的刑事犯，后面的三辆车上坐的是政治犯，每辆车坐三个人。最后一辆车上坐的是诺沃德沃罗夫、格拉别茨和玛尔凯。倒数第二辆车上坐的是兰采娃、纳巴托夫和一个害风湿病的体弱的女人，是谢基尼娜把自己的位子让给她的。倒数第三辆车上铺了干草，放了枕头，克雷里佐夫躺在上面。谢基尼娜挨着他坐在赶车的座位上。聂赫留朵夫让马车在克雷里佐夫的大车旁边停下之后，就朝他走去。一个醉醺醺的押解兵朝聂赫留朵夫摇了摇手，可是聂赫留朵夫没有理他，一直走到大车跟前，抓住大车栏杆，跟大车一起往前走。克雷里佐夫穿着皮袄，戴着羊羔皮帽，嘴上裹着手绢，模样显得更加消瘦和苍白了。他的一双清秀的眼睛显得特别大、特别亮。他的身子随着大车的颠簸轻轻晃动着，目不转睛地看着聂赫留朵夫。问他身体感觉怎样，他只是把眼睛闭上，生气地摇摇头。显然，大车颠得他一点精神也没有了。谢基尼娜坐在大车的那一边。她用意味深长的目光和聂赫留朵夫对看了一眼，表示她对克雷里佐夫的状况的担心，接着就用快活的语调说起话来。

“看样子，押解官觉得不好意思了。”她大声嚷起来，好让聂赫留朵夫在隆隆的车轮声中听清她的话。“把布佐夫金的手铐卸掉了。他现在自己抱着女儿，卡秋莎和西蒙松跟他们一块走，还有薇拉接替了我。”

克雷里佐夫指着谢基尼娜说了一句话，可是谁也听不清，接着他皱起眉头，显然是憋着咳嗽，摇了摇头。聂赫留朵夫把头凑过去，想听清他的话。于是克雷里佐夫动了动手绢，露出嘴来，小声说：

“现在好多了。只要不着凉就行。”

聂赫留朵夫点点头，表示知道了，并且和谢基尼娜对看了一眼。

“哦，三个天体的问题怎样啦？”克雷里佐夫又小声说，并且很吃力地苦笑了一下。“不容易解决吧？”

聂赫留朵夫不明白，谢基尼娜就给他解释说，这是指一道有名的数学问题，是确定日、月、地球三个天体关系的，克雷里佐夫开玩笑，把聂赫留朵夫、卡秋莎和西蒙松的关系比作那个问题。克雷里佐夫点点头，表示谢基尼娜把他开的玩笑解释得很对。

“这个问题不该由我解决。”聂赫留朵夫说。

“您接到我的信了吗？您肯办吗？”谢基尼娜问道。

“一定去办。”聂赫留朵夫说过，发现克雷里佐夫脸上有不以为然的神气，就朝自己的马车走去，爬上车，坐到凹下去的座垫上，因为马车在坎坷不平的路上颠得厉害，他又用双手抓住两边的栏杆，就让马车往前赶，要超越拉成一俄里长、身穿灰色囚服或小皮袄、戴脚镣和双人手铐的囚犯队伍。聂赫留朵夫在道路的那一边认出了卡秋莎的蓝头巾，薇拉的黑大衣，西蒙松的短上衣、绒线帽、跟凉鞋一样扎着带子的白羊毛袜。他和她们并排走着，很起劲地在说着什么事。

一看到聂赫留朵夫，两个女的都朝他点了点头，西蒙松却很隆重地举起帽子。聂赫留朵夫没有什么话要说，就没有停车，一直赶到他们前头去。他的马车又上了有车辙的大路之后，走得更快了，但是为了绕过在大路上来来往往的车队，常常不得不离开车辙。

这条布满一道道深深的车辙的大路进入黑郁郁的针叶林，大路两旁还有一片片白桦和落叶松，那黄灿灿的树叶还没有落尽。这一天的路程走了一半，就出了树林，两边出现了开阔的田野，看到了修道院的金十字架和拱顶。云雾消散，天气放晴了，太阳升到树林上空，那一片片潮湿的树叶，一个个水洼儿，那教堂的拱顶和十字架，在阳光下都明晃晃的。右前方，在灰蒙蒙的天边，是白茫茫的远山。聂赫留朵夫的马车进入一个城郊的大村子。村里的街道上有很多人：有俄罗斯人，也有戴着古怪的帽子、穿着古怪的服装的异族人。男男女女，有喝了酒的，有没喝酒的，在饭铺、酒馆、小店、货车跟前挤来挤去，熙熙攘攘。可以感觉到城市不远了。

马车夫朝右边拉套的马打了一鞭，勒了勒缰绳，而且为了让缰绳往右边收，在座位上把身子偏了偏，显然是想显显本事，赶着马车在大街上飞跑起来，一直跑到河边，都没有放慢速度。过这条河是要搭渡船的。渡船正在这条湍急的河的中心，是从那边过来的。这边有二十来辆大车等着渡河。聂赫留朵夫没有等多久。渡船逆流而上，朝上流的远处划着，受到急流的冲击力，很快就靠在码头的木板上。

几个船夫都是高身量、宽肩膀、身强力壮、寡言少语，穿着小皮袄和长筒靴。他们灵巧而熟练地把缆索甩出去，套在木桩上，然后打开船门，让停在船上的车辆上岸，让岸上的车辆上船，让车辆和见了水直蹦直蹿的马匹在船上一一排好。宽阔湍急的河水拍打着渡船的两舷，使缆索绷得紧紧的。等渡船装满了，聂赫留朵夫的马车和卸下来的三匹马也在车辆的包围中在船边上停好，船夫就关上船门，也不理睬没有上船的人的呼唤，解开缆索就开船。渡船上是安静的，只能听到船夫的脚步声和马匹倒换蹄子踩在船板上的声音。

## 二十一

聂赫留朵夫站在渡船上，望着宽阔而湍急的河水。两个形象在他的脑海里交替出现：一个是奄奄一息的克雷里佐夫，一脸愤恨神气，脑袋被颠得摇来晃去；一个是卡秋莎，精神抖擞地和西蒙松一起在路上走着。一个印象来自将死而又不肯死的克雷里佐夫，是令人难受和伤心的。另一个印象来自精神抖擞、得到像西蒙松这样的人的爱、从此走上稳实可靠的正路的卡秋莎，本当是使人高兴的，可是这也使聂赫留朵夫很难受，而且他怎么也克制不住这种难受的情绪。

从城里传来教堂大钟的声音，嗡嗡声和颤动的铜音在水面上荡漾。站在聂赫留朵夫身旁的马车夫和所有赶大车的一个个都摘下帽子，画起十字。站得离栏杆最近的一个老头子却没有画十字，而是昂着头，盯着聂赫留朵夫。聂赫留朵夫起初没有留意的这个老头子，个头儿不高，头发乱蓬蓬的，穿着打补丁的上衣、粗呢长裤和一双修补过的旧长筒靴。背着一个不大的包袱，戴着一顶高高的破皮帽。

“老头子,你怎么不做祷告?”聂赫留朵夫的马车夫把帽子戴上,戴端正了,然后问道。“你不是教徒吗?”

“向谁祷告?”头发蓬乱的老头子用坚决的进攻口气很快地、一个字一个字地说。

“还用说向谁,向上帝嘛。”马车夫用嘲讽的口气说。

“那你就指给我看看,他在哪儿? 上帝在哪儿?”

老头子的神态有一种十分严肃和强硬的意味,使马车夫感觉到他是在同一个刚强的人打交道,有些心慌,但是没有表露出来,尽可能不认输,不当众丢脸,就急忙回答说:

“在哪儿吗? 当然,在天上。”

“你去过那儿吗?”

“不论去过没有去过,反正大家都知道,应该向上帝祷告。”

“任何人在任何地方都没有见过上帝。上帝是存在于天父心中的独生子。”老头子板着脸,皱着眉头,又是那样很快地说。

“看样子,你不是基督徒,是洞穴人。你向洞穴祷告。”马车夫一面说,一面把鞭子插进腰里,理理拉套的马的皮套。

有人笑起来。

“那么你,老大爷,信什么教呢?”跟大车一起站在船边上的一个不算年轻的人问道。

“我什么教也不信。因为我谁也不信,什么人也不信,只相信我自己。”老头子还是那样又快又果断地回答说。

“怎么能只相信自己呢?”聂赫留朵夫插嘴说,“自己会错的。”

“从来没错过。”老头子摇了摇头,果断地回答说。

“那么,怎么会有各种各样的宗教呢?”聂赫留朵夫问道。

“有各种各样的宗教，就是因为相信别人，不相信自己。以前我也相信别人，所以常常走错路，就跟进了原始森林一样；简直是晕头转向，休想找到出路。有的信新教，有的信旧教，有的信安息会，有鞭身派，有教堂派，有非教堂派，有奥地利教派，有莫罗勘教派，有阉割派。每个教派都说唯有自己的一派是正宗。其实都像瞎眼的狗崽子一样，乱爬乱折腾。信仰很多，可是灵魂只有一个。你也有，我也有，他也有。就是说，只要人人都相信自己的灵魂，那就不会分什么教什么派了。只要人人都相信自己，大家就成了一家了。”

老头子说的声音很大，而且一直在四下打量着，显然是希望尽可能让更多的人听到他的话。

“怎么，您有这种主张已经很久了吗？”聂赫留朵夫问道。

“我吗？已经很久了。他们迫害我已经有二十三年了。”

“怎么迫害？”

“当年怎样迫害耶稣，现在就怎样迫害我。他们把我抓起来，交给法院、教士、念书人、假好人去折腾；还把我送到疯人院。可是他们拿我毫无办法，因为我不听他们那一套。他们问我：‘你叫什么名字？’他们以为，我总有个名字的。可是我什么名字也不要。我什么也不要：不要名字，不要地点，不要国家。我就是我。我叫什么呢？就叫人。‘多大岁数？’我说，没有算过，而且也没法算，因为我本来一直就活着，而且以后也要一直活下去。他们问我：‘你父亲是谁？母亲是谁？’我就说，我没有父亲，也没有母亲，只有上天和大地。上天就是父亲，大地就是母亲。他们问我：‘你可承认皇上？’怎么不承认？他是他的皇上，我是我的皇上。

他们说：'唉，真没法跟你说话。'我说，我又没有请你跟我说话。他们就是这样折腾人。"

"现在您到哪儿去呀？"聂赫留朵夫说。

"到哪儿算哪儿。有活儿干就干活儿，没活儿干就要饭。"老头子发现渡船就要靠岸，就结束了他的话，并且得意扬扬地扫了一眼所有听他说话的人。

渡船在对岸停下来。聂赫留朵夫掏出钱包，想给老头子一些钱。老头子不肯要。

"我不要这玩艺儿。我要面包。"他说。

"哦，对不起。"

"没什么对不起的。你又没有惹我生气。不过也没有办法惹我生气。"老头子说过，便把放下来的口袋往肩上放。这时聂赫留朵夫的马车也套上马，上了岸。

"老爷，您真有兴致跟他说话。"等聂赫留朵夫给了身强力壮的船夫酒钱，上了车，马车夫对他说道，"哼，不过是一个糊里糊涂的流浪汉。"

## 二十二

等马车上了坡，马车夫转过身，问道：

"上哪一家旅馆？"

"哪一家好些？"

"没有比西伯利亚旅馆更好的了。不过久柯夫旅馆也不错。"

"你觉得哪儿好就上哪儿。"

马车夫又侧过身子坐好，把马车赶快了。这座城市跟所有的城市一样，房屋也带阁楼和绿色的屋顶，也是一样的大教堂和小铺，大街上也是一家家商店，连警察也是一样的。不过房屋几乎都是木头造的，街道也没有铺石子。来到最热闹的一条街上，马车夫把车停在一家旅馆门口。可是这家旅馆没有空房间，只好又到另一家。这另一家旅馆有一个空房间，于是聂赫留朵夫两个月来第一次进入比较干净和舒适的习惯环境。尽管聂赫留朵夫住的房间算不上阔气，可是尝够驿车、客店的滋味，见识了旅站的生活之后，他就感到在这里非常舒服了。最要紧的是清除一下身上的虱子，自从他常常进出旅站以来，他身上的虱子从来没有完全干净过。他一住下来，立即就坐车上澡堂去洗澡，在澡堂里换了城里人装束，穿起浆硬的衬衫、压出褶的长裤、礼服、大衣，就去拜访地方长官。旅馆门房叫的这辆套着吉尔吉斯种高头大马的四轮马车，拉着聂赫留朵夫叮叮当当地来到一座富丽堂皇、门口站着岗哨和警察的大厦门前。大厦的前后都是花园，园里的白桦和杨树叶子都已经落尽，伸出光秃秃的树枝，但其中枞树、松树和冷杉却枝叶茂密，一片黑绿色。

将军身体不适，不会客。聂赫留朵夫还是要求听差把他的名片递进去。听差回来，带来令人愉快的答复：

“将军有请。”

这儿的前厅、听差、传令兵、楼梯、大厅和擦得锃亮的镶木地板——这一切都很像彼得堡，只是肮脏些，在这地方更显得气派些。聂赫留朵夫被带进书房。

将军面孔虚肿，鼻子像土豆，额头骨骨棱棱的，秃顶，眼睛底下的肉耷拉下来，是一个容易激动的人。他穿着鞑靼式绸袍，手里拿着香烟，坐在那里用一只带银托的玻璃杯喝茶。

“您好，先生！请原谅我穿便服接待您，不过这总比不接待好些。”他说着，拉了拉绸袍，掩盖他那老粗的、后面堆起一道道褶皱的脖子。“我身体很不好，没有出门。哦，是什么风把您吹到这边远的地方来啦？”

“我是随一批犯人来的，其中有一个人跟我有密切的关系，”聂赫留朵夫说，“我现在来恳求大人，一方面就是为这个人，另外还有一件别的事。”

将军深深地吸了一口烟，喝了一口茶，在孔雀石烟灰碟上把香烟捻灭了，用他那虚肿的、细细的、发亮的眼睛盯着聂赫留朵夫，一本正经地听着。他只有一次打断他的话，问他要不要抽烟。

将军属于有学问的一类军人，这类军人认为自由主义和人道主义是可以和他们的职业调和的。不过他生来就是一个聪明而善良的人，很快就感到这种调和是不可能的了，于是，为了忘却经常出现的内心矛盾，他就越来越染上军人中盛行的酗酒习惯，到后来嗜酒成癖，以至于在担任军职三十五年之后，就变成了医生们所说的酒精中毒者。他浑身都浸透了酒精。他不论喝什么酒，都要一醉方休。喝酒已成为他的绝对需要，不喝酒就没法过日子。每天一到晚上他总是喝得烂醉，尽管他已经完全适应了这种状态，走路不摇晃，也不会说太不成体统的话。即使他说了也没关系，因为他身居显赫的高位，不论他说出什么样的蠢话，大家都会当作高深的警句。只有在上午，也就是聂赫留朵夫来找他的时候，他才像个头脑清醒的人，能听懂别人对他说的话，或多或少能够证实他爱说的一句谚语:“醉酒不醉心,格外有精神。”最高当局知道他是一个酒鬼,不过他受的教育总是比别人多一点——尽管他的学识仍然停留在嗜酒成癖前的水平上——而且他又胆大、灵活、仪表堂堂、有能力,即使在醉酒的情况下也能保持分寸,所以让他一直担任着他现在担任的这个显赫而重要的职位。

聂赫留朵夫对他说,他所关心的那个人是个女的,判刑是冤枉的,已经告了御状。

“哦,是这样。您的意思呢?”将军说。

“彼得堡方面答应我,这个女人的事结局如何,至迟在本月内将消息通知我,通知书将寄到此地……”

将军眼睛没有离开聂赫留朵夫,伸出手去,用短短的手指头按了按桌上的电铃,仍然一言不发地听着,噗噗地喷着烟,格外响亮地清着喉咙。

“所以我要求,如果可能的话,让这个女人留在这里,等收到上诉状的批复,再看情况办理。”

一名穿军服的勤务兵走了进来。

“你去问问,安娜·瓦西里耶芙娜是否起身,”将军对勤务兵说,“再送一点茶来。哦,还有何事见教?”将军问聂赫留朵夫。

“我另外一个要求,”聂赫留朵夫继续说,“是为了一名政治犯,这个人也在这批犯人中。”

“原来是这样!”将军意味深长地点着头说。

“他的病很重,是一个快要死的人了。恐怕要把他留在这里的医院里。所以有一个女政治犯愿意留下来陪他。”

“她不是他的亲属吧?”

“不是的，不过她愿意嫁给他，如果只有这样才能让她留下来陪他的话。”

将军用炯炯有神的目光凝视着聂赫留朵夫，一言不发地听着，显然想用目光使对方感到不好意思，并且一直在抽烟。

等聂赫留朵夫说完，他从桌上拿起一本书，手指头很快地沾着唾沫，翻着书页，找到有关婚姻的条款，看了看。

“她判的是什么刑？”他抬起眼睛，问道。

“她判的是苦役。”

“哦，判这种刑的人，不能因为结婚改善其状况。”

“可是要知道……”

“请让我把话说完。哪怕是一个自由的人娶了她，她照样也要服满她的刑期。这儿有一个问题：谁判的刑更重，是他，还是她？”

“他们俩都判的是苦役。”

“哦，那倒是很般配的。”将军笑着说。“他怎样，她也怎样。他因为有病，是可以留下来的，”他继续说，“而且，会改善他的情况，能做的当然要做到；不过，她即使嫁给他，也不能留在此地……”

“将军夫人正在喝咖啡。”勤务兵报告说。

将军点了点头，又说：

“不过，我再考虑考虑。他们叫什么名字？请您写一下，就写在这儿吧。”

聂赫留朵夫写了下来。

“这事我也办不到。”将军听到聂赫留朵夫要求跟病人见面，就这样说。“当然,我对您没有什么不放心的,”他说,“可是您关心他,也关心别的人,您又有钱。在我们这儿什么事都是可以买得通的。上面要我根除贿赂。可是大家都在受贿,怎么根除得了? 职位越低,受贿越多。唉,他在五千俄里之外,怎么能看得住呀? 他在那儿是个小皇帝,就跟我在这儿一样。”他笑起来。“您大概常跟政治犯见面,您给钱,就放您进去,是吧?”他笑着说。“是这样吗?”

“是的,就是这样。”

“我明白,您必须这样做。您想见见政治犯。您可怜他。可是典狱长或者押解官要贿赂,因为他只有那么一点薪水,要养活一家人,就不能不受贿。我要是处在他的地位或者您的地位,也会像他或者像您那样办的。可是我处在现在的地位,就不能因为我也是人,也能动恻隐之心,而容许自己背离最严格的法律条文。我是个执行者,是在一定条件下得到信任的,我就得不辜负这种信任。好啦,这个问题就谈到这里吧。现在请您给我说说,你们京城里的情形怎么样?”

于是将军就问起来,并且也讲起来,显然是想打听一些新闻,同时又想表示自己的重要性和人道主义精神。

## 二十三

“哦,请问:您歇在哪一家? 在久柯夫旅馆吗? 噢,那儿也很糟。那您就上我这儿来吃饭吧,”将军一面起身送聂赫留朵夫,一面说,“下午五点钟。您会说英语吧?”

“嗯,会说。”

“哦,那就太好了。您要知道,这儿来了一个英国人,是个旅行家。他在研究西伯利亚的流放和监狱情况。今天他要来我这儿吃饭,您也来吧。吃饭是在五点钟,内人要求准时开饭。到时候我也会给您答复,怎样处理那个女人的事,还有那个病号的问题。也许可以留下一个人陪他。”

聂赫留朵夫辞别了将军,怀着特别兴奋的心情上了车,前往邮局。

邮局是一个拱顶的低矮屋子。几个邮务员坐在斜面办公桌后面,把邮件分发给拥拥挤挤的一些人。一个邮务员歪着头,熟练地把一封封信拉到面前,不停地打着邮戳。聂赫留朵夫没有等多久,他一说出姓名,马上就交给他一大堆邮件。其中有汇款,有几封信,有几本书,还有最近一期的《祖国纪事》[1]。聂赫留朵夫拿到邮件,便朝长板凳走去,长板凳上坐着一名士兵,手里拿着一本小册子,在等着领东西。聂赫留朵夫就挨着他坐下来,翻看收到的信。其中有一封挂号信,信封很漂亮,还带着很清楚的鲜红火漆印。他把信拆开,看到谢列宁的信,还附了一份公文,顿时感到血涌上他的脸,心也抽紧了。这是卡秋莎一案的批复。是什么样的批复呢?是驳回吧?聂赫留朵夫急忙看了看那字迹很小、很难辨认、笔力刚劲而写得歪歪扭扭的信,这才高兴地舒了一口气。批复是很好的。

“亲爱的朋友!”谢列宁写道。“我们上次的谈话,给我留下深

①指一八三九至一八八四年间在彼得堡出版的政治、学术、文学综合性月刊。

刻的印象。关于玛丝洛娃一案,你的意见是对的。我仔细查阅了这宗案件,看到她遭到无法容忍的冤屈。这一案只能由上诉委员会来纠正,你是向上诉委员会递了状子的。我协同上诉委员会裁决了这宗案件,现在随信寄上减刑公文的副本,地址是叶卡捷琳娜·伊凡诺芙娜伯爵夫人写给我的。公文正本已送往她受审时监押的地方,即将转送西伯利亚总署。我这是想尽快把这个喜讯告诉你。紧紧握你的手。你的谢列宁。”

公文内容如下:“御前受理上告御状办公室。案卷某某号。案件处理某某号。某科,某年,某月,某日。遵照御前受理上告御状办公室指示,兹通知小市民叶卡捷琳娜·玛丝洛娃,圣上批阅所递御状,恩准所请,下旨将该犯原判苦役改为流放,在西伯利亚较近处执行。”

这个消息是可喜的,其意义是重大的:他能够为她也为他自己盼望的事,如今实现了。不错,她的状况发生这一变化,就使他和她的关系更加复杂了。以前她是个苦役犯,他向她提出的结婚,只是一种假婚,其意义仅仅在于改善她的处境。现在再没有什么妨碍他们共同生活了。可是聂赫留朵夫还没有为此做好准备。还有,她和西蒙松的关系又怎样呢?她昨天的话是什么意思呢?假如她同意和西蒙松结合,是好事还是坏事呢?他怎么也想不出个头绪来,就索性不再想这事了。“到时候一切都会清楚的,”他在心中说,“现在是要尽快见到她,把这个喜讯告诉她,把她释放出来。”他以为,凭他手里的公文副本,足可把这事办好。他出了邮政局,就吩咐马车夫赶着车子上监狱去。

尽管今天上午将军没有准许他探监,可是他凭经验知道,找上级长官怎么也办不成的事，找下级长官往往很容易办成，因此决定还是现在就去试试，看能不能进监狱，好把喜讯告诉卡秋莎，也许还能把她释放出来，同时打听一下克雷里佐夫的健康情况，并把将军说的话转告他和谢基尼娜。

典狱长是个又高又粗的很威武的人，留着上嘴胡和一直到嘴角才打了弯儿的络腮胡子。他接待聂赫留朵夫的态度很严肃，干脆了当地说，未经长官准许，他不能让任何人探监。聂赫留朵夫说，就是在京城里也让他进去探监。典狱长听了回答说：

“这是很可能的，不过我不让进去。”他说这话的口气仿佛还在说：“你们这些京城的老爷们，自以为能够把我们唬住，叫我们摸不着头脑；可我们就是在东西伯利亚也很清楚那一套，还会叫你们知道我们的厉害。”

御前办公室的公文副本对典狱长也不起作用。他坚决不让聂赫留朵夫进入监狱。聂赫留朵夫本来以为，一出示这份公文副本，玛丝洛娃就可以得到释放，可是典狱长明白了他这一天真的想法，只是轻蔑地一笑，声明说，要释放任何人犯，都必须有他的顶头上司的指示。他所答应的只有一点，那就是他可以通知玛丝洛娃，说她已得到减刑，他一得到上司的指示，连一个钟头也不会留她。

至于克雷里佐夫的健康，他也拒绝提供任何情况，并且说，他还说不准这里有没有这样一名犯人。聂赫留朵夫就这样什么目的也没有达到，便坐上自己的马车，回旅馆。

典狱长所以这样严厉，主要是因为监狱里收容了超出正常容量一倍的犯人，拥挤不堪，而且这时正流行伤寒。聂赫留朵夫的马车夫在路上对他说:“监狱里死的人太多了。他们害一种什么病。一天要埋掉二十几个人。”

## 二十四

聂赫留朵夫虽然去监狱一无所获,他还是仍然带着兴奋而饱满的情绪又坐上马车,前往省长办公室,去问问是否收到玛丝洛娃减刑的公文。公文还没有到,因此聂赫留朵夫一回到旅馆,毫不耽搁,立即写信给谢列宁和律师说明这一情况。他写完信,看了看表,已经是去将军家赴宴的时候了。

在路上他又思索起卡秋莎会怎样对待减刑的事。会让她住在哪里呢?他怎样跟她一起生活呢?西蒙松又怎样呢?她对他的态度究竟怎样呢?聂赫留朵夫想起了她精神上的变化。想起她的变化,也就想到她的过去。

“必须把那些事忘掉,一笔勾销。”他在心里说,并且赶紧把有关她的种种念头驱散。“到时候自会清楚的。”他自言自语地说,接着就考虑起他应该对将军说些什么。

将军家的宴会场面显示出聂赫留朵夫习惯了的那种达官和豪富人家的生活气派,他很久以来不仅见不到这种气派场面,而且连最起码的舒适条件都没有,所以他见到这场面特别愉快。

女主人是彼得堡老派的贵夫人,在尼古拉宫廷里做过女官,法语说得很流利,俄语倒说得很别扭。她的身子总是保持笔挺的姿势,而且不论用手做什么动作,胳膊肘都不离开腰部。她对待丈夫表现出一种文静而带点忧郁的恭顺态度,对待客人异常亲切，尽管亲切的程度因人而异。她把聂赫留朵夫当作自己人，对他表现一种特别微妙的、使人不易觉察的奉承态度，这就使聂赫留朵夫重新意识到自己的优越之处，因而感到沾沾自喜。她让他感觉到，她是理解他的西伯利亚之行的，认为这一举动虽然奇特，但是高尚的，认为他是一个与众不同的人。这种微妙的奉承和将军家里豪华的生活排场，使得聂赫留朵夫完全沉醉于华美陈设的舒适、美味菜肴以及与自己熟悉的圈子里有教养的人相处时的轻松愉快氛围之中，仿佛最近这段时期他所经历的一切种种只是一场梦，现在梦醒了，又回到真正的现实中来了。

将在筵席上就座的，除将军的女儿、她的丈夫和副官等家里人，还有一个英国人、一个开采金矿的商人和一个从西伯利亚边远城市来的省长。这些人都使聂赫留朵夫感到可爱可亲。

那个英国人是个健康的、面色红润的人，法语讲得很蹩脚，但讲起英语有声有色，像演说家演说那样动听。他见识甚广，讲起在美国、印度、日本和西伯利亚的见闻，十分有趣。

开采金矿的年轻商人原来是农民的儿子，穿的是在伦敦定做的燕尾服，衬衫袖子带有钻石纽扣，家里有丰富的藏书，为慈善事业捐过很多钱，抱的是欧洲式自由主义主张，是欧洲文化通过教育嫁接到农民好苗子上的全新的、很好的典型，因此使聂赫留朵夫很喜欢、很感兴趣。

这个边远城市来的省长，原来就是聂赫留朵夫在彼得堡时满城的人纷纷议论的某司的那个前任司长[1]。这是一个胖胖的人，稀稀的鬈发，柔和的浅蓝色眼睛，下身很粗，保养得很好的白手上

①见本书第二部第二十一章。

戴着戒指，脸上堆着愉快的笑容。男主人非常器重这位省长，因为到处有人受贿，唯独他不受贿。热爱音乐、弹得一手好钢琴的女主人也很器重他，是因为他是一个出色的音乐家，常常同她四手联弹。聂赫留朵夫今天心情特别好，所以就是对这个人也不反感。

快快活活、精力充沛、下巴刮得发青的副官处处愿意为人效劳，他的好心肠也是使人愉快的。

然而最使聂赫留朵夫喜欢的还是将军的女儿和她的丈夫，这对可爱的年轻夫妇。将军的女儿是一个不算美的、心地宽厚的年轻女子，全部心思都用在头两个孩子身上。她是经过长期跟父母抗争，和丈夫恋爱结婚的。丈夫是具有自由主义思想的莫斯科大学副博士，又聪明，又谦虚，在政府任职，从事社会统计，尤其是异族人的社会统计，他研究异族人，喜爱异族人，想方设法不使其绝种。

所有的人不仅对聂赫留朵夫都很亲切和热诚，而且显然因为见到他这个新相识和风雅的人感到很高兴。将军身穿军服，脖子上挂着白十字章，来到宴会厅，见到聂赫留朵夫，像见到老朋友一样打了个招呼，马上就请客人们吃小菜和喝酒。将军问聂赫留朵夫，从他家出去后有何贵干，聂赫留朵夫就说到邮局去过，已经知道上午谈过的那个女人得到减刑，现在就再一次要求将军准许探监。

将军显然不满意在吃饭时谈公事，皱起眉头，什么也没有说。

“您来点白酒吧？”他用法语对那个走过来的英国人说。英国人把一杯酒喝下，就说了说他今天参观过一个大教堂和一家工厂，可是还希望参观一所大的解犯监狱。

“那就太好了，”将军对聂赫留朵夫说，“你们可以一起去。您给他们开一张通行证。”他对副官说。

“您想在什么时候去？”聂赫留朵夫问英国人。

“我看最好在晚上去，”英国人说，“晚上所有的人都在狱里，事先没有准备，一切是怎样就怎样。”

“啊，他是想好好地看看所有美妙之处吧？那就让他看吧。我写过呈文，可他们就是不听我的。那就让他们从外国报纸上了解吧。”将军说过，便走到餐桌前，女主人正在餐桌旁指点客人就座。

聂赫留朵夫坐在女主人和英国人中间。他对面坐的是将军的女儿和某司前任司长。

筵席上的谈话是断断续续的，一会儿谈印度，是英国人谈起的，一会儿谈远征东京[①]，将军对此事严加抨击，一会儿谈西伯利亚普遍流行的欺诈和受贿风气。聂赫留朵夫对这类谈话都不太感兴趣。

不过，饭后大家在客厅里喝咖啡的时候，英国人和女主人谈起格拉斯顿[②]，却谈得很有意思。聂赫留朵夫觉得自己在这场谈话中恰如其分地发表了许多精辟的见解，引起交谈者重视。聂赫留朵夫吃了好饭，喝了美酒，这会儿坐在柔软的安乐椅上喝着咖啡，置身在热诚的、有教养的人们当中，心里感到越来越高兴了。

①指一八八二至一八九八年法国侵略越南北部的战争。“东京”是当时欧洲人对越南北部的称呼。

②当时的英国首相。执行殖民政策。一八八二年出兵占领埃及。

而当女主人应英国人的要求，跟前任司长一起弹起他们弹得很熟练的贝多芬《第五交响曲》时，聂赫留朵夫心中出现了一种很久以来不曾有过的自我陶醉感，就好像他现在才认识到自己是一个多么好的人。

大钢琴质地很好，交响曲也弹得很出色。至少喜欢和熟悉这支交响曲的聂赫留朵夫感觉是这样。他听着那优美的行板，感到鼻子发酸，被自己和自己的种种美德深深感动了。

聂赫留朵夫向女主人道谢，说很久没有享受这样的快乐，道过谢就要告辞了，这时将军的女儿带着毫不犹豫的神气走到他面前，红着脸说：

"您刚才问到我的两个孩子：您想看看他们吗？"

"她以为人人都有兴趣看她的孩子呢。"女主人见女儿冒失得可爱，就笑着说，"公爵才不感兴趣哩。"

"恰恰相反，我非常、非常感兴趣。"聂赫留朵夫被这种溢于言表的幸福的母爱所感动，就说，"请您带我去看看。"

"她领着公爵去看她的娃娃哩。"将军正和女婿、金矿商人、副官一起打牌，这时在牌桌上笑着叫起来，"您去吧，去尽尽义务吧。"

那年轻女子显然因为马上就有人评价她的孩子，心情十分激动，便领着聂赫留朵夫快步朝里屋走去。来到第三个房间，这房间高高的，糊着雪白的墙纸，点着一盏不大的灯，灯上罩着深颜色的灯罩，房里并排放着两张小床，两张小床中间坐着一个奶妈，披着白色披肩，一张西伯利亚型的高颧骨的脸，模样很和善。奶妈站起来，鞠了个躬。年轻母亲朝第一张小床弯下身去，床上静静地睡着一个两岁的小女孩,张着小嘴,长长的鬈发披散在枕头上。

“这就是卡佳。”年轻母亲说着,拉了拉带条纹的天蓝色线毯,把露出来的一只白白的小脚盖好,“好看吧? 她才两岁呢。”

“美极了!”

“这一个叫小瓦夏,是外公起的名字。完全是另外一种模样。是个西伯利亚人。不是吗?”

“这个孩子太可爱了。”聂赫留朵夫打量着趴着睡的胖男孩说。

“是吗?”年轻母亲意味深长地笑着说。

聂赫留朵夫想起了那些脚镣手铐、剃的半边头、殴打、种种道德败坏的行径,想起奄奄一息的克雷里佐夫,想起卡秋莎和她过去经历的一切。现在就觉得这种幸福是美好的和纯真的,他羡慕起来,很希望自己也能享受到这样的幸福。

他对两个孩子夸奖了好几遍,虽然也只是部分地满足了如饥似渴地听赞美词的母亲的心意,之后就跟着她回到客厅里,英国人已经在客厅里等他,好按照他们所约定的,一同乘车去监狱。跟主人家老老少少告过别之后,聂赫留朵夫便和英国人一起来到将军家大门口的台阶上。

天气变了。鹅毛大雪团团飞舞,已经盖住道路,盖住屋顶,盖住花园里的树木,盖住门前的地面,盖住车顶,盖住马背。英国人有一辆轻便马车,聂赫留朵夫就叫英国人的马车夫赶着马车到监狱去,然后就爬上自己的四轮马车,坐在柔软的、在雪地上艰难行驶的马车里,怀着去履行一项不愉快的义务的沉重心情,跟着英国人前往监狱。

## 二十五

门前有岗哨和路灯的阴森森的监狱大厦，尽管那门口、屋顶和墙壁都蒙上了洁白的雪幕，可是，就因为整个大厦正面那一扇扇灯火通明的窗子，给人的印象比今天上午更加阴森了。

威武的典狱长走出门来，就着路灯把聂赫留朵夫和英国人的通行证看了一遍，大惑不解地耸了耸那强壮的肩膀，不过他还是执行指示，请两位来访者跟着他往里走。他领着他们首先进了院子，然后走进右边一个门，就上了楼梯，走进办公室。他请他们坐下之后，就问他们有什么事要他效劳，听到聂赫留朵夫说希望现在就见见玛丝洛娃，便派一个看守去找她，自己则准备回答问题，因为英国人马上就通过聂赫留朵夫开始向他提问题了。

“这座监狱原定容纳多少人？”英国人问。“现在关着多少人？多少男人、多少妇女、儿童？多少苦役犯、多少流放犯、多少自愿跟随的？多少害病的？”

聂赫留朵夫翻译英国人和典狱长的话，却没有注意话里的含义，因为他想到即将跟卡秋莎见面，完全出乎自己意外地心慌意乱起来。他在给英国人翻译一句话的时候，就听见渐渐走近的脚步声，办公室的门开了，就像以往多次探监的情形一样，走进来一名看守，接着是身穿囚服、包着头巾的卡秋莎走了进来，他一看到她，就觉得一颗心沉了下来。

“我要生活，我要家庭、孩子，我要过人的生活。”就在她连眼睛也不抬，快步走进办公室的时候，在聂赫留朵夫的脑海里掠过这样的念头。

他站起来，走了几步上前迎她，他觉得她的脸色是冷峻的和不愉快的。这脸色就像以前她责备他的那时候一样。她的脸红一阵，白一阵，手指头哆哆嗦嗦地卷着衣服边儿，一会儿看看他，一会儿垂下眼睛。

“您知道得到减刑了吗？”聂赫留朵夫说。

“知道，看守说了。”

“这样，等公文一到，您就可以出去，住到愿意去的地方去。咱们来考虑考虑……”

她急忙打断他的话说：

“我有什么可考虑的？西蒙松到哪儿，我就跟他到哪儿。”

她心里尽管忐忑不安，却抬起眼睛看着聂赫留朵夫，把这话说得又快又清楚，就好像事先已经把她要说的话都准备好了。

“哦，是这样！”聂赫留朵夫说。

“这有什么，德米特里·伊凡诺维奇，既然他要跟我一块儿生活，”她惊惶地停住嘴，并且纠正说，“既然他要我待在他身边，我还能有什么更好的指望呢？我应当认为这是福气。我还能怎样呢？……”

“要么她是爱上了西蒙松，根本不需要我这种一厢情愿的牺牲，要么她依然在爱我，为了我好才拒绝我，而且索性把自己的命运跟西蒙松结合在一起，永远断绝自己的回头路。二者必居其一。”聂赫留朵夫想道，并且感到羞愧起来。他觉得自己的脸红了。

“要是您爱他……”他说。

“什么爱不爱的？我早就丢开那一套了。不过，西蒙松确实是个与众不同的人。”

“是的，那不用说，”聂赫留朵夫说，“他是一个极好的人，所以我想……”

她又打断他的话，好像生怕他说出节外生枝的话，也许是生怕自己不能把所有的话都说出来。

“不必了，德米特里·伊凡诺维奇，如果我的做法不是您所希望的，那就请您原谅我吧。”她用她那斜视的神秘的目光看着他的眼睛说，“是的，看起来，只好这样了。您也要生活呀。”

她说的正是刚才他头脑里所想的，可是现在他已经不这样想，他想的和感觉的已经完全不同了。他不仅感到羞愧，而且感到惋惜，惋惜他和她失去的一切。

“我没料到会这样。”他说。

“您何必在这儿生活和受苦呢？您可是受了很多苦呀。”她说着，怪样地笑了笑。

“我没有受苦，我过得很好，而且如果我还能出些力的话，我愿意为您再做些什么。”

“我们……”她说到“我们”，对聂赫留朵夫看了一眼，“……什么也不需要。您已经给我出了那么多力。要不是您……”她想说些什么，可是她的声音哆嗦起来。

“您可是不能感谢我。”聂赫留朵夫说。

“何必计算恩怨呢？我们的账自有上帝来算。”她说过这话，那乌黑的眼睛里涌出泪水，亮闪闪的。

“您是多么好的一个女人呀！”他说。

“我倒是好吗?”她噙着眼泪说,脸上闪过一丝苦笑。

“您谈好了吗?”[①]这时英国人问道。

“马上就好。”[②]聂赫留朵夫回答过,就问起克雷里佐夫的情形。

她定下心来,从容地说了说她所知道的情形:克雷里佐夫的病情在路上更加重了,一到这里就把他送进医院。谢基尼娜很不放心,要求到医院里去照顾他,可是没有得到准许。

“那么,我该走了吧?”她发现英国人在等着,就说道。

“我不向您告别,我还要和您见面的。”聂赫留朵夫说。

“对不起。”她用勉强能听见的声音说。他们的目光相遇了。从她那奇怪的斜视目光中,从她说“对不起”而不是说一般告辞的话时的苦笑中,聂赫留朵夫明白了,在他猜测的她做出抉择的两种原因中,后一种是对的:她爱他,认为如果同他结合,就会毁掉他的一生,而她跟西蒙松一起走了,就使他完全解脱了。现在因为做了自己想做的事,非常高兴,同时又因为就要跟他分手,心里非常难受。

她握了握他的手,很快地转过身去走了。

聂赫留朵夫回头看了看英国人,准备跟他一起走,可是英国人正在笔记本上记着什么。聂赫留朵夫没有打扰他,就在靠墙一张小木榻上坐下来,忽然觉得非常疲倦。他疲倦,不是由于夜里失眠,不是由于旅途劳顿,不是由于心情激动,而是他觉得整个人生太使他厌倦了。他靠在所坐的木榻背上,闭上眼睛,立刻就昏昏沉沉地睡着了。

---

①②原文是英语。

“怎么样，是否愿意现在就到各个牢房去看看？”典狱长问道。

聂赫留朵夫醒过来，看到自己竟在这里，觉得很惊讶。英国人已记好笔记，就想参观牢房。聂赫留朵夫疲惫而漠然地跟着他走去。

## 二十六

典狱长、英国人和聂赫留朵夫在几名看守陪同下，穿过门廊，进入臭得令人恶心的过道，他们感到吃惊的是，在过道里看到两个犯人就在地板上撒尿。然后他们走进第一间苦役犯牢房。牢房中央放着几排板床，所有的犯人都已经睡下了。这里面有七十来个人。他们躺在那儿，头挨着头，身子贴着身子。参观的人一进来，所有的人都带着叮当乱响的铁链从床上跳下来，站在床边，一个个新剃的半边头闪闪发亮。有两个人仍然躺着。一个是年轻人，脸红红的，显然是在发烧；另一个是老头子，不住地在呻吟。

英国人问，那个年轻人是不是害病很久了。典狱长说，他是早晨才得病的，不过那个老头子害胃病已经很久了，可是没地方安顿，因为医院早就住满了。英国人不以为然地摇了摇头，说要对这些人讲几句话，请聂赫留朵夫把他要说的话翻译一下。原来英国人这次旅行，除了要写写西伯利亚的流放和监禁地的情形以外，还有一个目的，就是宣传通过信教和赎罪才能得救。

“请您告诉他们，基督怜悯他们，爱他们，”他说，“而且也是为他们死的。如果他们相信这一点，他们就会得救。”在他讲话的时候,犯人们一直都是一声不响地站在床前,双手贴住裤缝。“请告诉他们,在这本书里,这些道理都有写的。”他最后说,“这儿有识字的吗?”

结果在这儿识字的有二十几个人。英国人从手提包里掏出几本精装的《新约全书》。于是就有几只带有坚硬的黑指甲的粗壮的手从粗麻布衬衫袖口里伸出来,争先恐后地朝他伸过去。英国人在这个牢房里散发了两本《福音书》,便朝另一个牢房走去。

在另一个牢房里也是这个样子。也是一样闷,一样臭;同样也是在正前面,在两个窗子中间挂着圣像,一进门左边放着便桶,犯人们也是身子贴着身子挤得紧紧地躺在床上,也是那样从床上跳下来,站得笔直,而有三个人没有站起来。有两个是爬起来,坐在床上,有一个躺着没动,甚至对进来的人连看都没有看。这三个都是病人。英国人也说了那样一番话,也散发了两本《福音书》。

第三个牢房里响起叫嚷声和闹腾声。典狱长敲了敲门,吆喝道:“立正!”房门一打开,所有的犯人也都挺直身子站在床边,只有几个病人和两个打架的人在外。两个打架的人都是一脸恶狠狠的凶相,一个抓住头发,一个抓住胡子,互相揪打着。直到看守跑到他们跟前,他们才松开手。一个被打破鼻子,鼻子里淌着鼻涕和血,他不住地用衣袖在擦;另一个在挑拣着被扯掉的一根根胡子。

“班长!”典狱长厉声喝道。

一个漂漂亮亮、身强力壮的人走了出来。

“长官,我怎么也管不住他们。”班长一面说,一面用眼睛快活地笑着。

“那我就来管管他们。”典狱长皱着眉头说。

“他们为什么打架?”英国人问。

聂赫留朵夫就问班长,为什么打架。

“为了一块包脚布,拿错了包脚布。”班长仍然笑着说,“这个推了一把,那个就还了一拳。”

聂赫留朵夫对英国人说了说。

“我想对他们说几句话。”英国人对典狱长说。

聂赫留朵夫把这话翻译出来。典狱长说:“行。”于是英国人掏出他的皮面精装《福音书》。

“请您给我翻译一下。”他对聂赫留朵夫说,“你们又吵嘴又打架,可是为我们而死的基督,教给我们的是另外一种解决争端的办法。您问问他们,是否知道,按照基督教规应该怎样对待欺负我们的人?”

聂赫留朵夫把英国人的话和问题翻译出来。

“报告长官,由长官发落,是吗?”有一个人瞟着威武的典狱长,用询问的口气说。

“狠狠揍他一顿,他就不再欺负人了。”另一个人说。

有几个人发出赞同的笑声。聂赫留朵夫就把他们的回答翻译给英国人听。

“请您告诉他们,按照基督教规,做法应该完全相反:如果人家打你这边脸,你就把那边脸也送上去。”英国人一面说,一面做出把脸送上去的样子。

聂赫留朵夫翻译了。

“最好他自己试一试。”有人说。

“可是等到人家把那边脸也打了，那还有什么脸送给人家打呢？”有一个躺在床上的病人说。

“那就只有让人家打个稀巴烂了。”

“好哇，那就试试看吧。”后面有一个人说，并且快活地笑起来。整个牢房里爆发出一阵哄堂大笑。就连那个打破了鼻子的人也带着血和鼻涕哈哈大笑起来。几个病人也笑了。

英国人没有发窘，请聂赫留朵夫转告他们，有些事似乎做不到的，信教的人却能够而且很容易做到。

“请您问问：他们是不是喝酒？”

“是的，喝酒。”有一个声音说，同时又响起一阵嗤鼻声和哈哈笑声。

这个牢房里有四个病人。英国人问，为什么不把病人集中安置在一个牢房里，典狱长回答说，是他们自己不愿意。这些病人害的都不是传染病，而且有一个医士照料他们，为他们治疗。

“他有一个多星期没露面了。”有一个人说。

典狱长没有答话，就领着一行人朝下一个牢房走去。又是打开牢门，又是所有的人都站起来，肃静无声，又是英国人发《福音书》。不论在第五个牢房，第六个牢房，不论往左往右，不论这边那边，情形都是一样。

他们从苦役犯的牢房转到流放犯的牢房，从流放犯的牢房转到村社判刑农民的牢房，又转到自愿跟随者住的房间。到处情形都是一样：到处都是像野兽一样受冻、挨饿、无所事事、染了疾病、受尽凌辱、戴着锁链的人。

英国人发完原定数量的《福音书》,就不再发了,甚至也不讲话了。使人难受的景象,尤其是那使人窒息的空气,显然也使他没有劲头儿了,所以他在各个牢房里走着,听着典狱长介绍每个牢房里有一些什么样的犯人,他只是随口说一声“好的”。聂赫留朵夫像在梦里一样走着,同样感到疲惫不堪,心灰意懒,却又没有勇气离开他们走掉。

## 二十七

在一个流放犯牢房里,聂赫留朵夫看到早晨在渡船上见到的那个古怪老头子,不由得吃了一惊。这个蓬头乱发、满脸皱纹的老头子,只穿一件灰色的肮脏小褂,肩膀头都磨破了,裤子也是又脏又破,光着脚,坐在床边的地板上,带着冷冷的疑问神气望着走进来的人。他那干瘦的身子从肮脏小褂的窟窿里露出来,显得非常衰弱可怜,可是他的神情比在渡船上更加专注,更严肃和更有生气。所有的犯人也像别的一些牢房里一样,一见长官进来,连忙爬起来,站得笔直;老头子却仍然坐着。他的眼睛闪闪发亮,眉头愤怒地皱着。

“站起来!”典狱长对他吆喝道。

老头子动也不动,只是轻蔑地笑了笑。

“你的奴才见了你才站起来。我又不是你的奴才。你头上就有烙印……”老头子指着典狱长的额头说。

“什……么?”典狱长朝他逼过去,威吓说。

“我认识这个人。”聂赫留朵夫急忙对典狱长说,“为什么把他抓进来了?”

“是警察局送来的,因为他没有身份证。我们要求他们别把这种人送来,可他们还是送来了。”典狱长气冲冲地瞟着老头子说。

“看样子,你也是反基督一帮里的吧?”老头子对聂赫留朵夫说。

“不,我是来参观的。”聂赫留朵夫说。

“怎么,你们是来寻开心,看看反基督的家伙怎样折腾人吗?那就看吧。把人抓起来,在一个小屋里关上一大帮。人是应当满脸流汗种庄稼,可是他却把人关起来。把人当猪养着,不让干活儿,叫人变成野兽。”

“他这是说什么?”英国人问。

聂赫留朵夫说,老头子是指责典狱长不该把人关起来。

“您问问他,照他的意见,怎样对待那些不守法律的人?”英国人说。

聂赫留朵夫把他问的话翻译出来。

老头子龇出一嘴整整齐齐的牙齿,很奇怪地笑起来。

“法律哩!”他鄙夷地说,“他们先把所有的人抢得光光的,把人家所有的土地、所有的财产都夺过去,算成自己的,把反对他们的人统统杀死,然后再定出法律,不准抢劫,不准杀人。要是他们先定出法律就好了。”

聂赫留朵夫把这话翻译过去。英国人笑了笑。

“可是,对盗贼和杀人犯究竟该怎样办呢?您问问他。”

聂赫留朵夫又把这句问话翻译过去。老头子冷峻地皱起眉头。

“你告诉他,叫他去掉他身上反基督的烙印,就不会遇到盗贼和杀人犯了。你就这样对他说。”

“他疯了。”英国人听了聂赫留朵夫给他翻译的老头子的话,就说了这样一句,然后耸了耸肩膀,走出牢房。

“你干你的事,别管人家的事。各人管各人的事。该惩罚谁,该保佑谁,自有上帝管,不是我们管。”老头子又说,“自己管自己,就用不着当官儿的了。走吧,走吧。”他生气地皱着眉头,眼睛亮闪闪地看着在牢房里迟迟不肯走的聂赫留朵夫,又说:“反基督的奴才怎样拿人喂虱子,你也看够了。走吧,走吧!”

等聂赫留朵夫来到过道里,英国人和典狱长正站在一个开着门的空牢房门口。英国人问这间牢房是做什么用的。典狱长解释说,这是停尸间。

“噢!”英国人听完聂赫留朵夫翻译的话,这样说了一声,就要求进去看看。

停尸间是一间不大的普通牢房。墙上挂着一盏小灯,暗淡的灯光照着屋角的一堆行李和木柴,也照着右边板床上的四具尸体。第一具尸体穿着麻布褂子和裤子,身量高大,小小的尖下巴胡,剃了半边的头。尸体已经僵硬;两只灰青色的手看样子本来是交叉在胸前的,现在已经分开;两只光脚也分开了,两个脚掌朝两边竖着。他旁边是一个老年女人,身穿白衣白裙,没有裹头巾,头发梳成一条又短又细的辫子,皱皱巴巴的脸又黄又小,鼻子尖尖的。老妇人那边还有一具男尸,穿着淡紫色衣服。这颜色使聂赫留朵夫觉得有点儿面熟。

他走近些，仔细看起来。

那小小的、尖尖的下巴胡向上翘着，那清秀的鼻子十分好看，那白白的额头高高的，鬈发稀稀的。他认出这熟悉的相貌，简直不敢相信自己的眼睛。昨天他看到这张脸充满愤恨、痛苦的神气。现在这张脸一动不动，显得非常安详，非常好看。

是的，这就是克雷里佐夫，或者至少是他的物质生命留下的痕迹。

“他受苦受难是为了什么？他活着是为了什么？这个问题他现在明白了吗？”聂赫留朵夫想道。他觉得这个问题无法解答，除了一死了事，什么也不会有，于是他感到头晕起来。

聂赫留朵夫没有跟英国人告别，就请一名看守领着他走了出来，他觉得必须单独待着，以便好好思考一下今晚的种种感受，便坐上马车回旅馆。

## 二十八

聂赫留朵夫没有上床就寝，而是在旅馆房间里前前后后来回踱了很久。他跟卡秋莎的事已经结束了。她不需要他了，这使他又伤心又羞愧。不过现在使他痛心的不是这件事。他的另外一件事不仅没有结束，而且比以往任何时候都更使他痛心，并且要求他有所行动。

在这段时间里，特别是今天在这座可怕的监狱里看到的和了解到的种种可怕的恶势力，把可亲可爱的克雷里佐夫也迫害致死的恶势力，作威作福，十分嚣张，让他不仅看不到战胜恶势力的可能性，而且简直无法知道怎样才能战胜恶势力。

他的头脑里出现了成百上千的人，一个个被那些麻木不仁的将军、检察官、典狱长关在到处是病菌的空气里，受尽凌辱；想起那个独立不羁、痛骂当官的、被看作疯子的古怪老头子；想起停尸间里在愤恨中死去的克雷里佐夫那十分清秀的、蜡黄的、僵了的脸。究竟是他聂赫留朵夫疯了，还是那些自以为头脑清醒而天天在干这些事的人疯了？这个老问题现在更顽强地出现在他面前，要求解答。

等他来回走累了，也想累了，就在灯前的沙发上坐下来，随手翻开英国人送给他做纪念的《福音书》，那是他在清理口袋时丢在桌上的。"据说，什么问题都可以在这里面找到答案。"他想道。于是他把《福音书》翻了翻，就看起他翻到的地方。《马太福音》第十八章。

**一、当时门徒进前来，问耶稣说，天国里谁是最大的。**

**二、耶稣便叫一个小孩子来，使他站在他们当中，**

**三、说：我实在告诉你们，你们若不回转，变成小孩子的样式，断不得进天国。**

**四、所以凡自己谦卑像这小孩子的，他在天国里就是最大的。**

"是的，是的，就是这样。"聂赫留朵夫想起只有在尽可能降低自己身份的时候才能领略生活的安适和快乐，就在心中这样说。

**五、凡为我的名，接待一个像这小孩子的，就是接待我。**

**六、凡使这信我的一个小子跌倒的，倒不如把大磨石拴在这个人的颈项上，，沉在深海里。**

"为什么说'**凡为我的名，接待一个像这小孩子的**'？而且怎样接待？'**凡为我的名**'是什么意思？"聂赫留朵夫觉得这些话一点也没有向他说明什么，就自己问自己说。"而且，为什么要把大磨石拴在颈项上，还要沉在深海里？不对，这有点不对头；不确切，不清楚。"他想道，同时也想起他这一生读过好几次《福音书》，都是因为遇到这样一些不清楚的地方，读不下去。他又读了第七、第八、第九和第十节，这几节讲到将人绊倒，讲到人必须进入永生，讲到把人丢进地狱的火里作为惩罚，讲到孩子们的使者常见到天父的面。"可惜这些话很没有条理，"他想道，"不过可以感觉出来，这里面有好东西。"

**十一、人子来，为要拯救失丧的人。**

**十二、一个人若有一百只羊，一只走迷了路，你们的意思如何？他岂不撇下这九十九只，往山里去找那只迷路的羊吗？**

**十三、若是找着了，我实在告诉你们，他为这一只羊欢喜，比**

为那没有迷路的九十九只欢喜还大呢。

十四、你们在天上的父,也是这样不愿意这些小子里失丧一个。

“是啊,天父不愿意让他们死亡,可是他们成百成千地死去,而且无法拯救他们。”聂赫留朵夫想道。

二十一、那时彼得进前来,对耶稣说:主啊!我弟兄得罪我,我当饶恕他几次呢?到七次可以吗?

二十二、耶稣说:我对你说,不是到七次,乃是到七十个七次。

二十三、天国好像一个王,要和他仆人算账。

二十四、才算的时候,有人带来了一个欠一千万银子的来。

二十五、因为他没有什么偿还之物,主人吩咐把他和他妻子儿女,并一切所有的都卖了偿还。

二十六、那仆人就俯伏拜他,说:主啊!宽容我,将来我都要还清。

二十七、那仆人的主人,就动了慈心,把他释放了,并且免了他的债。

二十八、那仆人出来,遇见他的一个同伴,欠他十两银子,便揪着他,掐住他的喉咙,说:你把所欠的还我。

二十九、他的同伴就俯伏央求他,说:宽容我吧,将来我必还清。

**三十、他不肯,竟去把他下在监里,等他还了所欠的债。**

**三十一、众同伴看见他所做的事,就甚忧愁,去把这事都告诉了主人。**

**三十二、于是主人叫了他来,对他说:你这恶奴才!你央求我,我就把你所欠的都免了。**

**三十三、你不应当怜恤你的同伴,像我怜恤你吗?**

"难道不就是这么一回事儿吗?"聂赫留朵夫看完这些话,忽然大声叫起来。而且他的心里有一个声音也说:"是的,就是这么一回事儿。"

于是聂赫留朵夫遇到了追求精神生活的人常常遇到的情形。那就是,有的想法,起初他觉得是奇怪、荒诞甚至可笑的,却越来越经常在现实中得到证实,终于使他一下子就看清楚这原来是最简单的、不容置疑的真理。他现在看清楚的想法就是:战胜可怕的、使许多人受苦受难的恶势力的唯一可靠办法,就是人人承认自己在上帝面前总是有罪的,因此既无权惩罚别人,也无权改造别人。现在他明白了,所以会有他在各地监狱里亲眼看见的种种骇人听闻的罪恶之事,以及干这些罪恶之事的人那种心安理得的态度,无非是因为有些人想做不可能做到的事:自己坏,却要改造坏人。道德败坏的人想改造道德败坏的人,而且想用强硬的办法达到目的。这一切种种只能得到一种结果:一些贫穷而贪财的人将这种臆想的惩罚人和改造人的事变成自己的职业之后,本身就败坏到无以复加的地步,而且还要不断地使他们所折磨的人道德败坏。现在他明白了,他所目睹的种种可怕的现象是怎么来的,怎样才能消灭种种可怕的现象。他很久都找不到的答案,就是基督给彼得的回答:要永远饶恕人,饶恕一切人,饶恕无数次,因为没有本身无罪因而可以惩罚或改造别人的人。

"可是,事情不可能就这样简单吧。"聂赫留朵夫对自己说,可是同时他又毫无疑问看出来,尽管他以前习惯了相反的看法,因而起初觉得这种看法很奇怪,然而这是不容置疑的答案,不仅在理论上是这样,在实际上也是这样。至于怎样对待作恶的人,难道听之任之,不加惩罚——遇到这种常见的反对意见,他现在也不觉得难以回答了。假如事实证明,惩罚能减少犯罪,改造罪犯,那这种反对意见就是有道理的;可是既然已经证明事实与此相反,而且也很明白,一些人无权改造另一些人,那么,你们能做到的唯一合理做法就是不再做那些不但无益而且有害、此外又是很不道德、很残忍的事。"你们惩罚你们认为是罪犯的人,已经有好几百年了。怎么样,犯罪的人绝迹了吗?没有绝迹,而且犯罪的人数只有在增加,因为有些人因受惩罚而堕落成罪犯,还有那些审判人和惩罚人的法官、检察官、侦讯官、狱吏也成了罪犯。"聂赫留朵夫现在明白了,社会和社会秩序大体上能够存在,并不是因为有这样一些合法的罪犯在审判和惩罚别人,而是因为,尽管败坏到如此地步,人与人还是互相怜惜、互相爱护的。

聂赫留朵夫希望就在这本《福音书》里找到可以证实这种想法的段落,就从头读起来。他读了一向使他非常感动的《登山训众》[1],今天才第一次看出这段训诫并非抽象的美好理想,所提的

①见《新约全书·马太福音》第五章。

大部分要求并非过分和难以实现，而是一些简单明了、切实可行的戒律。一旦实行这些戒律（而这是完全可能的），就能建立起人类社会的全新结构，到那时候，不仅聂赫留朵夫所愤恨的种种暴行会自然消灭，而且人类所能达到的最高幸福，人间天堂，也会实现。

这种戒律有五条。

**第一条戒律**（《马太福音书》第五章第二十一节到第二十六节）说的是，人不仅不应当杀人，而且不应当对弟兄动怒，不应当认为任何人是微不足道的，是“拉加”[1]，如果同什么人争吵，就应当在向上帝献礼之前，也就是在祈祷以前，同那人和好。

**第二条戒律**（《马太福音》第五章第二十七节到第三十二节）说的是，人不仅不应当淫乱，而且不应贪恋女色，既然同一个女人结成夫妇，就应当对她永不变心。

**第三条戒律**（《马太福音》第五章第三十三节到第三十七节）说的是，人不应当在许诺什么事的时候起誓。

**第四条戒律**（《马太福音》第五章第三十八节到第四十二节）说的是，人不仅不应当以眼还眼，而且当有人打你的右脸时，连左脸也转过来由他打，应当宽恕别人的欺侮，好好地忍受，人家对你有什么要求，都不能拒绝。

**第五条戒律**（《马太福音》第五章第四十三节到第四十八节）说的是，人不仅不应当恨仇敌，跟仇敌打仗，而且应当爱仇敌，帮助仇敌，为仇敌效劳。

---

①意即“废物”。

聂赫留朵夫凝视着那盏油灯的亮光，一动也不动。他想起我们生活中的种种丑恶现象，就清清楚楚地想象到，假如人人信守这些戒条，我们的生活会是什么样子。于是他的心中充满了很久不曾有过的喜悦。就好像他经历了长期的劳累和痛苦之后忽然得到了安宁和自由。

他一夜没有睡觉。他就像许许多多读《福音书》的人那样，读着读着，第一次明白了以前读过多次而没有留意的一些话的全部意义。他就像海绵吸水一样，如饥似渴地吸收他在这本书里发现的有用的、重要的和可喜的道理。他读到的一切似乎都是他熟悉的，似乎在证实和引导他认识以前他早就知道、却没有充分认清、没有相信的道理。现在他就认清了，相信了。

而且，他不光是认清和相信人人履行这些戒律就能得到人所能得到的最高幸福，他现在还认清和相信，任何人除了履行这些戒律，无须再做别的，人生唯一合理意义就在于此，任何违背这一点的行为都是错误的，都会立刻招来报应。这是从全部教义中得出的结论，在关于葡萄园户的比喻[①]中尤其生动有力地表现出这

①《马太福音》第二十一章第三十三节起到第四十一节止："[耶稣说：]你们再听一个比喻。有个家主，栽了一个葡萄园，周围圈了篱笆，里面挖了一个压酒池，盖了一座楼，租给园户，就往外国去了。收果子的时候近了，就打发仆人，到园户那里去收果子。园户拿住仆人，打了一个，杀了一个，用石头打死一个。主人又打发别的仆人，比先前更多。园户还是照样待他们。后来打发他的儿子到他们那里去，意思说，他们必尊敬我的儿子。不料，园户看见他儿子，就彼此说，这是承受产业的。来吧，我们杀他，占他的产业。他们就拿住他，推出葡萄园外，杀了。园主来的时候，要怎样处置这些园户呢？他们说，要下毒手除灭那些恶人，将葡萄园另租给那按着时候交果子的园户。"

番道理。园户本来是被打发到葡萄园里去为园主干活儿的，他们却把葡萄园看作他们的私产；他们认为园里的一切都是为他们造就的，认为他们只管在葡萄园里过过舒服日子就是了，忘记了园主，谁要向他们提到园主，提到他们对园主应尽的责任，他们就把谁杀死。

“我们的所作所为，也正是这样，”聂赫留朵夫想道，“就是因为我们抱着一种荒谬的信念在生活，认为我们自己就是自己生活的主人，人生在世就是为了享乐。可是，这显然是很荒谬的。要知道，既然我们被派到世上来，那就是奉有某某的旨意，有所为而来的。可是我们却认定，我们活着只是为了自己图快活。所以很清楚，我们不会有好下场的，就像那不依照园主意图行事的园户一样。主人的意图就表现在这些戒律里。只要这些人奉行戒律，人间就会建立起天堂，人类就能得到所能得到的最大幸福。

“**你们要先求他的国和他的义，这些东西都要加给你们了。**[①]可是我们却先要求**这些东西**，显然，是求不到的。

“这样看来，这是我一辈子的事了。只做完一件，另一件才开头呢。”

从这天夜里起，聂赫留朵夫开始过起一种全新的生活，倒不

①《马太福音》第六章：“[耶稣说：]一个人不能侍奉两个主。不是恶这个爱那个，就是重这个轻那个。你们不能又侍奉神，又侍奉玛门[指“财利”]。……所以不要忧虑，说吃什么，喝什么，穿什么。这都是外邦人所求的。你们需用的这一切东西，你们的天父是知道的。你们要先求他的国和他的义，这些都要加给你们了。所以不要为明天忧虑。”

是因为他进入了新的生活环境,而是因为从这时起,他所遭遇的一切,对他来说都有了跟以前截然不同的意义。至于他一生中这个新阶段的结局如何,将来自见分晓。